Reden über den Tod hinaus

BUDAPESTER STUDIEN ZUR LITERATURWISSENSCHAFT

Herausgegeben von Magdolna Orosz

Band 10

PETER LANG

Frankfurt am Main · Berlin · Bern · Bruxelles · New York · Oxford · Wien

Imre Kurdi

Reden über den Tod hinaus

Untersuchungen zum 'literarischen' Testament

PETER LANG
Europäischer Verlag der Wissenschaften

Bibliografische Information der Deutschen Nationalbibliothek
Die Deutsche Nationalbibliothek verzeichnet diese Publikation in der Deutschen Nationalbibliografie; detaillierte bibliografische Daten sind im Internet über <http://www.d-nb.de> abrufbar.

Gedruckt mit Unterstützung der
Alexander von Humboldt-Stiftung und des
ungarischen Wissenschaftsfonds OTKA T047146

ISSN 1617-903X
ISBN-978-3-631-55725-9

www.peterlang.de

„...doch es ist immer gut daß die Lebenden genau wissen was die Toten von ihnen begehren."
Heinrich Heine, Entwurf zum Testament

Für Kati, Benedek, Fanni und Barnabás

Ich danke der Alexander von Humboldt-Stiftung, deren großzügige Unterstützung mir ermöglicht hat, dieses Buch zu schreiben und zu veröffentlichen. Mein besonderer Dank gilt Herrn Professor August Stahl, der mir während meiner wiederholten Forschungsaufenthalte an der Universität des Saarlandes stets mit Rat und Tat beigestanden hat.

Budapest, im Mai 2006

Imre Kurdi

INHALT

I. ZUM EINSTIEG

i. Goethe. Die Testamente des deutschen Dichterfürsten

Hat man die Absicht, sich einem Forschungsthema zuzuwenden, das von den meisten Kollegen mit Stillschweigen übergangen wird,[1] so sollte man sich vernünftigerweise vor allem die Frage stellen, ob es sich überhaupt lohnt, Zeit und Anstrengung darin zu investieren. Gibt das Thema denn überhaupt soviel her, daß es sich der Mühe lohnt?

Bevor man sich also mit 'literarischen' Testamenten – sei es mit 'wirklichen' oder mit fiktiven – abgibt und sich dadurch hoffnungslos ins literaturwissenschaftliche Abseits manövriert, empfiehlt es sich, die Probe aufs Exempel zu machen. Man könnte zum Beispiel gleich bei den Testamenten des deutschen Dichterfürsten par excellence, Goethe, beginnen, ist er doch derjenige, dessen Name den meisten zuerst einfällt, wenn sie aus dem Stegreif einen 'deutschen Dichter' nennen sollen, selbst wenn sie sonst gar keine Ahnung von Poesie haben. Was bieten also Goethes Testamente dem naiven – oder seien wir ehrlich: bestenfalls schein-naiven – Blick dar? Regt ihre Musterung zur weiteren Forschung an, oder legen sie vielmehr nahe, sich das Projekt so schnell wie möglich aus dem Kopf zu schlagen?

Also: Goethe hat zwei Testamente verfaßt. Das erste ist auf den 24. Juli 1797, das zweite, end- und rechtsgültige auf den 6. Januar 1831 datiert. Zum zweiten Testament gehört ein Kodizill vom 22. Januar 1831. Beide Testamente sind abgedruckt in der Münchner Goethe-Ausgabe, die auch eingehend über Entstehung, Überlieferung und Vollstreckung derselben informiert.[2]

Der Anlaß zum Abfassen des ersten, eigenhändig geschriebenen Testaments war nicht, wie man vielleicht vermuten könnte, die unmittelbare Todesnähe, sondern der Plan einer Reise, die Goethe abermals nach Italien führen sollte. Bei

---

1 Zum Stand der Forschung s. weiter unten Kap.II.iii.

2 Goethe, Johann Wolfgang: [Testament vom 24. Juli 1797.] – In: Ders.: Sämtliche Werke nach Epochen seines Schaffens. Münchner Ausgabe. Hg. von Karl Richter in Zusammenarbeit mit Herbert G. Göpfert, Norbert Miller und Gerhard Sauder. Bd.4,2. – München: Hanser 1986, S.512-515; Ders.: [Testament vom 6. Januar 1831.] – In: Ders.: Sämtliche Werke nach Epochen seines Schaffens. Münchner Ausgabe. Hg. von Karl Richter in Zusammenarbeit mit Herbert G. Göpfert, Norbert Miller und Gerhard Sauder. Bd.18,2. – München: Hanser 1986, S.341-346; Ders.: [Kodizill vom 22. Januar 1831.] – In: Ebd., S.347-351. Im Weiteren zitiert als GMA. Zitate aus den Testamenten Goethes sind dieser Ausgabe entnommen und werden im laufenden Text mit der Seitenzahl ausgewiesen.

dieser Gelegenheit, in Anbetracht der Gefahren, mit denen eine Reise damals verbunden war, wollte er offenbar den unangenehmen vermögensrechtlichen Folgen vorbeugen, die bei seinem etwaigen Tode aus seiner unehelichen Lebensgemeinschaft mit Christiane Vulpius für sie und für ihren gemeinsamen Sohn August hätten erwachsen können.[3] Um es grad heraus zu sagen: Bei Goethes Tod hätte Christiane Vulpius, da die beiden zur Zeit der geplanten Reise noch nicht verheiratet waren, gar nichts geerbt. Deshalb bat Goethe seine Mutter, die bis zum Abfassen des Testaments seine einzige legitime Erbin (Noterbin) war, am 31. Mai 1797 um eine Verzichtserklärung, die er, auf den 17. Juni datiert, bald auch erhalten hat.[4] So stand einem Testament zu Gunsten des Sohnes und dessen Mutter nichts mehr im Wege.

Wirft man einen Blick auf den Text des Testaments selbst, so fällt zunächst einmal dessen relative Kürze (cca. anderthalb Druckseiten) und Schlichtheit – insbesondere im Vergleich zu Goethes zweitem Testament – auf. Goethe, als studierter Jurist, wollte offenbar den rechtlichen Formvorschriften Genüge leisten und die Sache erledigen, ohne davon viel Aufhebens zu machen. Diesen Schluß legt auch der Umstand nahe, daß das Testament eigenhändig geschrieben ist.[5]

Der thematische Bauplan des ersten Testaments von Goethe sieht wie folgt aus:

- (Abs.1) Klärung der Rechtslage: Verzicht der Mutter auf die Erbschaft, Verweis auf das Instrument vom 17. Juni 1797;
- (Abs.2) Erbeinsetzung: Einsetzung des Sohnes zum Universalerben, doch so, daß seiner Mutter der Nießbrauch der gesamten Hinterlassenschaft auf Lebenszeit verbleibt;
- (Abs.3) Ernennung eines Vormunds und Testamentsvollstreckers;
- (Abs.4) Bestimmungen für den Fall des Todes der Mutter;
- (Abs.5) Verfügungen über den literarischen Nachlaß;
- (Abs.6) Bekräftigung der Gültigkeit des Testaments; sie klingt auch für in den Rechten ungeschulte Ohren durch und durch formelhaft, daher vermutet man sogleich, daß sie zum juristisch längst festgeschriebenen Formelvorrat der Textsorte gehört;[6]

---

3 Zu Goethe und Christiane Vulpius s. neuerdings Damm, Siegrid: Christiane und Goethe. Eine Recherche. – Frankfurt am Main, Leipzig: Insel 1999.

4 Vgl. GMA, Bd.4,2, S.1133f.

5 Der Kommentarteil der GMA erwähnt auch keinen fremden, rechtskundigen Beistand.

6 Um dem Gang der Untersuchung etwas vorzugreifen: In der Tat handelt es sich dabei um die sogenannte 'Kodizillarklausel', die uns noch des öfteren begegnen soll.

- (Abs.7) Beglaubigung durch eigenhändige Handschrift und Unterschrift; nicht weniger formelhaft als der vorangegangene Absatz.

Überblickt man nun diese thematische Skizze, so fällt wiederum vor allem auf, daß jede wie auch immer explizit reflektierende, moralisierende oder religiöse Auseinandersetzung mit dem Tod im Testament ausgespart bleibt, obwohl gerade dies gewissermaßen als eine Selbstverständlichkeit zu erwarten wäre, werden Testamente doch von Natur aus im Hinblick auf den Tod verfaßt. Selbst das Wort 'Tod' wird im Text nach Möglichkeit vermieden; es fällt insgesamt nur dreimal, und zwar einmal in Bezug auf die Mutter („Sollte ferner meine Frau Mutter mit Tode abgehen", S.512), ein anderes Mal im vorletzten Absatz in Latein, wobei der Ausdruck schon wegen der Gelehrtensprache ziemlich formelhaft und verfremdet klingt („donatio mortis causa", S.515). Die Tatsache, daß der Testator Goethe die explizite thematische Auseinandersetzung mit dem Tod, soweit es in einem Testament überhaupt geht, augenscheinlich zu vermeiden suchte, läßt sich individualpsychologisch deuten, wie etwa die Herausgeber der Münchner Ausgabe es tun.[7] Doch man kann darin auch ein Symptom dafür erblicken, daß der Tod für den Testator seine Sakralität eingebüßt hatte und nur mehr eine rein diesseitige Angelegenheit war – sie im Rahmen des geltenden Rechts zu regeln, ist gerade die Funktion des Testaments.[8] Im Text handelt es sich allerdings – thematisch – schlicht und einfach um die Regelung des Erbganges des Vermögens; das implizit Ethische ist beim genaueren Hinsehen jedoch im Gestus der Testamentserrichtung selbst enthalten, namentlich in dem Umstand, daß der Testator – als studierter Jurist mit der gehörigen Vor- und Umsicht – versuchte, für seine Lebensgefährtin und für seinen unehelichen Sohn zu sorgen.[9] Daher ist Goethes erstes Testament als Ganzes von einer ethischen Intention getragen. Der Testator nahm eine ethische Verantwortung wahr, die rechtlich nicht vorgeschrieben war.

Auffallend ist weiterhin, insbesondere im Vergleich zum zweiten Testament, wie wenig Aufmerksamkeit dem Literarischen, bzw. der 'geistigen' Nachlassenschaft überhaupt im ersten Testament Goethes gewidmet wurde. Lediglich in einer Aufzählung unter Punkt 4 im 2. Absatz wird Christiane Vulpius das Recht zugesi-

---

7 Vgl. GMA, Bd.18,2, S.1184.

8 Damit wurde freilich behauptet, daß der Tod einst – bis in die frühe Neuzeit hinein und darüber hinaus – eine sakrale Angelegenheit war. Doch ich glaube nicht, damit etwas wesentlich Neues und Überraschendes gesagt zu haben.

9 Goethes Vorsicht beim Abfassen seines Testaments bezeugt auch sein Brief an den Herzog Karl August vom 22. Juli 1797, in dem er ihn ersuchte, den testamentarisch festgelegten Erbgang zu genehmigen. Vgl. GMA, Bd.4,2, S.1134f.

chert, vom „Mobiliar Vermögen, als Büchern Kunst und Naturalien Sammlungen einiges zu veräußern anzulegen und zu verwenden" (S.512). Diese Sammlungen gerieten also offenbar wegen ihres materiellen Wertes überhaupt erst ins Blickfeld des Testators; sie scheinen für ihn keinen besonderen 'geistigen' Wert dargestellt zu haben. Ähnlich nachlässig verfuhr der Testator Goethe in Bezug auf seinen literarischen Nachlaß, über den er im relativ kurz geratenen 5. Absatz lediglich die Verfügung traf: „Auf gleiche Weise wird gedachter H. Vormund das, aus einer vollständigen Ausgabe meiner Werke allenfalls zu erlösende, Kapital an sich nehmen und mit den Einkünften wie vorgesagt verfahren." (S.515) Dieser Verordnung ist allenfalls soviel zu entnehmen, daß Goethe eine künftige Gesamtausgabe seiner Werke beim Abfassen seines ersten Testaments bereits für höchst wahrscheinlich und bei seinem dichterischen Rang durchaus für angemessen hielt.

Der Vergleich des zweiten Testaments mit dem ersten zeigt vor allem, daß Goethe sich selbst mit der Zeit als den deutschen Dichterfürsten par excellence zu sehen gelernt hat. Beim Abfassen seines zweiten Testaments scheint er sehr wohl beachtet zu haben, daß er, wie die Herausgeber der Münchner Ausgabe bemerken, „im Laufe seiner Weimarer Jahrzehnte (auch) zu einer öffentlichen Person, ja Institution geworden war".[10] Daher ist sein zweites Testament vom 6. Januar 1831 wesentlich umfangreicher als das erste (etwas mehr als fünf Druckseiten derselben Ausgabe), was sich zum Teil freilich schon aus der Tatsache erklärt, daß die Familienverhältnisse des Testators – und dadurch die Rechtslage – wesentlich komplizierter geworden waren.[11]

Beim Vergleich der beiden Testamente Goethes fällt jedoch nicht nur der quantitative Unterschied sofort ins Auge, sondern auch ein qualitativer. Das zweite Testament, schon in der Todesnähe verfaßt, scheint nämlich viel mehr von 'geistigen' Sorgen diktiert worden zu sein. Dies bezeugt auch der Umstand, daß Goethe jedes Detail lange und genau mit dem rechtskundigen Kanzler von Müller, der dann auch zum Testamentsvollstrecker eingesetzt wurde, bedacht hat.[12] Wohl wurden im zweiten Testament Goethes, wie gewöhnlich und auch erforderlich, die Enkelkinder zu Universalerben eingesetzt; ihre Mutter, die „geliebte Schwiegertochter, Ottilie" (S.344), finanziell abgesichert, und verschiedene Personen aus

---

10 GMA, Bd.18,2, S.1184.

11 Goethes Gattin Christiane Vulpius verstarb 1816 nach zehn Ehejahren; sein Sohn August, der im ersten Testament zum Universalerben eingesetzt worden war, verstarb 1830 und hinterließ Frau sowie drei minderjährige Kinder.

12 Zur Entstehungsgeschichte des zweiten Testaments Goethes vgl. GMA, Bd.18,2, S.1189f.

dem Umkreis des Dichters, bis hin zum Kopisten John und zum „braven Diener" (S.346) Krause mit Legaten bedacht. Doch die Verfügungen über den 'geistigen' Nachlaß sind im zweiten Testament Goethes im Vergleich zum ersten nicht nur wesentlich umfangreicher und detaillierter, sondern sie sind im Text auch auffällig anders positioniert. Nachdem in den ersten zwei – kurz und bündig gehaltenen – Paragraphen die Enkelkinder zu Universalerben eingesetzt wurden und die „Verwaltung des ihnen zufallenden Vermögens" (S.342) geregelt war, gilt die Sorge des Testators schon in Paragraph 3 seinen „Kunst- und Naturalien-Sammlungen, [...] Briefsammlungen, Tagebücher[n], Kollektaneen und [seiner] Bibliothek" (S.342), die, wie die Herausgeber der Münchner Ausgabe vermerken, „zu seiner Zeit eine der größten privaten Kunstsammlungen Deutschlands" ausmachten.[13]

Der Zweck der diesbezüglichen letztwilligen Verfügungen Goethes war ein doppelter und bestand darin, seine privaten Sammlungen möglichst intakt und wohlgeordnet zu erhalten und diese nach seinem Tode in ihrer Gesamtheit der Öffentlichkeit zugänglich zu machen. Daher wünschte er, daß Teile dieser Sammlungen „nicht einzeln versteigert" (S.343) werden sollten, sondern er traf die Verfügung, sie bei Gelegenheit als Ganzes „an eine öffentliche Anstalt, und zwar wo möglich an eine *Weimarische*, gegen eine billige Kapitalsumme oder Rente" (S.342, Herv. im Original) zu verkaufen. Was Goethe dabei im Auge hatte, war offenbar nicht das materielle Interesse, da er ja ausdrücklich vermerkte, daß der Geldwert seiner Sammlungen „relativ unschätzbar" (S.342) sei.

Obschon die letztwilligen Verfügungen in Bezug auf den literarischen Nachlaß im zweiten Testament ebenfalls wesentlich umfangreicher und detaillierter als noch im ersten ausfallen, behielt sich der Testator Goethe in Paragraph 6 des zweiten Testaments ausdrücklich das Recht vor, hinsichtlich seines literarischen Nachlasses in einem Kodizill besondere Verordnungen zu treffen. Die Sorge des alternden Dichterfürsten um seinen literarischen Nachlaß hatte mit der Zeit beträchtlich zugenommen: „Da meine Verhältnisse als Schriftsteller höchst kompliziert sind, meine Bezüge zu Verlegern und kritischen Freunden höchst mannigfaltig und verschränkt, sowohl wegen schon herausgegebener als noch herauszugebender Werke, so macht sich eine besondere Verordnung deshalb nötig, die ich in einem

[13] GMA, Bd.18,2, S.1184. Über den Umfang der Goetheschen Sammlungen berichtet Erich Trunz in seinem Aufsatz Goethe als Sammler: „Als er 1832 in Weimar starb, hinterließ er Manuskripte, die heute 341 Kästen füllen, eine Sammlung von 17800 Steinen, mehr als 9000 Blätter Graphik, etwa 4500 Gemmenabgüsse, 8000 Bücher, zahlreiche Gemälde, Plastiken, naturwissenschaftliche Sammlungen usw." (Zit. nach: GMA, Bd.18,2, S.1184.)

Kodizille dem gegenwärtigen Testamente hinzufügen und gleich demselben befolgt wissen will." (S.343)

Das versprochene Kodizill wurde in der Tat recht bald, schon einige Tage nach der amtlichen Hinterlegung des Testaments am 8. Januar 1831, in Angriff genommen und beigefügt. Das Kodizill vom 22. Januar 1831, ausschließlich der Klärung von Problemen des literarischen Nachlasses gewidmet, ist allein schon durch seinen Umfang (etwas mehr als vier Druckseiten) ein beredtes Zeugnis von den tatsächlich höchst komplizierten literarischen Verhältnissen Goethes wie auch davon, daß er die ihm zugefallene Rolle des deutschen Dichterfürsten mit Anstand und gehöriger Verantwortung auf sich zu nehmen verstand. Einer wie auch immer gearteten Hochstilisierung und Inszenierung der eigenen Persönlichkeit bedurfte es gar nicht mehr – sie war längst geschehen, wenn auch nicht (ausschließlich) im Eigenbetrieb –; die Masse und das Gewicht (auch im engsten Wortsinn) des noch zu Regelnden sprach ja für sich selbst.

Der Zweck der Verfügungen des Kodizills vom 22. Januar 1831 bestand darin, den literarischen Nachlaß in seiner Gesamtheit der Nachwelt zu präsentieren, und zwar genau in der Form, wie der Dichter es selbst gewünscht hatte. Daher wurde die Herausgabe des literarischen Nachlasses Eckermann und Riemer, zwei Vertrauten, die schon zu Lebzeiten Goethes an der Herausgabe seiner Werke mitgewirkt hatten, überantwortet, „damit bei so komplizierten Zuständen, künftighin sachgemäß verfahren werden möge" (S.347).[14]

Doch mehrere Verfügungen des Kodizills bezeugen auch hinlänglich Goethes Wissen davon, daß seine Werke und Manuskripte nicht bloß einen 'geistigen', sondern ebenso einen nicht gerade unerheblichen materiellen Wert darstellten. In seinen Verfügungen legte der Dichter sogar einen durchaus gesunden Sinn fürs Geschäftliche an den Tag, indem er in Bezug auf seine Korrespondenz mit Schiller in Absatz V beispielsweise Folgendes verordnete: „Korrespondenz mit Schiller anno 1850 herauszugeben. [...] Wie sich auch die weltlichen Sachen bilden, so werden diese Papiere von großem Werte sein [...] so wird man begreifen was ein kluger Unternehmer aus diesen Dingen werde für Vorteil ziehen können. Deshalb das Ausbieten dieses Schatzes nicht privatim, sondern durch die Zeitungen und zwar auch durch die Ausländischen zu besorgen, und den Nachkommen die Früchte väterlicher Verlassenschaft zu steigern sein werden." (S.349) Ähnlicherweise machte Goethe in Absatz II darauf aufmerksam, daß die Honorare bei Cotta für

14 Vgl. auch die Verträge mit Eckermann über die Bearbeitung des literarischen Nachlasses vom 15. Mai und vom 10. Juni 1831. – In: GMA, Bd.18,2, S.351-353.

die Bände seines Nachlasses durch geschickte Verhandlungstaktik sich gegebenenfalls noch durchaus steigern lassen.[15]

Dieser durch und durch gesunde Sinn fürs Geschäftliche wurde Goethe dann – um das Spiel zu verderben und dem Gang der Untersuchung wieder einmal etwas vorzugreifen – in einem der zahlreichen Testamentsentwürfe Heines ausdrücklich bescheinigt. Heine, auf die taktische Beschwichtigung seiner erbosten Verwandten hinsteuernd, baute einen seiner zahlreichen Testamentsentwürfe zu einem regelrechten Traktat aus, in dem er den Beweis dafür zu erbringen suchte, daß poetisches Genie und der Sinn fürs Geschäftliche – in der Sprache seiner gutbürgerlichen Verwandten etwa 'gesunder Menschenverstand' – der gängigen Meinung und dem romantischen Bild vom brotlosen Poeten zum Trotz, durchaus miteinander verträglich seien, wobei er sich ausgerechnet auf Goethe als Musterbeispiel berief: „Nein, der wahre Dichter kann auch ein guter Geschäftsmann seyn, wie die großen Italiener der Renaissance und in unsrer Zeit Wolfgang Goethe gezeigt haben..."[16]

Es bleibt nur noch das Happy End zu berichten; ein Geschäft, das ich jedoch lieber den Herausgebern der Münchner Ausgabe überlasse: „Nach dem Tode des letzten Enkels Walther am 15. April 1885 [...] ging das Haus am Frauenplan mit seinen [Goethes, I.K.] Sammlungen in den Besitz des Großherzogtums Sachsen-Weimar über, dessen Großherzogin Sophie die Handschriften aus Goethes Nachlaß erbte."[17] Und was das Schicksal des literarischen Nachlasses betrifft: die von Eckermann und Riemer „herausgegebenen 20 Nachlaßbände erschienen von 1832 bis 1842."[18] Die Goethesche Testaments- und Nachlaßgeschichte kam auf diese Weise zweifellos zu einem Happy End, das aber nicht allen Dichtern, die letztwillige Verfügungen hinterließen, gleichermaßen zuteil werden konnte, obschon Goethe in einem Brief an Zelter vom 29. Januar 1831, in dem er ihm u.a. von seinem Testament berichtete, recht optimistisch bemerkte: „[...] wenn man gleich die Letzten Willen der Könige, wie uns die Geschichte lehrt, am wenigsten gelten läßt, so hat doch ein Privatmann eher Hoffnung auf die Zukunft zu wirken, besonders wenn er die Vorteile der Nachkommen gut versteht. Parteisinn, Willkür und

---

15 Vgl. GMA, Bd.18,2, S.347f.

16 Heine, Heinrich: [Testamente.] – In: Ders.: Historisch-kritische Gesamtausgabe der Werke. Hg. von Manfred Windfuhr. Bd.15. Geständnisse, Memoiren und kleinere Autobiographische Schriften. Bearb. von Gerd Heinemann. – Hamburg: Hoffmann und Campe 1982, S.204-219, hier S.214. Die eingehende Besprechung von Heines Testamenten s. weiter unten, Kap.III.iv.3.

17 GMA, Bd.18,2, S.1184f.

18 GMA, Bd.18,2, S.1193.

Unvernunft finden bei unserem gesetzlichen Zustande weniger Element und Spielraum."[19] Hinzuzufügen bleibt höchstens nur: Mal sehen...

Und um nun auch das Spiel zu Ende zu führen: Wie das Ergebnis – das vorliegende Buch – zeigt, habe ich meinerseits die eingangs gestellte Frage nach der Musterung der Goetheschen Testamente mit 'Ja' beantwortet. Doch dem Urteil des Lesers will ich nicht vorgreifen und daher verwandle ich die erste Frage nun in eine zweite, nämlich: Lohnt es sich wohl, dieses Buch zu lesen? Bevor Du aber, geneigter Leser, diese zweite Frage definitiv mit 'Ja' oder 'Nein' beantwortest, bitte ich Dich noch um etwas Geduld, um Dir nun eine kleine literarische Kostprobe verabreichen zu dürfen.

ii. Kleine literarische Kostprobe: Jean Pauls *Flegeljahre.* Ein entgleister Bildungsroman

In Goethes literarischer Produktion, in seinen fiktionalen Texten spielt das Testament als Motiv eine eher periphere Rolle.[20] Doch zur selben Zeit, als Goethe in Weimar sein erstes Testament verfaßte, schrieb ein Zeitgenosse, den das Phänomen des Todes seit langen Jahren intensiv beschäftigt hatte, Jean Paul,[21] schon an einem Roman, der einige Jahre später unter dem Titel *Flegeljahre. Eine Biographie*

---

19 GMA, Bd.18,2, S.1190.

20 Flüchtige Erwähnungen von Testamenten in Goethes epischem Werk s. z.B. in den Unterhaltungen deutscher Ausgewanderten [Die Geschichte von Ferdinand]; im 7. und 8. Buch von Wilhelm Meisters Lehrjahre sowie im 1. Teil der Wahlverwandtschaften.

21 Zum Todesproblem bei Jean Paul im Allgemeinen s. die ältere, noch geistesgeschichtlich angelegte Studie von Käthe Hamburger: Das Todesproblem bei Jean Paul. – In: Jean Paul. Hg. von Uwe Schweikert. – Darmstadt: Wissenschaftliche Buchgesellschaft 1974, S.74-105. [Erstdruck in: Deutsche Vierteljahrsschrift für Literaturwissenschaft und Geistesgeschichte 7 (1929), S.446-474.] Wie Hamburger betont, datiert die Forschung Jean Pauls Auseinandersetzung mit dem Tod von einer Tagebucheintragung vom 15. November 1790 her. (Vgl. Hamburger: Das Todesproblem, S.78) Die Summe ihrer Erörterungen zieht Hamburger in dem Satz: „Das Bemühen nun, den letzten Grund für die ungeheure Paradoxie des Todesphänomens, daß wir als Erlebende keine Tote und als Tote keine Erlebenden sind, zu finden, geht durch Jean Pauls Leben." (Hamburger: Das Todesproblem, S.80) Auf zwei kürzere Texte Jean Pauls, die bei der Untersuchung des Testament-Motivs auch von einigem Interesse sein dürften, sei hier nur kurz hingewiesen: Jean Paul: Hinlängliche Winke wie mein Epitaphium sein sol. – In: Ders.: Sämtliche Werke. Historisch-kritische Ausgabe. Abt. II, Bd.3. Hg. von Eduard Berend im Auftrag der Preußischen Akademie der Wissenschaften. – Weimar: Hermann Böhlaus Nachfolger 1932, S.51-53; und Ders.: Was für Sätze nach meinem Tode jährlich sollen erwiesen werden und was ich dafür testamentarisch legire. – In: Ebd., S.76-95.

erschien und in dem ein Testament zum bewegenden Moment der Handlung gemacht werden sollte.[22] Diesen Roman will ich nun im Folgenden, ohne eine umfassende Analyse und Interpretation anzustreben, in der Tat nur als kleine literarische Kostprobe, auf die Bedeutung des Testament-Motivs hin befragen.[23]

Die allem Anschein nach grundlegende Bedeutung des Van der Kabelschen Testaments für die Konzeption des Romans – obschon die Testament-Idee erst in einer relativ späten Phase der Entstehung aufgetaucht ist[24] – wird gleich im ersten Satz des ersten, *Bleiglanz* betitelten Kapitels[25] festgehalten: „Solange *Haßlau* eine Residenz ist, wußte man sich nicht zu erinnern, daß man darin auf etwas mit solcher Neugier gewartet hätte – die Geburt des Erbprinzen ausgenommen – als auf die Eröffnung des Van der Kabelschen Testaments."[26] (S.581, Herv. im Original.) Dementsprechend wird in den Eingangskapiteln des Romans die Eröffnung des mit so heißer Neugierde erwarteten Testaments des „Haßlauer Krösus" (ebd.) in genüßlicher Breite ausgemalt – die einschlägigen Partien gehören zu den berühmtesten komischen Szenen der deutschen Erzählliteratur und bedürfen im Zusammenhang dieser Arbeit keiner näheren Erörterung.

Und was die gespannten Erwartungen der Residenz betrifft, sie werden durch das endlich eröffnete Testament in der Tat nicht enttäuscht, sondern in gewisser Hinsicht vielleicht noch überboten. Der Sonderling Van der Kabel tut nämlich genau das, was man ihm zugetraut hat – etwas durch und durch Sonderbares. Die sieben „Präsumtiv-Erben" (ebd.) – eine insgesamt nicht unbedingt sympathisch zu

---

22 Entstehung des Romans vom Sommer 1795 bis Ende Mai 1805; Erstdruck 1804/05. (Vgl. Frenzel, Herbert A. / Elisabeth Frenzel: Daten deutscher Dichtung. Chronologischer Abriß der deutschen Literaturgeschichte. Bd.1. – München: dtv 1962, S.284.) Zur Entstehungsgeschichte s. ausführlich Berend, Eduard: Einleitung zu Bd.X. der historisch-kritischen Ausgabe. – In: Jean Paul: Flegeljahre. Sämtliche Werke. Historisch-kritische Ausgabe. Abt.I, Bd.10. Hg. von Eduard Berend im Auftrag der Preußischen Akademie der Wissenschaften. – Weimar: Hermann Böhlaus Nachfolger 1934, S.V-LXX, hier insbes. S.VIII-LIX.

23 Folgende Überlegungen zur strukturellen Funktion des Van der Kabelschen Testaments im Roman sind inspiriert durch zwei Studien, die in der Forschungsliteratur weit und breit als grundlegend für die Interpretation der Flegeljahre anerkannt sind: Meyer, Herman: Jean Pauls „Flegeljahre". – In: Jean Paul. Hg. von Uwe Schweikert. – Darmstadt: Wissenschaftliche Buchgesellschaft 1974, S.208-265. [Dass. in: Ders.: Zarte Empirie. – Stuttgart: Metzler 1963, S.57-112.]; und Neumann, Peter Horst: Jean Pauls „Flegeljahre". – Göttingen: Vandenhoeck & Ruprecht 1966.

24 Vgl. Meyer: „Flegeljahre", S.212.

25 Zu den sonderbaren Kapitelüberschriften s. Meyer: „Flegeljahre", S.250-263.

26 Der Roman wird nach folgender Ausgabe zitiert: Jean Paul: Werke. Bd.2. Siebenkäs. Flegeljahre. Hg. von Norbert Miller. – Darmstadt: Wissenschaftliche Buchgesellschaft 1971. Zitate werden im laufenden Text mit den Seitenzahlen dieser Ausgabe ausgewiesen.

nennende Ansammlung von Spießern – werden testamentarisch geprellt und Universalerbe des ansehnlichen Vermögens wird ein für alle Unbekannter, Gottwalt Peter Harnisch, mit Van der Kabels eigenen Testament-Worten „ein etwas elastischer Poet" (S.588). Doch dieser Walt, der, wie der Testator ebenfalls bemerkt, „gern das Pulver auf die Kugel lädt" (ebd.) und „am Stundenzeiger schiebt, um den Minutenzeiger zu drehen" (ebd.), darf die Erbschaft erst nach der Erfüllung von ganz besonderen Bedingungen antreten.[27] Vorerst soll er neunfach auf die Probe gestellt werden. Die Proben, die er bestehen soll, „seine *neun* Erb-Ämter" (S.589, Herv. im Original), die ihm die sechste Testamentsklausel vorschreibt, sind, wie man sogleich erfährt, ohne Ausnahme dem eigenen Lebenslauf Van der Kabels entnommen. Bevor also Walt die Erbschaft antreten darf, soll er dessen Leben rekapitulieren. Zieht man außerdem noch den Umstand in Betracht, daß er – nach der fünften Klausel des Testaments – zu guter Letzt auch noch Van der Kabels eigentlichen Namen, Friedrich Richter, der übrigens gleichzeitig mit dem Namen sowohl des (wirklichen) Romanautors als auch des (fiktiven) Erzählers identisch ist, erben soll, scheint es mehr als berechtigt zu behaupten, daß der Testator Van der Kabel Walt nicht einfach zu seinem Universalerben, sondern geradezu zu seinem Doppelgänger auserkoren hatte. Nicht zufällig heißt es ja auch im Testament selbst: „Wenn es wahr ist, ihr sieben Verwandten, daß ihr nur meine Person geliebt, so zeigt es dadurch, daß ihr das *Ebenbild* derselben recht schüttelt (den Nutzen hat das *Ebenbild*) ..." (S.590, Herv. I.K.)

Nebenbei: Diese mehrfache und merkwürdige Identität der Namen setzt eine Oszillation zwischen Realität und Fiktion in Gang. Könnte Walt nämlich die ihm auferlegten Proben bestehen, so käme er am Ende als Friedrich Richter davon; als gleichzeitig (wirklicher) Autor und (fiktiver) Erzähler seiner eigenen (Auto)Biographie. Doch gespalten bliebe er ohnehin.

Wie dem auch sei, Van der Kabel hat sich durch sein Testament nicht nur, wie Peter Horst Neumann treffend bemerkt, als „Humorist" und „postumer Erzieher" zu erkennen gegeben[28], sondern auch als den Doppelgänger seines Doppelgängers, also als ein (ebenfalls) „etwas elastischer Poet". Doch dazu später.

Mit der Eingangskonstellation (Van der Kabel als „postumer Erzieher" – sein Testament, das schon den Plot des Romans in nuce zu enthalten scheint – Walt als mutmaßlicher Held und Objekt der pädagogischen Maßnahmen) scheint Jean Paul

---

27 Dieser Typ von Testamenten ist in den Rechten nicht unbekannt. Er heißt *testamentum conditionatum*.

28 Neumann: „Flegeljahre", S.11.

auf jeden Fall den soliden Grund für einen gediegenen Bildungsroman gelegt zu haben. Das Van der Kabelsche Testament fungiert dabei als Mittel zum Zweck, und zwar in mindestens doppeltem Sinne. Es ist, erstens, das erzieherische Instrument des Testators Van der Kabel, dessen pädagogischer Zweck auch ganz offen zu Tage liegt: „Das kann den leichten Poeten vorwärts bringen und ihn schleifen und abwetzen." (S.590) Denn der Poet Walt bedarf einer strengen und konsequenten Pädagogik. Daß dem in der Tat so ist, hat schon Herman Meyer bemerkt, indem er die Beobachtung machte, daß der Erzähler – einer offensichtlichen Sympathie zum Trotz – seinen Helden nicht selten mit ironischer Distanz behandelt.[29] Denn: „Wer möchte leugnen, daß Walts Alliebe ein hohes ethisches Gut bedeutet und sich der höchsten Liebe, der christlichen Caritas, annähert? Und dennoch muß eingesehen werden, daß diese Liebe von innen gefährdet und sentimental aufgeweicht ist."[30] So sieht es übrigens auch Vult, Walts Zwillingsbruder, der in seinem Tagebuch dem Bruder den Vorwurf macht: „Sehr zu besorgen ist, mein' ich, daß du [Walt, I.K.] – ob du gleich sonst wahrlich so unschuldig bist wie ein Vieh – nur poetisch lieben kannst, und nicht irgendeinen Hans und Kunz, sondern bei der größten Kälte gegen die besten Hänse und Künze [...] in ihnen nur schlecht abgeschmierte Heiligenbilder deiner innern Lebens- und Seelenbilder knieend verehrst." (S.1000)

Doch das Testament ist nicht nur ein pädagogisches Instrument Van der Kabels, sondern ebenso ein literarisches Instrument Jean Pauls. Es enthält nämlich das vorgefertigte Handlungsschema des Romans, das gerade für einen Autor wie ihn, der bekanntlich Schwierigkeiten hatte, umfangreiche Romanhandlungen zu integrieren und in den einzelnen Handlungsmomenten zu motivieren,[31] gleich mehrere

29 Vgl. Meyer: „Flegeljahre", S.221f.

30 Meyer: „Flegeljahre", S.222.

31 Vgl. u.a. Meyer: „Flegeljahre", S.210-213. Das Problem klingt in ironisch zugespitzter Form auch im Roman selbst, in einem Brief des (fiktiven) Erzählers J.P.F.R. an den Haßlauer Stadtrat an: „Indes ersuch' ich die Testaments-Exekution, daß mir doch Vults Einleitung zu seinem Tagebuch samt unserem Briefwechsel darüber in den fliegenden Hering (Nro.56.) einzunehmen zugelassen werde, weil Sachen dadurch vorbereitet werden, die ohne das Tagebuch kein Mensch motivieren kann [...]. Wahrlich Sie, verehrlicher Stadtrat, sind glücklich und erfahren nichts von den Vater- und Mutterbeschwerungen erträglicher Autoren. Sie als Menschen stehen sämtlich unter dem herrlichen Satze des Grundes, und der Freiheit dazu, und alles, was Sie nur machen oder sehen, bekommen Sie sogleich schon motiviert – Aber Dichter haben oft die größten Wirkungen recht gut fertig vor sich liegen, können aber mit allem Herumlaufen keine Ursachen dazu auftreiben, keine Väter zu den Jungfernkindern. Wie ihnen dann Kritiker mitspielen [...], wissen der Himmel und ich am besten." (S.1004)

Vorteile bietet. Beispielsweise auch den, daß die einzelnen Stationen auf dem mutmaßlichen Bildungsweg des Helden, die neun „Erb-Ämter", als voneinander relativ unabhängige Episoden gestaltet werden dürfen, um so mehr, als sie ohne Ausnahme schon durch die Verfügungen des Testaments einzeln und auch insgesamt motiviert sind, wobei das Testament sie ohnehin beinahe von selbst integriert. Dadurch aber, daß die Zahl sowie die Art und Weise der „Erb-Ämter" zwar testamentarisch festgelegt ist, während ihre Reihenfolge – nach der siebten Testamentsklausel – dem Belieben des Universalerben Walt anheimgestellt bleibt, vermochte der Autor sich offenbar zusätzlichen erzählerischen Spielraum zu reservieren.

Und doch, aller erzählerischen Bemühung und Vorsicht zum Trotz, wird die Handlung des Romans recht bald aus dem sorgfältig vorgezeichneten Gleis geworfen. Das Van der Kabelsche Testament und seine Verfügungen scheinen mit dem Fortschreiten der Geschehnisse immer mehr in Vergessenheit zu geraten, da der Universalerbe Walt sich nur sehr zögerlich anschickt, sie zu erfüllen. Er hat ja Wichtigeres zu tun. Er schreibt an einem Doppelroman *Hoppelpoppel oder das Herz* zusammen mit seinem längst verschollen geglaubten Zwillingsbruder Vult, der als weltgewandter Flötenvirtuose und Ironiker gerade rechtzeitig wieder aus dem Nichts auftaucht; er wirbt – vergeblich – um die Freundschaft des Grafen Klothar, eines aristokratischen Freizeit-Philosophen, dessen Beurteilung mehr als fragwürdig bleibt; und schließlich verliebt er sich – nicht so ganz vergeblich – in dessen Braut, die polnische Generalstochter Wina Zablocki. Wenn er bei all dem doch noch die eine oder die andere Testament-Probe mehr schlecht als recht besteht, ist es eher ein Zufall, wie sein Notariat, oder eine zwar komische, doch folgenlose Episode, wie das Klavierstimmen und das Korrekturlesen. Daher ist es kein Wunder, wenn die Forschung die *Flegeljahre* schon immer als gescheiterten Bildungsroman betrachtet hat.

Kann man nun einerseits nicht umhin, das Scheitern der *Flegeljahre* als Bildungsroman zuzugeben, so bleibt andererseits doch immer noch die Frage zu beantworten, ob damit der Roman insgesamt schon abgetan ist und zu einem gescheiterten Kunstwerk erklärt werden kann, wie dies besonders die ältere Forschung zu tun pflegte. Meyer und Neumann versuchen allerdings auf je unterschiedliche Weise den Beweis für das Gegenteil zu erbringen. Meyer, indem er statt vom Scheitern des Romans vom Scheitern der gängigen romanpoetologischen Normen und Erwartungen am Roman spricht,[32] und dessen Stimmigkeit – wenn auch nicht

32 Vgl. Meyer: „Flegeljahre", S.213.

im Sinne der klassischen Konzeption eines 'organischen' Kunstwerks – überzeugend darlegt. Und Neumann, indem er den zwischendurch erfolgten Konzeptionswechsel mit logischer Notwendigkeit aus der Eingangskonstellation des Romans abzuleiten versucht: „Traum und Gedicht sind die Medien, in welchen allein Wirklichkeit diesen 'zweiten Petrarca' und vollkommenen Träumer [Walt, I.K.] zu erreichen vermag. Dies nicht begreifend, war Van der Kabels pädagogische Mission zum Scheitern verurteilt; ein Scheitern, dem das Werk Rechnung trägt durch Hintansetzung seiner anfänglichen Konzeption. Dieser Konzeptionswechsel selber ist Gegenstand des Romans."[33]

Diese beiden Ansätze weiterführend glaube ich nun behaupten zu dürfen, daß das Scheitern als Bildungsroman – nicht aber als Kunstwerk – den *Flegeljahren* inhärent ist; es ist dem Werk von Anfang an strukturell einprogrammiert. Auf dieses dem Roman strukturell einprogrammierte Scheitern lassen m.E. auch die widersprüchlichen Äußerungen Jean Pauls schließen, der einerseits ja bekanntlich zeit seines Lebens den Plan nicht aufgegeben hat, die *Flegeljahre* fortzusetzen und zu Ende zu schreiben,[34] wobei er andererseits doch, und zwar an exponierter Stelle, in seiner *Vorschule der Ästhetik*, mit aller Deutlichkeit die Unmöglichkeit der Fortsetzung deklarierte. Nachdem die *Flegeljahre* als Beispiel für den mittleren, 'deutschen' Romantyp erwähnt wurden, heißt es dort in Paragraph 72: „Der Held im Roman der deutschen Schule, gleichsam in der Mitte und als Mittler zweier Stände, so wie der Lagen, der Sprachen, der Begebenheiten, und als ein Charakter, welcher weder die Erhabenheit der Gestalten der italienischen Form, noch die komische oder ernste Vertiefung der entgegengesetzten niederländischen annimmt, ein solcher Held muß dem Dichter nach zwei Richtungen hin die Mittel, romantisch zu sein, vertheuern, ja rauben, und wer es nicht einsehen will, setze sich hin und setze die Flegeljahre fort."[35]

Dieser Widerspruch – oder vielmehr diese Paradoxie – erklärt sich nun aus einer Paradoxie in der Eingangskonstellation des Romans, die das Werk als Bildungsroman von Anfang an zum Scheitern verurteilt hatte. Schlüssel und Knotenpunkt der Paradoxie ist die Person und das Testament Van der Kabels, der, wie schon erwähnt, sich durch sein Testament nicht nur als „postumer Erzieher", sondern auch

---

33 Neumann: „Flegeljahre", S.116.

34 Dazu s. Neumann: „Flegeljahre", S.59f.

35 Jean Paul: Vorschule der Aesthetik. Sämtliche Werke. Historisch-kritische Ausgabe. Abt.I., Bd.1. Hg. von der Preußischen Akademie der Wissenschaften. – Weimar: Hermann Böhlaus Nachfolger 1935, S.238.

als Doppelgänger seines Doppelgängers in spe, Walt, also als – zwar verkappter – Poet zu erkennen gibt. Das Van der Kabelsche Testament nicht nur als juristischen Gebrauchstext mit pädagogischer Intention, sondern auch als poetischen Text ernst zu nehmen, scheint demnach mehr als geboten – eine Aufgabe, der nachzugehen etwas weiter unten noch versucht werden soll.

Doch hier wäre zunächst einmal die Frage zu klären: Worin besteht denn eigentlich das Poetische des Poeten? Das poetische Ingenium, wie der Roman es an der Figur von Walt in vielfacher Modifikation und Variation vor Augen führt, ist nichts anderes als die alles überwindende Kraft der Phantasie, Realität – beiläufig im Sinne von Novalis' berühmter Romantik-Definition[36] – sich selbst anzuverwandeln. Die Waltsche Phantasie – ein Synonym dafür im Roman ist der Traum – stößt sich nicht an der Realität, reibt sich nicht an ihr ab. Sie geht zwar von ihr aus, aber sie streift die Realität nur, um sie in ihrer „Äther-Mühle" – so die Überschrift des 14. Kapitels, in dem der Doppelroman der Zwillingsbrüder entworfen wird – in „Luftschlösser" (S.671) zu verwandeln. An der überlegenen Kraft dieser poetischen Phantasie prallen nun die pädagogischen Maßnahmen Van der Kabels ab. Denn Van der Kabel erweist sich in seinem Testament nicht nur als verkappter, sondern auch als verkehrter Poet, indem er den Versuch unternimmt, das in der Person von Walt verkörperte Poetische wieder in Realität zurückzuverwandeln. In Freudscher Terminologie könnte man ja sagen, Walt sollte, indem er die ihm testamentarisch auferlegten Proben durchläuft, das Realitätsprinzip interiorisieren oder die Realität überhaupt erst zur Kenntnis nehmen. Indem der Testator Van der Kabel also, als verkehrter Poet, das poetische Ingenium, die alles verwandelnde Kraft der Phantasie, nicht auf die Realität anwendet, sondern auf sich selbst zurückbezieht, führt er eine neue Stufe der Reflexion ein, die sich in einer Paradoxie verliert und die Phantasie selbst entgleisen läßt, da sie diese an ihre äußerste Grenze führt. Dabei ist diese Art von Potenzierung der Reflexion – und dies legt schon die derartige Interpretation des Van der Kabelschen Testaments nahe – ein

36 Im 105. Stück der *Logologischen Fragmente* des Novalis heißt es: „Die Welt muß romantisirt werden. So findet man den urspr[ünglichen] Sinn wieder. Romantisiren ist nichts, als eine qualit[ative] Potenzirung. Das niedre Selbst wird mit einem bessern Selbst in dieser Operation identificirt. So wie wir selbst eine solche qualit[ative] Potenzenreihe sind. Diese Operation ist noch ganz unbekannt. Indem ich dem Gemeinen einen hohen Sinn, dem Gewöhnlichen ein geheimnißvolles Ansehn, dem Bekannten die Würde des Unbekannten, dem Endlichen einen unendlichen Schein gebe, so romantisire ich es ..." – In: Novalis: Schriften. Bd.2. Das philosophische Werk I. Hg. von Richard Samuel. – Darmstadt: Wissenschaftliche Buchgesellschaft 1965, S.545.

durchgehendes Strukturierungsprinzip des Romans, das sich in zahlreichen Details wiederholt, denke man nur an Kapitelüberschriften wie *Musik der Musik* oder *Träume aus Träumen* – das letztere übrigens ein Kapitel, an dessen Schluß das Verfahren der Potenzierung ebenfalls beinahe ad absurdum geführt wird: „Er [Walt, I.K.] ging nach Hause zum ernsten Schlaf und hoffte, daß ihm vielleicht träume, er sei der Traum." (S.843)

Daß Jean Paul dieses Verfahren der Potenzierung der Reflexion bewußt praktizierte und sich auch der damit verbundenen philosophischen Implikationen durchaus bewußt war, beweisen u.a. Vults Reflexionen, die er, die Ankunft seines Zwillingsbruders erwartend, ans Schild des „Wirtshauses zum Wirtshaus" heftet und die der Erzähler folgendermaßen wiedergibt: Der Wirt war ein „Herrnhuter, der auf sein Schild nichts weiter malen lassen als wieder ein Wirtshausschild mit einem ähnlichen Schild, auf dem wieder das Gleiche stand; es ist das die jetzige Philosophie des Witzes, die, wenn der ähnliche Witz der Philosophie das Ich-Subjekt zum Objekt und umgekehrt macht, ebenso dessen Ideen sub-objektiv wiederscheinen lässet; z.B. ich bin tiefsinnig und schwer, wenn ich sage: Ich rezensiere die Rezension einer Rezension vom Rezensieren des Rezensierens, oder ich reflektiere auf das Reflektieren auf die Reflexion einer Reflexion über eine Bürste." (S.653) Also: Vult reflektiert die Potenzierung der Reflexion, indem er die Reflexion der Potenzierung weiter potenziert.

Nichts anderes als das Van der Kabelsche Testament, das die Romanhandlung überhaupt erst in Gang setzt, ist also schuld an deren baldiger Entgleisung, daran, daß die *Flegeljahre* als Bildungsroman von allem Anfang an zum Scheitern verurteilt sind.

Doch Van der Kabel ist nicht der einzige im Roman, der mit seiner testamentarischen Pädagogik an Walts poetischem Ingenium scheitert. Sein Scheitern wiederholt sich in dem Scheitern von Vult, Walts Zwillingsbruder. Obschon die Figur dieses Quod Deus Vult erst allmählich im Laufe des langjährigen Entstehungsprozesses des Romans sich aus der von Walt abgespalten hatte,[37] verkörpert er, der auf seinen „Flötenreisen ein satirisches Werk in den Druck gegeben als Manuskript, die *grönländischen Prozesse* in zwei Bänden anno 1783 bei Voß und Sohn in Berlin"[38] (S.666), eine andere Alternative der Poesie, die der des Zwillingsbruders Walt zuletzt mindestens gleichrangig und gleichwertig ist. Man könnte

37 Vgl. u.a. Meyer: „Flegeljahre", S.223.

38 Daß der Autor Jean Paul der Figur Vult ein eigenes Werk unterschiebt, ist eine Fortsetzung des Spiels mit der Verwischung der Grenzen von Realität und Fiktion.

sogar behaupten, Vult sei – viel mehr als Walt – der eigentliche Doppelgänger des verkappten Testator-Poeten Van der Kabel; ist er doch derjenige, der in seinem bitterbösen Abschiedsbrief an den Zwillingsbruder die Summe der Romanhandlung zieht und mit aller Deutlichkeit das Scheitern der *Flegeljahre* als Bildungsroman deklariert: „Ich lasse dich, wie du warst, und gehe, wie ich kam." (S.1081) Und: „Gehabe dich wohl, du bist nicht zu ändern, ich nicht zu bessern [...]. Und doch, Walt, bist du allein an allem schuld." (S.1082)

Außerdem ist Vult auch derjenige, der im 14. Kapitel, *Modell eines Hebammenstuhls*, den gemeinsam zu schreibenden Doppelroman überhaupt erst in Vorschlag bringt und für ihn sogleich den Titel *Flegeljahre* vorschlägt. Obgleich Walt diesen Titelvorschlag zuletzt auch ablehnt, ist er ernst zu nehmen, denn der Doppelroman im Roman, schließlich *Hoppelpoppel oder das Herz* genannt,[39] entpuppt sich auf diese Weise als dem Roman *Flegeljahre* installierte romanpoetologische (Selbst-)Reflexion. Was Vult vom poetologischen Programm des *Hoppelpoppel*-Romans sagt, gilt daher nicht weniger von dem der *Flegeljahre:* „[...] *ein* Paar Zwillinge müssen, als ihr eigenes Widerspiel, zusammen einen Einling, *ein* Buch zeugen, einen trefflichen Doppel-Roman. Ich lache darin, du weinst dabei oder fliegst doch – du bist der Evangelist, ich das Vieh dahinter – jeder hebt den andern – alle Parteien werden befriedigt, Mann und Weib, Hof und Haus, ich und du." (S.667, Herv. im Original.)

Genau im Sinne dieses Programms und der eigenen romanpoetologischen Klassifizierung Jean Pauls in der *Vorschule der Ästhetik*[40] sieht Meyer die Einheit des Romans *Flegeljahre* im Zusammenspiel und in der gegenseitigen Durchdringung der beiden „Sprachwelten"[41] begründet, für die die Zwillingsbrüder einstehen. Doch seine These bedarf sowohl einiger Einschränkung als auch einiger Ergänzung.

Es ist nämlich mehr als fraglich, ob die gegenseitige Durchdringung und Verschmelzung der beiden „Sprachwelten" – hier der ätherisch-poetische Höhenflug der Phantasie, dort die ironische Distanz oder der beißende Spott des Satirikers – im Roman tatsächlich gelungen ist oder je gelingen kann. Nicht nur die *Flegeljahre*, sondern auch der Doppelroman *Hoppelpoppel* bleiben Fragment... Statt Durchdringung und Verschmelzung könnte vielmehr von einer im ganzen Roman durchgehaltenen Engführung disparater oder sogar anscheinend unverträglicher Elemente die Rede sein, so daß der Leser der *Flegeljahre* einem dauernden Wechselbad aus-

---

39 Zum Doppeltitel des Doppelromans vgl. Meyer: „Flegeljahre", S.238-240.

40 Vgl. Jean Paul: Vorschule der Aesthetik, S.236-240. [Paragraph 72]

41 Vgl. Meyer: „Flegeljahre", S.226, dann passim.

gesetzt ist. Der Grundton des Romans ist nicht die Harmonie, nicht einmal, wie Meyer meint, die „Kontrastharmonie",[42] sondern die Dissonanz. Inwiefern durch diese Technik der dissonanten Engführung die konzeptionellen Schwierigkeiten des Romans mitbedingt sind, bleibe dahingestellt.

Was nun die zwei „Sprachwelten" des Romans betrifft – und dies wäre die notwendige Ergänzung zu Meyers These –, setzen beide eine gemeinsame dritte voraus, die, obwohl sie im Text kaum gesprochen wird, den unausgesprochenen gemeinsamen Bezugspunkt für die beiden anderen bildet. Diese dritte „Sprachwelt" ist die philiströse Prosa der prosaischen Philister vom Schlage des neureichen Hofagenten Peter Neupeter. Sowohl Walts als auch Vults Alternative der Poesie setzen diese dritte „Sprachwelt" stillschweigend als Bezugspunkt voraus; ihr Unterschied besteht im Grunde darin, wie sie mit ihr umgehen. Walts ätherische Poesie geht, wie schon erwähnt, von ihr aus, ohne sich an ihr abzuarbeiten; sie verwandelt die philiströse Prosa mühelos und spielerisch in „Luftschlösser", ohne sich an ihr zu stoßen. Die Poesie von Walt hebt die Philisterprosa kraft einer phantastischen Verwandlung zu sich selbst herauf, wobei sie immer über ihr schwebt.

Doch nicht so Vult. Seine Ironie hat die Funktion, sich in Distanz zu setzen, sein satirischer Hohn und Spott sollen die Philisterprosa herabsetzen und erniedrigen, damit er sich selbst siegreich und hohnlachend über sie erheben kann. Betreibt Walt eine Poesie der Überhöhung der Realität, indem er über ihr schwebt, so ist die Sache von Vult eine Poesie der Herabsetzung und Erniedrigung, da er mitten in der Realität steht und sich ständig an ihr stößt. Das Merkwürdigste dabei ist allerdings, daß die prosaischen Philister, wie dies an zahlreichen Stellen des Romans vorgeführt wird, auf beide Arten der Poesie mit Ablehnung und Intoleranz – oder bestenfalls mit inauthentischer Nachäffung – reagieren, weil sie keine von den beiden mehr und besser als die andere begreifen.

Gerade dieses philiströse Unverständnis gegenüber den wie auch immer gearteten Erzeugnissen der Poesie wird in den Eingangskapiteln des Romans besonders plastisch – und sarkastisch – vor Augen geführt; es ist also Zeit, (auch) das Van der Kabelsche Testament als poetischen Text – im Sinne der ironisch-satirischen Alternative – ins Auge zu fassen.

Meyer hat schon die drei Anfangskapitel der *Flegeljahre* – mit gutem Grund – als eine einzige zusammenhängende Sequenz betrachtet;[43] auffallend ist allerdings, daß sie alle drei vom Zitat leben. Im ersten Kapitel *(Bleiglanz)* wird das Testament

42 Meyer: „Flegeljahre", S.214.

43 Vgl. Meyer: „Flegeljahre", S.246-248.

Van der Kabels mit allen gehörigen Formalitäten eröffnet und verlesen; das zweite *(Katzensilber aus Thüringen)* ist ein Brief des fiktiven Erzählers J.P.F. Richter an den Stadtrat von Haßlau, in dem die (fiktive) Entstehungsgeschichte des Romans – als Erfüllung der dreizehnten Klausel des Van der Kabelschen Testaments – mitgeteilt wird; im dritten Kapitel schließlich *(Terra miraculosa Saxoniae)* liest der Kirchenrat Glanz den anderen „Akzessist-Erben" (S.597) eine Idylle Walts *(Das Glück eines schwedischen Pfarrers)* vor, die wohl nicht von ungefähr als Anhang dem Testament beigefügt ist. Bildlich gesprochen, erzeugen also die drei Eingangskapitel des Romans ein Triptychon, indem das mittlere (zweite) Kapitel, das die fiktive Entstehungsgeschichte der Romanfiktion darstellt, von zwei poetischen Texten entgegengesetzten Charakters umrahmt ist. Doch in den beiden umrahmenden Kapiteln werden nicht bloß die beiden poetischen Texte selbst vorgelesen, sondern es werden auch die Reaktionen der mithörenden Philister, der philiströsen Adressaten bzw. Rezipienten gleich mitgeliefert.

Daß die Idylle, *Das Glück eines schwedischen Pfarrers,* die im dritten Kapitel vom Kirchenrat Glanz den anderen geprellten „Akzessist-Erben" vorgelesen wird, als Musterbeispiel der ätherischen Poesie Walts gelten darf, dürfte gar keine Frage sein; warum wäre sie sonst dem Testament „an den Rand genäht" (S.590), so daß die zwei Texte eine – wenn auch nur provisorische und labile – Einheit bilden? Diese Idylle führt ja tatsächlich das Verfahren der phantastisch-poetischen Verwandlung der Realität gleich doppelt vor, erstens, indem sie es praktiziert, und zweitens, indem sie es thematisiert, so daß die Idylle insgesamt in die Kategorie der Waltschen „Vor-Träume" eingereiht werden dürfte.[44] Den schwedischen Norden in den italienischen Süden zu verwandeln, um nur ein Beispiel zu geben, geht in diesem typisch Waltschen Text mit spielerischer Leichtigkeit: „Schon ein Pfarrer an sich ist selig, geschweige in Schweden. Er genießt da Sommer und Winter rein, ohne lange verdrüßliche Unterbrechungen; z.B. in seinen späten Frühling fällt statt des Nachwinters sogleich der ganze reife Vorsommer ein, weißrot und blütenschwer, so daß man in einer Sommernacht das halbe Italien, und in einer Winternacht die halbe zweite Welt haben kann." (S.598) Oder: „[...] so kann er ja schon vor drei Uhr an in der warmen Dämmerung durch den starken Mondschein in der Stube auf und ab waten und etwas Orangenzucker dazu beißen, um das schöne Welschland mit seinen Gärten auf die Zunge und vor alle Sinne zu bekommen. Kann er nicht bei dem Monde denken, daß dieselbe Silberscheibe

44 Dazu s. Kap.16. des Romans *(Berggur. Sonntag eines Dichters).*

jetzt in Italien zwischen Lorbeer-Bäumen hänge? Kann er nicht erwägen, daß die Äolsharfe und die Lerche und die ganze Musik und die Sterne und die Kinder in heißen und kalten Ländern dieselben sind? Wenn nun gar die reitende Post, die aus Italien kommt, durchs Dorf bläset und ihm auf wenigen Tönen blumige Länder an das gefrorne Museums-Fenster hebt; wenn er alte Rosen- und Lilienblätter aus dem vorigen Sommer in die Hand nimmt, wohl auch eine geschenkte Schwanzfeder von einem Paradiesvogel; wenn dabei die prächtigen Klänge Salatzeit, Kirschenzeit, Trinitatissonntage, Rosenblüte, Marientage das Herz anrühren: so wird er kaum mehr wissen, daß er in Schweden ist, wenn Licht gebracht wird und er verdutzt die fremde Stube ansieht." (S.600)

Die letztzitierte Passage ist aus zwei Gründen besonders bemerkenswert. Erstens liefert hier Walt gleichsam eine Beschreibung der Technik, wie man sich mit Hilfe von Reizmitteln von der Realität loslösen und in eine verwandelte Phantasiewelt hinenträumen kann. Zweitens ist die – vom Verfasser Walt vermutlich nicht intendierte – Ironie der Passage unüberhörbar. Wird man nämlich aus seiner Traumwelt herausgerissen, wie dies am Ende der Passage dem Pfarrer geschieht, so findet man sich nicht leicht wieder in der Realität zurecht. Doch Pfarrer zu sein ist selbst in Schweden noch schön, da man ja überall sein eigenes Italien herbeiträumen kann.

Die Reaktionen der „Akzessist-Erben" auf einen derart subtilen Text sind nach dem ersten Kapitel unschwer zu erraten. Sie sind bald von der Lektüre angeekelt und haben genug gehört, um die Vernunft des Verfassers in Zweifel zu ziehen: „Glanz, dessen Gesicht die günstigste Selbstrezension seiner geschriebenen Werke war, sah, mit einigem Triumphe über ein solches Werk, unter den Erben umher; nur der Polizei-Inspektor Harprecht versetzte mit einem ganzen Swift auf dem Gesicht: 'Dieser Nebenbuhler kann uns mit seinem Verstande noch zu schaffen machen.' Der Hoffiskal Knoll und der Hofagent Neupeter und Flitte waren längst aus Ekel vor der Lektüre weg und ans Fenster gegangen, um etwas Vernünftiges zu sprechen." (S.602)

Doch wie steht es nun mit dem Van der Kabelschen Testament selbst? Ob dieser Text ebenfalls als ein – wenn auch nur verkappter – poetischer gelten darf, scheint eine besonders heikle Frage zu sein, da Testamente in der Regel ja geradezu als Musterbeispiele für die philiströse Gebrauchsprosa der prosaischen Philister gelten sollten. Um so größer freilich der Reiz und die Verlockung, gerade einen dermaßen prosaischen Gebrauchstext auf ein eventuelles ironisch-poetisches Potential hin zu erproben. Und dem Testator Van der Kabel gelingt es in der Tat, sein Testament zu einem ironischen zu gestalten, das die philiströsen Adressaten geradezu aus der Fassung bringt. Allerdings, Van der Kabel präsentiert sich schon vor der Eröffnung seines Testaments als „warmer Ironiker" (vgl. S.582)[45]; obschon die überlegene – man möchte fast sagen: weise – Ironie der Worte, die er „halbsterbend" (S.581) bei der Übergabe des Depositionsscheins an die „Präsumptiv-Erben" richtet – er denke sie sich „viel lieber als lachende Erben [...] denn als weinende" (S.581f.) –, erst nach der Verlesung der dritten Testamentsklausel, die einen regelrechten Wein-Wettbewerb unter den Möchtegern-Erben entfacht, voll durchsichtig wird.

Die Ironie Van der Kabels setzt eine überlegene Kenntnis des Stoffes voraus, die den Ironiker erst in den Stand setzt, ihn aus der Distanz zu behandeln und spielerisch umzugestalten. Unter 'Stoff' ist im gegebenen Zusammenhang gleich zweierlei zu verstehen. Erstens die Textsorte 'Testament' mit allem juristischem Drum und Dran; zweitens die „Akzessist-Erben" selbst mit ihrem philiströsen Zweck- und Besitzdenken. Van der Kabel vermag, wie das Ergebnis – nämlich sein Testament – beweist, so meisterhaft und so überlegen mit dem Testament als juristischem Gebrauchstext umzugehen, daß es ihm gelingt, durch dessen ironische Umgestaltung gleichzeitig seinen philiströsen Verwandten einen Spiegel vorzuhalten.

Van der Kabels überlegene Stoffkenntnis in Bezug auf die Funktion und die Gestaltung von Testamenten rührt vermutlich daher, daß der Testator, wie man es aus dem Testament selbst erfährt, „deutscher Notarius" (S.582) gewesen war. Dies setzt ihn also in den Stand, die juristische Form aus der Distanz und mit spielerischer Leichtigkeit, also mit ästhetischer Freiheit, zu behandeln. Denn die ironische Haltung charakterisiert das Van der Kabelsche Testament insgesamt und bis ins kleinste Detail. Sie äußert sich in den ironisch-distanzierten, selbstreflexiven Einleitungs- und Schlußsätzen von mehreren Klauseln, wobei das geradezu mustergültig aufgebaute Testament trotz allem – der Wut, der Habgier und der Fassungslosigkeit der philiströsen „Präsumtiv-Erben" zum Trotz – als rechtsgültige Willensmeinung des Erblassers unangefochten bestehen bleiben kann; sie äußert sich in den einzelnen Legaten;[46] sie äußert sich im Aufbau von einzelnen Klauseln wie z.B. die zweite, die wie eine Erbeinsetzung beginnt, um schließlich – unerwartet genug – in die Enterbung der sieben „Präsumtiv-Erben" zu münden, und zwar mit der ebenfalls ironischen Begründung, daß sie, die immer beteuerten, die geringe Person des Erblassers lieber als sein großes Vermögen zu haben, nun beim Wort genommen werden sollen; sie äußert sich in der dritten Testamentsklausel,

45 Nämlich im Gegensatz zum „kalten Ironiker" Polizei-Inspektor Harprecht.

46 Um nur ein Beispiel zu nennen: „hiesiger Judenschaft" vermacht der Testator seinen „Kirchenstand in der Hofkirche" (S.583).

die den schon erwähnten Wein-Wettbewerb unter den „Präsumtiv-Erben" zur Folge hat; und sie äußert sich nicht zuletzt in der Einsetzung Walts zum Universalerben, doch, wie schon erwähnt, unter ganz sonderbaren Bedingungen.

Der beste Beweis für das Gelingen der ironisch-poetischen Textgestaltung des Van der Kabelschen Testaments ist freilich die Reaktion der spießigen „Akzessist-Erben". Das Testament macht sie nämlich nicht allein fassungslos und wütend, sondern sie schicken sich vielmehr auch diesmal an – genauso wie etwas später nach der Lektüre von Walts Idylle – die Vernunft des Verfassers anzuzweifeln. Unter prosaischen Philistern scheint es ja gang und gäbe zu sein, die Autoren von wie auch immer gearteten poetischen Texten als hoffnungslose Narren zu betrachten, obwohl ihr bißchen Philister-Verstand diesmal doch gerade durch die Überlegenheit der Vernunft Van der Kabels ad absurdum geführt wurde – eine Neuauflage des alten Komödienmotivs der 'betrogenen Betrüger'.

Damit könnte nun als erwiesen gelten, daß Van der Kabel mit gutem Recht als verkappter Poet und sein Testament als poetischer Text betrachtet werden darf. Van der Kabel bevorzugt, nach dem Zeugnis seines Testaments, wie übrigens auch Vult, die ironisch-satirische Alternative der Poesie und vermag auf diese Weise in spielerischer Überlegenheit mit der Realität poetisch umzuspringen. Doch der anderen, ätherischen Art der Poesie kommt er mit seiner Ironie nicht bei. Daher sein Scheitern – Menschenkenntnis und Weisheit zum Trotz – an Walt.

Doch die ironisch-poetische Verkehrung der Textsorte 'Testament' durch Van der Kabel wird im Roman noch einmal verkehrt; oder vielmehr: das Poetische wird zum Prosaisch-Philiströsen zurechtgebogen. Im 37. Kapitel, das die leicht blasphemische Überschrift *Neues Testament* trägt, macht der Elsässer Flitte, einer der sieben „Akzessist-Erben", sonst ein armer Teufel, der bis zum Halse in Schulden steckt, sein Testament in der Gegenwart von Walt als Notar. Die nächtliche Szene auf dem Glockenturm mit ihrer makabren Komik ist gleichsam die Tragödie nach dem vorangegangenen Satyrspiel des Van der Kabelschen Testaments. Freilich eine durch und durch verlogene Tragödie, auch wenn Walt in seiner himmlischen Naivität – im Gegensatz zum Leser – den Betrug nicht zu durchschauen vermag. Denn Flittes Testament mit seinen zwar großspurigen, aber gelogenen Legaten ist nun in der Tat das Musterbeispiel für die philiströse Sachprosa der prosaischen Philister; ein Text, der in seiner geheuchelten und wohl kalkulierten Rührseligkeit durchaus handfeste Zwecke verfolgt. Flitte stellt sich nämlich todkrank, um durch ein fingiertes Testament gleich zwei Fliegen mit einem Schlag zu fangen. Er hat es (erstens) auf die Hand – oder vielmehr: auf die Mitgift – von Raphaela, Peter Neupeters Tochter, die mit ihrer ebenfalls geheuchelten Sentimentalität die ätherisch-poetische Wina nachäfft, abgesehen; und er will (zweitens) durch seine 'wunderbare' Genesung dem patientenlosen Kurpfuscher Dr. Hut, seinem Gläubiger, zu Ruhm und Kundschaft verhelfen.

Durch diese abermalige Verkehrung und Zurechtbiegung des ironisch Verkehrten wird dem Testament als juristischem Gebrauchstext endlich seine Stelle und seine Funktion in der philiströsen Alltagsprosa zugewiesen. Doch die philiströse Prosa der prosaischen Philister wird dabei entlarvt als Lüge und Heuchelei, der nur in dem ätherischen Höhenflug oder in der ironischen Verkehrung der Poesie Wahrheit widerfahren kann.

II. EINLEITUNG

i. Bestandsaufnahme

Die vorliegenden Untersuchungen zum 'literarischen' Testament[47] im deutschen Sprachraum seit der frühen Neuzeit sind aus der Beobachtung hervorgegangen, daß die einschlägigen Texte bisher so gut wie keine Beachtung in der germanistischen Literaturwissenschaft fanden, obwohl die Erforschung des Testaments als Textsorte der 'Gebrauchsliteratur' wie auch als Motiv der fiktionalen Literatur durchaus nicht bloß biographische Interessen zu befriedigen verspricht. Da es sich also um einen weitgehend unerforschten Bereich handelt, galt es zunächst, ein möglichst umfangreiches Textkorpus zusammenzustellen. Gefunden werden sollten deutsche (und österreichische) 'literarische' Testamente im weitesten Sinne des Wortes – außer Testamenten von Dichtern z.B. die von Philosophen und Musikern, aber auch die von musisch begabten Herrschern wie Friedrich dem Großen sowie die von Vertretern berühmter und mächtiger Bürgerfamilien wie etwa den Fuggern und den Rothschilds –; kurz Testamente, die unter literatur- und kulturhistorischem Aspekt offenbar von Interesse sind. Dabei war davon auszugehen, daß solche Testamente zwar sporadisch – z.B. in historisch-kritischen Ausgaben, gelegentlich aber auch als Einzeldrucke – veröffentlicht, bis jetzt aber weder systematisch gesammelt und publiziert, noch systematisch untersucht wurden.

Im Laufe der Sammeltätigkeit hat es sich tatsächlich erwiesen, daß eine ganze Reihe von Testamenten dieser Art in verschiedenen Textausgaben und gelegentlich auch in biographischer Literatur publiziert wurde, so daß sich ein ansehnliches Textkorpus zusammenstellen ließ. Da in manchen Fällen aber – darunter auch bei bedeutenden Autoren – nicht eindeutig ermittelt werden konnte, ob ein Testament vielleicht zwar nicht publiziert wurde, aber im Nachlaß erhalten blieb, wurde es notwendig, sich mit Literaturarchiven in Verbindung zu setzen. Auf diese Weise ist es dann gelungen, weitere teilweise unveröffentlichte oder nur schwer zugängliche Dichtertestamente (u.a. die von Ludwig Börne, Theodor Fontane, Gustav Freytag, Thomas Mann, Eduard Mörike und Theodor Storm[48]) in den Archiven zu ermitteln.[49]

---

47 Zum Begriff des 'literarischen' Testaments s. weiter unten, Kap.II.iii.

48 Die Kopie des 'Testaments' von Storm, das sich in Privatbesitz befindet und nicht weitergereicht werden darf, wird aufbewahrt im Storm-Archiv im Theodor-Storm-Haus in Husum. Doch im Rahmen dieser Darstellung kann Storms 'Testament' nicht berücksichtigt werden, da es sich dabei

Bei der Erstellung des Textkorpus mußte jedoch bald eingesehen werden, daß das Streben nach Vollständigkeit des Materials – was auch immer dies bedeuten mag – aufzugeben war. Und zwar nicht allein aus dem Grund, weil zahlreiche Nachfragen in den Archiven negativ beantwortet wurden, sondern auch, weil selbst eine annähernde Vollständigkeit des Stoffes ohnehin nicht zu erreichen war. Es wäre ja kaum möglich, die exakte Grenze zwischen kulturhistorisch Interessantem und Irrelevantem sowie zwischen 'literarischen' und 'nicht-literarischen' Testamenten zu ziehen. Es wurde daher die Erstellung einer möglichst umfangreichen Textsammlung angestrebt, die Testamente berühmter Deutscher (und Österreicher) von der frühen Neuzeit bis ins 20. Jahrhundert enthält und die sich für verschiedene Untersuchungszwecke und -aspekte anbietet.

Ob und inwiefern dieses Textkorpus als repräsentativ betrachtet werden kann, ist eine Frage und muß es bleiben. Denn obwohl ich versucht habe, bei der Suche nach Testamenten möglichst systematisch vorzugehen, waren Textfunde trotzdem des öfteren dem Zufall überlassen. Außerdem enthält das Textkorpus ausschließlich Testamente von 'Prominenten' im weitesten Sinne des Wortes, die nur, wenn überhaupt, die jeweilige Elite des Geistes, des Geldes und der Macht repräsentieren. Ob und inwiefern daher die Ergebnisse vorliegender Untersuchung auch zu verallgemeinern bzw. auf andere Testamente zu übertragen sind, könnten erst weitere Untersuchungen erweisen.

Auf Grund der Nachfragen in den Archiven ließ sich allerdings feststellen, daß folgende Dichter – in alphabetischer Reihenfolge – definitiv kein Testament hinterlassen haben, oder wenigstens kein solches in ihrem Nachlaß erhalten geblieben ist: Gottfried August Bürger, Joseph von Eichendorff, Christian Dietrich Grabbe, Jean Paul, Gotthold Ephraim Lessing[50], Conrad Ferdinand Meyer, August Graf von Platen, Friedrich Schiller, Richard Wagner und Frank Wedekind. Diese Liste der Nicht-Testierer kann durch weitere berühmte Namen ergänzt werden, die Hugo Busch in der Einleitung seiner Arbeit zu Arthur Schopenhauers Testament – diesmal

nicht um ein Testament im eigentlichen Sinne des Wortes handelt: das Schriftstück enthält nichts außer buchhälterischen Angaben über den Besitzstand des Schriftstellers in den Jahren 1886-1888.

49 Die in den Archiven ermittelten unveröffentlichten Testamente wurden zum Teil in der Darstellung berücksichtigt. Bibliographisch oder archivarisch ermittelte, in der Darstellung jedoch nicht berücksichtigte 'literarische' Testamente wurden in der Bibliographie angeführt.

50 Zum Fall Lessing s. Schulz, Günter: Der Familienstreit nach Lessings Tod. – In: Wolfenbütteler Studien zur Aufklärung. Hg. von Günter Schulz. Bd.2. – Bremen, Wolfenbüttel: Jacobi 1975, S.223-249.

in der chronologischen Reihenfolge ihres Todes – anführt: Gutenberg, Dürer, Riemenschneider, Leibniz, Bach, Mozart, Arndt und Uhland.[51]

Die Gründe, ein Testament zu machen oder dies zu unterlassen, können freilich äußerst unterschiedlich sein. Bei manchen, die kein Testament hinterlassen hatten, ist dies sicherlich einfach damit zu erklären, daß sie relativ früh und daher unerwartet vom Tod überrascht wurden. Doch letzten Endes scheint das Erstellen eines Testaments – wenigstens in der Neuzeit – eher eine habituelle Angelegenheit zu sein. Bei Menschen, die keinen Sinn für materielle, geistige und sittliche Güter, für 'weltlichen' Besitz, hatten und deren Lebenswandel dementsprechend nicht den im weitesten Sinne als 'bürgerlich' zu bezeichnenden Wertvorstellungen angepaßt war, ist in der Regel kaum mit einem Testaments zu rechnen.

Letztendlich konnte immerhin ein Textkorpus von mehr als vierzig Testamenten von etwa dreißig berühmten Testatoren seit der frühen Neuzeit bis ins 20. Jahrhundert erstellt werden, wobei der chronologische Schwerpunkt des Materials unverkennbar im 19. Jahrhundert liegt. Dieses Textkorpus bildete die Basis für die vorliegende Untersuchung, an ihm sollte sowohl eine gattungstheoretische Grundlegung als auch eine Kultur- und Literaturgeschichte des 'literarischen' Testaments im deutschen Sprachraum seit der frühen Neuzeit versucht werden.[52] Im Laufe der Darstellung des Materials wird in erster Linie freilich auf diejenigen Testamente näher eingegangen, die – etwa durch augenfällige Abweichungen von der juristisch festgelegten `Norm` der Textsorte – besondere Aufschlüsse zu bieten vermögen und über die bloße Regelung des Erbganges von Versmögensbeständen hinausgehen.

---

51 Vgl. Busch, Hugo (Hg.): Das Testament Arthur Schopenhauers. Date obolum Belisario. Mit 25 zum Teil bisher unveröffentlichten Abbildungen und einem Faksimile der Handschrift des Testaments. – Wiesbaden: Brockhaus 1950, S.79. Busch erwähnt darüber hinaus auch einige berühmte Fälle von Testamenten, darunter Hans Holbein d.J., Beethoven und Haydn, doch seine Angaben scheinen – im Gegensatz zu anderen Teilen seiner Arbeit – eher unzuverlässig.

52 Es ist hier nicht der Ort, auf Probleme der Literaturgeschichtsschreibung einzugehen. Daher möchte ich nur kurz auf drei einschlägige Texte verweisen, an denen man sich bis heute orientieren kann: Nietzsche, Friedrich: Vom Nutzen und Nachteil der Historie für das Leben. [1874] – In: Ders.: Die Geburt der Tragödie. Unzeitgemäße Betrachtungen I-III (1872-74). Werke. Kritische Gesamtausgabe. Hg. von Giorgio Colli und Massimo Montinari. Abt.III, Bd.1. – Berlin, New York: de Gruyter 1972, S.239-330; Benjamin, Walter: Literaturgeschichte und Literaturwissenschaft. [1931] – In: Ders.: Gesammelte Schriften. Bd.III. Hg. von Hella Tiedemann-Bartels. – Frankfurt am Main: Suhrkamp 1972, S.283-290; Jauß, Hans Robert: Literaturgeschichte als Provokation der Literaturwissenschaft. – Konstanz: Universitätsverlag 1967.

Darüber hinaus wurde das Material durch literarische – erzählende, dramatische und lyrische – Texte im engeren Sinne ergänzt. Mit ihrer Analyse und Interpretation im Rahmen von Exkursen sollen die an den 'wirklichen' Testamenten gewonnenen Erkenntnisse vertieft und verifiziert oder gegebenenfalls auch widerlegt werden.

ii. Was ist ein Testament?

Testamente sind im Regelfall Gebrauchstexte.[53] Als solche beziehen sie sich, im Gegensatz zu fiktionalen Texten, die im engeren Sinne als 'literarisch' gelten,[54] referenziell auf einen empirischen Wirklichkeitszusammenhang, der zusätzlich oft durch andere, früher entstandene rechtsgültige Dokumente abgesichert ist. Insofern wird in Testamenten oft auch ein referenzieller Bezug auf früher entstandene (oder auch auf später noch zu verfassende) Texte hergestellt. Testamente sind oft stark geprägt von Transtextualität.[55]

---

53 Testamente können zwar, wie schon das Beispiel der *Flegeljahre* lehrt, auch in fiktionalen Texten vorkommen. Doch dort gelten sie dann ebenfalls als Gebrauchstexte im Rahmen der fiktiven Wirklichkeit. Zum Begriff 'Gebrauchstext' vgl. u.a. Belke, Horst: Gebrauchstexte. – In: Grundzüge der Literatur- und Sprachwissenschaft. Hg. von Heinz Ludwig Arnold und Volker Sinemus. Bd.1.: Literaturwissenschaft. – München: dtv 1973, S.320-341; Ders.: Literarische Gebrauchsformen. – Düsseldorf: Bertelsmann 1973; Gebrauchsliteratur. Methodische Überlegungen und Beispielanalysen. Hg. von Ludwig Fischer, Knut Hickethier und Karl Richa. – Stuttgart: Metzler 1976.

54 Die Unschärfe der Gleichsetzung von Fiktionalität und Literarizität ist mir bewußt. Siehe dazu u.a. Hempfer, Klaus W.: Zur pragmatischen Fundierung der Texttypologie. – In: Textsortenlehre – Gattungsgeschichte. Hg. von Walter Hinck. – Heidelberg: Quelle & Meyer 1977, S.1-26. Hempfer betont: „1. 'Fiktionalität' wird als systematischer und nicht als historischer Begriff definiert. Er bezeichnet *strukturelle* Eigenschaften eines bestimmten Typs pragmatischer Sprache. 2. 'Literatur' ist demgegenüber ein historischer Begriff mit variabler Extension, wobei Texte im jeweiligen soziokulturellen System nicht nur aufgrund bestimmter Strukturen, sondern auch aufgrund bestimmter Gebrauchsfunktionen zur Literatur gerechnet werden oder nicht. Infolgedessen kann 'Fiktionalität' als strukturelles Phänomen kein *hinreichendes* Differenzierungskriterium für 'Literatur' darstellen. 3. Fiktionalität als Struktur ist nicht notwendig an bestimmte Gebrauchsfunktionen von Texten gebunden. Es gibt allerdings dominante Kombinationen: Fiktionale Sprache herrscht in literarischen Texten vor, nichtfiktionale in 'Gebrauchstexten'." (S.12, Herv. im Original.)

55 Zum Begriff 'Transtextualität' vgl. Genette, Gérard: Palimpseste. Die Literatur auf zweiter Stufe. Aus dem Französischen von Wolfram Bayer und Dieter Hornig. – Frankfurt am Main: Suhrkamp 1993, S.9-18. Genette unterscheidet insgesamt fünf Kategorien von Transtextualität. Testamente sind des öfteren transtextuell im Sinne der Intertextualität (Zitat, Anspielung), im Sinne der Architextualität (Zugehörigkeit des Textes zu einer Gattung bzw. Textsorte) und schließlich im Sinne der Hypertextualität (Transformation von Entwürfen in eine Endfassung, Nachahmung von strukturellen und thematischen Mustern bzw. Kodizille).

Indem Testamente eine Veränderung des aktuellen empirischen Wirklichkeitszusammenhanges durch den Tod des Testators antizipieren – das ist ja in der Regel der Anlaß ihrer Entstehung –, besteht ihre Funktion darin, gerade auf die vorweggenommene Veränderung des aktuellen Wirklichkeitszusammenhanges Einfluß zu nehmen. Ihr Zeitbezug ist daher vorwiegend die Zukunft. Testamente basieren auf einem aktuell gegebenen Wirklichkeitszusammenhang, gehen von ihm aus (Gegenwart), und schreiben vor, wie der aktuell gegebene Wirklichkeitszusammenhang nach dem Tod des Testators sich verändern soll, d.h. was nach dem Tod des Testators mit dessen Hinterlassenschaft geschehen soll bzw. nicht geschehen darf. Die Vergangenheit als Zeitbezug gerät dabei zumeist nur insofern ins Blickfeld, als sie zur Konstruktion und Absicherung des aktuellen Wirklichkeitszusammenhanges – z.B. in Form früher entstandener rechtsgültiger Dokumente – unentbehrlich ist.

Die Hinterlassenschaft des Testators, über deren künftiges Schicksal er im Testament letztwillige Verfügungen trifft, ist freilich ein relativer Begriff. Letztwillige Verfügungen betreffen aus naheliegenden Gründen in erster Linie oder ganz ausschließlich das, was der Testator selbst als das Wesentliche seines Nachlasses betrachtet. Um gleich eine Binsenwahrheit festzuhalten: Jeder Testator trifft Verfügungen über das, was er hat und was er an seinem Eigentum als sein Wesentliches am meisten schätzt.[56] Letztwillige Verfügungen beziehen sich daher zumeist auf dreierlei Art von Besitz: auf materielle, auf geistige oder auf sittlich-moralische Güter.

Testamente stehen in einem institutionell definierten, dabei historisch durchaus wandelbaren Kommunikationszusammenhang. Sie wollen im Rahmen des jeweiligen Rechtssystems ihre Gültigkeit haben. Ihr Verfasser wird hier der Einfachheit halber mit dem jeweiligen Testator gleichgesetzt, obschon dies eine Vereinfachung darstellt, da Testamente, um die jeweiligen historisch wandelbaren und gelegentlich auch relativ instabilen formalen und inhaltlichen Kriterien der Rechtsgültigkeit nicht zu verletzen, oft unter dem beratenden Beistand von rechtskundigen Personen (Anwälte, Notare) verfaßt werden. Als Adressaten von Testamenten im engeren Sinne können die im Text selbst ernannten Testamentsvollstrecker gelten, die den letzten Willen des Testators (Autorintention) nach dessen Tod im Rahmen des jeweils gültigen Rechtssystems in Handlungen umsetzen sollen. Adressaten im weiteren Sinne sind aber auch all diejenigen, zu deren Gunsten oder Ungunsten

56 Beispielhaft dafür sind die zwei Testamente Goethes, die im Eingangskapitel untersucht wurden, bzw. ihre Unterschiede.

im Testament Verfügungen getroffen werden; in der Regel sind dies Personen oder Institutionen, die mit Legaten bedacht oder zu Erben eingesetzt werden. Als Adressaten im weitesten Sinne gelten schließlich Instanzen des jeweiligen politischen und Rechtssystems, Autoritäten verschiedenster Art bzw. die Öffentlichkeit, die oft als letzte Garantie für die korrekte Ausführung der letztwilligen Verfügungen des Testators angesehen werden. Daher dürfen Testamente niemals als rein private Angelegenheit betrachtet werden.[57]

Testamente haben einen instruktiven, appellativen Charakter. Die in ihnen getroffenen Verfügungen wollen befolgt, in die Praxis umgesetzt werden.[58] Indem sie von einem aktuellen empirischen Wirklichkeitszusammenhang ausgehen, besteht ihre Funktion darin, kraft ihrer Verfügungen neue Wirklichkeit zu setzen.[59] Sie schreiben vor, wie nach dem Tod des Testators mit dessen Hinterlassenschaft verfahren werden soll bzw. nicht verfahren werden darf. Damit dies möglich ist, soll der letzte Wille des Testators und nur der (Autorintention) im jeweiligen Testament möglichst genau und eindeutig fixiert werden. Zu diesem Zweck dienen – historisch wandelbare – juristische Praktiken, die dazu dienen, im Rahmen des jeweiligen Rechtssystems die Gültigkeit des Testaments als präziser Fixierung des letzten Willens des Testators zu gewährleisten. Die peinlich genaue Ausführung dieser Praktiken (Beweise der Testierfähigkeit, Zeugenberufung, Beglaubigungen,

---

57 Siehe z.B. die Einleitungsformeln der beiden Testamente Jakob Fuggers des Reichen: „Ich, Jakob Fugger, bürger zu Augspurg, bekenn mit disem brief unnd libell unnd thun kunt allermainigclich die in ansehen, lesen oder hörn..."; „Kundt unnd offenbar sey gethon menigclichen durch dits gegenwürttig offen instrument, daß inn dem jar als man zalt von Christi unnsers lieben herrn geburtt fünffzehenhundert unnd fünfunndzwainzig, inn der dreyzehennden römischen zinnßzal, indictio zu latein genannt, bey regierung deß allerdurchleuchtigisten, großmechtigisten fürsten unnd herrn, herrn Caroli..." (Die bibliographischen Angaben s. unten, Kap.III.ii.1.)

58 Das deutsche Wort 'Testament' geht auf das Lateinische zurück, wo *testatio mentis* die 'Bezeugung des Willens' bedeutet. Das Testament selbst als Institution des Privatrechts hat seinen Ursprung im Römischen Recht. Eine historische Skizze zur Geschichte des Testaments als privatrechtlicher Institution s. im Handwörterbuch zur deutschen Rechtsgeschichte. Hg. von Adalbert Erler, Ekkehard Kaufmann und Dieter Werkmüller. Bd.5. – Berlin: Erich Schmidt 1998, S.152-165. Zum aktuellen Begriff des Testaments im Privatrecht der Bundesrepublik s. die einschlägigen Artikel im Deutschen Rechts-Lexikon. Hg. von Horst Tilch. 2. Aufl. Bd.3. – München: Beck 1992, S.654-664.

59 In diesem Sinne können Testamente als performative bzw. illokutive Sprechakte im Sinne Austins betrachtet werden. Im illokutiven Grundzug besteht übrigens eine fundamentale Gemeinsamkeit von Testamenten und fiktionalen Texten, die – im weitesten Sinne des Wortes – ebenfalls durch einen Sprechakt Wirklichkeiten setzten, die früher nicht bestanden. Dieser Umstand mag auch die gemeinsame Behandlung von realen und fiktiven Testamenten in vorliegender Untersuchung rechtfertigen.

Testamentshandlung ohne Unterbrechung etc.) wird in der Regel auch im Testament selbst oder in angrenzenden Texten (Paratexten) festgehalten. Dazu kommen Vertextungsverfahren, deren Funktion darin besteht, die Polysemie des in natürlicher Sprache abgefaßten Textes auf ein Minimum zu reduzieren (traditioneller Aufbau, rhetorisch tradierte und juristisch festgeschriebene Formeln). Daher kann man Testamente im Regelfall als Texte betrachten, die dem modernen (romantischen) Begriff des 'Dichterischen' diametral entgegenstehen.

Wegen der festgehaltenen Merkmale, die sich größtenteils aus ihrer pragmatisch-lebensweltlichen Funktion und dem sie umgebenden institutionell definierten Kommunikationszusammenhang ergeben, lassen Testamente im Regelfall, was insbesondere die Textkonstruktion betrifft, im Vergleich zu den meisten anderen Textsorten relativ wenig Raum für die Individualität des jeweiligen Verfassers (Testators), obschon sie die Funktion haben, eben dessen subjektiven Willen, soweit die Rahmenbedingungen des jeweils gültigen Rechtssystems dies zulassen, möglichst genau zur Geltung zu bringen.[60] Diese Spannung von subjektivem Geltungsanspruch und objektiv gesetzten Grenzen – d.h. die Rahmenbedingungen des jeweils gültigen Rechtssystems bzw. die in hohem Grade formalisierten Vertextungsverfahren – kann man historischer Wandlungen zum Trotz als konstitutiv für die Textsorte 'Testament' betrachten.

Trotz ihrer hochgradigen Formalisiertheit stellen Testamente einen privilegierten Ort für die Auseinandersetzung mit dem Tod, eine fundamentale Gegebenheit des menschlichen Daseins, dar, schon deshalb, weil die persönliche Auseinandersetzung des Erblassers mit dem eigenen Tod im Regelfall der Anlaß für die Abfassung eines Testamentes ist. Dieser Umstand wird nicht selten auch im Text selbst festgehalten, was Formelhaftigkeit freilich wiederum nicht ausschließt. Es ist daher in jedem Einzelfall die Frage zu stellen, inwiefern die im jeweiligen Testament geführte Auseinandersetzung mit dem Tod über das Banale und Formelhafte, d.h. über rhetorisch tradierte Gemeinplätze, hinausgeht. Denn andererseits kann selbst schon die Auseinandersetzung mit dem Tod als ein weit verbreiteter, beinahe obligatorischer Topos der Testamente betrachtet werden.

---

60 Ein relativ hoher Grad der Formalisiertheit bzw. Schematisiertheit scheint überhaupt ein charakteristisches Merkmal von Gebrauchstexten zu sein. Belke bemerkt: „Gleichwohl hat sich bei diesen Textformen den jeweiligen sachlichen Erfordernissen entsprechend eine modellhafte, verbindliche, z.T. normierte Gebrauchsform herausgebildet." (Belke: Gebrauchstexte, S.321.)

iii. Statt eines Forschungsberichts: Fragestellungen und Methoden

Nach der vorangegangenen Beschreibung der grundlegenden Merkmale von Testamenten stellt sich wohl die Frage, ob es sich überhaupt lohnt, einer – vermeintlich – so undichterischen, uninteressanten und trostlosen Textsorte eine eigene literaturwissenschaftliche Untersuchung zu widmen.[61]

---

61 Im Laufe der Arbeit am vorliegenden Buch bin ich in der Tat nicht selten mit dieser Frage konfrontiert worden. Auch Literaturwissenschaftler scheinen sie mit einem eindeutigen 'Nein' zu beantworten, indem sie bis jetzt schlichtweg nichts zum Thema zu sagen hatten. Daher läßt sich der Forschungsbericht zum Thema 'Testament' in einer Fußnote erledigen. In der Historiographie gelten Testamente aus naheliegenden Gründen zwar als relativ zuverlässige Quellen zur materiellen und geistigen Kultur. Doch der Historiker, wenn er sich mit Testamenten befaßt, ist in der Regel nicht am noch so repräsentativen oder prototypischen Einzelfall, sondern am großen Durchschnitt interessiert. Ein typisches Beispiel für den Umgang mit Testamenten in der Geschichtswissenschaft stellt eine Studie dar, auf die im Weiteren noch zurückgegriffen werden soll, weil sie eine verläßliche Vergleichsgrundlage liefert: Brandt, Ahasver von: Mittelalterliche Bürgertestamente. Neuerschlossene Quellen zur Geschichte der materiellen und geistigen Kultur. Sitzungsberichte der Heidelberger Akademie der Wissenschaften. Philologisch-historische Klasse. Jg.1973. Abh.3. – Heidelberg: Carl Winter 1973. Der Quellenwert von Testamenten für die Biographie der Einzelperson liegt ebenfalls auf der Hand. Daher werden letztwillige Verfügungen, soweit sie vorhanden und zugänglich sind, in biographischen Darstellungen relativ häufig in Betracht gezogen. Doch dies kann zumeist aus dem Grund nicht geschehen, da selbst Testamente von Dichtern – auch wenn sie überliefert waren – oft nicht ediert wurden. Der Grund für diesen recht merkwürdigen Umstand dürfte darin liegen, daß letztwillige Verfügungen von den Herausgebern – oft freilich mit Recht – als bloße 'Lebenszeugnisse' behandelt wurden, für die in zahlreichen Editionen einfach kein Platz vorgesehen war. Ortrun Niethammer ging an Hand der Testamente von Heine und Droste-Hülshoff bzw. der letztwilligen Verfügungen von Hölderlins Mutter u.a. der Frage nach, welcher Platz Testamenten in modernen historisch-kritischen Ausgaben eingeräumt werden sollte bzw. welche weiteren Dokumente gegebenenfalls mitgedruckt werden müßten, um Testamente überhaupt interpretierbar zu machen. (Niethammer, Ortrun: Das Testament im Spannungsfeld von juristischen Vorgaben und individueller Gestaltung. – In: Edition von autobiographischen Schriften und Zeugnissen zur Biographie: Internationale Fachtagung der Arbeitsgemeinschaft für germanistische Edition an der Stiftung Weimarer Klassik, 2-5. März 1994, autor- und problembezogene Referate. Hg. von Jochen Golz. – Tübingen: Niemeyer 1995, S.233-240.) Niethammers Beitrag ist übrigens der einzige, den die letzten Jahrgänge der *Bibliographie zur deutschen Sprach- und Literaturwissenschaft* zum Thema 'Testament' verzeichnet haben. Das Testament als Textsorte der 'Gebrauchsliteratur' ist allerdings auch etwas früher schon anvisiert worden. Ulrich Bach veröffentlichte 1977 ein Buch zum Testament als „literarische Form". (Bach, Ulrich: Das Testament als literarische Form. Versuch einer Gattungsbestimmung auf der Grundlage englischer Texte. – Düsseldorf: Stern-Verlag Janssen & Co. 1977.) Bach untersuchte englische Testamente aus der frühen Neuzeit. Sein Interesse an der Textsorte ergab sich vermutlich aus dem Bestreben der deutschen Literaturwissenschaft seit den frühen 70er Jahren, ihren Objektbereich zu erweitern und auch herkömmlicher Weise als nicht zur 'Literatur' gehörig eingestufte

Denn aus dem Umstand, daß Testamente im Regelfall Gebrauchstexte sind, ergibt sich zunächst einmal, daß ihr Verstehen primär kaum mehr als die Rekonstruktion des jeweiligen referenziellen Wirklichkeitszusammenhanges und im Rahmen dessen die Rekonstruktion der Autorintention bedeutet. Und gerade das macht sie für die gegenwärtigen Fragestellungen der Literaturwissenschaft – trotz der wesentlichen Erweiterung des Literaturbegriffs und damit des Forschungsbereichs der Literaturwissenschaft, die in den letzten Jahrzehnten zu beobachten war – anscheinend völlig irrelevant.[62] Testamente mögen zwar Aufgaben für einen eingefleischten Positivisten bieten – vielleicht gerade noch legitim, aber hoffnungslos anachronistisch. Wen interessiert das schon? Ich möchte jedoch gleich etwas festhalten, was nur allzu oft übersehen wird. Auch Positivisten arbeiten, und zwar notgedrungen, mit Texten. Sie können auch nicht anders, da die Rekonstruktion eines vergangenen empirischen Wirklichkeitszusammenhangs ausschließlich an Hand von Textzeugnissen möglich ist.

Bin ich also gesonnen, auf gut positivistische Weise Autorenbiographie zu betreiben, die sich allenfalls, wenn die riesigen Lücken im vorhandenen Material nicht gerade bei Verallgemeinerungen höchstmögliche Vorsicht gebieten würden, zur Autorensoziologie aufpolieren ließe? Um mit Lessings Nathan zu antworten: „Ja! ja! wanns nötig ist und nützt." Denn gerade durch diese Rekonstruktionsarbeit, und nur durch sie, können einigermaßen tragfähige Grundlagen für jede weitere Fragestellung erarbeitet werden.[63]

Aber was bietet sich außerdem noch an?

Gerade die zugegeben riesige chronologische Streuung (von der frühen Neuzeit bis zur Gegenwart) des zu untersuchenden Materials birgt die Möglichkeit in sich,

---

Gattungen und Textsorten mit zu berücksichtigen. Doch das erwachende Interesse an 'Gebrauchsliteratur' betraf Testamente merkwürdigerweise auch seitdem kaum.

62 Die einschlägigen Vorschläge von Friedrich Sengle, die er in seinem Büchlein *Die literarische Formenlehre. Vorschläge zu ihrer Reform* (Stuttgart: Metzler 1967) formuliert hat, sind in der deutschen Literaturwissenschaft vielfältig aufgegriffen und weitergeführt worden. Doch die Textsorte Testament scheint dabei bis heute nicht ins Blickfeld geraten zu sein. Die Relevanz der Erforschung von Gebrauchstexten ist heute allerdings kaum noch umstritten. In seinem Buch *Einführung in die moderne Literaturwissenschaft* (Bielefeld: Aisthesis 1998) formulierte Jost Schneider neuerdings sogar folgende These: „Wie man sieht, erweisen sich gerade die lange Zeit wie Stiefkinder behandelten Gattungen der 'Restkategorie' Gebrauchsliteratur als Frontphänomene, an denen sich zentrale Probleme des Wirklichkeits-, Literatur- und Selbstverständnisses der aktuellen Literaturwissenschaft mustergültig demonstrieren lassen." (S.197)

63 Wie es sich zeigen wird, ist diese Rekonstruktionsarbeit von einer biographisch-positivistisch orientierten Forschung in den meisten Fällen schon geleistet worden.

aus der Not eine Tugend zu machen. Bei einigem Mut zur Lücke bieten sich vielfältige Vergleiche – nicht allein unter 'wirklichen', sondern auch unter 'wirklichen' und fiktiven Testamenten – an, die es erlauben, der Darstellung auch und nicht zuletzt eine literatur- und kulturhistorische Dimension zu geben. Die Textsorte Testament macht es auf jeden Fall möglich, Texte von Menschen von unterschiedlichstem Stand und Beruf, von verschiedenster Bildung und weit auseinanderliegendem Interesse aus verschiedenen historischen Epochen zu vergleichen.

Dabei kann es lediglich darum gehen, das Historische, das wie auch immer Repräsentative oder Prototypische, am jeweiligen Konkreten und Einzelnen aufscheinen zu lassen. Die riesige Streuung des Materials hat außerdem noch den Vorteil, daß das Konstrukthafte an der in der vorliegenden Untersuchung präsentierten Geschichte des 'literarischen' Testaments klar genug zutage treten kann.

Bei der Zusammenstellung des Textkorpus sind ausschließlich Testamente von Personen berücksichtigt worden, deren literatur- oder kulturhistorische Bedeutung offensichtlich ist. Daher möchte ich unter 'literarischen' Testamenten primär Testamente von Personen dieser Art verstanden wissen. Dabei ist davon auszugehen, daß die in der Untersuchung berücksichtigten Testatoren nicht erst von der kanonisierenden Mit- und Nachwelt als historisch bedeutend betrachtet worden sind, sondern sich selbst auch schon mehr oder weniger als solche betrachtet haben.[64] Die zu behandelnden Testamente sind daher nicht bloß, wie gewöhnlich, im Angesicht des Todes entstanden, sondern auch in Anbetracht einer mehr oder weniger repräsentativen oder prototypischen – sozialen, wirtschaftlichen, literarischen, kulturellen – Position, die die Testatoren wahrzunehmen hatten. In diesem Sinne können die hier zu untersuchenden 'literarischen' Testamente auch als – oft selbststilisierende – Vermächtnisse an die Mit- und Nachwelt betrachtet werden, auf deren Aufmerksamkeit der jeweilige Testator mit gutem Recht Anspruch erheben durfte.

Doch 'literarisch' sind die hier zu untersuchenden Testamente – und wohl nicht sie allein – noch in einem anderen Sinn. Auf Horst Belkes Kategorisierung von Gebrauchstexten zurückgreifend[65] stellt Jochen Vogt in seiner *Einladung zur Literaturwissenschaft* fest, daß bestimmte Gruppen von Gebrauchstexten sich durchaus für „Literarisierung" anbieten. Eine Literarisierung der Gebrauchstexte, so Vogt, liege vor, wenn in ihnen „Sachverhalte in einer Weise dargestellt werden,

---

64 Daß dem in der Tat so ist, geht beispielsweise schon aus dem zweiten Testament Goethes klar genug hervor.

65 Vgl. Belke: Gebrauchstexte, S.324.

die den Leser oder die Leserin zur *affektiven und reflexiven Teilnahme* einlädt; wenn der Text also in der einen oder anderen Weise *über den* konkret behandelten *Einzelfall hinausführt;* wenn eine *kompositorische Sorgfalt* erkennbar ist, die über schematische Textmuster hinausgeht; und schließlich *rhetorische* bzw. *literarische Verfahren* verwendet werden..."[66] Wenn Vogt auch hinzufügt, daß der Grad der Literarisiertheit des jeweiligen Textes stets im Einzelfall zu prüfen ist, so könnte man doch davon ausgehen, daß die Textsorte 'Testament' sich, insbesondere bei Testatoren, die sich der eigenen wie auch immer repräsentativen oder prototypischen Position stets bewußt waren, für derartige Literarisierung geradezu anbietet, wobei die so verstandene Literarisierung andererseits sicherlich nicht einmal exklusiv den hier zu untersuchenden, kulturhistorisch an und für sich schon interessanten Testamenten vorbehalten ist, sondern mehr oder weniger wohl auch für die Masse der in dieser Untersuchung ausgeblendeten 'gewöhnlichen' Testamente charakteristisch sein dürfte.[67]

Ebenfalls beizupflichten wäre einer anderen Feststellung Vogts, nach der Gebrauchstexte zwar von literaturwissenschaftlichem Interesse sein können, aber nicht unbedingt sein müssen: „Dabei sollten wir uns diese Genre-Modelle, aber auch die konkreten Texte eines Genres jeweils auf einer gleitenden Skala angeordnet denken; der eine Endpunkt wäre durch hohe Literarizität, der andere durch bloße Funktionalität markiert."[68] Den Grad der „Literarisiertheit" des jeweiligen Testaments zu prüfen, wird daher eine durchgehende Aufgabe während der Unter-

---

66 Vogt, Jochen: Einladung zur Literaturwissenschaft. 2., durchgesehene und aktualisierte Auflage. – München: Fink 2001, S.180. (Herv. im Original.)

67 Das gleiche Problem taucht schon in Philippe Ariés' *Geschichte des Todes* (München, Wien: Hanser 1980) auf. Ariés stellt die Frage: „Religiöser, nahezu sakramentaler Akt – konnte das Testament gleichzeitig auch persönlicher Akt sein? Mußte es sich nicht der fixierten Starrheit der Liturgie angleichen und sich der Konvention des Genres beugen?" (S.253) Und unter Berufung auf die Untersuchungen von Michel Vovelle gibt er folgende Antwort: „Nach einer Stichprobenuntersuchung vertritt er [Vovelle, I.K.] die Auffassung, daß persönliche Herzensergießungen sicher sehr selten vorkommen, auch in den handgeschriebenen Testamenten, daß man deshalb jedoch nicht von bloßen Stereotypien sprechen kann; er legt im Gegenteil eine ganze Flut von variierenden Textfassungen frei [...]. Wenn das Testament des 17. und 18. Jahrhunderts auch keine so intimen Konfessionen bietet, wie unser gegenwärtiges Bedürfnis nach unzensierter, vertraulicher Mitteilung sich wünschen mag, so schließt die Mannigfaltigkeit der formelhaften Wendungen doch auch eine gewisse Freiheit ein. Diese beschränkte Freiheit reichte immerhin weit genug, spontane Regungen der Sensibilität zutage treten zu lassen, dem Panzer gesellschaftlicher Konventionen zum Trotz." (S.254)

68 Vogt: Einladung zur Literaturwissenschaft, S.182.

suchung sein. Doch ich habe mich bemüht, Testamente selbst von literatur- oder kulturhistorisch interessanten Personen, die offensichtlich auf die reine Funktionalität beschränkt blieben, von Anfang an aus dem Stoff der Untersuchung auszusondern.

In der Vorbemerkung seiner *Literarischen Gebrauchsformen,* wo er eine dreigradige Stufenleiter von „reinen", „literarisierten" und „literarischen" Gebrauchsformen erarbeitet,[69] macht Belke außerdem noch darauf aufmerksam, daß der Grad der Literarisiertheit eines Gebrauchstextes sich mit der Zeit und der Wandlung der Rezeption als höchst instabil erweisen kann: „Im Einzelfalle sind die Grenzen zwischen den reinen und den literarisierten Gebrauchsformen oft schwer zu ziehen [...]. Jeder, auch ein zunächst ausschließlich in pragmatischer Absicht konzipierter Text, kann irgendwann zu literarischen Würden gelangen. Ästhetische Qualitäten werden oft erst im Rezeptionsvorgang, innerhalb eines spezifischen Kontextes, aktiviert, vor allem aus einer zeitlichen Distanz heraus, die den ursprünglich pragmatischen Zweck irrelevant werden läßt."[70] Dem hinzuzufügen wäre vielleicht noch, daß der Literaturwissenschaftler als professioneller Leser ohnehin empfänglicher für die 'literarischen' Qualitäten von Gebrauchstexten sein dürfte als der 'normale' Adressat, der Gebrauchstexte im Rahmen seiner Lebenswelt liest und zwar mit dem Zweck, sie in der Tat zu 'gebrauchen'.

Als Instrument, den wohl jeweils unterschiedlichen Grad der Literarisiertheit von Gebrauchstexten zu ermitteln, schlägt Belke die Rhetorik vor: „Das Modell Rhetorik ist in mehrfacher Hinsicht für das Verständnis von Gebrauchstexten nützlich: 1. Die Rhetorik begreift Stil (rhetorische Figuren) als Mittel zur Erreichung von Zwecken, nicht als situationsunabhängigen ästhetischen Dekor. 2. Sie richtet in Theorie und Praxis ihr Hauptinteresse auf die pragmatische Funktion, die Wirkung von Texten. 3. Sie berücksichtigt die für den Kommunikationsvorgang konstitutiven Elemente (Sprecher, Hörer, Gegenstand)."[71]

Um das historisch Bedeutsame am jeweiligen Konkreten und Einzelnen aufscheinen zu lassen, um die mehr oder weniger vorauszusetzenden 'literarischen' Qualitäten der untersuchten Testamente erfassen zu können, sollen die herkömmlichen Verfahren der hermeneutischen Textanalyse und -interpretation eingesetzt werden. Wenn es nämlich zunächst einmal gelingt, die in den Testamenten fixierte vermeintliche Autorintention im Kontext des jeweiligen empirischen Wirklich-

69 Vgl. Belke: Literarische Gebrauchsformen, S.8.

70 Belke: Literarische Gebrauchsformen, S.8.

71 Belke: Literarische Gebrauchsformen, S.36.

keitszusammenhangs zu rekonstruieren, kann man danach versuchen, die ermittelten Autorintentionen in einem breiteren – literatur-, kultur- und mentalitätsgeschichtlichen – Kontext zu verorten und derart einer erneuten Prüfung zu unterziehen. Spannend dabei ist allein schon, sich zu vergegenwärtigen, worüber die jeweiligen Testatoren Verfügungen treffen und worüber sie sich ausschweigen, wie sie also ihr Wesentliches einschätzen und welche Ziele sie mit ihren Verfügungen vielleicht auch nur stillschweigend verfolgen. Und nicht weniger spannend ist es auch zu prüfen, ob und wie in den einzelnen Testamenten versucht wird, die für die Textsorte konstitutive Spannung von Subjektivität bzw. Individualität und objektiv gesetzten Grenzen zu lösen, also den individuellen Geltungsanspruch des Testators doch und trotz allem zur Geltung zu bringen.

III. FALLSTUDIEN

i. Vorbemerkung

Im Folgenden soll versucht werden, eine zugegebenermaßen lückenhafte, doch vielleicht nicht ganz uninteressante Literatur- und Kulturgeschichte des 'literarischen' Testaments im deutschen Sprachraum von der frühen Neuzeit bis ins 20. Jahrhundert hinein als eine Reihe von Einzeldarstellungen zu skizzieren oder vielmehr und richtiger: zu konstruieren. Einer positivistischen Forderung nach 'Vollständigkeit' kann dabei zweifellos nicht Genüge getan werden, doch diese Forderung scheint mir weder sinnvoll noch – im gegebenen Fall – begründbar. Auch bin ich der Meinung, daß die Literaturwissenschaft endlich aus ihrem Elfenbeinturm hinaustreten und sich wieder Gegenständen zuwenden sollte, die auch außerhalb der eigenen – leider allzu engen – Kreise, unter denjenigen, die sich das Lesen noch nicht ganz abgewöhnt haben, auf einiges Interesse rechnen dürften. In diesem Sinne will ich lieber 'unwissenschaftlich' als langweilig sein.

Die Anordnung und die Behandlung des Materials folgt grundsätzlich dem chronologischen Prinzip. Die Schwerpunkte liegen in der frühen Neuzeit (der 1. Hälfte des 16. Jahrhunderts), dann im 18., im 19. und im 20. Jahrhundert. Doch überall dort, wo es mir sinnvoll und notwendig erschien, habe ich die chronologische Anordnung, die ohnehin brüchig ist, zu Gunsten einer thematischen aufgelockert, um an Hand von Vergleichen das historisch Konstante bzw. das historisch Wandelbare besser herausarbeiten zu können. Eine weitere Auflockerung stellen die zahlreichen – in erster Linie literarischen – Exkurse dar, deren Bezug auf die Untersuchung der 'wirklichen' Testamente hoffentlich überall plausibel sein wird.

Im hier folgenden historischen Teil der Untersuchung soll an den Testamenten von kulturhistorisch bedeutenden Testatoren – und das war von Anfang an meine Arbeitshypothese – der (keinesfalls als geradlinig zu denkende) Prozeß der Säkularisation, wenn auch nur lückenhaft, nachgezeichnet werden. Dem Einwand, damit sei ich gleich einem großen Narrativ auf den Leim gegangen, kann ich bloß damit begegnen, daß das Material in der Tat diese Interpretation nahelegt, wobei seine Diskontinuität das Konstrukthafte der Konstruktion immer noch gut genug sichtbar macht. Nachgezeichnet werden soll also der Prozeß, wie der Tod des Einzelnen im Laufe der Jahrhunderte der Neuzeit seine Sakralität Schritt für Schritt einbüßt und zuerst eine rein diesseitige Angelegenheit wird, um schließlich – im 20. Jahrhundert – völlig im Ästhetischen (Rilke) und im Politischen (Brecht) aufzugehen. Um diesen Prozeß nachzuzeichnen, bieten Testamente m.E. das denkbar beste Material, da die Auseinandersetzung mit dem Tod – in welcher Form auch immer – aus zwingenden Gründen zu ihren festen thematischen Bestandteilen gehört.

Der kultur- und mentalitätsgeschichtliche Rahmen, in dem meine Überlegungen zur Geschichte des 'literarischen' Testaments zu verorten sind, ist abgesteckt durch die anregenden Arbeiten von Philippe Ariés zur *Geschichte des Todes im Abendland*, deren Ansätze an mehreren Stellen dankbar aufgenommen werden sollen.[72]

Die europäische Kultur des Mittelalters und selbst noch der frühen Neuzeit läßt sich ohne Einschränkung als eine Kultur des Testaments bezeichnen; als christliche Kultur vor allem des *Neuen Testaments*, Vermächtnis eines Gottes, der sonst nicht mehr zu seiner Gemeinde sprach und daher auf die Bezeugung seines Willens und Wortes durch den Menschen angewiesen war.[73] In diesem Sinne war Jesus der erste neutestamentarische Zeuge des göttlichen Willens und Wortes, der die Zeugenschaft dann an seine Jünger, die Apostel, weiterdelegierte. Daher ist davon auszugehen, daß am Anfang des zu untersuchenden Zeitraums nicht nur der Tod selbst, sondern auch das Abfassen eines Testaments – gleichsam als *imitatio Christi* – bis zu einem gewissen Grade als sakrale Angelegenheit gegolten hatte.[74] Ariés schreibt: „Als das Testament im Alltagsbrauchtum des 12. Jahrhunderts wiederauftaucht, ist es nicht mehr das, was es in der römischen Antike war und was es gegen Ende des 18. Jahrhunderts wieder werden sollte: ein Akt des Privatrechts, ausschließlich dazu bestimmt, den Erbgang der hinterlassenen Güter zu regeln. In erster Linie war es nämlich ein religiöser Akt, den die Kirche selbst

---

72 Vgl. Ariés, Philippe: Studien zur Geschichte des Todes im Abendland. Aus dem Französischen von Hans-Horst Henschen. – München: Hanser 1976; Ders.: Geschichte des Todes. Aus dem Französischen von Hans-Horst Henschen und Una Pfau. – München, Wien: Hanser 1980; Ders.: Bilder zur Geschichte des Todes. Aus dem Französischen von Hans-Horst Henschen. – München: Hanser 1984.

73 Wie sehr das Alte und das Neue Testament als Fundamente der europäischen Kultur bis in die Neuzeit hinein bestehen blieben, bezeugt eine Stichprobe auf dem CD-ROM *Deutsche Literatur von Lessing bis Kafka*. Eine Stichwortsuche in der gesamten Textmenge mit dem Suchbegriff 'Testament' ergab insgesamt 312 Fundstellen. Etwa 80, d.h. ungefähr ein Viertel davon, bezogen sich explizit auf das Alte und/oder das Neue Testament.

74 Auf die Bedeutung „normbildende[r] Werke (Prototypen)" in der Geschichte literarischer Gattungen hat Wilhelm Voßkamp in seiner Studie *Gattungen als literarisch-soziale Institutionen* hingewiesen. – In: Textsortenlehre – Gattungsgeschichte. Hg. von Walter Hinck. – Heidelberg: Quelle und Meier 1977, S.27-44. (Hier S.30.) Obschon ich das Wort 'Gattung' aus Gründen der Eindeutigkeit zu vermeiden versuche, kann ich Voßkamps Interpretation von literarischen Gattungen als „literarisch-soziale[r] Institutionen" (ebd.) auch in Bezug auf die Textsorte Testament beipflichten, um so mehr, als das Testament als Textsorte mit zahlreichen 'außerliterarischen' Institutionen der Lebenswelt eng verbunden ist.

völlig Mittellosen abforderte. Wie das Weihwasser als Sakrament aufgefaßt, wurde es von der Kirche als verbindlicher Brauch durchgesetzt und bei Strafe der Exkommunikation obligatorisch gemacht: Wer ohne Hinterlassung eines Testamentes starb, konnte im Prinzip weder in der Kirche noch auf dem Friedhof beigesetzt werden. Die Niederschrift und Aufbewahrung des Testamentes oblag ebenso dem Pfarrer wie dem Notar. Wenn der Notar schließlich auch im 16. Jahrhundert alle Testamentsangelegenheiten für sich allein reklamieren kann, so fallen sie für lange Zeit doch in den Zuständigkeitsbereich der Kirche."[75]

Was den Endpunkt der Untersuchung, das 20. Jahrhundert, betrifft, ist er als ein bloß vorläufiger zu betrachten. Der Abschluß sollte auf keinen Fall den Anschein erwecken, als ob hier eine zielgerichtete Entwicklung endgültig abgeschlossen, als ob ein Telos erreicht sei, obschon die Zukunft dem forschenden Blick des Historikers aus naheliegenden Gründen stets verborgen bleiben muß.

---

75 Ariés: Geschichte des Todes, S.243.

ii. Testamente aus der frühen Neuzeit

1. Jakob Fugger der Reiche. Wie kauft man sich sein Seelenheil?

Jakob Fugger der Reiche (1459-1525)[76], der „Prototyp [seiner] Generation"[77], der „Meister europäischer Finanzpolitik auf der Schwelle vom Spätmittelalter zur Renaissance"[78], den seine Finanzkraft und sein Unternehmergeist seinem bürgerlichen Stand zum Trotz zum entscheidenden Faktor in der europäischen Politik der ersten Hälfte des 16. Jahrhunderts, sogar zum 'Kaisermacher' aufsteigen ließen, hat zwei Testamente hinterlassen. Das erste ist auf den 27. August 1521, das zweite auf den 22. Dezember 1525 datiert. Als Dokumente von hohem kulturhistorischem Quellenwert sind beide Testamente veröffentlicht und ausführlich kommentiert worden.[79] Obwohl die beiden Testamente durch kaum mehr als vier Jahre voneinander getrennt sind, ist Jakob Fugger der Reiche durch besondere Umstände, auf die noch eingegangen werden soll, dazu veranlaßt worden, auf seinem Sterbebett, einige Tage vor seinem Tod am 30. Dezember 1525 ein zweites Testament, das das erste ausdrücklich aufhob, zu verfassen. Außer Veränderungen im familiären Umkreis fielen in diese vier Jahre vor allem die Fortschritte der Reformation in Augsburg, die – obschon das Geschlecht der Fugger dem katholischen Glauben treu geblieben war – deutliche Spuren im zweiten Testament Jakob Fuggers hinterließen. Diesen Spuren im Einzelnen nachzugehen, soll weiter unten versucht werden.

Der heutige Leser der beiden Testamente Jakob Fuggers des Reichen wird allein schon durch deren Umfang in Erstaunen gesetzt. Das erste beträgt etwas mehr als einundzwanzig dicht bedruckte Seiten, das zweite mehr als vierundzwanzig der-

---

76 Zur Geschichte der Fugger-Dynastie und zur Person Jakob Fuggers des Reichen s. Pölnitz, Götz von: Die Fugger. – Frankfurt am Main: Scheffler 1960; Ders.: Jakob Fugger. Kaiser, Kirche und Kapital in der oberdeutschen Renaissance. 2 Bde. – Tübingen: Mohr 1949f.

77 Pölnitz: Die Fugger, S.54.

78 Pölnitz: Die Fugger, S.54.

79 Die Testamente Jakob Fuggers des Reichen. [27. August 1521 bzw. 22. Dezember 1525.] – In: Die Fuggertestamente des 16. Jahrhunderts. Bd.II. Edition der Testamente. Hg. von Georg Simnacher und Maria Gräfin von Preysing. – Weißenhorn: Anton H. Konrad 1992, S.51-97. Zitate aus den beiden Testamenten des Jakob Fugger sind dieser Ausgabe entnommen und werden im Haupttext mit den Seitenzahlen ausgewiesen. Die Kommentare zu den beiden Testamenten s. bei Simnacher, Georg: Die Fuggertestamente des 16. Jahrhunderts. Bd.I. Darstellung. – Tübingen: Mohr 1960.

selben Ausgabe.[80] Diese erstaunliche Weitläufigkeit läßt sich durch drei Umstände erklären. Erstens besaß Jakob Fugger, obwohl selber kinderlos, eine ausgedehnte Verwandtschaft – er war einer von sieben männlichen Geschwistern –; zweitens galt es, in seinen Testamenten über den Erbgang eines, wie er selbst einmal gesagt haben soll, beinahe unschätzbaren Vermögens zu disponieren; drittens war er offensichtlich – aus Gründen, die noch dargelegt werden sollen – mehr als gewöhnlich besorgt um das Heil seiner Seele. Diese drei Momente führten wohl dazu, daß seine Testamente zu Texten von beträchtlichem Umfang ausgebaut wurden.

Um die Übersicht in der relativ großen Textmenge nicht zu verlieren, soll im Folgenden zunächst das erste Testament Jakob Fuggers des Reichen ins Auge gefaßt werden, um dann am zweiten – an Hand eines Vergleichs – die größtenteils durch die Fortschritte der Reformation bedingten Veränderungen um so zuverlässiger nachweisen zu können. Vorausgeschickt sei noch, was – als grundlegende Intention des Testators – die beiden Testamente Jakob Fuggers miteinander verbindet: erstens die Bestrebung, das Heil der Seele zu erlangen, und zweitens der nicht ganz unproblematische Versuch, Familiensinn und geschäftliches Interesse miteinander in Einklang zu bringen.

Über die Umstände der Entstehung des ersten Testaments Jakob Fuggers des Reichen vom 27. August 1521 informiert ausführlich Georg Simnacher,[81] doch seine Rekonstruktion dieser Umstände läßt sich auch am Text des Testaments selbst überprüfen. Ganz offensichtlich ist dabei das Bestreben des Testators, die geltenden juristischen Formvorschriften auf keinen Fall und in keiner Weise zu verletzen, was zur Zeit der Reformation, in den Jahren allgemeiner Verunsicherung, nicht ganz unproblematisch gewesen sein dürfte. Um also die Gültigkeit seines Testaments und damit den darin festgelegten Erbgang vor jeglicher Anfechtung sicherzustellen, begnügte sich Jakob Fugger wohl nicht mit der gewöhnlichen Beglaubigung des Testaments durch sieben ausdrücklich dazu erbetene Zeugen sowie durch einen „aus römischem kayserlichen gewalt [...] offen approbierte[n] Notarius" (S.72)[82], sondern bat auch den Augsburger Stadtschreiber Johannes Rehlinger als

80 Zu den handschriftlichen Originalen beider Testamente vgl. Die Fuggertestamente des 16. Jahrhunderts. Bd.II. Edition der Testamente, S.51 bzw. S.73.

81 Vgl. Simnacher: Fuggertestamente, S.46f.

82 Zur Rolle der Notare bei Testamentshandlungen bemerkt Ariés: „Der Epitaph ist kein biographischer Nachweis mehr, der das Verdienst und die Frömmigkeit des Verstorbenen verkündet. Es wird zum für unvergänglich gehaltenen Monument, das die Öffentlichkeit – und folglich auch die Dauer – einer zwischen den Eignern hier auf Erden und den Repräsentanten des Jenseits getroffenen Abmachung besiegelt. Die testamentarisch vorgesehenen Tauschakte (materielle Güter gegen

unbezweifelte Autorität in Rechtsfragen,[83] sein Siegel am Testament zu befestigen. Schließlich wurden die vier Universalerben, die vier Neffen Ulrich, Hieronymus, Raymund und Anton Fugger, von denen die zwei älteren auch zu Testamentsvollstreckern eingesetzt worden waren, dazu angehalten, das Testament mit ihrer eigenhändigen Unterschrift zu versehen und dadurch ihren Willen, dessen Verfügungen gehorsamst nachzukommen, zu bekräftigen.[84] Damit gewann das Testament, wie Simnacher bemerkt, „einen leicht erbvertraglichen Charakter".[85] Doch es soll noch gezeigt werden, daß die beiden Testamente Jakob Fuggers des Reichen, der als Handelsherr zeit seines Lebens bemüht war, seine Geschäfte vertraglich abzusichern, auch sonst in vieler Hinsicht den Charakter eines geschäftlichen Vertrages aufweisen.

Im ersten Testament von Jakob Fugger kann man zwei größere, einander gleichwertige und gleich gewichtige thematische Einheiten unterscheiden. Allem voran die frommen Verfügungen zum Heil der Seele, deren Wichtigkeit und Bedeutung für den Testator sich schon aus ihrer Erststellung erhellt; und erst danach die Regelung der Vermögensfragen und des Erbganges. Diese thematische Zweiteilung war, wie Ariés festgestellt hat, schon für die Testamente des Mittelalters charakteristisch und konstitutiv: „[...] das Testament [besteht], wenigstens bis zur Mitte des 18. Jahrhunderts, aus zwei gleichermaßen wichtigen Abschnitten, den *causae piae* einerseits, den Verlautbarungen zur Aufteilung der Erbschaft andererseits."[86]

Gottesdienste) sind Inhalt eines notariell beglaubigten Kontraktes, und das Epitaph des Grabmals überliefert den Namen des Notars und hält minutiös die Legate und Stiftungen, die zum Ausgleich dafür in der Kirche erhaltenen geistlichen 'Leistungen' und die Bedingungen fest, die die immerwährende Geltung des Rechtshandels garantieren. Der Text des Epitaphs entspricht dem des Testaments, das wenigstens seit dem 16. und bis zum Beginn des 18. Jahrhunderts, für den Menschen zum entscheidenden Mittel geworden ist, um sich auf den Tod vorzubereiten [...]. Bemerkenswert ist, daß dem Namen des Notars auf dem Grabmal das gleiche Gewicht zukommt wie dem des Verstorbenen oder seines Erben. Er ist eine Person von ebenfalls entscheidender Bedeutung. Seine Kanzlei ist der Ort, den die Kommunikationsmittel zwischen Himmel und Erde in einem zugleich bürgerlich-rechtlichen und mystischen Verfahren durchlaufen." (Ariés: Geschichte des Todes, S.96.)

83 Zur Person von Johannes Rehlinger s. Simnacher: Fuggertestamente, S.46: „Johannes Rehlinger war ein ob seiner Rechtserfahrung höchstangesehener und einflußreicher Mann, der auch die Städte im Reichsregiment vertrat, Gesandter am Nürnberger Reichstag war und Jakobs besonderes Vertrauen genoß."

84 Vgl. S.72. Daß das Testament in der Tat nur von drei Neffen unterzeichnet wurde, erklärt sich damit, daß Anton Fugger zur Zeit der Testamentserrichtung „nit zu lannd" (S.71) war. Doch die drei anderen bürgten für ihn.

85 Simnacher: Fuggertestamente, S.47.

86 Ariés: Geschichte des Todes, S.243. (Herv. im Original.)

Doch diese thematische Zweiteilung hatte – allem frommen Anschein zum Trotz – gleich einen doppelten Zweck; eine Option auf die *aeterna* zu gewähren, aber gleichzeitig auch die *temporalia* zu rehabilitieren,[87] so daß das Testament dadurch wiederum einen vertraglichen Charakter gewann: „Das Testament war also das religiöse und gleichsam sakramentale Mittel, sich die *aeterna* zu erwirken, ohne gänzlich auf die *temporalia* verzichten zu müssen, die Reichtümer mit dem persönlichen Heilswerk zu verbinden. Das Testament ist gewissermaßen ein zwischen dem sterblichen Individuum und Gott durch Vermittlung der Kirche geschlossener Versicherungsvertrag: ein Vertrag mit doppelter Zweckbestimmung; einerseits 'Passierschein für den Himmel' [...]; in dieser Hinsicht garantierte es den Bund mit der Ewigkeit, wenn auch die Prämien dafür mit zeitlich-weltlichem Geld bezahlt wurden, den frommen Legaten. Das Testament ist aber auch 'Passierschein auf Erden', und in dieser Hinsicht legitimiert und ermächtigt es zum – sonst verdächtigen – Genuß der im Laufe des Lebens erworbenen Güter, der *temporalia*."[88]

Schon diese erste grobe thematische Gliederung, die übrigens auch im zweiten Testament unverändert beibehalten blieb, läßt darauf schließen, daß Jakob Fuggers letztwillige Verfügungen in ihrer Gesamtheit einerseits noch einem tradierten mittelalterlichen Schema folgen, während sie andererseits, wie noch gezeigt werden soll, in vielen Einzelheiten schon in die Neuzeit vorausweisen.

Um mehr ins Detail gehen zu können, wollen wir uns nun das thematische Gliederungsschema vergegenwärtigen, das Simnacher für Testamente des 16. Jahrhunderts erarbeitet hat und das als Ausgangspunkt nicht nur für die Untersuchung der Testamente Jakob Fuggers des Reichen, sondern auch für die Analyse anderer, später zu behandelnder letztwilliger Verfügungen geeignet zu sein scheint. Simnacher zufolge sieht die thematische Standardgliederung des Testaments im 16. Jahrhundert wie folgt aus:

I) Allgemeine Einleitung
II) Die Sorge um das Begräbnis
III) Seelgerätsbestimmungen
IV) Vermächtnisse
V) Erbeinsetzung
VI) Gehorsams- und Unterwerfungsklausel
VII) Besonderer persönlicher Wille
VIII) Kodizillarklausel

87 Vgl. Ariés: Geschichte des Todes, S.245.
88 Ariés: Geschichte des Todes, S.245. (Herv. im Original.)

IX) Exekutoreneinsetzung
X) Vorbehalte der Abänderung
XI) Förmlichkeiten (Zeugenberufung u.dgl.)[89]

Wie Simnacher dem Gliederungsschema gleich hinzufügt, „ist in der Einleitung, der Gehorsamsklausel, der Kodizillarklausel, dem Vorbehalt der Abänderung und der Exekutoreneinsetzung am weitesten Raum für Formeln".[90]

Da Jakob Fuggers zwei Testamente mit nur geringen Abweichungen nach diesem Gliederungsschema aufgebaut sind, seien nun die einzelnen thematischen Einheiten des ersten Testaments der Reihe nach ins Auge gefaßt. Dem vorauszuschicken ist vielleicht noch Folgendes: In seiner *Geschichte des Todes* hat auch Ariés ein Gliederungsschema für die *causae piae* erarbeitet, das sich mit dem Schema Simnachers überschneidet bzw. dessen erste drei Punkte abdeckt. Demnach folgen die *causae piae* einander in einer festgeschriebenen Reihenfolge, nämlich: 1. Auseinandersetzung mit dem Tod als Anlaß der Testamentserrichtung; 2. Glaubensbekenntnis; 3. Wiedergutmachung der unrechtmäßigen Handlungen; 4. Wahl der Grabstätte; 5. Verfügungen über das Begräbnis; 6. fromme Legate.[91] Ariés vermutet, daß diese Reihenfolge durch eine lange Tradition festgeschrieben ist: „Die Handlungen, die vom Sterbenden vollzogen werden, nachdem sein nahes Ende sich ihm angekündigt hat [...], haben einen zeremoniellen, rituellen Charakter. Es lassen sich darin noch mündliche Elemente dessen ausmachen, was später zum mittelalterlichen, von der Kirche als Sakrament eingeführten Testament werden sollte: das Glaubensbekenntnis, die Beichte der Sünden, die Bitte um Verzeihung für die Hinterbliebenen, die frommen Verfügungen zu ihren Gunsten, die Empfehlung der eigenen Seele an Gott, die Wahl des Grabes. Man hat den Eindruck, als ob das Testament die Verfügungen und Gebete schriftlich aufzeichnen und verbindlich machen sollte, die die Dichter der Heldenepen der Spontaneität der Sterbenden anheimstellten."[92] Auf jeden Fall lohnt es sich also, bei der Unter-

---

89 Vgl. Simnacher: Fuggertestamente, S.57. Eine weitere, durchaus verläßliche, weil auf Grund der Auswertung eines umfangreichen Textmaterials erstellte Vergleichsgrundlage für die Testamente Jakob Fuggers des Reichen bietet Brandt, Ahasver von: Mittelalterliche Bürgertestamente. Neuerschlossene Quellen zur Geschichte der materiellen und geistigen Kultur. Sitzungsberichte der Heidelberger Akademie der Wissenschaften. Philologisch-historische Klasse. Jg.1973. Abh.3. – Heidelberg: Carl Winter 1973.

90 Simnacher: Fuggertestamente, S.57.

91 Vgl. Ariés: Geschichte des Todes, S.243-245.

92 Ariés: Geschichte des Todes, S.29.

suchung der thematischen Einheiten des ersten Testaments Jakob Fuggers des Reichen sich auch dieses Schema vor Augen zu halten.

Jakob Fuggers erstes Testament beginnt, wie zu seiner Zeit gewöhnlich und beim sakralen Wert des Testaments auch zu erwarten ist, „IM NAMEN DER HAILLEGEN, UNTAILBARN DRIVALTIKAIT, auch der gebererin des almechtigisten unnd hailigisten junckfrauen Marien und aller Gotes hailigen." (S.51) Wie schon Simnacher ausführte, ist die Einleitung des Testaments in hohem Grade formelhaft; die zum unaufhaltsam herannahenden Tod als Ursache und Anlaß der Testamentserstellung geäußerten Gedanken sind wenig originell und gehörten längst zum festen rhetorischen Formelvorrat der Textsorte.[93] Hervorzuheben wäre allerdings, daß schon die Einleitung die doppelte Sorge des Testators um sein Seelenheil und um seine weltlichen Güter unverhohlen zu erkennen gibt; es stehe nämlich, so heißt es, zu befürchten, daß infolge von plötzlich hereinbrechenden Krankheiten „offt der mensch nit allain sein zeitlich gut unnd narung seinem willen und gemuet nach nit verordnen, sondern sich selbs und das seiner seelhail ist, nit erkennen noch bedennchen mag". (S.51) Um solchen unerwünschten Zufällen vorzubeugen, verfaßte Jakob Fugger nun sein Testament in einer Zeit, wo sein „leib von den gnaden des almechtigen mit gesuntlicher rue, auch das gemuet on schmertzen der kranckhait [...] erfunden wirdet" (S.51), wo er „auch zu kirchen und strassen wanndln und geen mocht" (S.52); bei guter körperlicher Verfassung also, was lange Zeit hindurch als unabdingbare Voraussetzung der Testierfähigkeit galt. Daß der Zweck des Testaments darin bestehen soll, „irrung und unainigkait, auch mißverstentnus" (S.52) unter den „vetern, erben unnd freunden" (ebd.) zu vermeiden, ist ebenfalls nichts Neues: „Das Hauptziel des Testamentes als eines religiösen Aktes hat sich von der früheren selbstlosen Opferbereitschaft in Richtung einer straffen Herrschaft über die Familie verschoben, und zugleich damit ist es zum Akt der Vorsorge und der Umsicht geworden, den man in Voraussicht des Todes auf sich nimmt, des möglichen Todes, nicht des wirklichen..."[94] Mit welchem Erfolg Jakob Fugger der Reiche seine Familie und seine Verwandtschaft in die Pflicht genommen hat, beweist nicht nur der weitere Aufstieg seines Bank- und Handelshauses unter der Leitung der Erben, sondern auch die Tatsache, daß seine Testamente, insbesondere das zweite, wie Simnacher bemerkt, lange Zeit hindurch gleichsam als das 'Grundgesetz' des Fuggerschen Hauses galten.[95]

---

93 Vgl. auch Ariés: Geschichte des Todes, S.243.

94 Ariés: Geschichte des Todes, S.253.

95 Vgl. Simnacher: Fuggertestamente, S.104.

Nachdem noch die rechtlichen Formalitäten (Notar, Zeugenberufung, Form und Umstände der Testamentserrichtung[96]) kurz festgehalten worden sind, fängt der eigentlich fromme Teil des Testaments – dem Gliederungsschema von Ariés entsprechend – mit dem Glaubensbekenntnis an: „Wann aber der mensch nichts costlichers noch höhers hat, dann sein arme seel, die dann edler dann der leib, auch also derselben seele haill als das ewig allen anndern zergengklichen dingen fürzusetzen unnd zubetrachten ist" (S.52), so bezeugt der Testator unter Anrufung der Jungfrau Maria und der Heiligen „in götlicher lieb und warm christennlichen glauben zu sterben". (S.52)

Die nun folgende Wahl der Grabstätte scheint im Fall Jakob Fuggers des Reichen eher unproblematisch gewesen zu sein: „Zusammen mit seinen Brüdern und später mit seinen Neffen hatte er an der Karmeliterkirche von St. Anna eine prächtige Begräbniskapelle erbaut, wobei auf Grund des Stiftungsbriefes die Mönche fortwährend verpflichtet waren, in ihr durch Seelmessen seiner ewigen Ruhe zu gedenken."[97] In dieser Grabkapelle wünschte Jakob Fugger der Reiche beigesetzt zu werden, mit „begrebnus, besingknus, mit sibenden, dreyßigist, jartägen, meßlesen, almusen geben unnd andern sachen, wie mein und meinsgleichen stand zugehört" (S.54) – letzterer Wunsch ist die erste punktuelle Äußerung des neuzeitlich-großbürgerlichen Geltungsbewußtseins im bisher durch und durch von christlicher Demut bestimmten Testament.

Ob und inwiefern die darauf folgende Austeilung der frommen Legate und Stiftungen ebenfalls vom neuzeitlich-großbürgerlichen Geltungsbewußtsein mitbestimmt gewesen ist, sei dahingestellt. Fest steht allerdings, daß die frommen Legate und Stiftungen Jakob Fuggers des Reichen „die großzügigsten Bestimmungen zum Heile der Seele darstellen, die je ein Augsburger Bürger traf".[98] Als heutiger Leser kann man sich allerdings des Eindrucks nicht erwehren, daß das beispiellose Ausmaß der frommen Legate und Stiftungen Jakob Fuggers die ebenfalls beispiellose Angst widerspiegelt, die den Testator wegen seines Seelenheils ergriffen haben mag. Vergegenwärtigt man sich nämlich den gedanklichen Horizont der Zeit, so hatte Jakob Fugger der Reiche guten Grund, sich um das Heil

---

96 Der juristischen Form nach handelt es sich dabei um ein *testamentum nuncupativum*, also ein mündlich ausgesprochenes Testament.

97 Simnacher: Fuggertestamente, S.105. Zu den nicht zuletzt geschäftlichen Hintergründen der Stiftung bei St. Anna s. Pölnitz: Jakob Fugger, Bd.1, S.233.

98 Simnacher: Fuggertestamente, S.90. Ähnlich auch bei Pölnitz: Jakob Fugger, Bd.1, S.474: „Kaum jemals dürfte ein Augsburger Bürger für sein ewiges Heil derart großzügige Bestimmungen getroffen haben, wie Fugger im Jahre 1521."

seiner Seele ernsthafte Sorgen zu machen. Als Bankier und Handelsherr war er ja zeit seines Lebens mit Geldgeschäften befaßt, die das kanonische Recht seit Jahrhunderten als Wucher verdammte,[99] wobei er bei der Wahl seiner Geschäftsmittel, um beispielsweise Konkurrenten auszuschalten, auch nicht unbedingt wählerisch war. Obgleich die pauschale Verdammung des Geldgeschäfts, namentlich des Zinsnehmens, durch die Kirche schon im Mittelalter viele dazu zwang, sie mit großer Erfindungsgabe zu umgehen, und obgleich die Lockerung der diesbezüglichen Einstellungen und Verbote zu Beginn des 16. Jahrhunderts selbst den letztwilligen Verfügungen Jakob Fuggers des Reichen zu entnehmen ist,[100] mag das beispiellose Ausmaß der frommen Legate Jakob Fuggers nicht zuletzt durch die durch seine geschäftliche Tätigkeit ausgelösten Ängste um sein Seelenheil mitbestimmt gewesen sein.[101]

Welche merkwürdigen Folgen das kirchliche Zinsverbot im Mittelalter und selbst in der frühen Neuzeit noch zeitigte, sieht man am Beispiel von italienischen Handelsgeschlechtern, u.a. an dem der Bardi. Ob und inwiefern Jakob Fugger der Reiche mit deren Praktiken und Testamenten vertraut war, inwiefern die Testamente der Bardi ihm vielleicht sogar als Muster für das eigene dienten, läßt sich allerdings nicht eindeutig feststellen, da von seinem Venezianischen Aufenthalt im Jahre 1478/79 im Einzelnen allzu wenig bekannt ist.[102] „Aber Jakobs Einstellung zur Wirtschaft war jener der Italiener verwandt. Im Tiefsten aus den transzendenten Ordnungen des Mittelalters lebend, war ihm bei aller modernen Wirtschaftshaltung der Gedanke an die ewige Gerechtigkeit, die Furcht vor dem letzten Richter, das Jenseits lebendig. Wenn auch die Zeit und ihre wirtschaftliche Entwicklung inzwischen so weit fortgeschritten waren, daß Zinsnehmen in bestimmtem Rahmen nicht mehr für verwerflich galt, ließ Jakob doch durch Dr. Johannes Eck ein Traktat zur Verteidigung des Zinses anfertigen und darüber in Bologna disputieren."[103]

---

99 Zinsnehmen war, als Sünde gegen die christliche Nächstenliebe und die Gerechtigkeit, seit dem 1. Konzil von Nizäa (325) allen Klerikern, seit der Karolingerzeit auch schon Laien verboten.

100 Hätte Zinsnehmen nach wie vor als Wucher und Sünde gegolten, so wären Bestimmungen des Testaments undenkbar, nach denen die mit Legaten bedachten Verwandten in Form von Kapitalzinsen das ihnen Zugesprochene erhalten sollten.

101 Zu den frommen Stiftungen der Fugger, die nicht erst mit dem Testament Jakob Fuggers des Reichen begannen, s. Pölnitz: Jakob Fugger, Bd.1, S.275-281.

102 Zum italienischen Aufenthalt Jakob Fuggers s. Simnacher: Fuggertestamente, S.90-94; Pölnitz: Die Fugger, S.52f.; Pölnitz: Jakob Fugger, Bd.1, S.21-25.

103 Simnacher: Fuggertestamente, S.94. Zum Problem des Zinsverbots und zu Ecks Disputationen s. auch Pölnitz: Jakob Fugger, Bd.1, S.313-319. Zum weiteren Kontext des Problems, zu den

Das eigentlich Merkwürdige an den frommen Legaten und Stiftungen, die in Jakob Fuggers erstem Testament ausgeworfen wurden, ist jedoch nicht ihr beispielloser Ausmaß, sondern noch mehr die Tatsache, daß sie alle – wiederum – einen leicht vertraglichen Charakter gewinnen, als ob der Testator als gediegener Handelsmann alle denkbaren Beziehungen sowohl im Diesseits als auch im Jenseits vertraglich geregelt wissen wollte. Der vertragliche Charakter der frommen Legate rührt von einer Abschlußformel her, die zwar in ständig variierendem Wortlaut, doch stets sinngemäß insgesamt fünfzehnmal im Testament wiederkehrt: „Darumb sollen all obgemelt armleut und closterfrauen, den ich, wie obgemelt ist, verschafft hab, mit irem gebet gegen Got meiner seel zu hilff unnd trosst ingedennckh sein." (S.55) Selbst wenn nahe Verwandte oder Familienmitglieder mit Legaten bedacht werden, läßt der Testator sich die Gelegenheit nicht entgehen, dieselbe Formel zu wiederholen, so u.a. auch am Schluß der Aufzählung der recht großzügigen Vermächtnisse an seine Frau: „Unnd umb das, so ich also legiert und verschafft habe, soll sy mein mit fürbitung gegen Got, auch almusen geben, meiner seel zu trosst inngedenckh sein und dermassen thun, wie ich mich solchs on das zu ir versihe." (S.59) Durch die beinahe monomanische Wiederholung dieser Abschlußformel gewinnt man den Eindruck, daß der Testator als begüterter Geschäftsmann mit seinen Legaten den Zweck verfolgt hatte, sich sein Seelenheil käuflich zu erwerben. Ein recht modernes Vertrauen in die Macht des Geldes?[104]

Wie dem auch sei, die Seelgerätsbestimmungen und Legate Jakob Fuggers des Reichen bezeugen in ihrer Gesamtheit die feste Überzeugung, daß der Mensch die letzte Grenzsituation seines Lebens, den Tod, nicht allein zu meistern vermag. Er ist auf den Beistand und die Gnade Gottes angewiesen, die er – wenn es nicht anders geht, in vertraglicher Form, nach dem Prinzip von Leistung und Gegenleistung – zu erwirken sucht. Und um die göttliche Gnade erwirken zu können, ist er sogar auf die kreatürliche und nichtsdestoweniger käufliche Solidarität seiner Mitmenschen angewiesen.

Diskussionen über Eigennutz und Gemeinnutz s. Vollhardt, Friedrich: Eigennutz – Selbstliebe – Individuelles Glück. – In: Entdeckung des Ich. Die Geschichte der Individualisierung vom Mittelalter bis zur Gegenwart. Hg. von Richard van Dülmen. – Köln: Wissenschaftliche Buchgesellschaft – Böhlau Verlag 2001, S.219-242.

104 Wie Brandt bemerkt, gab es im Mittelalter „offensichtlich in ganz Deutschland bekannte und feste Preise für bestimmte Leistungen zugunsten des Seelenheils". (Brandt: Mittelalterliche Bürgertestamente, S.21.)

Doch daß das ewige Heil der Seele im Angesicht Gottes und weltlicher Ruhm manchmal durchaus in Eins zusammenfallen können, beweisen die folgenden Verfügungen in Bezug auf die frommen Stiftungen, die Jakob Fugger der Reiche – in Einvernehmen mit seinen Brüdern und Vettern – im Laufe seines Lebens errichtet hat. In seinen letztwilligen Verfügungen legte er nämlich großen Wert darauf, daß die von ihm errichteten Stiftungen, „Got dem almächtigen und seinen hailgen zu lob" (S.56), auch nach seinem Ableben erhalten bleiben sollen, daß ihre von ihm selbst ausgearbeiteten Satzungen nach wie vor in Kraft bleiben, und zwar „für und für in ewigzeit, so lang der mandlich namen und stam verhannden und in leben ist..." (Ebd.)[105]

Der unmißverständlich ausgesprochene und kaum christlich-demütig zu nennende Wunsch nach der Verewigung des eigenen Namens auch im Diesseits, der Wunsch nach Ruhm verträgt sich allerdings gut mit einem anderen Anliegen des soliden Handelsmannes, seine eventuell noch bestehenden Schulden den Familien seiner verstorbenen Brüder gegenüber korrekt – freilich gegen entsprechende Quittung – zu begleichen; vielleicht auch ein leiser Nachklang dessen, was Ariés als „Wiedergutmachung der unrechtmäßigen Handlungen" bezeichnet hat: „Uff das ist mein entlicher will und geschefft, wa gemelter meiner zwayer gebrueder säligen verlassen hausfrau und töchtern, das jhenig [...] durch mich in meinem leben gar oder zum taill nit entricht und bezallt würde, daz alßdann nach meinem tod die gemelten meine vetern inen zum fürderlichsten die übermaß ausrichten, bezalen unnd dagegen von inen samentlich oder yedem besonnder notdürfftig quitanz unnd verzeichbrieff verfertigt nemen sollen laut ainer copi, so ich deshalb begriffen hab." (S.57)

Mit dieser Verfügung endet nun der fromme Teil des ersten Testaments Jakob Fuggers des Reichen. Dessen Wichtigkeit und Bedeutung für den Testator erhellt nicht bloß seine – allerdings traditionelle – Erststellung im Text, sondern auch der Umstand, daß er cca. ein Viertel des Gesamtumfangs des Testaments – bei den äußerst komplizierten familiären und geschäftlichen Beziehungen des Testators eine beträchtliche Textmenge – ausmacht. Der zu erwartende Ertrag der frommen Legate für den Testator sei zum Schluß noch einmal mit Ariés festgehalten: „Im Austausch für seine Legate erhielt er die Sicherheit der *aeterna,* und zugleich

105 Zur Entstehung, Geschichte und Bedeutung der wichtigsten Stiftung, der Fuggerei im Augsburger Kappenzipfel s. Pölnitz: Jakob Fugger, Bd.1, S.348-356. Wie der Darstellung von Pölnitz zu entnehmen ist, war die Fuggerei, obschon aus Frömmigkeit hervorgegangen, eine rein soziale Institution.

wurden – das ist der zweite wichtige Aspekt des Testaments – die *temporalia* rehabilitiert und die *avaritia* rückwirkend gerechtfertigt."[106]

Nachdem das 'Geschäft' des Seelenheils abgetan worden war, durfte es nun zur Verteilung der weltlichen Güter kommen. Jakob Fugger der Reiche begann diese – dem Gliederungsschema Simnachers entsprechend – mit den Legaten. Obgleich selbst kinderlos, hatte Jakob Fugger eine zahlreiche Verwandtschaft zu versorgen, und er kam dieser Pflicht als Familienoberhaupt und Firmenchef in tatsächlich beispielhafter Weise nach. Die Legate, die im ersten Testament Jakob Fuggers des Reichen an Verwandte und Familienmitglieder – allen voran seine Gattin, die Augsburger Patriziertochter Sibylle Artzt – ausgeworfen wurden, sind mehr als großzügig. Sie sind so, wie es einem reichen Mann, der etwas auf sich hält, und einem *pater familiaris* geziemt. Doch gerade in ihrer Großzügigkeit sind diese Legate auch und nicht zuletzt ein Mittel, die Verwandtschaft sicher in den Griff zu bekommen, den Willen des Testators über Generationen hindurch in der Familie durchzusetzen. Denn – abgesehen von der schon bekannten Schlußwendung, die auch hier des öfteren wiederkehrt und auch diesen Legaten noch einen leicht verträglichen Charakter verleiht: „Darumbn sollen sy auch mein gegen Got mit irem gebet gedencken." (S.60) – die Legate Jakob Fuggers des Reichen verfolgten offenbar einen doppelten Zweck. Indem nämlich einerseits die Verwandten auf eine in der Tat großzügige Weise versorgt und zufriedengestellt wurden, sollte andererseits das im Handelshaus arbeitende Kapital vor eventuellen unbefugten Zugriffen aus dem Umkreis der Verwandtschaft sichergestellt werden. Der Leser des Testaments wird an dieser Stelle Zuschauer eines wahren Kunststücks, des riskanten Balanceaktes, Familiensinn und geschäftliches Interesse miteinander in Einklang zu bringen.

Daß die Großzügigkeit des Erblassers gegenüber seinen Verwandten stillschweigend zuletzt doch den Schutz des Handelskapitals bezweckte, tritt in mehreren Bestimmungen des Testamentes mehr oder weniger klar zutage.

Erstens wurde nämlich den Legatarien wiederholt und dringend nahegelegt, das ihnen Zugedachte gegen einen Zins von jährlich fünf Prozent als Kapital in der Handelsgesellschaft zu belassen. Wollte der eine oder der andere dies aus irgendeinem Grunde nicht, so waren die Universalerben, die vier Neffen, die die Handelsgesellschaft weiter betreiben sollten, nur verpflichtet, die Legate ihnen erst nach Jahresfrist und in jährlichen Raten auszuzahlen: „Solch vorgeschriben gelt, so ich meiner swester kinder legiert unnd verordnet habe, soll inen durch die

---

106 Ariés: Geschichte des Todes, S.249.

gemelten meine vier vetern in dreu jarn, die nechsten nach meinem tod, nemlich ain yedes jar ain drittaill entricht unnd bezallt werden. Aber das erst jar dörffen meine vetern kain gewynnung davon zalen. Wa sy aber solch gelt die anndern zway jar bey inen inn irem hanndl haben und brauchen wollten, des zu irem freyen willen steen soll, so sollen sy ain yedes derselben zway jar vom hundert fünff guldin zu gewynnung geben." (S.61) – eine Verfügung, die gleichsam formelhaft am Schluß der einzelnen Legate wiederkehrt.

Zweitens wurde Jakob Fuggers Absicht, das Kapital des Handelshauses vor unerwünschten Zugriffen aus dem Kreise der Verwandtschaft zu schützen, ganz offensichtlich in der Forderung, die Verwandten sollen sich mit den ihnen zugedachten Legaten ein für allemal zufriedengeben und keine weiteren Ansprüche erheben: „Unnd mit solchem allem, so ich der gemelten meiner hausfrauen swester, swester und gebrueders kinden, auch freunden also mit der maß, wie oben erclert ist, zugeordnet, legiert und verschafft hab, sollen sy noch ir erben alle samentlich und ain yedlichs besonnder sonst zu allen anndern meinen verlassen hab unnd guetern, liegennden und varenden, klains und groß, ganntz nichts ausgenomen noch hindangesetzt allerding ab und hinangewisen, haissenn und sein und darauff zu den gemelten meinen vier vetern, als meine hernach bemelte gesetzt erben unnd aller derselben erben und nachkomen solcher meiner üebrigen verlassen hab und gueter halber, hinfüro in ewig zeit ganntz kain vordrung noch clag zu suchen noch fürzunemen in gantz kain weyß noch weg, durch genugsam verschreibungen und quittantzen inn der pessten form und nach notturfft verzeyhen auch also dises mein geschefft in allen puncten und artickln anzunemen und dem volg zu thun sich verpflichten." (S.64f.)

Und drittens trat die Absicht des Testators ganz klar zutage in der Verfügung, die Universalerben als Gesellschafter seien gar nicht verpflichtet, die Legate auszuzahlen, falls sie beträchtliche Verluste im Geschäft zu verbuchen hätten und dies eidlich bekräftigten: „Yedoch dieweil sich yetzo die leuff allenthalben in allen lannden beschwerlich erzaigen unnd sonnderlich ich unnd meine vetern inn dem königkreich Hungern, darinn wir treffenlich groß hab unnd gut haben, des Türcken halben und in ander weg in grosser gefärlichait steen, auch die römisch kayserlich und hispanisch königklich mayestät unns ain merckliche suma gelts noch zu thun ist, so sich dann, das der almechtig verhueten wolle, begebe, das ich unnd meine vetern oder nach meinem tod dieselben meine vetern von dato dits meins testaments anzuraiten über die gewynung in den handlungen, die wir yetzo mit kayserlicher mayestät haben und mitler zeit weyter thun, erobern möchten, ainen treffennlichen schaden empfahen oder leyden würden unnd die gemelten meine vetern, nemlich die zwen eltern bey irem aid betheurn möchten darumb inen dann gentzlich gelauben gegeben werden soll. / So ist mein letster und entlicher will, das alsdann dieselben meine vetern allain den nachgemelten personen [...] an dem gelt, so ich inen und yedem besonder, wie obstet, verschafft hab, so offt dieselben meine vetern hundert guldin schaden leyden und wie obstet betheurn würden alwegen zehen guldin reinisch ainem yeden nach anzall an seinem verschafften gelt abziehen unnd innbehalten sollen und mügen. So sich aber solcher meiner vetern gelitner schaden, sovil oder mer, weder die suma gellts, so ich den yetz gemelten personen wie obstet verschafft hab, ist, treffen unnd dieselben meine vetern, das bey irem aid, wie ob laut, betheurn würden, so sollen sy alsdann den yetz gemelten personen solch mein obenangezaigt verschafft gellt gar noch zum taill zu bezalen ganntz nicht schuldig noch verbunden sein. Unnd dieselben yetz gemelten personen derhalben zu gemelten mein vetern noch iren erben ganntz nichts zu fordern, noch ainich recht noch gerechtigkait haben sollen in kainen weg." (S.65)[107]

Die hier angeführten relativ langen Zitate hatten unter anderem den Zweck, dem Leser einen Eindruck von den sprachlichen Qualitäten des Textes zu vermitteln. Gerade hier, wo von Geschäftlichem die Rede ist, wäre nämlich der Ort, die Frage nach dem 'Literarischen' in den Testamenten Jakob Fuggers des Reichen zu stellen. Die Antwort fällt freilich recht bescheiden aus. Man kann nicht umhin, einzugestehen, daß das Literarische (das Ästhetische) in den Testamenten Jakob Fuggers, wenn überhaupt, so erst aus der Sicht des heutigen Lesers, und zwar als unwillkürlicher Nebeneffekt der zeitlichen Distanz, aus der man die Texte liest, sich einstellt.[108] Diese zeitliche Distanz überzieht nämlich – wenn auch erst in den Augen des späten Lesers – selbst noch die trivialen Formeln der alten Geschäfts- und Juristensprache mit einem einigermaßen 'poetischen' Glanz.

Die Art und Weise, wie Jakob Fugger der Reiche die Legate an seine Verwandten auswarf, macht seine Testamente allerdings zu beredten mentalitätsgeschichtlichen Zeugnissen der frühen Neuzeit. Sie bezeugen eine genuin frühneuzeitlich-bürgerliche Denkweise, für die Reichtum nicht mehr in gehorteten Schätzen und noch nicht im Besitz von ästhetisch wertvollen Gegenständen oder Früchten des Geistes, sondern einzig und allein im produktiven Gesellschaftskapital bestand, in einem Kapital, das auf gar keinen Fall zum Zweck des persönlichen Genusses oder auch nur Konsums angegriffen werden durfte. Geraten gehortete Schätze überhaupt erst ins Blickfeld, so fast ausschließlich als zum Geschäft gehörende Objekte, die

107 Die Finanzierung der Kaiserwahl Karls V. im Jahre 1518/19 war für die Firma in der Tat mit nicht geringen Schwierigkeiten verbunden.

108 Auf diese Möglichkeit hat schon Belke hingewiesen, s. oben, Kap.II.iii.

dort – nämlich im Geschäft – ihre Funktion haben, als Kapitalanlage und als Repräsentation.[109] Daher nahm der Testator von dem seiner Ehefrau legierten Hausrat ausdrücklich das der Gesellschaft Zugehörige heraus: „ob auch ainich Silber oder gold ertz da were, darzu auch das silbergeschirr, als trinckgeschirr, schisseln, teller, leichter unnd annders, so mir der kreler, goldschmid, yetzo zum taill gemacht hat und noch machen wirdet, so alles der gesölschafft zugehörig ist und sy [die Gattin, I.K.] wol anzuzaigen waißt, das sölle gemelten meinen vier vetern Raymundus, Ulrichen, Anthonien und Jheronimussen als meinen nachbestimbten innstituierten erben zugestellt werden..." (S.58)

Schließlich lohnt es sich noch, die Legate näher ins Auge zu fassen, mit denen Jakob Fugger der Reiche in seinem ersten Testament seine Ehefrau Sibylle Artzt,[110] bedachte, mit der er seit 1498 in kinderloser Ehe gelebt hatte. Daß die Gattin bei der Austeilung der Legate allen anderen vorangestellt wurde, bezeugt schon ihre herausragende Stellung für den Testator; daß er sie großzügig versorgt und finanziell sichergestellt wissen wollte, versteht sich mehr oder weniger von selbst. Um so überraschender ist hingegen die liebevolle Zuwendung, die sich in manchen Legaten äußert, eine Art Intimität, die dem modernen Leser zwar vertraut ist, doch in einer großbürgerlichen Ehe der frühen Neuzeit nicht unbedingt zu erwarten wäre. So vermachte Jakob Fugger der Reiche seiner Ehefrau nicht nur mehrere Häuser zur Nutznießung, „darzu auch die cappell im hauß mitsambt den meßgewannden, taffeln, kelch, meßbuechern, weichkessell und annders, so zu derselben cappell und altar gehört, nichts ausgeschlossen" (S.58), sondern „auch die bet und petstat mit aller zugehörung, daran wir baide bey unnd mitainander gelegen sind" (S.57).[111] Er sicherte ihr nicht bloß das Recht zu, „sich der gerechtigkait in kirchenstueln unnd stenden, wa die wern, auch der grebnus unnd cappell zu den predigern in allermassen ir lebenlang unnd nach irem tod gebrauchen, als ob ich noch bey leben were" (S.59) – als Angebot, die Grabkapelle der Fugger sich zur Ruhestätte zu erwählen, an sich schon ein Zeugnis intimer Liebe –, sondern die Gattin durfte auch von den Kleidern des Verstorbenen „ein rockh den pessten

109 So u.a. die als „Drei Brüder" bezeichneten Kleinodien aus dem Burgunderschatz, die Jakob Fugger der Reiche als Kapitalanlage erworben hatte und über deren Erbgang im zweiten Testament ausführlich verfügt wurde. Dazu s. Pölnitz: Jakob Fugger, Bd.1, S.154-158.

110 Zur Person und zur Stellung von Sibylle Artzt in der Familie der Fugger s. Pölnitz: Jakob Fugger, Bd.1, S.286f.

111 Die Tatsache, daß die testamentarische Vergabung des ehelichen Bettes im Augsburg der damaligen Zeit öfters begegnet (vgl. Simnacher: Fuggertestamente, S.114), tut der Intimität des Vermächtnisses und der sprachlichen Formulierung keinen Abbruch.

nemen" (S.59) und wohl als Erinnerungsstück aufbewahren. Schließlich waren die vier Vettern als Universalerben nicht nur verpflichtet, die der Ehefrau zur Nutznießung überlassenen Häuser auf eigene Kosten in Stand zu halten – „also das villeicht ain hauß ain grosser nachtail beschehe, so sollen meine vier vetern, dieselb behausung von irem aigen gellt selbst versehen unnd in beulichem wesen behallten" (S.59) –, sondern: „Dieselben meine vetern sollen auch iren knecht, der annderer garten wartet, den angezaigten iren garten unnd zwinger auch versehen unnd underhalten lassen, one meiner hausfrau costung." (Ebd.)

Ein Mann von Weltgeltung also, der – während er europäische Politik macht – selbst die Bestellung des Gartens seiner zukünftigen Witwe nicht aus den Augen verliert. Die Legate, mit denen Jakob Fugger der Reiche in seinem ersten Testament seine Ehefrau bedachte, bezeugen nicht in ihrer Großzügigkeit, sondern eher in ihren kleinen Zuwendungen eine durchaus modern anmutende liebevolle Intimität in der Ehe.

Was das Weitere betrifft, fällt zunächst einmal auf, daß die in hohem Grade formalisierte Gehorsams- und Unterwerfungsklausel der Erbeinsetzung vorangestellt ist. Die Logik der Reihenfolge rührt wohl daher, daß die vier Neffen, die zu Universalerben eingesetzt werden sollten, ihr Einverständnis mit den Verfügungen des Testaments durch eigenhändige Unterschrift am Ende des Dokuments bekräftigen sollten, so daß Widerstand und Ungehorsam von dieser Seite kaum noch zu erwarten war. Die Erbeinsetzung selbst wäre nun das eigentliche testamentarische Mittel gewesen, weitsichtig Familien- und zugleich Geschäftspolitik zu betreiben; doch in seinem ersten Testament beugte sich Jakob Fugger der Reiche vorläufig noch der Macht der Tatsachen. Denn obschon seine vier Neffen sich keinesfalls als gleichmäßig begabt und gleichmäßig dem Geschäftlichen zugetan zeigten, setzte er sie zu vier gleichen Teilen zu Universalerben ein, wobei er sogar noch den weiteren Erbgang im voraus bestimmte: „Unnd welcher under gemelten mein vier gebrueders sönen on elich, mandlich leibserben mit tod abgeen würde, so soll desselben abgestorben verlassen ligennde gueter, silbergeschirr unnd haußrat, wie vorgemelt, allain seinem belibnen bruder unnd desselben weltlichen mändlichen erben absteigender linien in vorigem anschlag erblich fallen..." (S.67) Allerdings legte er bei all dem großen Wert darauf, daß das Geschäft durch seine Erben in seinem Sinne, nach den bestehenden Verträgen weitergeführt werden sollte, und daß seine Schulden korrekt beglichen wurden.

Soweit das erste Testament Jakob Fuggers des Reichen vom 27. August 1521, denn was noch folgt – Kodizillarklausel, Vorbehalte der Abänderung, Exekutoreneinsetzung, Verfügungen zur Verwahrung des Testaments, Förmlichkeiten wie Zeugenberufung und notarielle Beglaubigung – ist ganz und gar dem Schematischen und dem juristisch Formelhaften überantwortet. Daher wollen wir uns nun dem zweiten Testament Jakob Fuggers des Reichen zuwenden, um an ihm – an Hand eines Vergleichs mit dem ersten – die Veränderungen, die Ereignisse im familiären Umkreis notwendig machten, sowie die Spuren der Reformation nachzuweisen.

Ereignisse von besonderer Wichtigkeit haben Jakob Fugger den Reichen wohl dazu veranlaßt, auf seinem Sterbebett, einige Tage vor seinem Tod am 30. Dezember 1525 – „wiewol schwachs leibs unnd ligennd, aber doch von den genaden Gottes gebreuchiger vernunfft unnd seiner synn unnd gemüets verstendtnus" (S.73) –, am 22. Dezember 1525 sein erstes Testament aufzuheben (vgl. S.92f.) und an seiner statt ein zweites aufzusetzen. Den eigentlichen Beweggrund für dieses zweite Testament sieht Simnacher darin, daß Ulrich Fugger, einer der im ersten Testament zu Universalerben eingesetzten vier Vettern Jakob Fuggers, wenige Monate zuvor ohne männliche Nachkommen verstorben war, so daß nun – nach den Verordnungen des ersten Testaments – die Hälfte der gesamten Erbschaft seinem Bruder Hieronymus zugefallen wäre.[112] Doch da gerade Hieronymus derjenige von den vier Vettern war, der das geringste Interesse am Geschäft an den Tag legte, wollte der Testator einen derart unerwünschten Erbgang offenbar vermeiden. Dazu kam, als zweiter Beweggrund, der Fortschritt der Reformation in Augsburg, der – obschon Jakob Fugger der Reiche mitsamt seiner Familie am katholischen Glauben festhielt – mehrere Verfügungen des erst vor vier Jahren errichteten ersten Testaments nunmehr als zweifelhaft oder geradezu als undurchführbar erscheinen ließ.[113]

Da die beiden Testamente Jakob Fuggers des Reichen im Wesentlichen nach dem selben Gliederungsschema gebaut sind, und da zahlreiche Verfügungen der beiden Testamente zum Teil ihrem Inhalt nach, zum Teil sogar bis in den Wortlaut hinein übereinstimmen, seien im Folgenden nur die Unterschiede beider Testamente näher ins Auge gefaßt.

Daß die allgemeine Verunsicherung der Reformationszeit auch auf das Gebiet des Rechtswesens übergriff, sieht man daran, daß Jakob Fugger der Reiche beim Abfassen seines zweiten Testaments noch mehr als bei dem ersten bemüht war, keine juristische Formvorschrift zu verletzen. Seine Vorsicht äußert sich schon

112 Vgl. Simnacher: Fuggertestamente, S.106.

113 Zur Augsburger Reformation und zu den Angriffen auf Jakob Fugger aus dem Umkreis von Humanismus und Reformation s. Pölnitz: Jakob Fugger, Bd.1, S.482-495 und 569-572.

darin, daß sein zweites Testament in ein Notariatsinstrument eingefaßt ist, wobei er außer dem Rechtsgelehrten Johannes Rehlinger und dem weltlichen Notar Hayden, die bereits beim Aufsetzen seines ersten Testaments zugegen und behilflich waren, diesmal zusätzlich noch einen zweiten Notar – den Kleriker Oswald Wentz – zur Festlegung der letztwilligen Verfügungen heranzog. Daß unter den Testamentszeugen sich mehr Kleriker finden als im Fall des ersten Testaments, dürfte indessen als stillschweigender Beweis der Treue zur alten Kirche gedeutet werden. Nachdem die Erben abermals „ihre Treue zum Testament ausdrücklich geloben mußten", konnte „bei dieser Vorsicht und der Fülle gewahrter Förmlichkeiten [...] nach menschlicher Voraussicht nichts mehr mißglücken".[114]

Doch der vorsichtige Testator legte offenbar auch noch darauf Wert, seine letztwilligen Verfügungen nicht an unglücklich gewählten Formeln etwa religiösen Inhalts scheitern zu lassen. Daher beginnt das zweite Testament Jakob Fuggers des Reichen nur noch „Im namen der heyligen, untailbarn Tryfaltigkait" (S.74); auf die Erwähnung der Jungfrau Maria und der Heiligen wird – wohl in Anbetracht der fortschreitenden Reformation – diesmal, im Gegensatz zum ersten Testament, wohlweislich verzichtet. Aus ähnlichen Überlegungen heraus mag auch das im ersten Testament noch abgelegte Glaubensbekenntnis weggelassen worden sein.

Was bei der Abfassung des ersten Testaments noch selbstverständlich gewesen war, die Wahl der Grabstätte in der eigens dazu erbauten Grabkapelle der Fugger an der Karmeliterkirche von St. Anna zu Augsburg, wurde in den seitdem vergangenen vier Jahren auch schon problematisch, da der Konvent der Karmeliter sich immer mehr der lutherischen Lehre zuwandte. Nichtsdestoweniger hielt Jakob Fugger der Reiche daran fest, „daß [sein] leib im closter zu Unnser Frauen brüedern hie zu Augspurg inn oder unnder unnser der Fugger cappell zu [seinen] lieben brüedern Ulrichen unnd Jörgen den Fuggern seligen begraben unnd zu der erden bestättet, auch es ferrer mit gemellter [seiner] begrebnus besincknus, sibennden, dreyssigisten, meßlesen, almuesen geben, jartägen und anndern sachen, wie [seine] drey vettern Raymundum, Anthonium unnd Jeronymussen für gut ansehen wirdet, gehallten werden soll." (S.75) Auffallend im Vergleich zum ersten Testament ist jedoch die Vorsicht des Testators, der bei der Vollstreckung seines letzten Willens nun vieles dem Ermessen der Erben und Testamentsvollstrecker anheimstellte. Daher das gleich noch einmal wiederkehrende Zugeständnis: „alles wie sy [die Erben und Testamentsvollstrecker, I.K.] unnd wa für gut unnd noth ansehen wirdet". (Ebd.)[115]

---

114 Simnacher: Fuggertestamente, S.49.

Doch dies bedeutet noch lange nicht, daß Jakob Fugger der Reiche bereit gewesen wäre, sich ohne weiteres der Gewalt der neuen Tatsachen zu beugen. Als selbstbewußter Bürger und Kaufmann wollte er auf keines seiner verbrieften Rechte – sei es auch der Kirche gegenüber – widerstandslos verzichten. Daher führte er etwas weiter unten an: „dieweyl diser zeit das wesen inn offtbemelltem closter zu Unnser Frauen brüeder und auch an anndern orten, sich annderst dann vor erzaigt, daß meine drey nachbemellt vettern dasselb, was der stifftbrief durch mich unnd sy darüber uffgericht innhalt yetzt oder hinfüro alles mitainannder oder ainsthails abgeen unnd inn anderweg Gott zu lob verordnen oder aber nach lautt der stifftung volziehen unnd ufrichten mügen, wie unnd wann, auch welcher gestalt inen allen dreyen oder iren zwayen das für gut ansehen, gelieben unnd gefallen wirdt, unangesehen deß stifftbriefs, auch meins fürnemen ainsthails deßhalben inn ettlichen meinen uffgerichten ordnungen begriffen. Doch ist inn dem mein mainung unnd will, sovil immer sein khan unnd mag, daß die gebauen capell zu Unnser Frauen brüeder zu ehre unnd gedechtnus mein unnd meiner brüeder seligen, auch meiner vettern unnd aller unnserer nachkommen im wesen unnd gebeu unnderhallten, auch deßhalben mit meiner stifftung oder inn annder weg mit den münchen inn sollichem closter oder andern, so sollich closter vewallten möchten, sovil unnd wie meine vettern für gut ansicht, gehanndelt unnd verfuegt werde, damit inn dem zu wesennlicher unnderhalltung gemellter cappell khain verhinderung, sonnder fürderung geschehe." (S.78) Die Grabkapelle sollte also unter allen Umständen zum ewigen Gedächtnis des Geschlechts der Fugger erhalten bleiben, herrsche in der Kirche, wer auch immer wolle. Wenn man dabei seine verbrieften Rechte durchsetzen kann, ist es um so besser, wenn nicht, so soll man eben verhandeln.

Noch bevor der Testator sein Seelgerät verordnete, wurde an dieser Stelle ein Absatz in den Text eingefügt, der im ersten Testament noch in keiner Form vorhanden gewesen war und der zugleich äußerst modern anmutet. Es geht dabei um „ettliche unnsere diener inn unnsern hendeln lanng, auch vil gebraucht" (S.75), und die Erben werden gemahnt, diese in Ehren zu halten, „darnach ain yedtlicher lanng unnd vil, auch treulich gedient hat unnd noch hinfüro dermassen dienen wirdet". (Ebd.) Dieser Verfügung lag wohl die durchaus einleuchtende und zu-

115 Zum Grab und zum Begräbnis Jakob Fuggers des Reichen s. Pölnitz: Jakob Fugger, Bd.1, S.660: „Es fehlt der urkundliche Nachweis dafür, ob die Neffen ihn wirklich bei St. Anna begruben, oder gemäß ihrem Wort an den Sterbenden doch in einer katholischen Kirche [...]. Es ist nicht überliefert, ob jene Unzahl von Gottesdiensten, die sein Testament vorsah, mit allen Spenden an die Armen in Stadt und Land, auch wirklich gehalten wurde. Niemand weiß, ob das Augsburg der Renaissance und Reformation das spätmittelalterliche Seelgerät Jakobs nach seiner Vorschrift ausrichtete."

gleich zukunftsweisende Erkenntnis des erfahrenen Handelsherrn zugrunde, daß qualifizierte, motivierte und vor allem zuverlässige Arbeitskraft an sich schon die halbe Garantie des geschäftlichen Erfolges bedeutet.

Charakteristisch für die nun folgenden Bestimmungen über Seelgerät und Legate ist, daß beide – im Vergleich zum ersten Testament – noch vermehrt wurden; die Summe der an die Verwandten ausgeworfenen Vermächtnisse wurde im zweiten Testament Jakob Fuggers auf insgesamt hunderttausend Gulden beziffert.

Um so dürftiger nehmen sich dabei die Vermächtnisse aus, mit denen Jakob Fugger der Reiche im zweiten Testament seine Gattin bedachte. Nicht daß er zimperlich geworden wäre; großzügig war er nach wie vor. Doch die Verfügungen zu Gunsten seiner Ehefrau wurden nur mehr rein auf Vermögensfragen beschränkt, die liebevolle Zuwendung und die Intimität mancher Legate des ersten Testaments ist im zweiten nicht mehr zu verspüren. Diese auffallende Veränderung dürfte zwei Gründe gehabt haben. Das Verschwinden von Verfügungen religiösen Inhalts erklärt sich wohl daraus, daß der Testator seine Ehefrau zur lutherischen Lehre hinneigen sah;[116] und das Fehlen von intimen Zuwendungen dürfte die fortschreitende Entfremdung der Eheleute zum Anlaß gehabt haben. Doch selbst die nur mehr rein materiellen Verfügungen des zweiten Testaments zu Gunsten der Ehefrau scheinen nicht umsichtig genug formuliert worden zu sein, da kurz nach dem Ableben des Testators ein unrühmlicher Erbschaftsstreit zwischen den abermals zu Universalerben eingesetzten Neffen und der Witwe entbrannte, die übrigens – unzweifelhafter Beweis der Entfremdung der Eheleute – bereits sieben Wochen nach dem Tod ihres ersten Mannes eine neue Ehe eingegangen war.[117]

Zu betrachten bleibt noch die Erbeinsetzung, die Jakob Fugger der Reiche in seinem zweiten Testament, schon viel mehr als noch im ersten, als wirksames Mittel einer weitsichtigen Familien- und zugleich Geschäftspolitik zu handhaben verstand. Daher sind die diesbezüglichen Verfügungen des zweiten Testaments im Vergleich zum ersten wesentlich umfangreicher und auch komplizierter.

Zu Universalerben, und zwar zu gleichen Teilen, setzte der Testator abermals seine drei Vettern – Hieronymus, Raymund und Anton Fugger – ein, die zur Zeit der Abfassung des zweiten Testaments noch am Leben waren. Dies tat er jedoch so, daß er zugleich durch ausgeklügelte Verfügungen, die den Erbgang für mehrere Generationen im voraus regeln sollten, auf jede erdenkliche Weise die beiden geschäftlich begabten Brüder Raymund und Anton Fugger bevorzugte. Der Sinn

116 Vgl. Simnacher: Fuggertestamente, S.111.

117 Vgl. Simnacher: Fuggertestamente, S.111-114.

dieser Bestimmungen bestand letztlich darin, „die Vermögensvergrößerung dorthin zu leiten, wo biologisch und nach der wirtschaftlichen Begabung voraussichtlich die Zukunft der Familie lag"[118] – Hieronymus, der wenig Geschäftstüchtigkeit an den Tag legte, war ohnehin unverheiratet und kinderlos.

Aber Jakob Fugger der Reiche formulierte auch selbst in klaren Worten die Ziele seiner testamentarischen Geschäfts- und Familienpolitik: „so ist weitter mein will, ordnung unnd mainung, daß dieselben doch allweg diejenigen, so zu yederzeit die nehsten deß stammens unnd namens von mannlichen welltlichen erben sein werden, zu allerzeit für unnd für auf ainannder erben, unnd daß also solliches alles, was von mir herkumbt, allein auff das mannlich, ehelich, welltlich geschlecht unnd nicht auf das weiblich geschlecht kommen, noch fallen soll, damit also mein und meiner zwayer brüeder selig welltlicher, ehelicher unnd mannlicher stammen unnd nammen für unnd für, so lanng Gott der allmechtig sollichs durch sein gnad verleihen will, wie dann meiner zwayer brüeder selig unnd mein mainung ye unnd allweg gewesen unnd sollichs mein mainung noch ist, destemer auch bestenndiger unnd beharrlicher inn erlichem unnd guettem wesen beleiben, auch desterminder inn zerrüttung noch in abnemen wachsen, darzue durch denselben unnsern ehelichen unnd welltlichen manndlichen stammen unnd namen der hanndel unnd unnser herkommen, noch mer zu nutz und aufnemen unnderhallten werden mug." (S.90)

Um diese wahrlich weitsichtigen familien- und geschäftspolitischen Ziele anzusteuern, führte der Testator im zweiten Testament zusätzliche Maßregeln zum Schutz des produktiven Gesellschaftskapitals ein. Keiner der drei Erben sollte beispielsweise mehr berechtigt sein, seinen Anteil am Erbe ohne die Einwilligung der beiden anderen zu veräußern. Und vor allem ernannte Jakob Fugger der Reiche seinen Nachfolger an der Spitze der Handelsgesellschaft: „[Es] ist mein will, ordnung unnd fürnemen, [...] daß nach meinem todt solliche anndere mein und meiner vetter handtierungen, gewerb, handlungen unnd gescheffft mein vetter Anthoni allain, doch mit rhat seines bruedern Raymunden unnd seins vettern Jheronymeen brauchen, verwallten unnd yeben, auch derhalben thuen unnd lassen, darzue ordnungen unnd maß inn dem allem allain unnd ainig nach seinem gefallen unnd gutbeduncken fürzunemen macht unnd gwallt haben soll, inn aller dermassen, wie ich das inn meinem leben allain zethun gewallt unnd macht gehabt hab unnd noch so lanng mir Gott das leben verleicht haben will." (S.91) Ganz offensichtlich ist dabei die Bestrebung des Testators, den Tüchtigsten unter seinen Verwandten

---

118 Simnacher: Fuggertestamente, S.106.

zu seinem Nachfolger zu bestimmen, um wenigstens die unmittelbare Zukunft von Familie und Handelsgesellschaft in sicheren Händen zu wissen. Ein Porträt von Hans Maler aus dem Jahre 1524 zeigt Anton Fugger, den Nachfolger, als noch relativ jungen Mann. Die überlegene Intelligenz steht ihm ins Gesicht geschrieben...

Über das Spätmittelalterliche und über das in die Neuzeit Vorausweisende in den beiden Testamenten Jakob Fuggers des Reichen war schon die Rede. Daß sie wertvolle Quellen zur Kultur- und Mentalitätsgeschichte darstellen, dürfte außer Zweifel stehen. Im Weiteren sollen sie wegen ihrer mustergültigen Gliederung und wegen ihrer ebenfalls mustergültigen Auseinandersetzung mit dem Problem des Todes zum Ausgangspunkt bei der Analyse weiterer Testamente aus der frühen Neuzeit dienen.

2. Exkurs: Eine Neufassung drei Jahrhunderte später: Mayer Amschel Rothschild

Bevor zwei weitere Testamente aus der frühen Neuzeit, die letztwilligen Verfügungen Martin Luthers und des Paracelsus ins Auge gefaßt werden, soll im Rahmen eines kurzen Exkurses die Bedeutung von Testamenten in der Geschichte aufstrebender Bürgerfamilien, bei der Akkumulation des Kapitals, letztendlich also in der Herausbildung und Entwicklung der kapitalistischen Wirtschaft noch einmal exemplarisch aufgezeigt werden. Diesem Zweck soll ein Vergleich zwischen den Testamenten Jakob Fuggers des Reichen und dem zweiten, rechtsgültigen Testament Mayer Amschel Rothschilds, Begründer der berühmten Finanzdynastie,[119] dienen. Der Vergleich wird zeigen, daß Testamente, die zwar in weit auseinanderliegenden geschichtlichen Epochen, doch unter ähnlichen Bedingungen errichtet wurden (aufstrebende Handels- und Finanzhäuser kurz nach der formalen Firmengründung) und ähnliche Zielsetzungen verfolgten (Optimierung der Finanzkraft), über Jahrhunderte und über Konfessionen hinweg bis ins Detail ähnlich gestaltet sein können.

Für die beim ersten Blick vielleicht überraschende Absicht, chronologisch und konfessionell dermaßen weit auseinanderliegende letztwillige Verfügungen miteinander zu vergleichen, können folgende Gründe angeführt werden. Erstens han-

---

[119] Zur Geschichte der Rothschilds s. Schnee, Heinrich: Rothschild. Geschichte einer Finanzdynastie. – Göttingen, Berlin, Frankfurt am Main: Musterschmidt 1961; und neuerdings Ferguson, Niall: Die Geschichte der Rothschilds. Propheten des Geldes. Aus dem Englischen von Irmela Arnsperger und Boike Rehbein. 2 Bde. – München, Stuttgart: Deutsche Verlags-Anstalt 2002.

delt es sich im Fall Jakob Fuggers des Reichen wie auch im Fall Mayer Amschel Rothschilds um die Gründerfiguren zweier Handels- und Finanzhäuser, die jeweils zu ihrer Zeit eine ähnlich bestimmende Rolle in der politischen Geschichte Europas spielten: „Überblickt man die Geschichte der Hoffinanziers in der frühkapitalistischen Epoche, so kann ihre Linie mit den Namen Fugger, Oppenheimer und Wertheimer in Wien, Liebmann, Gomperz, Ephraim, Itzig, Isaak in Preußen, Behrens in Hannover, Lehmann in Halberstadt, Baruch und Oppenheim in Bonn, Seligmann in München, Kaulla in Stuttgart und Rothschild in Frankfurt und Wien gezogen werden. Am Anfang steht das Haus Fugger als größter Finanzier, am Ende das Haus Rothschild als größte Kapitalmacht. Wie der erste große Hoffinanzier Fugger mit seiner Entscheidung für Habsburg den Gang der Weltgeschichte mitbestimmt hat, so auch das Haus Rothschild, als es seine Finanzmacht auf die Waagschale der Alliierten im Kampf gegen Napoleon legte. Von Fugger zu Rothschild verläuft in Deutschland die Geschichte der Hoffinanz."[120] Zweitens ist dem Testament der Gründerväter in beiden Fällen, und zwar in relativ geringem zeitlichen Abstand, ein Gesellschaftsvertrag vorangegangen, so daß es sich in beiden Fällen um relativ neue, doch aufstrebenswillige Familienunternehmen von hohem expansivem Potential handelte.[121]

Das end- und rechtsgültige Testament Mayer Amschel Rothschilds (1744-1812)[122], das am 17. September 1812, zwei Tage vor seinem Tod, entstand, und in dem er sein erstes Testament ausdrücklich aufhob, ist abgedruckt in der Biogra-

---

120 Schnee: Rothschild, S.26.

121 Der erste Gesellschaftsvertrag zwischen den Brüdern Ulrich, Georg und Jakob Fugger kam am 18. August 1494 zustande. (Vgl. Pölnitz: Jakob Fugger, Bd.1, S.57-59.) Die damals begründete Handelsgesellschaft „Ulrich Fugger und Gebrüder" wurde dann, nach dem Tod der beiden älteren Brüder, durch einen zweiten Gesellschaftsvertrag vom 14. Februar 1512 in „Jakob Fugger und seiner Gebrüder Söhne" umgewandelt. (Vgl. Pölnitz: Jakob Fugger, Bd.1, S.284-288.) Der Gesellschaftsvertrag zwischen Mayer Amschel Rothschild und seinen fünf Söhnen, mit dem die Firma „Meyer Amschel Rothschild & Söhne" begründet wurde, datiert vom 27. September 1810. (Vgl. Schnee: Rothschild, S.40.) Die Schreibweise des Namens des Gesellschaftsgründers schwankte schon zu seinen Lebzeiten zwischen Mayer und Meyer.

122 In seiner *Denkschrift* hat Heine folgende Charakteristik Mayer Amschel Rothschilds Ludwig Börne in den Mund gelegt: „'Der alte Rothschild,' fuhr Börne fort, 'der Stammvater der regierenden Dynastie, war ein braver Mann, die Frömmigkeit und Gutherzigkeit selbst. Es war ein mildthätiges Gesicht mit einem spitzigen Bärtchen, auf dem Kopf ein dreyeckig gehörnter Hut, und die Kleidung mehr als bescheiden, fast ärmlich. So ging er in Frankfurt herum, und beständig umgab ihn, wie ein Hofstaat, ein Haufen armer Leute, denen er Allmosen ertheilte oder mit gutem Rath zusprach; wenn man auf der Straße eine Reihe von Bettlern antraf mit getrösteten und vergnügten Mienen, so wußte man, daß hier eben der alte Rothschild seinen Durchzug gehalten.

phie Christian Wilhelm Berghoeffers: *Meyer Amschel Rothschild. Der Gründer des Rothschildschen Bankhauses.*[123] Berghoeffer schildert die Umstände der Testamentsabfassung wie folgt: „Rothschilds körperliche Zähigkeit und Ausdauer hielt bis ins Alter der geistigen die Wage. Das zeigt schon die Art seines Geschäftsbetriebs. Bis zu seinem 63. Jahre war er nachweislich häufig auf Reisen, und solche waren damals beschwerlicher als heute. Im Jahre 1808 erkrankte er heftig, so daß er sich veranlaßt sah, am 30. Juli sein Testament zu machen. Zwar operierte ihn der Professor Leydig aus Mainz mit Erfolg. Doch blieb er für den Rest seines Lebens leidend, und sein Gedächtnis wurde schwach. Im Jahre 1811 hatte er wieder ein schweres Krankenlager zu bestehen. Anfang November war er gesund. Später wurde seine Krankheit von neuem akut. Am 16. September 1812, dem Versöhnungstag, hatte er nach Cohen vierundzwanzig Stunden gefastet und den ganzen Tag stehend in der Synagoge zugebracht. Tags darauf traten heftige Schmerzen an seiner Wunde auf. In Erwartung des nahen Todes machte er am 17. September vor dem Notar Wüstefeld und sechs Zeugen ein neues Testament. Beim Minister von Eberstein ließ er es verwahren. Zwei Tage später, am 19. September, abends achteinviertel Uhr verschied er und wurde am 20. September um ein Uhr auf dem alten Israelitischen Friedhof beigesetzt."[124]

Mayer Amschel Rothschilds zweites Testament ist, genauso wie die beiden letztwilligen Verfügungen Jakob Fuggers des Reichen, von der grundlegenden Intention geprägt, geschäftliches Interesse und Familiensinn miteinander in Einklang zu bringen. Daraus erklärt sich die grundlegende Ähnlichkeit der letztwilligen Verfügungen beider Testatoren dem chronologischen Abstand von beinahe drei Jahrhunderten und den konfessionellen Unterschieden zum Trotz.

Als ich noch ein kleines Bübchen war, und eines Freytags Abends mit meinem Vater durch die Judengasse ging, begegneten wir dem alten Rothschild, welcher eben aus der Synagoge kam; ich erinnere mich, daß er, nachdem er mit meinem Vater gesprochen, auch mir einige liebreiche Worte sagte, und daß er endlich die Hand auf meinen Kopf legte, um mich zu segnen. Ich bin fest überzeugt, diesem Rothschildschen Segen verdanke ich es, daß späterhin, obgleich ich ein deutscher Schriftsteller wurde, doch niemals das baare Geld in meiner Tasche ganz ausging." (Heine, Heinrich: Ludwig Börne. Eine Denkschrift. – In: Ders.: Historisch-kritische Gesamtausgabe der Werke. Hg. von Manfred Windfuhr. Bd.11. Bearbeitet von Helmut Koopmann. – Hamburg: Hoffmann und Campe 1978, S.26f.)

123 Berghoeffer, Christian Wilhelm: Meyer Amschel Rothschild. Der Gründer des Rothschildschen Bankhauses. – Frankfurt am Main: Englert & Schlosser 1922. Darin das Testament Meyer Amschel Rothschilds vom 17. September 1812, S.226-231. Zitate aus dem Testament Mayer Amschel Rothschilds sind dieser Ausgabe entnommen und werden im laufenden Text mit den Seitenzahlen ausgewiesen.

124 Berghoeffer: Meyer Amschel Rothschild, S.164.

Die „väterliche Disposition" (S.226) Mayer Amschel Rothschilds beginnt zwar noch „Im Namen Gottes" (ebd.), doch sein Testament enthält so gut wie keine sakralen Bezugnahmen mehr; die mittelalterlichen Seelgerätsbestimmungen klingen, wenn überhaupt, lediglich im äußerst knapp gehaltenen IX. Artikel nach: „Den drei löblichen milden christlichen Stiftungen vermache ich ein Legat von Hundert Gulden." (S.228) – bei einem Privatvermögen von 190.000 Gulden, über das es letztwillig zu verfügen galt, kein allzu großzügiges Vermächtnis. Ob dieses Fehlen von sakralen Bezugnahmen im Testament Mayer Amschel Rothschilds als Symptom der Säkularisation zu begreifen ist, oder eher als eine konfessionelle Eigentümlichkeit verstanden werden soll, braucht uns hier nicht weiter zu interessieren. Fest steht allerdings, daß die letztwilligen Verfügungen Mayer Amschel Rothschilds beinahe ausschließlich auf die Regelung des Erbganges des Vermögens beschränkt sind und folgende thematische Struktur aufweisen:

1) allgemeine Einleitung (äußerst knapp gehalten, nicht einmal vier Zeilen);
2) Erbeinsetzung (Art.I);
3) Legate an Familienmitglieder (Art.II-VIII);
4) frommes Legat (Art.IX);
5) Vorbehalt der Abänderung (Art.X; in hohem Grade formelhaft);
6) Gehorsams- und Unterwerfungsklausel, allerdings mit moralisierender Einleitung; der Testator empfiehlt seinen „sämmtlichen Kindern, sich mit steter wechselseitiger Liebe und Freundschaft einander zu begegnen" (ebd., Art.XI; in hohem Grade formelhaft);
7) Formalitäten (Beglaubigung durch eigenhändige Unterschrift des Testators; in hohem Grade formelhaft).

Die Legate, die im zweiten Testament Mayer Amschel Rothschilds an Familienmitglieder – allen voran an weibliche – ausgeworfen wurden (Art.II-VIII), verfolgten, wie schon seinerzeit die Legate Jakob Fuggers des Reichen, offenbar den Zweck, die Töchter und ihre Ehemänner durch recht großzügige Vermächtnisse von der Einmischung in die Angelegenheiten der Handelsgesellschaft abzuhalten. Dabei wurde den Legatarien, wie schon in den Testamenten Jakob Fuggers des Reichen, immer wieder nahegelegt, die ihnen vermachte Geldsumme als Kapital in der Gesellschaft zu belassen und dort fest zu verzinsen. So sogar im Fall der Ehegattin und Mutter der zehn Kinder, Gutle Schnapper,[125] die bei den Vermächt-

125 Mayer Amschel Rothschild heiratete am 29. August 1770 die Tochter des Frankfurter Handelsmannes Wolf Salomon Schnapper. Sie schenkte ihm zehn Kinder, fünf Söhne und fünf Töchter. (Vgl. Schnee: Rothschild, S.34.)

nissen allen anderen vorangestellt wurde und der der Ehemann u.a. siebzigtausend Gulden „zum lebenslänglichen Niesbrauch und Nutzgenuß" (S.227) testamentarisch vermacht hatte: „Das Capital selbsten soll in der Handlung meiner Söhne gegen Verzinsung von fünf Prozent; jedoch ohne Caution, und nach ihrer Willkür, wie lange sie das fragliche Capital in der Handlung behalten wollen, verbleiben..." (Ebd.)

Das wichtigste testamentarische Mittel, das in der Gesellschaft arbeitende Kapital vor eventuellen unbefugten Zugriffen aus dem Umkreis der Familie und der Verwandtschaft sicherzustellen, bestand jedoch darin, die weiblichen Nachkommen und deren Familien bzw. Erben aus der Erbschaft des Gesellschaftsvermögens schlicht und einfach auszuschließen, wie es seinerzeit in den Testamenten Jakob Fuggers des Reichen schon geschehen war. Dies erfolgte gleich in Artikel I. der letztwilligen Verfügungen von Mayer Amschel Rothschild, was an sich schon die grundlegende Bedeutung dieser Maßnahme bezeugt: „[...] ich verordne und will daher, daß meine Töchter und Töchtermänner und deren Erben an der unter der Firma 'Meyer Amschel Rothschild und Söhne' bestehenden Handlung keinen Antheil haben, und noch weniger eine Forderung aus was immer für einem Grunde machen können und dürfen, sondern vielmehr gedachte Handlung meinen Söhnen ausschließlich zusteht und gehört; Keine meiner Töchter, Tochtermänner und deren Erben ist daher befugt, Einsicht der Handlung, deren Bücher und Scripturen zu verlangen, Caution, Obsignation, Inventur pp zu fordern; indem keine meiner Töchter und deren Erben einiges Recht noch Anspruch auf erwähnte Handlung zu machen befugt ist, und ich würde es nie einem meiner Kinder vergeben können, wenn dasselbe gegen diesen meinen väterlichen Willen sich beigehen lassen würde, meine Söhne in dem ruhigen Besitz ihrer Handlung zu stören." (S.226)[126]

Diese für den heutigen Betrachter vielleicht allzu hart erscheinenden, beinahe gleichlautenden Verfügungen zum Schutz des Gesellschaftskapitals in den Testamenten Jakob Fuggers des Reichen sowohl wie Mayer Amschel Rothschilds scheinen jedoch notwendig gewesen zu sein, um die Zersplitterung des Gesellschaftskapitals durch die Erben zu verhindern und dadurch letztlich den Grund für den raschen Aufstieg beider Familienunternehmen zu legen. Die Testamente der beiden Gründerväter sind ein Beweis dafür, daß letztwillige Verfügungen aussagekräftige Quellen auch zur Wirtschaftsgeschichte darstellen können, da sie

---

126 Eine der wichtigsten Stärken der Fuggerschen sowohl wie der Rothschildschen Gesellschaft bestand wohl darin, daß sie als reine Familienunternehmen funktionierten, so daß Geschäftsgeheimnisse stets im engsten Familienkreis gewahrt bleiben konnten.

einen Einblick in im Wesentlichen unwandelbare Praktiken gewähren, die zu verschiedenen Zeiten die Akkumulation von bedeutenden bürgerlichen Kapitalvermögen ermöglichten.

3. „Gottes Notarius" und der Alchemist: Luther und Paracelsus. Zwei außergewöhnliche Testamente aus den Jahren 1541 und 1542

Im folgenden Kapitel sollen die Testamente von zwei außergewöhnlichen Persönlichkeiten aus der frühen Neuzeit besprochen werden: die letztwilligen Verfügungen Martin Luthers und die des Paracelsus. Zur Betrachtung beider Testamente in ein und demselben Kapitel berechtigt nicht bloß der Umstand, daß sie in unmittelbarer chronologischer Nähe zueinander – mit einem zeitlichen Abstand von kaum mehr als drei Monaten – verfaßt wurden, sondern noch mehr und in erster Linie, daß beide Testamente in eigentümlicher Weise Probleme lösten, die sich aus der Auflösung des spätmittelalterlichen Wertesystems ergaben, auf denen die letztwilligen Verfügungen Jakob Fuggers des Reichen – ihrer in die Neuzeit vorausweisenden Details zum Trotz – in ihrer Gesamtheit zweifellos noch beruhten. In diesem Sinne sollen die Testamente von Luther und Paracelsus als symptomatische Zeugnisse der beginnenden Neuzeit begriffen werden.

Nach wiederholten Krankheitsanfällen und 'Anfechtungen' hat Martin Luther (1483-1546)[127] – nachdem er sich schon jahrelang mit dem Gedanken herumgetragen hatte[128] – am 6. Januar 1542, im für damalige Verhältnisse relativ hohen

127 Aus der beinahe unübersehbaren Menge der biographischen Luther-Literatur sind folgende Werke konsultiert worden: Diwald, Hellmut / Karl-Heinz Jürgens: Martinus Luther D. Lebensbilder. – Bergisch Gladbach: Gustav Lübbe 1982; Dülmen, Andrea von: Luther-Chronik. Daten zu Leben und Werk. – München: dtv 1983; Friedenthal, Richard: Luther. Sein Leben und seine Zeit. – München: Piper 1967; Lilje, Hans: Luther. In Selbstzeugnissen und Bilddokumenten. – Reinbek bei Hamburg: Rowohlt 1965; Luther kontrovers. Hg. von Hans Jürgen Schultz. – Stuttgart, Berlin: Kreuz Verlag 1983 [darin insbesondere Weber-Kellermann, Ingeborg: Der Familienvater, S.122-135 und Jüngel, Eberhard: Im Angesicht des Todes, S.162-172]; Martin Luther 1483-1546. Dokumente seines Lebens und Wirkens. Hg. von der Staatlichen Archivverwaltung der DDR. – Weimar: Böhlau 1983; Oberman, Heiko A.: Luther. Mensch zwischen Gott und Teufel. – Berlin: Severin und Siedler 1981; Thulin, Oskar: Martin Luther. Sein Leben in Bildern und Zeitdokumenten. – Berlin: Evangelische Verlagsanstalt 1964.

128 S. Martin Luther 1483-1546, S.232: „Seitdem Luther auf dem Bundestag von Schmalkalden im Jahre 1537 von seinem alten Steinleiden so heftig überfallen worden war, daß er mit dem Tod rechnete, beschäftigte ihn der Gedanke, ein Testament abzufassen."

Lebensalter von achtundfünfzig Jahren, vier Jahre vor seinem Tod, sein Testament gemacht. Das eigenhändig geschriebene Original des mehrfach gedruckten Testaments[129] wird heute im Archiv des Generalkonvents der evangelischen Kirche Augsburgischer Konfession in Budapest aufbewahrt, wohin es 1815 „aus dem Besitz der seit dem 16. Jahrhundert in Wittenberg ansässigen und mit Nachkommen Luthers, Melanchtons und Gregor Brücks verheirateten Gelehrtenfamilie Carpzov"[130] gelangte.

Beim Vergleich der letztwilligen Verfügungen Luthers mit den beiden Testamenten Jakob Fuggers des Reichen fällt sofort die unverhältnismäßige Kürze (nicht einmal vier Druckseiten) des Lutherschen Textes ins Auge. Allerdings wäre es allzu simpel und verfehlt, diesen auffallenden quantitativen Unterschied bloß mit Unterschieden in den äußeren Lebensumständen beider Erblasser erklären zu wollen; etwa damit, daß Luther über ein unverhältnismäßig geringeres Vermögen letztwillig zu verfügen hatte, oder mit seinen relativ unkomplizierten familiären Verhältnissen. Obwohl beides stimmt. Denn bei seinem Ableben hatte Jakob Fugger der Reiche letztwillige Verfügungen über ein Gesellschaftsvermögen von mehr als zwei Millionen Gulden zu treffen,[131] während Luther 1542, im Jahre der Abfassung seines Testaments, ein Vermögen von etwa achttausend Gulden in Wittenberg zu versteuern hatte.[132] Und während Jakob Fugger der Reiche, obwohl selbst kinderlos, eine äußerst zahlreiche und ausgedehnte Verwandtschaft zu versorgen hatte, hatte Luther in seinem Testament außer seiner engeren Familie – seiner Ehefrau und seiner fünf noch lebenden Kinder – sonst keinen zu bedenken. Trotzdem verbirgt sich hinter dem auffallenden quantitativen Unterschied der letztwilligen Verfügungen Luthers und Jakob Fuggers des Reichen vor allem und in erster Linie ein qualitativer.

Dieser qualitative Unterschied läßt sich in drei Momenten erfassen. Erstens in der Intention des Testators Luther, die ohne Einschränkung als eine moralisch-pädagogische bezeichnet werden darf; zweitens in der bewußten und vorsätzlichen

---

129 Zitiert wird Luthers Testament auf Grund folgender Ausgabe: Luther, Martin: Testament. [6. Januar 1542.] – In: Ders.: Ausgewählte deutsche Schriften. Hg. von Hans Holz. 2., verbesserte Auflage. – Tübingen: Niemeyer 1966, S.163-166. Zitate im laufenden Text werden nur mit der Seitenzahl ausgewiesen.

130 Martin Luther 1483-1546, S.233. Zur recht abenteuerlichen Überlieferungsgeschichte des Manuskriptes s. außerdem Fabiny, Tibor: Luther Márton végrendelete. [Martin Luthers Testament.] – Budapest: Corvina 1982, S.37-54.

131 Vgl. Pölnitz: Jakob Fugger, Bd.1, S.650.

132 Vgl. Diwald / Jürgens: Lebensbilder, S.160f.

Mißachtung juristischer Formvorschriften durch Luther beim Aufsetzen seines Testaments; und drittens in seiner neuartigen Einstellung zum Problem des Glaubens und des Todes. Diese drei Aspekte sollen im Folgenden der Reihe nach ins Auge gefaßt werden.

Erstens: Die Intention des Testators Luther bestand offensichtlich darin, seine Ehefrau Katharina von Bora, eine entlaufene Nonne, die einem verarmten sächsischen Adelsgeschlecht entstammte und mit der er seit 1525 verheiratet war, nach seinem Tode den Kindern gegenüber materiell sicherzustellen. Eine nicht ganz unproblematische Angelegenheit, da die Witwe nach geltendem sächsischem Recht so gut wie gar nichts geerbt hätte. Sie hätte sich „im Todesfall ihres Mannes mit der Morgengabe und der Gerade, den Gegenständen des Haushaltes, begnügen müssen, während den Kindern Haus und Hof zugesprochen worden wären".[133] Um den gesetzlich festgelegten Erbgang zu umgehen, vermachte also Luther seiner Ehefrau testamentarisch das gesamte gemeinsame Vermögen – mit Ausnahme des 'Lutherhauses', des ehemaligen 'Schwarzen Klosters' in Wittenberg, „über das er als Geschenk des Landesherrn ohne dessen Wissen nicht verfügen wollte"[134] – als „Leibgedinge" (S.163), und zwar mit durch die Heilige Schrift abgesicherter, explizit moralisch-pädagogischer Begründung: „Zum dritten vnd aller meist darumb, das ich wil, Sie musse nicht den kindern, Sondern die kinder sollen yhr ynn die hende sehen, Sie ynn ehren halten vnd vnterworffen sein, wie Gott geboten hat. [...] Denn ich halt, das die Mutter werde yhrer eigen kinder der beste furmunde sein, und solch gutlin vnd leibgedinge, nicht zu der kinder schaden oder nachteil, sondern zu nutz vnd besserung brauchen, als die yhr fleisch vnd blut sind vnd sie vnter yhrem hertzen getragen hat". (S.164)

In dieser durch und durch moralischen Begründung des außergewöhnlichen Vermächtnisses äußert sich nicht nur ein unerschütterliches Vertrauen in die von Gott geschaffene patriarchale Familien- und Weltordnung, in die natürlichen Bande zwischen Eltern und Kindern, sondern ebenso auch ein ausgeprägter Realitätssinn, eine auf Anschauung und Erfahrung gegründete Vorsicht und moralisch-pädagogische Sorge um die eigenen Nachkommen: „Denn ich wol gesehen vnd erfaren, wie der Teuffel, wider dis gebot, die kinder hetzet und reitzet, wenn sie gleich from sind, durch bose vnd neidissche Meuler, Sonderlich wenn die muttere

---

133 Martin Luther 1483-1546, S.232.

134 Martin Luther 1483-1546, S.233. Der sächsische Kurfürst ließ das Gebäude des ehemaligen Wittenberger Augustinerklosters Luther nach dessen Eheschließung überschreiben. (Vgl. Diwald / Jürgens: Lebensbilder, S.160.)

widwen sind, Und die Sone ehefrawen vnd die toechtere ehemenner kriegen..." (Ebd.)

Der letzte Grund der testamentarischen Verfügungen Luthers zu Gunsten der Ehefrau war aber sicherlich das feste und uneingeschränkte, weil auf langjährige Erfahrung im ehelichen Zusammenleben gegründete Vertrauen in ihre Person, von der nicht nur auf den Ehemann, sondern selbst auf seine späten Biographen noch eine ganz eigenartige Faszination auszugehen scheint: „Das thu ich darumb Erstlich, das sie mich als ein from, trew ehlich gemahl allzeit lieb, werd vnd schon gehalten, Und mir durch reichen Gottes segen funff lebendige kinder (die noch fur handen, Gott gebe lange) geborn vnd erzogen hat [...]" (Ebd.)[135] Dabei sei noch einmal ausdrücklich festgehalten, daß dieses uneingeschränkte Vertrauen unter den Eheleuten erst in langjähriger praktischer Bewährung errungen werden konnte und keinesfalls durch ein wie auch immer 'romantisches' Liebesverhältnis zu erklären ist.

Zweitens: Es ist immer wieder betont worden, daß Luther sein Testament unter Mißachtung der geltenden juristischen Formvorschriften abfaßte. Dies tat er, wie der Text selbst bezeugt, vorsätzlich und bewußt: „Zu letzt bitte ich auch yderman, Weil ich ynn dieser begabung oder leibgedinge, nicht brauche der Juristischen forme vnd worter (dazu ich vrsachen gehabt) Man wolle mich lassen sein die person, die ich doch ynn der wahrheit bin Nemlich, offentlich, vnd die beide ym himel auff erden, auch ynn der Helle bekand, ansehens oder autoritet gnug hat der man trawen und gleuben mag mehr denn keinem Notario." (S.165)

Der formal-juristischen Mangelhaftigkeiten in Luthers letztwilligen Verfügungen gibt es eine ganze Reihe.[136] Es fehlt (erstens) die Erbeinsetzung im eigentlichen und engeren Sinn (das Herzstück jedes auf Rechtsgültigkeit hin errichteten Testaments); es fehlt (zweitens) die obligatorische Ernennung von Vormündern für die minderjährigen Kinder (bzw. sollte, wie aus einer bereits zitierten Passage ersichtlich, die Witwe selbst ihr Vormund sein); es fehlt (drittens) die herkömmliche, juristisch festgelegte Struktur sowie der traditionelle, 'wissenschaftlich' geprägte

---

135 Die wider alle Erwartung lebenskluge und tüchtige Hausfrau Katharina von Bora scheint auf Luther selbst, auf seinen Bekannten- und Freundeskreis und schließlich selbst auf seine Biographen noch eine ganz eigenartige Faszination ausgeübt zu haben, obwohl die Eheschließung am 13. Juni 1525, kaum einen Monat nach der Schlacht bei Frankenhausen, selbst im Kreis der engsten Freunde als skandalös und als äußerst gefährlich für die Sache der Reformation empfunden worden war. Zur Person von Katharina von Bora s. u.a. Friedenthal: Luther, S.527-549.

136 Ein derart mangel- oder fehlerhaftes Testament heißt in Juristenlatein *testamentum imperfectum.*

Wort- und Formelschatz; und es fehlt (fünftens) die notarielle Beglaubigung oder die Bestätigung durch den Landesherrn, die erst nach Luthers Tod, am 11. April 1546, nachträglich eingeholt wurde.[137] Das Testament ist allein durch Luthers Hand- und eigenhändige Unterschrift sowie durch die Unterschrift von drei Zeugen – Philipp Melanchton, Caspar Cruciger und Johann Bugenhagen als Freunde und Vertraute des Reformators – beglaubigt.[138]

Diese formal-juristische Mangelhaftigkeit ist, wie bereits erwähnt, keinesfalls zufällig, doch gerade im Fall eines Testaments, das den gesetzlich festgelegten Erbgang umzustürzen sucht, besonders bedenklich. Aber der Testator Luther scheint das Risiko bewußt in Kauf genommen zu haben und setzte in der Frage der Rechtsgültigkeit statt juristischer Formvorschriften offenbar auf eine ganz andere Art der Beglaubigung seines letzten Willens: auf die unumstößliche Macht der eigenen Autorität, und zwar mit einer Ausschließlichkeit, die seine letztwilligen Verfügungen zu einem markanten Dokument des mit der frühen Neuzeit einsetzenden Individualisierungsprozesses macht.[139] Sein Kalkül erwies sich allerdings in der Tat als begründet und ist aufgegangen, da sein letzter Wille der formal-juristischen Mängel zum Trotz als rechtsgültig bestehen bleiben konnte.

Doch Luthers außergewöhnlich starke Individualität hatte sich nicht nur juristisch mit, sondern auch stilistisch-thematisch in seinem Testament durchgesetzt. Der unkonventionelle letzte Wille des Testators, der grundsätzlich moralische

---

137 Das Testament durch den Landesherrn bestätigen zu lassen, war eine der Möglichkeiten, seine Rechtsgültigkeit sicherzustellen. Obwohl Luther in seinem Testament ausdrücklich an seinen Landesherrn appellierte – „Und bitte auch hie mit vntertheniglich meinen gnedigsten herrn Herztog Johans Fridrichen kurfursten etc, S k f g wolten solche begabung oder leibgedinge gnediglich schutzen vnd handhaben" (S.165) –, hat er die eigentliche Bestätigung versäumt. Doch: „Auf Ansuchen der Witwe holte der Kurfürst am 11. April 1546 die erforderliche landesherrliche Bestätigung des von Luther aufgesetzten Testaments nach." (Martin Luther 1483-1546, S.233) Dies trotz der juristisch mangelhaften Form.

138 Das *Handwörterbuch zur deutschen Rechtsgeschichte* weist auch noch darauf hin, daß in der Reichsacht stehende Personen grundsätzlich als testierunfähig galten. (Vgl. Handwörterbuch zur deutschen Rechtsgeschichte, Bd.5, S.161.)

139 Zum Begriff 'Individuum, Individualität' vgl. den einschlägigen Artikel von T. Borsche im *Historischen Wörterbuch der Philosophie*. Hg. von Joachim Ritter und Karlfried Gründer. Bd.4. – Darmstadt: Wissenschaftliche Buchgesellschaft 1976, S.300-323 sowie Pieper, Annemarie: Individuum. – In: Handbuch philosophischer Grundbegriffe. Hg. von Hermann Krings, Hans Michael Baumgartner und Christoph Wild. Bd.2. – München: Kösel 1973, S.728-737. Zum historischen Prozeß der neuzeitlichen Individualisierung s. die facettenreiche Darstellung in *Entdeckung des Ich. Die Geschichte der Individualisierung vom Mittelalter bis zur Gegenwart*. Hg. von Richard van Dülmen. – Köln: Böhlau – Wissenschaftliche Buchgesellschaft 2001.

Gestus des Testaments, den es aller formal-juristischen Mängel zum Trotz durchzusetzen galt, war mit einem nicht minder ausgeprägten und wuchtigen Stilwillen verbunden, der den konventionellen Testamentsaufbau mitsamt den herkömmlichen juristischen Formvorschriften und Formeln schlichtweg hinweggefegt hatte. Der ganz und gar unkonventionelle thematische Bauplan von Luthers letztwilligen Verfügungen sieht wie folgt aus:

1) Einsetzung der Ehefrau zur Universalerbin in Form einers „Leibgedinges";
2) (mehrfache moralische) Begründung der Erbeinsetzung;
3) Appell an den Landesfürsten, die Rechtsgültigkeit des Testaments anzuerkennen;
4) Appell an die Freunde, die Ehefrau als legitime Erbin zu beschützen;
5) (metaphorische) Beglaubigung der letztwilligen Verfügungen durch die Autorität des Testators;
6) Unterschriften (des Testators und der drei Testamentszeugen).

Zu alldem beginnt Luthers unkonventionelles Testament mit dem Wort „Ich", nicht mehr, wie gewöhnlich, im Namen Gottes, und der Testator betont immer wieder die Bedeutung der eigenen Handschrift: „Ich Martinus Luther Doctor etc bekenne mit dieser meiner eigen Handschrifft..." (S.163) Die eigene Handschrift galt für Luther offenbar als die unverwechselbare Spur seiner Individualität, die auch sonst vielerlei Spuren in der Welt hinterlassen hatte und daher fest auf die Unumgänglichkeit und Unumstößlichkeit ihrer Autorität rechnen durfte; ein Selbstbewußtsein, das sich seiner nicht mehr schämt, das sich selbst – der demutsvollen Selbstapostrophen zum Trotz – im Text unverhohlen zur Schau trägt: „Denn so mir verdampten, armen, vnwirdigen elenden sunder, Gott der Vater aller Barmhertzickeit, das Euangelion seines lieben Sons vertrawet, dazu mich auch trew, und wahrhafftig drinnen gemacht, bis her behalten vnd funden hat, Also das auch viel ynn der welt, dasselb durch mich angenommen, Und mich fur einen lerer der Wahrheit halten, vngeacht des Bapsts bann, keisers, konige, fursten, pfaffen, ia aller teuffel zorn, Sol man ia viel mehr mir hie ynn dieser geringen Sachen gleuben, Sonderlich weil hie ist mein hand, fast wol bekand, Der hoffnung, Es solle gnug sein, Wenn man sagen vnd beweisen kan, Dis ist D. Martinus Luthers (der Gottes Notarius vnd zeuge ist ynn seinem Euangelio) ernstliche vnd wolbedachte meinung mit seiner eigen hand vnd siegel zu beweisen..." (S.165f.) Die Bedeutung der eigenen Handschrift als unverwechselbare und authentische Spur der Individualität der Person ergibt sich offenbar aus einer Analogie: einerseits die Heilige Schrift (Gottes) – und andererseits die Handschrift Luthers, der die Heilige Schrift (richtig) auszulegen vermag. Diese Analogie begründet dann die metaphorische Selbstbezeichnung des Testators als „Gottes Notarius".

Wenn der Testator Luther sich als „Gottes Notarius" bezeichnete, so ist diese einzige – aus dem Bereich der juristischen Fachsprache genommene und im Text eines Testaments kühn eingesetzte – Metapher Beweis genug, daß er seiner prototypischen Stellung, vielleicht sogar seiner epochalen Bedeutung als Initiator der Reformation selbst bei der Abfassung seiner letztwilligen Verfügungen durchaus eingedenk war. Luthers Testament sollte in seinem moralischen Grundgestus, wie auch sein Leben, offenbar etwas Exemplarisches darstellen. Auffallend dabei ist allerdings, daß die neu erworbene individuelle Würde der Person, wie die Metapher anzeigt, aus der Würde Gottes abgeleitet ist.[140] Doch die kühne Metapher zeugt nicht allein vom ausgeprägten Selbstbewußtsein des Testators, das man in Anbetracht seiner historischen Rolle – „vngeacht des Bapsts bann, keisers, konige, fursten, pfaffen, ia aller teuffel zorn" – auch aus der Retrospektive als durchaus begründet gelten lassen mag, sondern nicht zuletzt auch von den sprachlichen Qualitäten seines Testaments, die man ohne jeglichen Vorbehalt als 'literarisch' bezeichnen kann. Es ist derselbe, in seiner kräftig-originellen Bildlichkeit auf Anschaulichkeit hin ausgerichtete Stil, der auch Luthers im engeren Sinne 'literarische' Texte charakterisiert.[141] Und wie, wenn nicht als 'literarisch', sollte man denn ein Testament bezeichnen, dessen Anspruch auf Rechtsgültigkeit auf eine Metapher gegründet wurde?

Doch (drittens) gerade weil Luther als „Gottes Notarius" sich begriff und in dieser seiner Eigenschaft seine letztwilligen Verfügungen verfaßte, fällt dem Betrachter das Fehlen jeglicher expliziter transzendenter oder sakraler Bezugnahme (wie etwa Glaubensbekenntnis, Wahl der Grabstätte, fromme Legate und Ähnliches) in seinem Testament auf. Es hat den Anschein, daß Luthers Auseinandersetzung mit dem Tod in seinen letztwilligen Verfügungen streng auf das Praktisch-Diesseitige beschränkt blieb. Der Tod erscheint in seinem Testament einerseits als praktisch-juristisches (der Erbgang des Vermögens), andererseits als moralisch-pädagogisches Problem (das künftige Verhältnis von Mutter und Kindern). Und obschon der Tod als moralisches Problem – insofern nämlich jede

140 Die Begründung der Würde der menschlichen Person in der Würde und Autorität Gottes scheint charakteristisch für die gesamte frühe Neuzeit gewesen zu sein. Dasselbe Verfahren wurde angewendet in Albrecht Dürers berühmtem Selbstbildnis aus dem Jahre 1500, einem der Hauptwerke der altdeutschen Porträtmalerei. Dürer stellte sich auf dem Bild bekanntlich beinahe zum Christus stilisiert dar.

141 Einige stark bildhafte Stellen wurden bereits zitiert: „Sie [die Mutter, I.K.] musse nicht den kindern, Sondern die kinder sollen yhr ynn die hende sehen"; oder auch die Bemerkung von den „bose[n] vnd neidissche[n] Meuler[n]".

christliche Moral in der Heiligen Schrift begründet ist – notwendigerweise nicht ganz frei von transzendenten Bezügen bleiben konnte, scheint in Luthers Testament nicht mehr, wie noch in den letztwilligen Verfügungen Jakob Fuggers des Reichen, das Seelenheil auf dem Spiel zu stehen. Die Auseinandersetzung mit dem Tod wurde entweder als rein individuelle und innerseelische Angelegenheit aufgefaßt – was das Testament nicht ist und Luthers Testament am wenigsten sein sollte – und daher aus den letztwilligen Verfügungen ausgeklammert, oder sie wurde eben auf das rein Diesseitige (Vermögensfragen und Erbgang) beschränkt, so daß das Testament seine sakralen Bezüge und seine sakrale Bedeutung einbüßte und den Charakter eines rein vermögensrechtlichen Dokumentes annahm.

Ob und inwiefern das Verschwinden transzendenter und sakraler Bezugnahmen in Luthers letztwilligen Verfügungen als Symptom der Säkularisation aufgefaßt werden darf, bleibe dahingestellt. Sein letzter Wille ist jedoch gerade in seiner Kürze, die sich u.a. aus dem gänzlichen Fehlen der frommen Legate und Stiftungen ergibt, beredtes Zeugnis eines fundamentalen mentalitätsgeschichtlichen Wandels. Luthers Testament sagt das Wesentliche nämlich gerade dadurch, worüber es sich ausschweigt.

Das Fehlen der frommen Legate und Stiftungen zum Heil der Seele erklärt sich indessen aus Luthers ganz neuartiger und radikaler Einstellung zum Glauben. Schon früh, im Jahre 1520, hat er in seinem Traktat *Von den guten Werken* eine entschiedene Polemik gegen die Veräußerlichung des Glaubens geführt, wobei er insbesondere die Nützlichkeit der 'guten Werke' zur Erlangung des Seelenheils in Zweifel gezogen hat. Man könnte meinen, daß manche Attacken des Traktats *Von den guten Werken* geradezu auf die Fugger und auf die frommen Legate in ihren Testamenten gemünzt sind, so z.B. wenn Luther bemerkt: „Das [falsche Propheten, I.K.] sind alle, die durch viele gute Werke (wie sie sagen) sich Gott wohlgefällig machen und Gott seine Huld abkaufen wollen, gleich als wäre er ein Trödler oder Tagelöhner, der seine Gnade und Huld nicht umsonst geben wollte. Das sind die verkehrtesten Menschen auf Erden, die schwerlich oder nimmermehr zum rechten Weg bekehrt werden."[142]

Doch wichtiger als jede vielleicht persönlich gegen die Fugger gerichtete Polemik ist in Bezug auf sein Testament Luthers neue und radikale Auffassung vom Seelenheil. Es sei, wie er betont, einzig und allein durch die Festigkeit des Glau-

142 Luther, Martin: Von den guten Werken. [1520] – In: Martin Luther. Der Reformator. – Göttingen: Vandenhoeck & Ruprecht 1962, S.95-156. (= Luther Deutsch. Die Werke Martin Luthers in neuer Auswahl für die Gegenwart. Hg. von Kurt Aland. Bd.2.) Hier S.103.

bens an Gottes Gnade und väterliche Güte zu erlangen, so daß 'gute Werke' zwar nicht verboten, doch völlig unnütz sind, wenn dem Menschen dieses Eine, das unerschütterliche Vertrauen auf Gottes väterliche Liebe und Gnade fehlt.

Diese radikal neuartige Auffassung von den 'guten Werken' und vom Seelenheil hat schwerwiegende Folgen; nicht bloß theologisch, sondern auch mentalitätsgeschichtlich und psychisch. Denn wer das Problem des Seelenheils in derart radikaler Weise verinnerlicht, d.h. zu einer rein innerseelischen Angelegenheit des Einzelnen erklärt, wirft den Menschen erbarmungslos auf sich selbst zurück. Jeder Einzelne, der sich der lutherischen Lehre anschließt, ist hilflos sich selbst und einem schweigenden, verborgenen Gott überlassen. Selbst mit der Grenzsituation des Todes muß er ganz allein, ohne die geringste Hilfe von außen erwarten zu können, fertig werden. Daß dies – im Vergleich zur bisherigen Auffassung vom Glauben und vom Seelenheil – mit einer erheblichen psychischen Überbelastung des Einzelnen einhergeht, vielleicht sogar mit einer Überbelastung, der kaum einer gewachsen ist, bezeugen nicht zuletzt Luthers eigene 'Anfechtungen', die ihn, seinem 'Turmerlebnis' im Jahre 1518 zum Trotz, zeit seines Lebens immer wieder heimgesucht hatten.[143]

Daher ist Luthers letzter Wille gerade in seiner Kürze, in seinem explizit zur Schau getragenen Individualismus und seiner impliziten – stilistischen und thematischen – Individualität sowie in seiner stillschweigenden, jedoch nicht minder radikalen Verinnerlichung des Problems des Seelenheils und des Todes ein markantes Dokument der beginnenden Neuzeit.

---

143 Zu den Hintergründen einer derartigen 'Anfechtung' im Jahre 1527 s. Oberman: Luther, S.332-337. Daß Luther selbst der psychischen Überbelastung, die er den Anhängern des reformierten Glaubens durch seine radikale Auffassung vom Seelenheil und von den 'guten Werken' aufgeladen hat, durchaus bewußt gewesen sein muß, beweist der Umstand, daß er im selben Traktat *Von den guten Werken* die Menschen in vier Gruppen eingeteilt hat: „Nun aber sind viererlei Menschen: die ersten [...], die keines Gesetzes bedürfen. [...] Sondern solche tun freiwillig, was sie wissen und können, und sehen allein in fester Zuversicht darauf, daß Gottes Gefallen und Huld in allen Dingen über ihnen schwebt. Die zweiten wollen solche Freiheit mißbrauchen, sich fälschlich darauf verlassen und faul werden. [...] Diese muß man mit dem Gesetz antreiben und mit Lehren und Vermahnung bewahren. Die dritten sind böse Menschen, zu Sünden allezeit bereit. Die muß man mit geistlichen und weltlichen Gesetzen wie die wilden Pferde und Hunde zwingen, und wo das nicht helfen will, sie durchs weltliche Schwert ums Leben bringen. [...] Die vierten, die noch Anfänger im Verständnis solchen Glaubens und geistlichen Lebens sind, die muß man wie die jungen Kinder locken und reizen [...], bis sie auch den Glauben erkennen lernen." (Luther: Von den guten Werken, S.107f.) Es ist klar, daß nur die erste Gruppe Luthers neuartigen Anforderungen gewachsen ist.

Am 21. September 1541, kaum mehr als drei Monate vor Luther machte der Arzt, Alchemist und Theologe Paracelsus (1493-1541)[144] in Salzburg, wohin er gegen Ende seines Lebens zurückgekehrt war, sein Testament. Das Original des Testaments – der Form nach ein *testamentum nuncupativum*, das durch den Kleriker-Notar Hans Kalbsohr in einem öffentlichen Notariatsinstrument schriftlich fixiert wurde – ist zwar verschollen, doch die letztwilligen Verfügungen des Paracelsus sind schon 1574 durch den Humanisten, Dichter und Arzt Michael Toxites in Straßburg gedruckt worden.[145] Das Testament des Paracelsus wurde – zusammen mit einer Reihe angrenzender Dokumente – neuerdings von Heinz Dopsch eingehend kommentiert und ins Neuhochdeutsche übertragen.[146]

Paracelsus ist drei Tage nach dem Aufsetzen seiner letztwilligen Verfügungen, am 24. September 1541, nach neueren gerichtsmedizinischen Befunden an akuter Quecksilbervergiftung gestorben.[147] Da er als erfahrener Arzt wohl seinen Tod herannahen fühlen mochte, ist davon auszugehen, daß Paracelsus sein Testament unmittelbar im Angesicht des Todes errichtet hatte.

Das Testament des Paracelsus weist, im Gegensatz zu den letztwilligen Verfügungen Luthers, keine formal-juristischen Mängel auf – es ist ohne weiteres als rechtsgültig anerkannt und auch gewissenhaft vollzogen worden[148] –, und sein thematischer Aufbau ist mittelalterlich-traditionell.[149] Nach dem Anfang „Im Namen Gottes" (S.263) folgen der Reihe nach:

---

144 Zu Paracelsus s. Benzenhöfer, Udo: Paracelsus. In Selbstzeugnissen und Bilddokumenten. – Reinbek bei Hamburg: Rowohlt 1997; darin insbesondere das Kapitel *Tod in Salzburg*, S.114-118; Gundolf, Friedrich: Paracelsus. – Berlin: Georg Bondi 1927.

145 Testamentum Philippi Theophrasti Paracelsi, des hocherfahrnen Teutschen Philosophi / und baider Artzney Doctoris. [...] Getruckt zu Straßburg durch Christian Müller. 1574. – Vgl. Dopsch, Heinz: Testament, Tod und Grabmal des Paracelsus. Mit einer Übertragung des Testaments ins Neuhochdeutsche. – In: Paracelsus und Salzburg. Vorträge bei den Internationalen Kongressen in Salzburg und Badgastein anläßlich des Paracelsus-Jahres 1993. Hg. von Heinz Dopsch und Peter F. Kramml. – Salzburg: Gesellschaft für Salzburger Landeskunde 1994, S.251-277; hier S.251.

146 [Testament des Theophrastus.] – In: Dopsch: Testament, Tod und Grabmal, S.263-267. Zitiert wird das Testament des Paracelsus in der neuhochdeutschen Übersetzung von Dopsch. Zitate aus dem Testament werden im laufenden Text mit den Seitenzahlen dieser Ausgabe ausgewiesen.

147 Vgl. Dopsch: Testament, Tod und Grabmal, S.252. „Daß bei ihm als einem Bahnbrecher der Pharmazie dem Quecksilber ein ganz besonderer Stellenwert zukam, ist [...] längst bekannt." (Ebd.)

148 Vgl. Dopsch: Testament, Tod und Grabmal, S.264-267.

149 Die sprachlichen Qualitäten des Paracelsus-Testaments sind aus Dopsch' neuhochdeutscher Übersetzung nicht zu erschließen. Doch da es sich um ein *testamentum nuncupativum* in Form eines Notariatsinstruments handelt, ist in dieser Hinsicht ohnehin nichts Besonderes zu erwarten.

1) die stark formelhafte allgemeine Einleitung (Zeitpunkt, Umstände und Ursachen der Testamentsabfassung);
2) das kurz gehaltene Glaubensbekenntnis;
3) die Bestimmungen über das Begräbnis (Wahl der Grabstätte, Stiftung von drei Totenmessen, Almosen);
4) die Vermächtnisse an Verwandte und Freunde, darunter „Arznei und [...] Kunstbücher, ebenso die Stichpflaster und die andern Dinge, die zur Heilkunst gehören" (S.264);
5) die Erbeinsetzung;
6) die Exekutoreneinsetzung;
7) die stark formelhafte Kodizillarklausel; und schließlich
8) die Formalitäten wie notarielle Beglaubigung und Zeugenberufung.

Soweit also anscheinend nichts Besonderes. Doch das eigentlich Überraschende und Zukunftsweisende steckt im sonst traditionellen Testament des Paracelsus in der Erbeinsetzung selbst: „Fünftens setzt er zu Erben all seiner anderen Hinterlassenschaft und Güter die armen, elenden und bedürftigen Leute insgesamt ein, die weder Einkünfte noch andere Versorgung besitzen; an sie sollen seine im folgenden genannten Testamentsvollstrecker die verbleibende Habe und Güter ihrem Gewissen und Gutdünken nach treu spenden und austeilen und dabei weder Sympathie noch Antipathie walten lassen, sondern allein die Bedürftigkeit und die Gebrechen der armen Personen berücksichtigen." (S.264)

Selbst wenn man (erstens) bedenkt, daß Paracelsus unverheiratet und ohne Nachkommen verstorben war, selbst wenn man (zweitens) weiß, daß seine „Hinterlassenschaft und Güter" keinen erheblichen materiellen Wert ausmachten,[150] läßt diese höchst unkonventionelle Erbeinsetzung zu Gunsten der „armen, elenden und bedürftigen Leute insgesamt" – und zwar unter Ausschluß jeglicher Sympathie oder Antipathie, einzig und allein nach dem Grad ihrer Bedürftigkeit – immer noch auf einen ungewöhnlichen Grad an sozialem Verantwortungsbewußtsein schließen. Wohl nicht von ungefähr wurde die Tatsache, daß er „sein Hab und Gut unter die Armen verteilen ließ"[151], schon in der Inschrift auf dem ersten Grabmal des Para-

---

150 Dazu s. das am 18. Oktober 1541 auf Verlangen der Testamentsvollstrecker erstellte *Inventar und Beschreibung der Habe und Güter, die der würdige hochgelehrte Herr Dr. Theophrastus von Hohenheim, der freien Künste und der Arznei Doktor, hier in Salzburg nach seinem Ableben hinterlassen hat.* – In: Dopsch: Testament, Tod und Grabmal, S.267-269.

151 Dopsch: Testament, Tod und Grabmal, S.255.

celsus, das einer der Testamentsvollstrecker, der Salzburger Bürger Michael Setznagel, kurz nach dessen Tode errichten ließ, festgehalten.

Es ist nämlich zu beachten, daß es sich hierbei um eine Erbeinsetzung handelt, die es sorgfältig von den frommen Legaten zu unterscheiden gilt. Denn fromme Legate, wie sie auch in den letztwilligen Verfügungen des Paracelsus – wenn auch nur in bescheidenen Ausmaßen, als Almosen – ausgeworfen wurden, dienten dem Zweck, das Heil der Seele zu erlangen.[152] Bei ihm heißt es: „Man soll ihm [Paracelsus, I.K.] auch in der Pfarrkirche, wie seit alters her üblich, am 1., 7. und 30. [Tag nach seinem Tode, I.K.] eine gesungene Totenmesse halten und an allen drei Terminen jedem armen Menschen vor der Kirche einen Pfennig in die Hand verteilen lassen." (S.263f.)

Doch im Gegensatz zu den frommen Legaten dient die Erbeinsetzung rein diesseitigen Zwecken und hat mit dem Seelenheil des Testators nicht das Geringste zu tun; sie ist das vorzügliche Testamentsmittel, den Erbgang der hinterlassenen weltlichen Güter zu bestimmen. Durch sein Nebeneinander von frommen Legaten und einer unkonventionellen Erbeinsetzung zu Gunsten der Armen und Bedürftigen Salzburgs bezeugt daher das Testament des Paracelsus, wie die christliche Nächstenliebe und barmherzige Wohltätigkeit des Mittelalters in der beginnenden Neuzeit schrittweise durch ein rein diesseitig ausgerichtetes soziales Verantwortungsbewußtsein abgelöst wird.

An der Grenze von Spätmittelalter und früher Neuzeit entstanden, veranschaulichen die Testamente Jakob Fuggers des Reichen, Luthers und Paracelsus' die Auflösung des christlich-mittelalterlichen Weltbildes und Wertesystems. Dabei stellen sie gleichzeitig drei grundverschiedene Versuche dar, mit der letzten Grenzsituation des menschlichen Lebens, dem Tod, fertigzuwerden.

Die beiden Testamente Jakob Fuggers des Reichen, die ihrer zahlreichen in die Neuzeit vorausweisenden Details zum Trotz in ihrer Gesamtheit noch auf mittelalterlichen Wert- und Heilsvorstellungen beruhen, vermitteln die feste Überzeugung des Testators, daß der Mensch das Problem des Todes und des Seelenheils nicht allein zu meistern vermag; er ist dabei auf göttlichen und menschlichen Beistand angewiesen, den es unbedingt zu erwerben gilt.

Luthers Testament hingegen ist gerade in seiner Kürze und seinem Aussparen der Frage des Seelenheils und des Todes, der lediglich als ein moralisches Problem ins Auge gefaßt wird, ein Zeugnis der Verinnerlichung des Todes- und des

---

152 Diese Funktion der frommen Legate und Stiftungen ist an den Testamenten Jakob Fuggers des Reichen ausgiebig nachgewiesen worden.

Heilsproblems, so daß das Testament im Zuge der Reformation bald den Charakter eines rein vermögensrechtlichen Dokumentes annimmt.[153]

Im Testament des Paracelsus schließlich tritt das Problem des Seelenheils merklich zurück, und ein rein diesseitiges soziales Verantwortungsbewußtsein in den Vordergrund. Das Interesse verschiebt sich damit offenbar in die Richtung rein diesseitiger Lösungsversuche für die Grundfragen der menschlichen Existenz.[154]

4. Literarischer Exkurs: Wie Eulenspiegel sein Testament machte

Das bisher von frühneuzeitlichen Testamenten Gesagte soll abschließend durch eine Analyse von zwei Geschichten aus einem der beliebtesten Schwankzyklen der ersten Hälfte des 16. Jahrhunderts, *Till Eulenspiegel*, dessen Verfasserschaft[155] dem Braunschweiger Zollschreiber Hermen (oder Hermann) Bote zugeschrieben wird (Erstdruck vermutlich 1510)[156], abgerundet werden.[157] Zwei Geschichten vom

153 Daher verschwinden die frommen Stiftungen zum Heil der Seele aus den letztwilligen Verfügungen von Testatoren, die zur reformierten Kirche gehören, nicht erst im 18. Jahrhundert, wie Ariés mehrfach betont hat (s.o.), sondern schon in der frühen Neuzeit. Dies ist allerdings nicht als Symptom der Säkularisation, sondern vielmehr als Symptom der Verinnerlichung des Todes- und Heilsproblems zu begreifen.

154 Dazu s. Vollhardt, Friedrich: Eigennutz – Selbstliebe – Individuelles Glück. – In: Entdeckung des Ich. Die Geschichte der Individualisierung vom Mittelalter bis zur Gegenwart. Hg. von Richard van Dülmen. – Köln: Wissenschaftliche Buchgesellschaft – Böhlau Verlag 2001, S.219-242.

155 Daß es sich hierbei noch nicht um den modernen Begriff des Autors handelt, versteht sich von selbst.

156 Zur Datierung s. das *Reallexikon der deutschen Literaturgeschichte*. Bd.4. Hg. von Werner Kohlschmidt und Wolfgang Mohr. 2. Auflage. – Berlin, New York: de Gruyter 1984, S.736; ferner Honegger, Peter: Ulenspiegel. Ein Beitrag zur Druckgeschichte und zur Verfasserfrage. – Neumünster: Karl Wachholz 1973, insbesondere S.29-39.

157 Ein kurtzweilig Lesen von Dil Ulenspiegel. Nach dem Druck von 1515. Mit 87 Holzschnitten. Hg. von Wolfgang Lindow. – Stuttgart: Reclam 1996, S.260-263. [Die 92. Histori; Die 93. Histori.] Zitate im laufenden Text werden mit den Seitenzahlen dieser Ausgabe ausgewiesen. Aus dem umfangreichen Bote- bzw. Eulenspiegel-Literatur sind folgende Werke konsultiert worden: Arendt, Dieter: Eulenspiegel – ein Narrenspiegel der Gesellschaft. – Stuttgart: Klett / Cotta 1978; Bollenbeck, Georg: Till Eulenspiegel. Der dauerhafte Schwankheld. Zum Verhältnis von Produktions- und Rezeptionsgeschichte. – Stuttgart: Metzler 1985; Hermann Bote. Städtisch-hansischer Autor in Braunschweig. 1488-1988. Beiträge zum Braunschweiger Bote-Kolloqium 1988. Hg. von Herbert Blume und Eberhard Rohse. – Tübingen: Niemeyer 1991 [darin insbesondere Bräuer, Siegfried: Hermann Botes Werk aus kirchengeschichtlicher Sicht, S.68-95; Schnell, Rüdiger: Das Eulenspiegel-Buch in der Gattungstradition der Schwankliteratur, S.171-196; Könneker, Barbara:

Ende des 'Schwankromans'[158], die 92. und die 93. „Histori", machen Eulenspiegels Testament und Tod zum Thema, und zwar so, daß beide Motive zur beißenden Satire ausgestaltet werden.[159]

Daß die Errichtung des Testaments des Hauptheiden überhaupt als Stoff im Schwankzyklus aufgegriffen wurde, läßt an sich schon auf eine erhebliche soziale Relevanz des Testament-Themas und dementsprechend auf ein lebhaftes Interesse im Umkreis des anvisierten zeitgenössischen Lesepublikums schließen. Der 'Sitz im Leben', also Wirklichkeitsbezug und Aktualität selbst im Stofflich-Thematischen, gelten ja allgemein als grundlegende Merkmale der Schwankliteratur: „So bleiben als 'sichere' Kennzeichen eines Schwanks: der den Lebenswirklichkeiten in allen Schattierungen nahe Stoff, der zumeist in der Form listiger Übertrumpfung des zunächst Unterlegenen ausgestaltet wird, dazu das Anliegen, zu unterhalten, zu erheitern, Lebenshilfe zu geben, auch soziales Wunschdenken aufzeigend, in einfacher überschaubarer Handlungsführung, wobei die Handlung im Vordergrund steht."[160]

Die 92. Histori, die „sagt, wie Ulenspiegel sein Testament macht, darin der Pfaff sein Händ bescheiß" (S.260), gehört, wenn auch mit leichter Modifikation, zweifellos zum weitest verbreiteten Schwanktyp, 'Ausgleichstyp' genannt.[161] Hierbei „stehen sich zwei Parteien gegenüber, deren eine sich durch den Beginn des Handelns einen Vorteil verschafft; sie erscheint der anderen überlegen. Diese wird tätig und kehrt das Verhältnis um, gleicht aus bzw. zeigt ihre Überlegenheit."[162]

Die zwei 'Parteien', die in der 92. Histori des *Till Eulenspiegel* als Spieler und Gegenspieler einander gegenüberstehen, sind, wie schon die Überschrift erraten läßt, Eulenspiegel selbst und ein „Pfaff"; letzterer, den Spielregeln der Gattung

---

Ulenspiegel als Satire? Eine Auseinandersetzung mit einigen Beiträgen der neuesten Forschung, S.197-211]; Hermen Bote. Braunschweiger Autor zwischen Mittelalter und Neuzeit. Hg. von Detlev Schöttker und Werner Wunderlich. – Wiesbaden: Otto Harrassowitz 1987 [darin insbesondere Baeumer, Max L.: Sozialkritik in Hermen Botes Werken, S.133-158; Röcke, Werner: Kollektive Mentalität und Individualisierung. Probleme einer historischen Poetik des „Ulenspiegel", S.207-218]; Wunderlich, Werner: „Till Eulenspiegel". – München: Fink 1984.

158 Zur Schwankliteratur s. Strassner, Erich: Schwank. – Stuttgart: Metzler 1968; ferner die einschlägigen Ausführungen im *Reallexikon der deutschen Literaturgeschichte*. Bd.3. Hg. von Werner Kohlschmidt und Wolfgang Mohr. 2. Auflage. – Berlin, New York: de Gruyter 1977, S.689-703.

159 Es soll damit keineswegs behauptet werden, daß der gesamte Eulenspiegel-Zyklus vom satirischen Charakter geprägt ist.

160 Reallexikon, Bd.3, S.689; vgl. auch Strassner: Schwank, S.5f.

161 Zu den einzelnen Typen s. Strassner: Schwank, S.7f.

162 Strassner: Schwank, S.7.

entsprechend, ein Standestyp mit dem Hauptmerkmal 'Habgier' bzw. „Geitikeit" (S.261): „Als 'knappe, scherzhafte Erzählung, in der ein komischer Konflikt dargestellt' wird, präsentiert der Schwank verschiedene Typen, die sich meist gegenseitig zu übertrumpfen versuchen. Er braucht unangemessenes Verhalten und gibt damit seinen Figuren die Chance zu einer angemessen-komischen Replik in Wettkampf und Konkurrenz."[163] Die relativ einfache Handlung, die im Wesentlichen als ein chronologisches Nacheinander von zwei Szenen – Spiel bzw. Gegenspiel, die durch eine kurze Überleitung verbunden sind – aufgebaut ist und die man nicht nur wegen der vorwiegend dialogischen Gestaltung als 'Verhandlung' bezeichnen kann (dazu später), verläuft nach dem alten Komödienschema des 'betrogenen Betrügers'. Die leichte Modifikation, die vorhin angedeutet wurde, besteht darin, daß der „Pfaff" schließlich trotz mehrfacher aufrichtiger Warnung durch Eulenspiegel seiner eigenen Habgier zum Opfer fällt.

Die unkomplizierte Moral der Geschichte wird gleich am Anfang kurz und bündig in einem Satz zusammengefaßt: „Mercken geistlich und weltliche Persone, daz Ihr Euwer Händ nit verunreinigen an Testamenten, als Ulenspiegels Testament gescha." (S.260) Vordergründig handelt es sich also um die Wirkungsabsicht der moralischen Belehrung und Besserung „geistlich[er] und weltliche[r] Persone[n]", was einerseits eben eine konfliktbeladene und daher moralisch besserungsbedürftige Testamentspraxis voraussetzt, andererseits aber die offen zur Schau getragene Lust an der derben Komik „aus den triebgebundenen Bereichen menschlichen Lebens"[164], sogar aus der skatologisch-fäkalischen Tabuzone, wie es für Schwänke nun einmal charakteristisch ist, keinesfalls ausschließt.[165]

Die erste Szene der 92. Histori gilt dem 'Spiel'; inszeniert wird darin die erste Begegnung Eulenspiegels mit dem Pfaffen, dem er vor seinem Tod beichten sollte. Der Pfaffe, der aktive Spieler dieser Szene, wird unverzüglich mit dem Merkmal 'Habgier' ausgestattet, indem er mit folgenden Gedanken zum todkranken Eulenspiegel läuft: „Er ist ein abentürlich Mensch gewesen, damit hat er vil Gelts zusamenbracht; es kan nit felen, er mus ein mercklich Sum Gelts haben, daz solst

163 Bollenbeck: Till Eulenspiegel, S.128.

164 Strassner: Schwank, S.5.

165 Zu diesem Aspekt des *Till Eulenspiegel* s. u.a. Arendt: Eulenspiegel, S.86-95 [Kap. *Eulenspiegels skatologisch-fäkalische Sprache und Gestik oder Ul en Spegel*]; Bollenbeck: Till Eulenspiegel, S.129-141 [Kap. *Die Entfaltung des Komischen in der skatologisch-fäkalischen Sprache und Gestik. Till als Übergangsfigur im Zivilisationsschub mit alter Unbefangenheit und neuer Selbstkontrolle*].

du ihm abziehen in seinen letsten End, villeicht würt dir auch etwas darvon." (S.260) Unterstellt wird also dem Pfaffen gleich zu Beginn schon die Absicht, aus der sakralen Angelegenheit des Todes und der Beichte auch rein privaten Nutzen zu ziehen.

Um ihm sein Geld „ab[zu]ziehen in seinen letsten End", schlägt der Pfaffe Eulenspiegel den aus 'wirklichen' Testamenten der frühen Neuzeit bereits bekannten Tauschhandel vor; Seelenheil für Geld – Geld für Seelenheil: „Ulenspiegel, mein lieber Sun, bedencken Üwer Sele Seligkeit in Euwerm End. Ihr seint ein abentürlich Gesel gewesen und haben vil Sünd getriben, das lassen Uch leid sein und haben Ihr etwaz von Gelts, ich wolt daz wol geben in die Eer Gots und armen Priestern als ich bin." (Ebd.) Das Geschäft einzugehen – so der Pfaffe –, sei für Eulenspiegel um so ratsamer, da es nun leider zu befürchten stehe, daß er sein Geld nicht immer mit rechten Mittel erworben habe: „Daz wil ich Euch raten, wan es ist gar wunderlich gewunen, und wan Ihr dan solich thun wellen, daz Ihr mir daz offenbaren und geben mir solich Gelt, ich wolt daz bestellen, daz Ihr sollen in Eer Gots kumen." (Ebd.) Eine Möglichkeit, unrechtmäßig erworbenes Geld reinzuwaschen, bestünde also darin, es der Kirche zu (angeblich) frommen Zwecken zu überlassen, und dadurch sogar das Heil der Seele zu erkaufen, wie es auch in 'wirklichen' Testamenten der Zeit geschah. Doch es blickt beim Pfaffen schon wieder das private Interesse durch: „Und wolten Ihr mir auch etwas geben, so wolt ich Euwer alle mein Lebtag gedencken und nachlessen Vigilien und Seelmessen." (Ebd.)[166]

Eulenspiegel scheint nun seinerseits auf das vorgeschlagene Geschäft bereitwillig einzugehen. Doch gleich seine erste Antwort an den Pfaffen enthält schon eine Warnung zum Maßhalten, die vom habgierigen Geschäftspartner, der glaubt, Eulenspiegel mit seinen rhetorischen Künsten leicht übertölpelt zu haben, freilich – und nicht zum letzten Mal – überhört wird: „Ja, mein Lieber, ich will Euwer gedencken und kumen nach Mittag wider, ich will Euch selber in die Hand geben ein Stück Golts, so seint Ihr gewiß." (Ebd.) Hätte die „Geitikeit" den Pfaffen nicht taub gemacht, so wäre er imstande, den eigentlichen Sinn des Satzes – 'ein Stück Goldes, doch keines mehr' – zu begreifen, und er käme (sowohl metaphorisch als

166 Daß die Absichten des Pfaffen von allem Anfang an als betrügerisch angesehen werden können, erhellt eine Bemerkung von Ariés: „Vom 13. bzw. 14. Jahrhundert an – und bis ins 18. – waren die Testatare von der Angst besessen, daß der Klerus, die Kirchenvorsteher und die Empfänger ihrer Schenkungen sich ihrer Verpflichtungen nicht peinlich genau entledigen würden." (Ariés: Geschichte des Todes, S.233.)

auch wortwörtlich) unbeschissen davon. Denn Eulenspiegel reißt nun die Initiative an sich, startet das Gegenspiel und stellt ihn am Nachmittag auf die Probe: „Und dieweil daz er uß waz, da het Ulenspiegel ein Kanten, die thet er halber von Menschendrecks und zettelt ein wenig Gelt daruff, so daz daz Gelt den Treck bedeckt." (Ebd.)

In diese Kanne läßt Eulenspiegel nun den Pfaffen, der am Nachmittag wie verabredet zu einer zweiten Szene wieder erscheint – allerdings nach wiederholter Warnung – einen Griff tun: „Ja, lieber Her, wan ihr nun züchtig wölten greiffen und nit geitig wolten sein, so wolt ich Euch lassen greiffen einen Griff uß diser Kanen, da sollen Ihr mein gedencken. [...] Seh hin, lieber Her, die Kan ist gar vol Gelt, da tasten in unnd langen daruß ein Handvol und greiffen doch nit zu dieff." (S.261)

Daß er den Pfaffen dabei durch eine offensichtliche Lüge – „lieber Her, die Kan ist gar vol Gelt" – selbst dazu verlockt, zu tief zu greifen, ist Eulenspiegel kaum zu verdenken; er wendet ja nur List gegen List, Betrug gegen Betrug. Denn der Pfaffe, der zuletzt in der Tat zu tief greift und dadurch sich und „die Knittel besudelt in dem Treck" (ebd.), erleidet ja schließlich nur die gerechte, wenn auch drastische Strafe für einen moralischen Fehlgriff (im eigentlichen Sinne des Wortes), und wird dadurch einem derben Verlachen preisgegeben. Eulenspiegel hat nämlich recht, wenn er beteuert: „Lieber Her, ich warnet Euch, Ihr solten nit zu dief greiffen. Bedrügt Euch nun Euwer Begierigkeit und thun uber mein Warnung, daz ist mein Schuldt nit." (Ebd.)

Das Verlachen des beschissenen Pfaffen durch den Leser ist allerdings in sich selbst widersprüchlich. Da dieses Verlachen zwei Quellen entspringt, ist es nämlich gleichzeitig ein moralisches und ein amoralisches. Ein moralisches, denn indem ein normwidrig Handelnder drastisch bestraft und durch die Strafe dem schadenfrohen Verlachen durch den Leser preisgegeben wird, bestätigt das Verlachen (einerseits) in indirekter Weise gerade die Gültigkeit der moralischen Norm. Doch indem (andererseits) die Bestrafung des normwidrig handelnden Pfaffen ausgerechnet in Form eines zivilisatorischen Tabubruchs geschieht, enthält das Verlachen notwendigerweise auch eine Komponente der Lust, die nicht durch die Tatsache der Bestrafung selbst, sondern vielmehr durch deren Art und Weise entsteht, so daß durch das Verlachen wiederum jede zivilisatorische Normsetzung und Disziplinierung grundsätzlich in Frage gestellt wird.

So ist die Strafe letztlich in der Tat dem Fehlgriff angemessen. Der Pfaffe, der das Heilige durch sein moralisches Fehlverhalten und durch seine Scheinheiligkeit (metaphorisch) in den Dreck zieht, wird durchschaut, wird sogar überlistet und zuletzt selber (wortwörtlich) in den Dreck gezogen. Die Geschichte endet also gemäß dem Gattungsmerkmal der „Ausgerichtetheit auf die *Pointe* hin"[167]. Die Pointe besteht u.a. darin, daß eine schon in der vorausgeschickten 'Moral' enthaltene metaphorische Wendung – „die Hände an Testamenten (nicht) verunreinigen" – auf der Handlungsebene in ihrer eigentlichen Bedeutung in die Praxis umgesetzt wird.

Die 93. Histori gehört zu keinem der drei bekannten Handlungstypen von Schwankgeschichten;[168] am ehesten könnte sie jedoch dem 'Steigerungstyp' zugeordnet werden. Ihre Handlung ist einfacher und zugleich auch komplizierter als die der 92. Histori. Einfacher, weil es sich diesmal – wenn zuletzt auch mit einer gewissen 'Steigerung' – um eine einfache Übertölpelung handelt. Und komplizierter, weil drei Parteien durch einen einzigen Streich übertölpelt werden, und zwar so, daß Eulenspiegel dabei nur mehr durch sein Testament – die Rede über den Tod hinaus – agiert. Noch dazu ist die Übertölpelung auch diesmal als eine Probe, gleichsam als ein moralischer Test angelegt. Die Übertölpelten fallen am Ende wieder ihrer eigenen Habgier zum Opfer und werden so dem Verlachen preisgegeben.

Die 93. Histori „sagt, wie Ulenspiegel [testamentarisch, I.K.] sein Gut inn drei Teil vergab, ein Teil seinen Fründen, ein Teil dem Rat zu Mollen, ein Teil dem Pfarer daselbst". (S.262) In dieser Geschichte, einer der letzten des *Eulenspiegel*-Zyklus, macht der Held also in der Tat sein Testament. Doch indem er, wie die Überschrift schon verrät, „sein Gut in drei Teil" (ebd.) vergibt, bedingt er sich bei den Erben, als guter Christ, vor allem ein schönes Begräbnis aus: „wan Gott der Her uber ihn gebüt und von Todts wegen abstünd, so sol man seinen Leichnam begraben uff das gweicht Erdtreich und sein Seel begon mit Vigilen und Selmessen nach cristlicher Ordenung und Gewonheit." (S.262f.) Ein nach kanonischem Recht aufgesetztes Testament war im Mittelalter, wie schon erwähnt, die Bedingung dafür, als ehrlicher und guter Christ „uff das gweicht Erdtreich" beigesetzt werden zu können. Daß materielle Interessen der Kirche dabei eine nicht unerhebliche Rolle gespielt haben, braucht nach der 92. Histori wohl nicht eigens betont zu werden.

Allerdings ist die testamentarische Teilung der in einer Kiste verwahrten weltlichen Güter Eulenspiegels unter die drei Erben – den Freunden, dem Möllener Stadtrat und dem Pfarrer daselbst – mit der moralischen Warnung verbunden, sie

---

167 Strassner: Schwank, S.6. (Herv. im Original.)

168 Neben dem 'Ausgleichstyp', zu dem auch die 92. Histori gehört, unterscheidet man noch den 'Steigerungs-' und den 'Spannungstyp'. (Vgl. Strassner: Schwank, S.7f.)

sollen die Hinterlassenschaft des Testators „miteinander teilen und sich gütlich darüber vertragen". (S.263) Diese Warnung entpuppt sich im Nachhinein freilich als eine ironische; und daß Warnungen von Testatoren, die sich im Nachhinein als ironische entpuppen, nichts Gutes für die Erben bedeuten, haben wir schon am Beispiel der Worte Van der Kabels in Jean Pauls Roman *Flegeljahre* gesehen.[169]

Eulenspiegels zierliche Kiste enthält nämlich nichts als Steine, so daß nach deren Eröffnung – wie im Voraus festgesetzt, vier Wochen nach dem Tod des Testators – sofort ein verkehrter Erbschaftsstreit unter den Erben entbrennt; verkehrt, weil die drei Parteien (wortwörtlich) über ein Garnichts streiten: „Der Pfarer meint, nachdem der Radt die Kist in Verwarung gehabt het, sie hätten den Schatz heimlich daruß genumen und hätten die Kist wider zugeschlagen. Der Rad meint, die Fründ hätten den Schatz in seiner [Eulenspiegels, I.K.] Kranckheit genumen und die Kist mitt Steinen wider beward. Die Fründ meinten, die Pfaffen hätten den Schatz heimlich hinweggetragen, als jederman ußgieng, da Ulenspiegel beichtet." (Ebd.) Mit anderen Worten: Jeder bezichtigt jeden anderen der Habgier und ist selber von der Habgier besessen.

„Also schieden sie in Unwilen voneinander" (ebd.), da keine von den drei Parteien imstande war, den Sinn von Eulenspiegels ironischer Warnung zu begreifen und die ihnen testamentarisch auferlegte moralische Probe zu bestehen. Und weil ihre Reaktion nicht die der Situation einzig angemessene – nämlich ein befreiendes Lachen über die Nichtigkeit weltlicher Güter – ist, so fallen sämtliche drei Parteien selber der Lächerlichkeit anheim.[170] Und weil sie nichts begreifen, bleibt es ihnen nicht erspart – hier die 'Steigerung' –, ihre Verarschung auch noch riechen zu müssen: „Da wolt der Kirchher und der Radt Ulenspiegel wieder ußgraben lassen. Als sie nun begunden zu graben, da waz er gleich faul, daz niemans bei ihm bleiben mocht. Da machten sie daz Grab wider zu. Also bleib er ligen in seinem Grab..." (Ebd.)

169 S.o., Kap.I.ii.

170 Vielleicht ist diese Interpretation allzu sehr von der Kantschen Bestimmung des Lachens geprägt und daher in Bezug auf den *Eulenspiegel* anachronistisch. Trotzdem scheint mir die Lage der Erben nach der Eröffnung von Eulenspiegels Kiste ein geradezu paradigmatisches Beispiel für eine Situation zu sein, wo ein Lachen der Betroffenen als „Affekt aus der plötzlichen Verwandlung einer gespannten Erwartung in nichts" ausbrechen müßte. (S. Kant, Immanuel: Kritik der Urteilskraft. Werke in sechs Bänden. Hg. von Wilhelm Weihschedel. Bd.V. Kritik der Urteilskraft und Schriften zur Naturphilosophie. – Darmstadt: Wissenschaftliche Buchgesellschaft 1983, S.437.) Da dies jedoch unterbleibt, fallen die Erben selbst der Lächerlichkeit anheim.

Zum Schluß wäre noch die Frage zu beantworten, wogegen oder gegen wen sich die offenbar satirische Spitze der beiden besprochenen Eulenspiegel-Schwänke richtet. Sind sie als aktuelle Ständesatire auf Geistlichkeit und Bürgertum oder eher als Satire auf als zeitlos vorausgesetzte allgemein-menschliche Gebrechen wie Habgier und „Geitikeit" zu verstehen? Mit anderen Worten: Werden Habgier und „Geitikeit" in den zwei Geschichten als ständespezifische oder als allgemein-menschliche Laster aufs Korn genommen? Bei der Beantwortung dieser Frage ist zweierlei zu beachten.

Erstens, daß die stark typisierende Figurengestaltung, wie sie für beide Eulenspiegel-Geschichten sowohl wie auch für Schwänke im allgemeinen charakteristisch ist, in beide Richtungen wirken kann. Sie kann sowohl als satirische Überzeichnung einer als bekannt vorausgesetzten Lebenswelt als auch als satirische Überzeichnung von allgemein-menschlichen moralischen Lastern, die jeder konkreten sozialen Situation enthoben sind, verstanden werden. Zweitens ist noch zu beachten, daß die drei Parteien der 93. Histori auf sehr unterschiedlichen Ebenen typisiert sind. Während nämlich der „Rat zu Mollen" und der „Pfarer daselbst" wohl als Typen aus dem städtischen Patriziat bzw. aus der niederen Geistlichkeit aufgefaßt werden dürfen und dementsprechend auch als solche aufs Korn genommen werden, ist die dritte Partei, die der Freunde, auf einer rein privaten und allgemein-menschlichen Ebene, ausschließlich durch ihre angeblich freundschaftliche Beziehung zum Testator Eulenspiegel typisiert.

Trotzdem ließe es sich kaum leugnen, daß das unwürdige Verhalten der Geistlichkeit als Stand in Testamentsangelegenheiten, über die die Kirche selbst im späten Mittelalter noch beinahe absolute Kontrolle ausübte, in beiden Geschichten angeprangert wird. Es machte sich hierin offenbar die Auflehnung gegen eine unwürdig gewordene Obrigkeit, ein Unbehagen am Verfall des Glaubens und der Kirche Luft, die sich wenige Jahre später in der Reformation entladen sollten.[171] Doch daß Testamentsangelegenheiten auch die denkbar besten Aufhänger für die Anprangerung von allgemein-menschlichen moralischen Lastern abgeben können, soll noch an der Literatur späterer Jahrhunderte nachgewiesen werden.

---

171 Die in der Forschung geführte Debatte über den Konservativen vs. Gesellschaftskritiker Bote scheint mir wenig fruchtbar zu sein. Es gibt nämlich – erstens – auch konservative Gesellschaftskritik; und – zweitens – verstand sich auch die Reformation im Grunde als eine durch und durch 'konservative' Reaktion gegen den Verfall der Kirche.

iii. Preußische Philosophentestamente aus dem 18. Jahrhundert

1. Vorbemerkung

Im folgenden Kapitel sollen preußische 'Philosophentestamente' aus dem 18. Jahrhundert untersucht werden. Zur Ergänzung dienen mehrere, zum Teil literarische Exkurse. Der zeitliche Abstand zu den im vorangegangenen Kapitel besprochenen Testamenten aus der frühen Neuzeit ist gewaltig; dementsprechend auch die mentalitätsgeschichtlichen Veränderungen, die sich an den hier zu behandelnden letztwilligen Verfügungen ablesen lassen. Die Prozesse von Individualisierung und Säkularisierung, die mit der beginnenden Neuzeit zum Anfang des 16. Jahrhunderts einsetzten, sind bis zum 18. Jahrhundert wesentlich vorangerückt. Im vorliegenden Kapitel handelt es sich also schon um Testamente aus dem Jahrhundert der Aufklärung, d.h. aus der Zeit der frühen Moderne. Doch, daß Preußen ein stark protestantisch geprägtes Land mit eigentümlicher Staatsgesinnung war, ist bei der Beurteilung der im Folgenden zu behandelnden letztwilligen Verfügungen ebenfalls nicht außer Acht zu lassen.

Was die Testatoren betrifft, waren sie zwar in recht unterschiedlichem Sinne, doch beide 'Preußen' und 'Philosophen': Friedrich der Große, der charismatische, obwohl schon unter den Zeitgenossen kontrovers beurteilte König von Preußen, und der Königsberger Philosoph Immanuel Kant, der in seiner vielzitierten Abhandlung *Beantwortung der Frage: Was ist Aufklärung?* die eigene Zeit nicht nur das Zeitalter der Aufklärung, sondern – in Anerkennung der zum Rang einer Staatsmaxime erhobenen religiösen Toleranz im friderizianischen Preußen, doch wohl in grundlegendem Mißverständnis des 'aufgeklärten' Absolutismus – gleichzeitig das „Jahrhundert Friedrichs" genannt hat.[172]

---

172 Kant, Immanuel: Beantwortung der Frage: Was ist Aufklärung? – In: Ders.: Werke in sechs Bänden. Hg. von Wilhelm Weihschedel. Bd.VI. Schriften zur Anthropologie, Geschichtsphilosophie, Politik und Pädagogik. – Darmstadt: Wissenschaftliche Buchgesellschaft 1983, S.53-61. (Hier S.59.) In Anerkennung der Verdienste Friedrichs des Großen sei allerdings daran erinnert, daß Kant bald nach dessen Tode in Konflikt mit der neuen preußischen Regierung unter Friedrichs Nachfolger geriet und wegen seiner religionskritischen Schriften gemaßregelt wurde.

2. „... ganz als ob ich nie gelebt hätte..." Friedrich der Große. Der König von Preußen als Philosoph

Friedrich der Große,[173] der charismatische, doch schon unter seinen Zeitgenossen äußerst kontrovers beurteilte König von Preußen (1712-1786, Regierungsantritt 1740), hat eine ganze Reihe von Texten unterschiedlichster Beschaffenheit verfaßt, die letztwillige Verfügungen für den Fall seines Todes enthalten. Die einschlägigen Dokumente sind zwar zu verschiedenen Zeitpunkten aus verschiedenen Anlässen – und zwar zumeist in französischer Sprache – entstanden, doch bezeugen sie in ihrer Gesamtheit die lange anhaltende, intensive, vorwiegend allerdings aus Fragen der Staatspraxis ausgehende Beschäftigung Friedrichs mit dem Problem des Todes. Daher sind sie beredte Zeugnisse zur Geschichte der preußischen Staatsgesinnung und der preußischen Mentalität.

Die einschlägigen Schriftstücke Friedrichs des Großen lassen sich nach ihrer Form und ihrer Funktion in drei Gruppen einteilen:[174]

1) Briefe und amtliche Schreiben des Königs an Mitglieder der Dynastie bzw. an hohe preußische Staatsbeamte, entstanden in den oft zugespitzten und militärisch höchst unsicheren Situationen des Ersten Schlesischen bzw. des Siebenjährigen Krieges, darunter ein Schreiben des Königs an den Kabinettsminister von Podewils [März 1741]; ein Schreiben des Königs an den Prinzen von Preußen August Wilhelm vom 8. April 1741; eine geheime Instruktion für den Kabinettsminister Graf Finckenstein vom 10. Januar 1757; ein Schreiben des Königs an

173 Friedrichs Beiname 'der Große' wird in vorliegender Arbeit nicht wertend verwendet, sondern als Teil der historischen Überlieferung ohne Kommentar akzeptiert. Aus der umfangreichen Literatur zur Person Friedrichs des Großen sind folgende Werke konsultiert worden: Friedrich der Große. Hg. von Otto Bardong. – Darmstadt: Wissenschaftliche Buchgesellschaft 1982 (= Ausgewählte Quellen zur deutschen Geschichte der Neuzeit, XXII); Friedrich der Große: Gespräche mit Henri de Catt. – München: dtv 1981; Friedrich der Große. Person, Zeit, Nachwelt. Zusammengestellt und kommentiert von Roland Vocke. – Gütersloh: Bertelsmann 1977; Gaxotte, Pierre: Friedrich der Große. Mit 130 Bilddokumenten. Erweiterte und bearbeitete Fassung der Übersetzung von Hans Dühring. – Frankfurt am Main, Berlin, Wien: Propyläen Verlag 1973; Mitford, Nancy: Friedrich der Große. Aus dem Englischen von E. W. Graf Lynar. – München: Edition Praeger 1973; Schieder, Theodor: Friedrich der Große. Ein Königtum der Widersprüche. – Frankfurt am Main, Berlin, Wien: Propyläen Verlag 1983.

174 Die einschlägigen Texte – in ihrer überwiegenden Mehrheit ursprünglich in Französisch verfaßt – werden auf Grund folgender Ausgabe zitiert: Friedrich der Große: Werke. Bd.VII. Antimachiavell und Testamente. Hg. von Gustav Berthold Volz. Deutsch von Eberhard König, Friedrich v. Oppeln-Bronikowski, Willy Rath. – Berlin: Reimar Hobbig 1913, S.273-291. Zitate im laufenden Text werden mit den Seitenzahlen dieser Ausgabe ausgewiesen.

Prinz Heinrich von Preußen vom 10. August 1758; schließlich eine in deutscher Sprache herausgegebene *Ordre an meine Generals dieser Armee, wie sie sich im Fall zu verhalten haben, wenn ich sollte todt geschossen werden* vom 22. August 1758.

2) Vor der Schlacht bei Leuthen, am 28. November 1757, hat Friedrich der Große ein kurzes 'Feldtestament' verfaßt.

3) Zur dritten Textgruppe gehören schließlich die beiden nach juristischen Formvorschriften aufgesetzten 'privaten', 'bürgerlichen' Testamente des Königs, das erste vom 11. Januar 1752, das zweite, endgültige vom 8. Januar 1769.

Diese drei Textgruppen sollen im Folgenden der Reihe nach eingehend besprochen werden.[175]

Die Texte der ersten Gruppe – Friedrichs Briefe und amtliche Schreiben an hohe preußische Staatsbeamte, verfaßt in den Wirren des Ersten Schlesischen bzw. des Siebenjährigen Krieges – enthalten Handlungsanweisungen, wie sie sich aus der jeweiligen, in der Regel höchst gefährlichen politisch-militärischen Situation ergaben. Was die Behandlung dieser Dokumente im Rahmen vorliegender Untersuchung legitimiert, ist der Umstand, daß in ihnen wiederholt zwei hypothetische Fälle durchdacht werden: der Schlachtentod des Königs bzw. seine Gefangennahme durch feindliche Truppen.

Dabei handelt es sich allerdings nicht um bloße Gedankenspielerei. Friedrich der Große war unter den Herrschern seiner Zeit der einzige, der in den großen Kriegen stets selbst an der Spitze seiner Armeen stand, obschon seine Motive sich mit der Zeit gewandelt haben mögen. In den Ersten Schlesischen Krieg – kurz nach seinem Regierungsantritt im Jahre 1740 – führte er seine Truppen zweifellos noch aus jugendlichem Tatendrang und aus Ruhmsucht. Doch später betrachtete er die persönliche Anwesenheit an der Spitze seiner Heere schon als Erfüllung seiner Herrscherpflicht. In diesem Sinne spricht Theodor Schieder vom „militärischen Absolutismus" in Preußen: „Der Selbstherrscher sollte auch sein eigener Feldherr sein – ein Prinzip, das unter den kriegführenden Mächten der friderizianischen Ära nur der König von Preußen befolgte und zu dem nur er allein befähigt war. Diese Form des militärischen Absolutismus hatte gewiß nichts mit Aufklärung zu tun, es sei denn, daß die Einheit von Kriegsführung und Politik eine größere Rationalität des Handelns ermöglichte."[176] Daß Friedrichs Qualitäten

175 Friedrich der Große hat außer den 'privaten' auch zwei politische Testamente (1752 bzw. 1768) verfaßt. Doch wegen ihres rein staatspolitischen Charakters werden diese hier außer Acht gelassen.

176 Schieder: Friedrich der Große, S.288.

als Feldherr trotz der eventuellen Vorteile, die sich aus der persönlichen Heerführung ergaben, höchst umstritten waren und dies bis heute geblieben sind, tut der Tatsache keinen Abbruch, daß er ein charismatischer Heerführer war und in den Schlachten sich des öfteren in lebensgefährliche Situationen begab: „Zu den für das Führungssystem der preußischen Armee kennzeichnenden Zügen gehört es im übrigen, daß gerade die obersten Führungsspitzen sich in ständiger Lebensgefahr befanden, was zu großen Verlusten innerhalb der Generalität führte. Auch der König begab sich in mehreren Schlachten mitten ins Feuer und wurde unmittelbar gefährdet. So traf ihn in der Schlacht von Torgau am 5. November 1760 eine Kartätschenkugel an der Brust, die aber durch die Winterkleidung in ihrer Wirkung geschwächt wurde und am Körper abprallte. Für einen Moment war Friedrich betäubt und sackte in sich zusammen. Durch solche Gefährdungen des Souveräns konnte jederzeit eine Krise des gesamten Staates herbeigeführt werden, dessen Existenz mit der Person des Herrschers fiel oder stand. Friedrich suchte dieser Situation Rechnung zu tragen, indem er im Felde mehrfach Nottestamente niederschrieb..."[177]

Darüber hinaus geriet Friedrich durch seine tollkühne Handlungsweise des öfteren in die Gefahr, durch feindliche Truppen festgenommen zu werden. Eine solche Situation nach der Schlacht bei Leuthen Anfang Dezember 1757 berichtet anekdotisch Ludwig Reiners: „Am Abend war die österreichische Armee geschlagen und in vollem Rückzug. Friedrich leitete selbst die Verfolgung: an der Spitze zweier Grenadierbataillone stieß er in pechschwarzer Nacht bis zu dem Dorf Lissa vor, das von dreieinhalbtausend Österreichern besetzt war. Ihre Offiziere tafelten im Schlosse. Friedrich betrat den Saal mit einem freundlichen 'Bon soir, messieurs, kann man hier noch unterkommen; Sie haben mich wohl nicht hier vermutet?' Die Sicherheit seines Auftretens entwaffnete den weit überlegenen Feind. Schüchtern stellten die österreichischen Offiziere einander vor, und Friedrich versicherte ihnen freundlich, sie sollten ihre Räume behalten, seine Offiziere würden anderweitig unterkommen. Er selbst schlief auf Stroh. Erst am anderen Morgen bemerkten die Österreicher, daß sie mühelos, statt sich selbst gefangen zu geben, den König von Preußen hätten gefangennehmen können."[178]

Aus den Anweisungen, die Friedrich der Große in den Texten der ersten Gruppe für die zwei hypothetischen Fälle – seinen Schlachtentod und seine Gefangennahme durch feindliche Truppen – gab, spricht der verinnerlichte Geist des preußischen

177 Schieder: Friedrich der Große, S.350.

178 Zit. nach Vocke (Hg.): Friedrich der Große, S.207f.

Militärabsolutismus. Die Anweisungen sind unabhängig von der jeweiligen konkreten Situation zwar nicht wortwörtlich, doch sinngemäß stets identisch; am prägnantesten ausformuliert erscheinen sie in der geheimen Instruktion für den Kabinettsminister Graf Finckenstein vom 10. Januar 1757, aus der Frühphase des Siebenjährigen Krieges. Dort heißt es: „Sollte ich totgeschossen werden, so müssen die Geschäfte ohne die geringste Stockung und Veränderung weitergehen und ohne daß man merkt, daß sie in anderen Händen liegen. In diesem Falle muß man die Vereidigungen und Huldigungen beschleunigen, sowohl hier [in Berlin, I.K.] wie in Ostpreußen und besonders in Schlesien." (S.281) Wenn die offensichtliche Verachtung des Lebens des Einzelnen – auch des eigenen Lebens – hier in Anbetracht der zwingenden Notwendigkeiten des unaufhaltsamen Kriegsgeschehens bis zu einem gewissen Grade noch als entschuldbar erscheint, so muß die eigentümliche Mischung aus Heroismus und Lebensverachtung, die die Anweisungen für den Fall der Gefangennahme des Königs in derselben Instruktion charakterisiert, auf den heutigen Leser doch schon äußerst befremdend wirken: „Wenn mir das Verhängnis zustieße, in Feindeshand zu fallen, so verbiete ich, die geringste Rücksicht auf meine Person zu nehmen und sich im geringsten an das zu kehren, was ich aus meiner Haft schreiben könnte. Sollte mir ein derartiges Unglück zustoßen, so will ich mich für den Staat opfern, und man soll meinem Bruder [dem Thronfolger Prinz August Wilhelm, I.K.] gehorchen, der ebenso wie alle meine Minister und Generale mir mit seinem Kopf dafür haftet, daß keine Provinz, kein Lösegeld für mich geboten und daß der Krieg unter Ausnutzung aller Vorteile fortgesetzt wird, ganz als ob ich nie gelebt hätte." (S.281f.)

Bei der hypothetischen Situation, für die Friedrich der Große hier Anweisungen erteilt, handelt es sich um ein paradigmatisches Beispiel für den Fall, daß die elementaren Interessen des Einzelnen, des gerade erst inthronisierten Individuums, mit der Staatsräson in Konflikt geraten. Den gedanklich durchgespielten Konflikt löst der König mit einer für den heutigen Leser unmenschlich erscheinenden Radikalität zu Gunsten der Staatsräson, indem der Einzelne, der mit ihr in Konflikt geraten ist, ohne Nachsicht ausgelöscht werden soll: „ganz als ob ich nie gelebt hätte". Dabei handelt es sich um ein wahrlich erschreckendes Beispiel für das preußische Staatsdenken, für das Einzelinteressen nichts galten und das bei Friedrich dermaßen verinnerlicht war, daß es selbst für die eigene Person keine Ausnahme zuließ. Seine Entschlossenheit, unter allen Umständen Haltung zu bewahren, zeigt sich auch darin, daß er eventuelle persönliche Schwächen von Anfang an in seinen Kalkül mit einbezogen hat: „so verbiete ich, [...] sich im geringsten an das zu kehren, was ich aus meiner Haft schreiben könnte".

Dieses heroische, doch gleichzeitig an Nihilismus grenzende Staatsdenken läßt sich nur in seinem historischen Gewordensein begreifen. Es bildete eine der notwendigen Grundlagen für den rapiden Aufstieg Preußens, eines Kleinstaates ohne nennenswerte Ressourcen, von einem zweitrangigen deutschen Fürstentum zur europäischen Großmacht, und zwar innerhalb von nur drei Herrschergenerationen. Nachdem Friedrichs Großvater, Friedrich I., sich im Jahre 1701 den Titel des Königs in Preußen erworben hatte, begann die eigentliche Entwicklung unter Friedrichs Vater, dem 'Soldatenkönig' Friedrich Wilhelm I., der die militärischen Grundlagen für Preußens Großmachtstellung legte: „Der Militarismus war dem preußischen Staat, wie ihn Friedrich Wilhelm schuf, inhärent, er war sein Lebensprinzip, geboren aus der enormen Überanstrengung der Kräfte eines armen Landes, das ohne die notwendigen Ressourcen für eine Großmachtrolle war und durch den Versuch, diese zu spielen, sich ständigen außenpolitischen Gefährdungen aussetzte."[179] Daher wurde die Staatsmacht schon unter Friedrich Wilhelm „absolut gesetzt, sie diente höchstens sehr mittelbar dem Staatsvolk, sie ging über Leben, Wohlfahrt des Einzelnen rigoros hinweg."[180] So sehr Friedrichs Jugend auch im Zeichen des Vater-Sohn-Konfliktes stand, ist es Friedrich Wilhelm zuletzt offenbar gelungen, ihm seine eigene Staatsgesinnung aufzuzwingen.

An den Instruktionen des Königs lassen sich allerdings schon moderne Aporien des Individualisierungsprozesses ablesen. Es handelt sich nämlich keinesfalls darum, daß Individualität im Namen der Staatsräson einfach ausgelöscht oder auch nur geschwächt werden sollte. Das wäre ja nicht subtil genug. Vielmehr soll das Individuum seine letzte Stärke gerade dadurch erweisen, daß es selbst noch seine Auslöschung im Namen der Staatsräson im freien Willensakt bejaht: „so will ich mich für den Staat opfern".

Den gemeinsamen Nenner für die zwei gedanklich durchgespielten Unglücksfälle bildete für Friedrich offenbar der Begriff 'Zufall'. So heißt es immer wieder in den einschlägigen Texten: „Da die Kriegsereignisse die verschiedenartigsten Zufälle zeitigen können, und da es leicht möglich ist, daß ich totgeschossen werde..." (Schreiben des Königs an Prinz Heinrich von Preußen vom 10. August 1758, S.284); oder: „Vielleicht mache ich diese Arbeit umsonst, doch auch überflüssige Vorkehrungen sind nicht so vom Übel, wie alles dem Zufall allein zu überlassen, was sich nicht voraussehen läßt." (Schreiben des Königs an den Kabinettsminister von Podewils [März 1741], S.274). Dieses zähe und

179 Schieder: Friedrich der Große, S.17f.
180 Schieder: Friedrich der Große, S.20.

entschlossene Ringen mit dem Zufall als Unberechenbarkeitsfaktor insbesondere im Kriegsgeschehen läßt sich aus den bitteren Erfahrungen des Königs in seinen Kriegen erklären. Dabei hatte er einen durchaus rationalistischen Zufallsbegriff: „Zufall, 'hasard' oder auch 'fortune' ist für Friedrich nicht etwa eine metaphysische Größe, sondern entsteht allein durch die Unfähigkeit der menschlichen Vernunft, das tiefe Dunkel zu erhellen, das sich über die 'causes secondaires', die nicht auf der Hand liegenden Gründe der Welt, gebreitet hat."[181] Daher verknüpfte er „mit dem Wort 'Zufall' nicht den Begriff eines étre indépendant, sondern den einer unberechenbaren Ursache, deren Triebfeder wir erst nach dem Geschehnis aufdecken."[182] Friedrich der Große war jedoch bestrebt, den rationalistisch als außer Acht gelassene Ursache aufgefaßten Zufall so weit wie irgend möglich zu eliminieren, und selbst das wechselvolle Kriegs- und Schlachtgeschehen noch einer rationalen Planung bzw. Kontrolle zu unterwerfen. Wenn der König von Preußen sich in irgendeiner Hinsicht als Anhänger der Aufklärung erwiesen hat, so am ehesten durch sein unablässiges Bestreben nach einer zweckrationalen Handlungsweise in seiner Kriegsführung. Daher sein Versuch, die Frage nach der rationalen Planbarkeit des Kriegs- und Schlachtgeschehens – gleichsam die Kehrseite des Zufallsproblems – systematisch-theoretisch zu reflektieren.[183]

Daß auch letztwillige Verfügungen für Friedrich den Zweck hatten, dem Zufall im Lauf der Staatsgeschäfte so weit wie möglich vorzubeugen und bei seinem eventuellen Tod alles in der gebührenden Ordnung zu hinterlassen, dürfte nach dem bisher Gesagten selbstverständlich sein.

Am 28. November 1757, kurz vor der Schlacht bei Leuthen, wo Friedrich mit 33.000 Mann der österreichischen Übermacht von 70.000 Mann gegenüberstand, so daß die Möglichkeit eines Schlachtentodes für ihn in bedrohliche Nähe rückte, verfaßte der König ein Feldtestament unter der Überschrift *Disposition, was geschehen soll, wenn ich getötet werde*. Daß das kurze Schriftstück als ein Feldtestament gelten sollte, wurde im Text ausdrücklich vermerkt: „Dies soll als Testament im Felde gelten." (S.283)[184]

---

181 Schieder: Friedrich der Große, S.208f.

182 Schieder: Friedrich der Große, S.209.

183 Dazu s. Friedrich der Große: Die General-Prinzipia vom Kriege, appliciret auf die Tactique und auf die Disciplin, derer Preussischen Trouppen. [1753] – In: Bardong (Hg.): Friedrich der Große, S.264-316. In der offiziellen Ausgabe von 1753 fehlten jedoch einige Kapitel, darunter ein in Bezug auf die Diskussion des Zufallsproblems besonders wichtiges unter dem Titel *Talente, die ein General haben muß*. Dazu s. Schieder: Friedrich der Große, S.341-345.

Charakteristisch für Friedrichs Feldtestament ist ein unvermitteltes Nebeneinander von Staatsgeschäften und Privatangelegenheiten, wie es sich aus seiner Stellung als absolutistischer Herrscher fast notwendigerweise ergab. Der erste Satz weist auf die bevorstehende Schlacht mit höchst unsicherem Ausgang hin („Ich habe meinen Generalen Befehl für alles gegeben, was nach der Schlacht im Falle des glücklichen oder unglücklichen Ausgangs geschehen soll.", ebd.), doch gleich der zweite Satz wechselt schon unvermittelt ins Private. Wiederholt werden hier in aller Kürze die Bestimmungen, die Friedrich in seinem ersten 'solennen' Testament vom 11. Januar 1752[185] zu seinem Begräbnis getroffen hat: „Im übrigen will ich [...] in Sanssouci beigesetzt werden, ohne Prunk, ohne Pomp und bei Nacht. Man soll meinen Körper nicht öffnen, sondern mich ohne Umstände dorthin bringen und mich bei Nacht beerdigen." (Ebd.) Die Schlichtheit dieser Verfügungen fällt besonders ins Auge, wenn man sie mit der Römerschwärmerei des Jahres 1741 vergleicht. Im Schreiben des Königs an den Kabinettsminister von Podewils vom März 1741 hieß es noch: „Falle ich, so ist mein Wille, daß mein Leib nach Römerart verbrannt und in einer Urne in Rheinsberg beigesetzt werde. Knobelsdorff soll mir ein Grabdenkmal errichten, wie das des Horaz im Tuskulum." (S.274)[186]

Nach einer wiederholten Hinwendung zu den Staatsgeschäften – „Was die Geschäfte anlangt, so muß sofort an alle Kommandeure Befehl ergehen, die Truppen auf meinen Bruder [den Thronfolger Prinz August Wilhelm, I.K.] zu vereidigen.", S.283 – wird die Eröffnung des förmlichen Testaments vom 11. Januar 1752 angeordnet, doch in Anbetracht der Umstände gleichzeitig dessen Geltung eingeschränkt: „Das Testament soll geöffnet werden. Ich entbinde meinen Bruder von der Auszahlung aller Legate in barem Gelde, weil der traurige Zustand seiner Angelegenheiten ihn an ihrer Erfüllung verhindert." (Ebd.) Staatsinteresse geht also dem Privatinteresse selbst in der eigenen Familie noch voran.

---

184 Der Begriff 'Feldtestament' (*testamentum militis* oder *testamentum militare*) war bereits im Römischen Recht geläufig. Darunter verstand man Testamente von Soldaten unmittelbar vor der Schlacht, deren Rechtsgültigkeit – insbesondere was die Zeugenberufung betrifft – an weniger strenge Formvorschriften gebunden war als die in Friedenszeiten errichteter Testamente. Daher galt ein Feldtestament – wie auch bei Friedrich, gleichsam eine militärische Notmaßnahme – als formloses (auch 'unzierliches' oder 'privilegiertes') Testament *(testamentum minus solenne)*.

185 Die Besprechung des Testaments s. etwas weiter unten, im gleichen Kapitel.

186 Zur Steigerung des Unterhaltungswertes der Römerphrasen trägt der (kunst)historische Lapsus des letzten Satzes wesentlich bei. Friedrich meint wohl das sogenannte Grab der Horatier bei Albano.

Am Ende seines kurzen Feldtestamentes empfiehlt der König noch seine Untergebenen – Flügeladjutanten und Bediente – der Fürsorge seines Erben und Thronfolgers.

Das kurze Feldtestament Friedrichs des Großen mit seiner Vermengung von Staatsgeschäften und Privatangelegenheiten ist charakteristisch für die Stellung des Testators als absolutistischer Herrscher, die die Trennung beider Bereiche von Anfang an unmöglich machte.

Die beiden förmlichen Testamente Friedrichs des Großen vom 11. Januar 1752 bzw. vom 8. Januar 1769, beide zu Friedenszeiten – das eine vor, das andere nach dem Siebenjährigen Krieg – entstanden, sind sich trotz der zeitlichen Distanz von mehr als anderthalb Jahrzehnten sowohl in ihrem thematischen Bauplan als auch in ihren einzelnen Bestimmungen ähnlich. Auffallend ist die zeitliche Nähe beider Testamente zu Friedrichs Geburtstag am 24. Januar, so daß als unmittelbarer Anlaß zur Abfassung der letztwilligen Verfügungen der 40. bzw. der 57. Geburtstag des Herrschers angenommen werden kann. Ein gemeinsames Merkmal beider Testamente ist auch ihre fast bürgerlich zu nennende Schlichtheit. Von 'gewöhnlichen' Bürgertestamenten unterscheiden sie sich lediglich in der doppelten Erbeinsetzung (Thronfolge und Allodialvermögen), im Ausmaß der in ihnen ausgeworfenen Legate sowie in ihrer wiederholten Bezugnahme auf Angelegenheiten des preußischen Staates.

Beide Testamente Friedrichs des Großen sind nach folgendem Schema aufgebaut:

1) Allgemeine Einleitung;
2) die Sorge um das Begräbnis;
3) Ernennung des Thronfolgers (Erbeinsetzung in Bezug auf den Staatsschatz);
4) Bestimmungen zu Gunsten der Königin, Friedrichs Gattin;
5) Einsetzung des Thronfolgers zum Erben des Allodialvermögens;
6) Legate an Geschwister und Verwandte;
7) letztwillige Verfügungen zu Gunsten von Armee und Beamtenschaft als besonderer persönlicher Wille;
8) Vorbehalte der Ergänzung und Abänderung;
9) moralisches Vermächtnis an die Mitglieder der Dynastie;
10) Bekundung der persönlichen Staatsgesinnung;
11) Einsetzung eines Testamentsvollstreckers.[187]

---

187 In beiden Testamenten Friedrichs des Großen wurde der Herzog Karl von Braunschweig zum Testamentsvollstrecker eingesetzt.

Wenn man dieses Schema mit dem Gliederungsschema vergleicht, das Simnacher für Testamente des 16. Jahrhunderts erarbeitet hat,[188] so kann man feststellen, daß letztwillige Verfügungen über Jahrhunderte und Konfessionen hinweg eine relativ feste Struktur aufweisen. Doch die relative Stabilität der Struktur geht andererseits, wie u.a. die beiden Testamente Friedrichs des Großen bezeugen, mit einer recht hohen Variabilität der jeweiligen Inhalte einher.

Die hohe Variabilität der Inhalte fällt gleich in den einleitenden Sätzen der beiden Testamente Friedrichs des Großen ins Auge. Diese sind zum Teil bis in den Wortlaut hinein identisch, doch der zweite ist in einzelnen Punkten präziser und prägnanter ausformuliert und zeugt damit vom gestärkten Selbstbewußtsein des Herrschers seit der Aufstellung seines ersten Testaments. In beiden Einleitungen werden, ohne jegliche Bezugnahme auf eine wie auch immer geartete transzendente Instanz, die Pflichten des Menschen gegenüber der Gemeinschaft betont: In der „kurzen Zeitspanne" zwischen Geburt und Tod, so heißt es im zweiten Testament, sei es „die Bestimmung des Menschen, für das Wohl der Gemeinschaft, deren Mitglied er ist, zu arbeiten." (S.288) Unter „Gemeinschaft" verstand der Testator offenbar zweierlei: an erster Stelle den Staat, an zweiter Stelle die Familie – beide gut organisiert und absolutistisch regiert. Daher gab er zuerst eine Zusammenfassung der aufgeklärten Herrscherpflichten im Sinne der preußischen Staatsmoral: „Seit dem Tage, da mir die Leitung der Geschäfte zufiel, war es mein ernstes Bemühen, mit allen Kräften, die mir die Natur verliehen, und nach Maßgabe meiner schwachen Einsicht den Staat, den zu regieren ich die Ehre hatte, glücklich und blühend zu machen." (Ebd.) Besonders hervorgehoben werden drei Bereiche des Staatswesens, diejenigen, auf denen Friedrich offenbar seine wichtigsten Leistungen erbracht zu haben meint: die Herrschaft des Rechts und der Gesetze, die Ordnung und Klarheit der Finanzen und die Mannszucht im Heere, „die ihm seine Überlegenheit über die anderen Truppen Europas verschaffte" (ebd.) – ein das gestärkte Selbstbewußtsein des Testators bezeugender Zusatz im Vergleich zum ersten Testament, den man in Anbetracht des Siebenjährigen Krieges vielleicht sogar gelten lassen darf.

Nach der Erfüllung seiner Herrscherpflichten gegenüber dem Staat soll das Verfassen seiner letztwilligen Verfügungen nun ebenfalls als Pflichterfüllung des Testators gegenüber seiner Familie gelten: „Nachdem ich diese Pflichten gegen den Staat erfüllt habe, hätte ich mir ewige Vorwürfe zu machen, wenn ich die Angelegenheiten meiner Familie vernachlässigte." (Ebd.) Daß der Zweck des

188 S. oben, Kap.III.ii.1.

Testaments in der „Abwendung von Zerwürfnissen" (ebd.) bestehen soll, die wegen der Erbschaft unter den Angehörigen entstehen dürften, ist jedoch eher eine längst bekannte rhetorische Formel als ein origineller Gedanke. Es läßt sich allerdings feststellen, daß die Wichtigkeit der Pflichterfüllung gegenüber Staat und Familie im Denken Friedrichs des Großen auch durch ihre thematische Erststellung in seinen Testamenten zum Ausdruck gebracht wurde.

Die folgenden Bestimmungen des Preußenkönigs zu seinem Begräbnis bezeugen, wie weit der Prozeß der Säkularisation zu seiner Zeit schon fortgeschritten war. An die Stelle Gottes in frühneuzeitlichen Testamenten tritt nun die „Natur", an die Stelle der Seele der „Lebensodem". So heißt es in beiden letztwilligen Verfügungen in fast identischem Wortlaut: „Gern und ohne Klage gebe ich meinen Lebensodem der wohltätigen Natur zurück, die ihn mir gütig verliehen hat, und meinen Leib den Elementen, aus denen er besteht." (Ebd.) – eine mit nüchterner Klarheit formulierte Absage an die Lehre von der Unsterblichkeit der Seele, die mit dem Zerfall des Körpers nach dem Tode wohl ebenfalls vergehen soll.[189] Wenn Friedrich der Große danach in beiden Testamenten betont, als „Philosoph" (ebd.) gelebt zu haben – eine Selbstbezeichnung, die er seit seiner frühen Jugend oft und gern in Anspruch nahm[190] –, so kann die Selbstapostrophe im gegebenen Kontext nur als Bekundung der Indifferenz, der Abneigung, ja des Abscheus verstanden werden, die er zeit seines Lebens gegenüber Offenbarungsreligionen an den Tag legte. Aus dieser Gesinnung entspringt also der Anspruch, als Philosoph begraben zu werden:

---

189 Die Formulierung des Satzes im ersten Testament ist bis auf „ohne Klage", was dort noch fehlt, identisch. Als eine Radikalisierung der hiermit angedeuteten Entwicklung erscheint das Testament des Marquis de Sade aus dem Jahre 1806, wie Ariés sagt, ein Zeugnis „der Verachtung des Leibes und der radikalen Absage an die Unsterblichkeit". Nach seinem Tode, so forderte es de Sade, „soll ein Bote zu dem Holzhändler Le Normand in Versailles [...] geschickt werden, damit er selbst mit seinem Wagen komme und meine Leiche unter seiner Begleitung auf diesem Wagen in das Gehölz auf meinem Landgute Malmaison [...] gebracht werde, wo sie ohne jede Zeremonie in dem ersten Gebüsch bestattet werden soll, das sich rechts in besagtem Gehölze befindet [...]. Die Grube soll durch den Pächter von Malmaison geschaufelt werden, unter der Aufsicht des Herrn Le Normand, der nicht vor vollendeter Bestattung fortgehen soll. Bei dieser Zeremonie können diejenigen meiner Freunde oder Verwandten zugegen sein, die mir dieses letzte Zeichen ihrer Liebe geben wollen. Wenn die Grube bedeckt ist, soll der Boden *mit Eicheln besät* werden, damit, wenn das Erdreich besagten Grabes wieder begrünt ist und das Unterholz sich wieder wie früher geschlossen hat, die Spuren meines Grabes von der Erdoberfläche verschwinden, wie ich hoffe, daß mein Andenken in der Erinnerung der Menschen ausgelöscht werden wird..." (Zit. nach Ariés: Geschichte des Todes, S.449f. Herv. im Original.)

190 Dazu s. Schieder: Friedrich der Große, S.28.

„[...] ohne Gepränge, ohne feierlichen Pomp. Ich will weder geöffnet noch einbalsamiert werden. Man bestatte mich in Sanssouci auf der Höhe der Terrassen in der Gruft, die ich mir habe herrichten lassen." (Ebd.)[191] Auffallend ist bei alldem der Anspruch auf Schlichtheit, der beinahe demonstrativ zur Schau getragen wird.

Die Ernennung des Thronfolgers erfolgte in beiden letztwilligen Verfügungen Friedrichs des Großen nach dem Prinzip der Primogenitur. Da der König selbst kinderlos war, wurde im ersten Testament vom 11. Januar 1752 der älteste unter seinen Brüdern, August Wilhelm, „oder im Fall seines Todes der älteste seiner dann lebenden Söhne" (S.277) zum „gesetzliche[n] und natürliche[n] Erbe[n] der Krone" (ebd.) ernannt. Da August Wilhelm im Jahre 1758 verstorben war, bestimmte das zweite Testament vom 8. Januar 1769 tatsächlich seinen ältesten Sohn, Friedrichs Neffen, Friedrich Wilhelm, zum Thronfolger.

Das Beharren auf dem Rechtsprinzip der Primogenitur mag dem Testator Friedrich allerdings eine nicht geringe Selbstüberwindung gekostet haben; sah er ja seinen Neffen als den denkbar schlechtesten Thronfolger an und befürchtete, daß sein Lebenswerk, das Staatsgebilde des friderizianischen Preußen durch den unfähigen Thronfolger bald wieder zugrunde gerichtet werden könnte. Was den König trotzdem dazu bewog, am Prinzip der Primogenitur festzuhalten, war wohl weniger die Anhänglichkeit gegenüber fragwürdig gewordenen Traditionen,[192] sondern mehr rationaler, politischer Kalkül. Im Primogeniturrecht mag er einen stabilisierenden Faktor erkannt haben, auf den das relativ neue und daher noch

---

191 In den sonst ähnlichen Bestimmungen des ersten Testaments vom 11. Januar 1752 wurde noch ausdrücklicher der Anspruch auf Schlichtheit, der allerdings mit einer offensichtlichen Verachtung der 'Masse' einherging, bekundet: „Sterbe ich in Berlin oder Potsdam, so will ich der eitlen Neugier des Volkes nicht zur Schau gestellt und am dritten Tage um Mitternacht beigesetzt werden. Man bringe mich bei Schein einer Laterne, und ohne daß mir jemand folgt, nach Sanssouci und bestatte mich dort ganz schlicht auf der Höhe der Terrasse, rechterhand, wenn man hinaufsteigt, in einer Gruft, die ich mir habe herrichten lassen." (S.276) Friedrichs Anweisungen sind allerdings nicht befolgt worden: „Sein Leichnam wurde in die Garnisonskirche zu Potsdam überführt, wo schon sein Vater die letzte Ruhestätte gefunden hatte. [...] Im Frühjahr 1945 wurden die Särge von Friedrich Wilhelm I. und Friedrich II., dem Großen, aus der Gruft entfernt und nach einer Irrfahrt in die Elisabeth-Kirche zu Marburg an der Lahn überführt. Im September 1952 wurden die Särge auf die Burg Hohenzollern bei Hechingen am Rande der Schwäbischen Alb gebracht und in einer Kapelle beigesetzt. Sie ist die Zufluchtsstätte der Geächteten, die auf eine Rückkehr warten." (Gaxotte: Friedrich der Große, S.463f.)

192 Wie wenig Friedrich der Große an fragwürdig gewordenen Traditionen interessiert war, beweist seine Indifferenz gegenüber dem Heiligen Römischen Reich, das er gelegentlich sogar auf provokative Weise verhöhnte.

höchst labile preußische Staatsgebilde angewiesen war.[193] Die Einsetzung des Thronfolgers ist allerdings in beiden Testamenten mit einer beinahe gleichlautenden moralischen Warnung in Bezug auf den Staatsschatz verbunden. Dieser sei, so heißt es im zweiten Testament, „allein dazu bestimmt, die Völker zu verteidigen oder ihnen Erleichterung zu verschaffen" (S.288) – abermals eine demonstrative Bekundung der aufgeklärten Herrschermoral. Das erste Testament formulierte an dieser Stelle allerdings etwas präziser. Dort diente der Staatsschatz noch nicht den „Völkern", sondern den Zwecken des Staates, wobei die Ziele der preußischen Expansionspolitik in unmißverständlicher Klarheit formuliert wurden: „ihn [den Staat, I.K.] zu verteidigen, ihm Erleichterung zu verschaffen, ihn zu erhalten und zu vergrößern." (S.277)

Die letztwilligen Verfügungen des Testators zu Gunsten der Königin, seiner Gemahlin, lassen auf keine besondere Zuneigung schließen. Dies wäre auch kaum zu erwarten bei einer Ehe, in die Friedrich noch als Kronprinz durch die dynastische Politik seines Vaters Friedrich Wilhelm förmlich hineingezwungen wurde. Nachdem zuerst seine Abneigung, ja sein Widerstand gebrochen werden mußte, heiratete er schließlich 1733 Elisabeth Christine, eine Prinzessin von Braunschweig-Bevern, unter dem Ausspruch, „diese arme Person" zu bedauern, „denn dadurch wird es eine unglückliche Prinzessin mehr in der Welt geben".[194] Die letztwilligen Verfügungen des Königs zu Gunsten seiner Gemahlin hatten also lediglich den Zweck, eine Frau und Fürstin rein äußerlich in Ehren zu halten, „deren Tugend sich niemals verleugnet hat." (S.288)

In beiden Testamenten Friedrichs des Großen folgt den Verfügungen zu Gunsten der Königin eine zweite Erbeinsetzung; die Einsetzung des jeweiligen Thronfolgers zum Universalerben des Allodialvermögens. Diese zweite Erbeinsetzung nahm der Testator in beiden letztwilligen Verfügungen abermals zum Anlaß, sein Selbstbewußtsein und seine hohe Moral als absolutistischer Herrscher zu bekunden. Im ersten Testament heißt es: „Was das Allodialvermögen meiner Erbschaft angeht, so wird sich nicht viel vorfinden. Ich habe die Einkünfte des Staates als das Mark des Volkes betrachtet, für das ich ihm Rechnung schulde. Ich habe niemals auch nur den geringsten Teil davon für meinen eigenen Bedarf in Anspruch genommen.

---

193 Aus ähnlichen Überlegungen heraus verzichtete wohl schon Friedrichs Vater, Friedrich Wilhelm I. darauf, in der Krise des Jahres 1730, nach Friedrichs mißglücktem Fluchtversuch den Kronprinzen als Deserteur hinrichten zu lassen und begnügte sich schließlich mit dem Kopf des Leutnants Hans Hermann von Katte.

194 Zit. nach Gaxotte: Friedrich der Große, S.120, wo auch weitere Gehässigkeiten Friedrichs erwähnt werden.

Also sterbe ich arm und zufrieden in dem Bewußtsein, meiner Herrscherpflicht genügt zu haben." (S.277) Die Formulierungen des zweiten Testaments sind an dieser Stelle widersprüchlicher; einerseits gesteigert in ihrem Pathos durch biblische Metaphorik, andererseits gesteigert in ihrer Präzision durch die Bezifferung der Ausgaben: „Ich bin niemals geizig oder reich gewesen; ich habe also nicht über viel zu verfügen. Die Einkünfte des Staates habe ich stets als die Bundeslade betrachtet, die keine profane Hand anzutasten wagt. Die öffentlichen Einkünfte sind niemals für meinen eigenen Bedarf in Anspruch genommen. Meine persönlichen Ausgaben haben niemals 220000 Taler im Jahre überschritten. Meine Verwaltung läßt mir also ein ruhiges Gewissen, und ich kann der Öffentlichkeit ohne Furcht Rechenschaft darüber ablegen." (S.288)

Die Legate, die in den beiden letztwilligen Verfügungen des Preußenkönigs an Geschwister und Verwandte ausgeworfen wurden, unterscheiden sich lediglich durch ihr Ausmaß von denen in 'gewöhnlichen' Bürgertestamenten. In ihnen spiegeln sich allerdings die persönlichen Beziehungen des Königs zu den einzelnen Legatarien. Allen vorangestellt im ersten Testament erscheint Friedrichs „Schwester in Bayreuth" (S.278), Prinzessin Wilhelmine, mit der der Testator seit seiner frühen Jugend durch ein besonders intimes Verhältnis verbunden war und deren Tod im Jahre 1758, inmitten der Wirren des Siebenjährigen Krieges, am Tag der Schlacht von Hochkirch ihn besonders tief schmerzte. Der besonderen Zuneigung des Erblassers entspricht die ungewöhnliche Höhe des Vermächtnisses an Prinzessin Wilhelmine; ihr vermachte der König 40000 Taler, seinen „gelben Brillanten" (S.278) sowie „zwei Gespanne Pferde" (ebd.) und wertvolle Gemälde „nebst 40 Eimern Ungarwein." (Ebd.)

Welchen Schwankungen persönliche Beziehungen unter Mitgliedern der Dynastie ausgesetzt waren, bezeugt hingegen das Beispiel des Prinzen Heinrich, Friedrichs jüngeren Bruders, dessen Spannungen und Rivalitäten mit dem König von Zeit zu Zeit neu auflebten. Im ersten Testament, in einer Zeit persönlicher Spannungen vermachte ihm sein königlicher Bruder lediglich „vier Handpferde aus [s]einem Stalle nebst Zubehör". (S.278) Im zweiten Testament hingegen, nachdem die Spannungen und Rivalitäten des Siebenjährigen Krieges beigelegt waren, wurde Prinz Heinrich mit 200000 Talern bedacht, außerdem vermachte ihm der König „50 Eimer Ungarwein, einen schönen Kronleuchter aus Bergkristall in Potsdam, den grünen Diamanten, den [er] am Finger [trug], zwei Handpferde mit Zubehör und ein Gespann mit sechs preußischen Pferden". (S.288)

Daß Friedrich der Große gegen Ende seiner beiden letztwilligen Verfügungen in besonderen Klauseln – als Bekundung seines besonderen persönlichen Willens – seine Kabinettssekretäre und vor allem seine Armee bedachte, bezeugt, daß der hohen Beamtenschaft und der Armee bzw. insbesondere dem dem Adel vorbehaltenen Offizierskorps im friderizianischen Preußen bis zur letzten Stunde eine staatstragende Funktion zukam. Im zweiten Testament heißt es, beinahe gleichlautend mit dem ersten: „Ich empfehle meinem Erben aufs wärmste die tapferen Offiziere, die unter meinem Befehl den Krieg mitgemacht haben. Ich bitte ihn, besonders für die Offiziere meiner Umgebung zu sorgen. Er soll keinen fortschicken und keinen von ihnen, wenn er alt und schwach ist, im Elend umkommen lassen. Er wird in ihnen geschickte Militärs und Leute besitzen, die Beweise von ihrer Intelligenz, Tapferkeit und Treue gegeben haben." (S.290) Sätze, die bezeugen, daß der preußische Militärstaat und der preußische Adel, dem im Offizierskorps eine staatstragende Rolle zugedacht war, in hohem Maße und gegenseitig aufeinander angewiesen waren.

Doch wenn Friedrich der Große in seinem zweiten Testament „jedem Stabsoffizier [s]eines Regiments, des Bataillons Lestwitz und der Gardesdukorps [...] eine goldene Denkmüntze, die auf die von den Truppen unter [s]einer Führung errungenen Erfolge und Siege geprägt worden ist" (S.290), vermachte, und wenn er „jedem Soldaten dieser vier Bataillone [...] zwei Taler pro Kopf und ebensoviel jedem Gardedukorps" (ebd.)[195] legierte, so bestand der Zweck dieser Verfügungen offenbar darin, die Armee und insbesondere das Offizierskorps durch besondere Gunstbezeigungen an die Person des Königs und somit an den preußischen Staat zu binden. Der strategisch durchaus weitsichtige Sinn dieser Verfügungen in seiner ganzen Tragweite wird erst nachvollziehbar, wenn man sich vergegenwärtigt, daß die Armeen der friderizianischen Ära größtenteils noch aus vagabundierenden Offizieren und aus im Ausland geworbenen Söldnern bestanden, so daß eine der wichtigsten Aufgaben der Heeresführungen darin bestand, massenhafte Desertationen zu verhindern.[196]

---

195 Die Verfügungen des ersten Testaments vom 11. Januar 1752 lauten ganz ähnlich: „Jedem Stabsoffizier meines Regiments vermache ich eine goldene, auf meine Kriege geprägte Denkmünze und jedem Subalternoffizier eine in Silber. [...] Ich will ferner, daß von meinem ersten Bataillon jeder Soldat einen Friedrichsdor [...], von den beiden anderen Bataillonen, dem Bataillon Retzow und den Gardesdukorps je einen halben Friedrichsdor [...] erhält." (S.279) Das im zweiten Testament erwähnte Bataillon Lestwitz war aus dem im ersten Testament erwähnten Bataillon Retzow hervorgegangen und enthielt noch die Reste der Potsdamer 'Riesengarde' Friedrich Wilhelms, die Friedrich gleich nach seiner Thronbesteigung im Jahre 1740 aufgelöst hatte.

196 Dazu s. Friedrich der Große: Die General-Prinzipia vom Kriege, S.266: „Es ist also ein essentielles Devoir eines jeden Generals, welcher eine Armée, oder ein separiertes Corps, von Meinen Trouppen commandiret, der Desertion vorzubeugen. Dieses geschiehet nun dadurch, wenn man..." [Es folgen 14 (!) Anweisungen.]

Beide Testamente Friedrichs des Großen enthalten moralische Vermächtnisse an die Mitglieder der Dynastie als Angehörige einer Familie. Der Unterschied der beiden letztwilligen Verfügungen besteht in dieser Hinsicht darin, daß im ersten auf die persönlichen Beziehungen untereinander, im zweiten hingegen auf die Pflichten der Mitglieder der Dynastie gegenüber dem Staat größeres Gewicht gelegt wurde. Während das erste Testament noch einerseits den Thronfolger ermahnt, „daß er seinen Verwandten gegenüber Pflichten besitzt und daß er, wie verschieden auch der Zufall der Geburt ihre Lage gestaltet hat, dadurch von der Liebe und dem Beistand, den er ihnen schuldet, in keiner Weise entbunden ist" (S.279), andererseits den Mitgliedern der Dynastie einzuschärfen sucht, „es niemals an dem Respekt, der Treue und Ergebenheit, die sie ihrem ältesten Bruder und ihrem König schulden, fehlen zu lassen und bei jeder Gelegenheit der Öffentlichkeit das Beispiel des Gehorsams zu geben, der dem Oberhaupte des Staates zukommt" (ebd.), spricht das zweite Testament schon den Wunsch aus: „Ich empfehle allen meinen Verwandten, in Frieden miteinander zu leben. Möchten sie, wenn es einmal gilt, ihre persönlichen Interessen dem Wohle des Vaterlandes und dem Vorteil des Staates zu opfern verstehen." (S.290) Das Ziel des Königs, zu dessen Durchsetzung ihm nicht bloß testamentarische Mittel zur Verfügung standen, war offensichtlich die Disziplinierung auch seiner Familie im Interesse der preußischen Staatspolitik.

Beide letztwilligen Verfügungen des Preußenkönigs enden mit Bekundungen der persönlichen Staatsgesinnung des Testators. Im zweiten Testament, wo sie präziser und gleichzeitig pathetischer ausformuliert sind, liest man: „Bis zum letzten Atemzuge werden meine Wünsche dem Glücke des Staates gelten. Möchte er stets mit Gerechtigkeit, Weisheit und Stärke regiert werden! Möchte er durch die Milde der Gesetze der glücklichste, in seinen Finanzen der bestverwaltete und durch sein Heer, das nur nach Ehre und edlem Waffenruhm trachtet, der am tapfersten verteidigte sein! Möchte er blühen bis ans Ende der Zeiten!" (S.291)[197]

Friedrich der Große hat sich die preußische Staatsgesinnung in seiner Jugend in einem langen und oft gewaltsamen Lernprozeß aneignen müssen. Daß dies ihm letztlich doch – und zwar, wie seine letztwilligen Verfügungen in ihrer Gesamtheit

---

197 Es wäre allzu leicht, über diese Sätze als hohles Pathos herzuziehen. Statt dessen, zum Vergleich, die Fassung derselben Stelle im ersten Testament: „Endlich gelten meine Wünsche bis zum letzten Atemzuge dem Staate. Möchte er stets mit Weisheit regiert werden! Möchten Gerechtigkeit und Tugend unablässig in ihm herrschen! Möchte er das mächtigste, reichste, glücklichste Land der Welt werden und fortbestehen bis ans Ende der Zeiten!" (S.280) Wie man sieht, wurde das Pathos in der zweiten Fassung immerhin zugunsten einer präziseren und sachlicheren Formulierung gedämpft.

bezeugen – ganz perfekt, bis hin zur leidenschaftlichen Bejahung der Selbstauslöschung, gelungen war, könnte als ironische Bestätigung für den pädagogischen Optimismus des aufgeklärten Jahrhunderts gelten.

3. Literarischer Exkurs: E.T.A. Hoffmann: *Das Majorat.* Juristisches Thesenstück oder Gespenstergeschichte?

E.T.A. Hoffmann war studierter Jurist und zeitweise sogar preußischer Verwaltungsbeamter. Im zweiten Teil seiner *Nachtstücke* veröffentlichte er eine zwischen Ende 1816 und Sommer 1817 geschriebene Erzählung, *Das Majorat,*[198] die trotz ihrer günstigen Aufnahme durch das zeitgenössische Publikum relativ wenig Beachtung in der Forschungsliteratur fand.[199] Daß Hoffmanns Erzählung in vorliegender Untersuchung, und zwar gerade an dieser Stelle, besprochen werden soll, hat indessen mehrere Gründe.

Das Testament-Motiv erscheint in der Erzählung sogar doppelt und spielt darin eine bedeutende Rolle. Noch wichtiger ist aber, daß die Handlung zum größten Teil im friderizianischen Preußen spielt; sie umfaßt die Geschichte einer freiherrlichen Familie in Ostpreußen, nahe der Hauptstadt Königsberg, dessen Name im Text mehrfach als „K." verschlüsselt erscheint, und zwar in drei Generationen, von den 1750er Jahren bis zur Zeit der Napoleonischen Kriege.[200]

---

198 Zitiert wird die Erzählung auf Grund folgender Ausgabe: E.T.A. Hoffmann: Das Majorat. – In: Ders.: Sämtliche Werke in sechs Bänden. Bd.3. Nachtstücke. Klein Zaches. Prinzessin Brambilla. Werke 1816-1820. Hg. von Hartmut Steinecke. – Frankfurt am Main: Deutscher Klassiker Verlag 1985, S.199-284. Zitate im laufenden Text werden mit den Seitenzahlen dieser Ausgabe ausgewiesen.

199 Die Angaben zur Entstehung und zur Rezeption der Erzählung entstammen dem Apparatteil der *Sämtlichen Werke* (S.1013-1022). Zur Forschungsliteratur s. die Auswahlbibliographie ebd., S.1182-1184, die eindeutig belegt, daß *Der Sandmann* mit Abstand die meistinterpretierte Erzählung der Hoffmannschen *Nachtstücke* ist. Zur Forschungsgeschichte s. außerdem Voerster, Jürgen: 160 Jahre E.T.A. Hoffmann-Forschung 1805-1965. Bibliographie mit Inhaltserfassung und Erläuterungen. – Stuttgart: Fritz Eggert 1967.

200 Im Kommentarteil der *Sämtlichen Werke* wird zwar das Jahr 1760 als Beginn der Handlung angegeben. Chronologische Nachrechnungen ergeben jedoch, daß als Beginn der Handlung die 1750er Jahre angenommen werden müssen. Tatsache ist, daß als Zeitpunkt des Todes des alten Freiherrn Roderich im Text eine „stürmische Herbstnacht des Jahres 1760" (S.246) angegeben wird. Zu dieser Zeit muß aber das Majorat längst bestanden haben, und die Intrigen Huberts gegen seinen Bruder Wolfgang nehmen sicherlich einige Jahre in Anspruch. Damit stimmt überein, daß der Besuch des Ich-Erzählers Theodor auf dem freiherrlichen Schloß in R..sitten in den 1790er Jahren

Beim ersten Blick liest sich die Erzählung zwar als kunstvoll ausgearbeitete Gespenster- und Schauergeschichte, doch den eigentlichen Ausgangspunkt der Handlung bildet ein juristischer Akt, die Stiftung eines Majorats durch den Freiherrn Roderich von R..sitten auf seinem Gutsbesitz in Ostpreußen in den 1750er Jahren, was – obwohl dies im Text nur vage angedeutet wird – durch Maßnahmen Friedrichs des Großen zum Schutz und zur Zähmung des preußischen Landadels angeregt worden sein dürfte. Auf diese Weise entpuppt sich die Gespenstergeschichte als juristisches Thesenstück über die Unzweckmäßigkeit von Majoraten, dessen Moral am Ende sogar auf unmißverständliche Weise zusammengefaßt wird: „Armer alter, kurzsichtiger Roderich! welche böse Macht beschworst du herauf, die den Stamm, den du mit fester Wurzel für die Ewigkeit zu pflanzen gedachtest, im ersten Aufkeimen zum Tode vergiftete." (S.284)[201]

Doch was ist eigentlich ein Majorat? Im *Großen vollständigen Universal-Lexikon* von Johann Heinrich Zedler aus dem Jahre 1739 findet man folgende Begriffserklärung: „**Majorat, Majorats-Recht,** *Majoratus,* ist das Vorzugs-Recht, welches der älteste eines Geschlechts hat, und darinnen bestehet, daß er ganz allein die Stamm-Güther besitzet, die jüngern oder *Cadets* aber nur eine gewisse Abfertigung und Unterhalt bekommen. Es ist dasselbe mit dem Recht der Erst-Geburt [...] schier einerley, und nicht allein in Franckreich, Spanien und Engeland, sondern auch fast in gantz Europa eingeführet, um die Geschlechter bey gutem Vermögen, Wohlstand und Autorität zu erhalten. Anfangs zwar ist es nur unter grossen Fürsten und Potentaten gebräuchlich gewesen, nach der Zeit aber haben auch viele reiche und ansehnliche Familien dergleichen Majorat aufgerichtet [...]. Die Freyheit, einen [sic!] Majorat zu stifften, ist allen erlaubt, die das Recht zu testiren, zu contrahiren, und die freye Verwaltung des Ihrigen haben. Die Succeßion aber in dem Majorat fället allein auf die ehelich gebohrnen, oder durch die erfolgte Heyrath legitimirte Erstgebohrne [...]. Wann hingegen ein Geschlecht, so den [sic!] Majorat auf eine Herrschaft gehabt, mit dem Mann-Stamm abstirbet [...], so höret auch alsdann [...] solcher [sic!] Majorat auf [...]. Wenn das Recht der Erstgeburt mit dem Majorats-Rechte verknüpffet ist, so succediret nicht der, so in

---

stattfindet (vgl. S.201). Bei dem Besuch ist er 20 Jahre alt (vgl. S.207). Das Lebensalter seines Großonkels, den er nach R..sitten begleitet, wird mit 70 Jahren angegeben (vgl. S.201), so daß er in den 1720er Jahren geboren worden sein muß. Daß er noch im „Jünglingsalter" (S.203) zum Justitiarius und Testamentsvollstrecker des alten Freiherrn Roderich ernannt wurde, bestätigt abermals, daß der Beginn der Handlung spätestens auf die 1750er Jahre angesetzt werden muß.

201 Ich will mich nicht dazu versteigen, die Erzählung als Allegorie auf das friderizianische Preußen und seine Nachgeschichte zu lesen, was übrigens ebenfalls nicht unmöglich wäre.

der gantzen Familie, sondern der, welcher in der Linie des Erstgebohrnen der älteste ist."[202] Die gründliche Kenntnis des Majoratsrechts erweist sich als unumgänglich, wenn man gewisse Vorgänge in Hoffmanns Erzählung – insbesondere den Rechtsstreit um Huberts Testament – adäquat beurteilen will.

Doch schon in Zedlers *Universal-Lexikon* wird angemerkt, daß das Majorat eine „gehäßige Sache"[203] ist, weil „1) ein Vater, wenn er mehr liebe Söhne hat, dieselben nicht gleich versorgen kann, doch ist bey den meisten dieser Gebrauch, daß der Erstgebohrne seinen andern Brüdern auch einen ehrlichen Unterhalt zu schaffen, wie nicht weniger seine Schwestern auszusteuren pfleget..."[204] Mit anderen Worten also, weil durch Majoratsstiftungen leicht Feindseligkeiten und Gehässigkeiten unter den Geschwistern entstehen können. Dies ist nun aber genau der Punkt, an den Hoffmanns Erzählung anknüpft. Es ist wohl kein Zufall, daß die Warnung über die „Gehässigkeit" des Majorats – es scheint ein juristischer Gemeinplatz gewesen zu sein – auch in der Erzählung beinahe wortwörtlich wiederholt wird. Indem der Justitiarius V. Hubert, den jüngeren Bruder in einer heiklen Situation zu besänftigen sucht, kann er nicht umhin, einzugestehen, „daß jede Stiftung, die den Erstgebornen so vorwiegend begünstige und die andern Kinder in den Hintergrund stelle, etwas Gehässiges habe." (S.259)

Zedlers *Universal-Lexikon* listet aber nicht nur die Nachteile, sondern auch die Vorteile von Majoratsstiftungen auf: „dahin gehören, (1) daß die Stamm-Güther und grossen Herrschafften durch Unverstand und Verschwendung der Kinder und Erben nicht leicht in fremde Hände kommen, und also bey dem Geschlecht erhalten werden. (2) Weil man nicht anticipiren darff, so müssen Kinder und Enckel desto besser wirthschafften lernen. (3) Daß man die Güther also weder zertheilen noch verringern kan. (4) Daß die vornehmen alten Geschlechter sich hierdurch bey gutem Vermögen, Ansehen und Wohlstand erhalten. (5) Daß die Cadets und jüngern Brüder, indem sie wenig zu hoffen haben, sich desto mehr befleißigen müssen, durch Tugenden empor zu kommen, und ihr Glück entweder im Kriege oder durch emsiges Studiren zu machen."[205]

---

202 Grosses vollständiges Universal Lexicon aller Wissenschafften und Künste welche bißhero durch menschlichen Verstand und Witz erfunden und verbessert worden. Neunzehender Band, Ma. – Halle und Leipzig: Johann Heinrich Zedler 1739, Spalte 629, Herv. im Original. [Photomechanischer Nachdruck. – Graz: Akademische Druck- und Verlagsanstalt 1961.]

203 Zedlers Universal-Lexikon, Bd.19, Spalte 629.

204 Zedlers Universal-Lexikon, Bd.19, Spalte 629f. Es folgen im Artikel noch drei weitere, insgesamt also vier Gründe.

205 Zedlers Universal-Lexikon, Bd.19, Spalte 630.

Ähnliche Überlegungen haben Friedrich den Großen seit Mitte der 1750er Jahre, die, wie nachgewiesen, als Beginn der Handlung in Hoffmanns Erzählung angenommen werden muß, wohl dazu bewogen, die Stiftung von Majoraten unter dem preußischen Landadel zu fördern. Theodor Schieder beschreibt die historische Situation wie folgt (die Notwendigkeit, auch in Einzelheiten klar zu sehen, möge die Länge des Zitats entschuldigen): „Nach dem Willen des Königs sollte Grundbesitz die materielle Basis des preußischen Adels bleiben. Das setzte voraus, daß es noch um landansässigen Adel handelte, der zwar den Nachwuchs für militärische und zivile Ämter stellte, deren Familien aber an ihren Landbesitz gebunden blieben und ihr Land selbst bewirtschafteten. Dies ist nicht immer und nicht überall möglich gewesen, weil die adligen Güter im allgemeinen sich in mäßigen Besitzgrößen hielten und häufig stark verschuldet waren. Dazu trug die korporationsrechtliche Stellung des Adels und seiner Besitzungen Wesentliches bei. Friedrich Wilhelm I. hatte im Jahre 1717 fast in ganz Preußen auf sein ihm als Lehnsherr zustehendes Obereigentum gegen eine geringe Steuer verzichtet und die Lehen allodifiziert. Mit der Lehnsverfassung von 1723 wurde jeder einzelnen Familie ausdrücklich erlaubt, über die weitere Gestaltung des Lehensverbandes nach eigenem Ermessen Ordnungen zu treffen. Daraus folgten eine Fülle von Familienverträgen und zahlreiche Streitigkeiten. Die Lehen wurden zu ungebundenem Eigentum, über das bei Aussterben des letzten Besitzers frei verfügt werden konnte, so daß man es verkaufen durfte. Dazu kamen die Belastungen durch die Auszahlung an die in gleichem Maße Erbberechtigten, die Abfindungen an die Witwen und Töchter, was ungemessene Verschuldungen verursachte. Es bestand die Gefahr, daß die Rittergüter aufgeteilt und zerstückelt werden. Dem suchte der König zu begegnen, indem er die Bildung von Fideikommissen zu fördern versuchte, in denen ein einziger Agnat den Besitz erbte und die anderen Söhne mit geringen Summen abgefunden wurden. Eine Kabinettsordre vom 3. April 1754 empfahl der Ritterschaft, ‘nach denen Umständen, worin sie sich befinden, Majorate bei ihrer Familie’ zu errichten, weil das der Konservation der adligen Familien vorteilhaft sei. 1765, als die wirtschaftliche Lage des Adels sich noch merklich verschlechtert hatte, ließ Friedrich ein Zirkular an die Regierungen der Marken, Pommerns, Magdeburgs und Halberstadts ergehen, in dem er seine Empfehlung nachdrücklich wiederholte: Er habe bemerkt, daß die adligen Familien in seinen Ländern nicht konservierten, sie kämen zu sehr in décadence durch die öftere Zerteilung der adligen Güter; er dächte daher darauf und würde es gerne sehen, wenn in den gesamten Provinzen Majorate établieret und solches der noblesse recommandiret werden könnte. Der Adel ist auf diesen Vorschlag kaum eingegangen, wohl weil ihm die Interessen der nachgeborenen Söhne entgegenstanden.”[206]

Gerade diese, die nachgeborenen Söhne des preußischen Landadels, hätte Friedrich der Große indessen in seinem Offizierskorps gebraucht.[207] Die möglichen Folgen einer Majoratsstiftung nach dem Vorschlag des Königs werden hingegen in Hoffmanns Erzählung durchgespielt.

Die Geschichte ist rasch nacherzählt. Die Stiftung eines Majorats nach dem Vorschlag des Königs Friedrich durch den Freiherrn Roderich von R..sitten auf seinem ostpreußischen Landgut in den 1750er Jahren entzweit dessen zwei Söhne Wolfgang und Hubert. Der tödliche Haß, mit dem die beiden Brüder einander verfolgen, führt dazu, daß das Geschlecht bereits in der nächsten Generation ausgelöscht wird, so daß die Absicht des Majoratsstifters sich völlig in ihr Gegenteil verkehrt, und der herrenlos gewordene Stammbesitz dem Staat zufällt.

Daß die tödliche Entzweiung der beiden Brüder Wolfgang und Hubert als zwingende Folge der Majoratsstiftung gelten soll, sieht man daran, daß der Konflikt sich in der nächsten Generation, zwischen den beiden Söhnen Huberts, und zwar schon im Knabenalter wiederholt, und auch ein zweites Mal beinahe tödliche Folgen hat: „Das Schicksal mahnte ihn [Hubert, I.K.] an seine Schuld auf fürchterliche Weise durch den Haß, der zwischen seinen beiden Söhnen mehr und mehr emporkeimte. 'Du bist ein armer dürftiger Schlucker', sagte der älteste, ein zwölfjähriger Knabe zu dem jüngsten, 'aber ich werde, wenn der Vater stirbt, Majoratsherr von R..sitten, und da mußt du demütig sein und mir die Hand küssen, wenn ich dir Geld geben soll zum neuen Rock.' – Der jüngste, in volle Wut geraten über des Bruders höhnenden Stolz, warf das Messer, das er gerade in der Hand hatte, nach ihm hin und traf ihn beinahe zum Tode. Hubert, großes Unglück fürchtend, schickte den jüngsten fort nach Petersburg, wo er später als Offizier unter Suwarow wider die Franzosen focht und blieb." (S.280f.)[208]

---

206 Schieder: Friedrich der Große, S.74f.

207 Beide Söhne Huberts – und zwar zuerst der nachgeborene – schlagen in der Erzählung tatsächlich die Offizierskarriere ein. Zwar nicht im preußischen Heer, sondern in Rußland, weil sie aus Gründen der erzählerischen Ökonomie möglichst bald den Tod finden müssen.

208 Wiederholung – gelegentlich auch Wiederholungszwang – ist übrigens ein grundlegendes Strukturierungsprinzip der Erzählung. Der Schlafwandler Daniel wiederholt des öfteren zwanghaft den verbrecherischen Gang zur inzwischen vermauerten Tür; die verhängnisvollen Worte „Daniel, Daniel! was machst du hier zu dieser Stunde!" werden im Text dreimal – allerdings in der umgekehrten Reihenfolge der Chronologie des Geschehens – ausgesprochen. Das Wiederholungsprinzip wird allerdings des öfteren mit dem Prinzip der Umkehrung kombiniert. Wolfgang, der als neuer Majoratsherr in seiner Wut dem alten Hausverwalter Daniel einen beinahe tödlichen Fußtritt versetzt, wird von demselben durch einen Fußtritt in die Tiefe gestürzt.

Die Familiengeschichte der drei freiherrlichen Generationen wird allerdings in einer kunstvoll ausgeklügelten Erzählstruktur dargeboten und mit der Liebesromanze zwischen dem zwanzigjährigen Theodor[209] und der neunzehnjährigen Baronin Seraphine beim Besuch auf dem von R..sittenschen Stammschloß in den 1790er Jahren verschachtelt. Die Erzählung besteht, wie dies bei Hoffmann des öfteren der Fall ist, aus zwei – bzw. den Epilog mitgerechnet aus drei – Teilen, und zwar so, daß die zwei Hauptteile von jeweils unterschiedlichen Erzählern aus unterschiedlicher Erzählperspektive vorgetragen werden. Die Funktion der relativ komplizierten Erzählstruktur besteht offenbar darin, der Geschichte der von R..sittenschen Familie die größtmögliche Spannung abzugewinnen.

Der erste Teil berichtet den Besuch des zwanzigjährigen Juristen Theodor aus Königsberg – der allerdings gleichzeitig Dichter und Musiker, also Künstler ist – auf dem Schloß zu R..sitten in einem Spätherbst der 1790er Jahre. Er begleitet seinen Großonkel, den alten Justitiarius V., als Gerichtsschreiber auf das freiherrliche Stammschloß und verstrickt sich dort in eine gefährliche Liebesaffäre mit der jungen Frau des Majoratsherrn. Die Erzählung der Liebesgeschichte erfolgt rückblickend – die Erzählzeit fällt in die Jahre der Napoleonischen Kriege –, jedoch aus der Ich-Perspektive. Bei diesem Besuch erlebt aber der Erzähler auch noch etwas anderes als Liebe; einen mitternächtlichen Spuk, der durch seinen Großonkel in der folgenden Nacht auf heldenhafte Weise gebannt wird.

Die Spannung des ersten Teils der Erzählung ergibt sich daraus, daß der Leser das Geschehen aus der Perspektive Theodors vermittelt bekommt, der die Vorgeschichte der freiherrlich von R..sittenschen Familie selbst nicht kennt, so daß vieles – Motive für Handlungen und Verhaltensweisen der Figuren, ihre Beziehungen sowie vor allem der Spuk selbst – sowohl für ihn als auch für den Leser unverständlich bleibt.

Nach einer beinahe fluchtartigen Rückkehr nach Königsberg ergänzt der alte Justitiarius V. im zweiten Hauptteil der Erzählung die Vorgeschichte der von R..sittenschen Familie seit der Majoratsstiftung durch den alten Freiherrn Roderich in den 1750er Jahren. Hier, im zweiten Teil, ergibt sich die Spannung wiederum aus der streng chronologischen Erzählweise in Er-Perspektive, so daß die zum Verstehen des Geschehens und der Handlungsmotive der einzelnen Figuren notwendigen Informationen dem Leser erst am Ende der Erzählung in vollem Umfang zur Verfügung stehen.

---

209 Zu den autobiographischen Bezügen s. den Apparatteil der *Sämtlichen Werke*, S.1013f.

Schließlich wird in einem epilogartigen Bericht am Schluß der Erzählung durch Theodor der Stand der Dinge zur Zeit der Napoleonischen Kriege – in der Erzählgegenwart – nachgetragen. Der alte Justitiarius V., der zweite Erzähler, ist gestorben, ebenso der jüngere Freiherr Roderich, der letzte Sproß der Familie. Das Stammgut ist dem preußischen Staat zugefallen, das ehemalige Schloß zu R..sitten liegt in Trümmern. Die Absicht des Majoratsstifters hat sich damit vollends in ihr Gegenteil verkehrt.

Doch welche Rolle spielt in der Erzählung das Testament-Motiv, aus dem Hoffmann, wie schon erwähnt, sogar doppelt Gebrauch macht?

Bei seinem ersten Erscheinen in der Erzählung hat das Testament-Motiv offenbar eine charakterisierende Funktion. Neben der Leiche des alten Freiherrn Roderich, auf einem Haufen Geld, findet sein Erbe, der neue Majoratsherr Wolfgang, einen eigenhändig geschriebenen Zettel des Vaters. Dabei handelt es sich freilich nicht um ein förmliches Testament, obschon der Zettel die letztwilligen Verfügungen des Majoratsstifters enthält: „Einmal hundert und funfzig tausend Reichstaler in alten Friedrichsd'or erspartes Geld von den Einkünften des Majoratsgutes R..sitten, und ist diese Summe bestimmt zum Bau des Schlosses. Es soll ferner der Majoratsherr, der mir folgt, im Besitztum von diesem Gelde auf dem höchsten Hügel östlich gelegen, dem alten Schloßturm, den er eingestürzt finden wird, einen hohen Leuchtturm, zum Besten der Seefahrer, aufführen, und allnächtlich feuern lassen. R..sitten in der Michaelisnacht des Jahres 1760. Roderich Freiherr von R." (S.252)

Das Schriftstück charakterisiert seinen Verfasser, den alten Freiherrn, doch auch dessen Erben, den neuen Majoratsherrn Wolfgang, der trotz nachdrücklicher Warnung durch den Justitiarius V. sich weigert, das väterliche Vermächtnis zu vollstrecken. Auf diese Weise charakterisiert das kleine Schriftstück schließlich auch noch die Beziehung der zwei Figuren, Vater und Sohn. Zur Ironie der Erzählung sowohl dem Vater als auch dem Sohn gegenüber gehört allerdings, daß der Leuchtturm, dessen Bau hier letztwillig verfügt wurde, das Einzige ist, was bis zur Zeit der Napoleonischen Kriege vom Geschlecht und seinem Stammbesitz noch übrig bleibt. Er erscheint gleichsam als Mahnmal in Theodors Epilog.

Das zweite Testament der Erzählung, das förmliche Testament Huberts, hat hingegen mehr eine erzähltechnische Funktion. Obwohl der zweite Erzähler, der Justitiarius V. – also selbst ein Jurist – den rechtlichen Formalia und dem Erbschaftsstreit, den das Testament verursacht, schon von Berufs wegen relativ viel Aufmerksamkeit widmet, wird Huberts Testament in der Erzählung im Grunde als Teil des vertrackten Spiels mit der Zurückhaltung von Informationen eingesetzt. Denn dieses Testament liefert einen wesentlichen Teil der Vorgeschichte der zwei feindlichen Brüder, jedoch so, daß die darin enthaltenen Informationen dem Leser möglichst lange vorenthalten bleiben sollen. Der Justitiarius V. ist nämlich lange Zeit hindurch der Einzige, der als deren Vollstrecker den Inhalt von Huberts letztwilligen Verfügungen kennt. Allerdings enthält selbst dieses Testament nur die eine Hälfte der Wahrheit. Deren andere Hälfte ist in Huberts Paket, das erst nach der Eröffnung seines Testaments gesichtet werden soll, bzw. in der schwarzen Mappe enthalten, die der alte Daniel in seiner äußersten Not schließlich dem Justitiarius aushändigt.

Zum Schluß bleibt noch die Frage zu beantworten, ob Hoffmanns *Majorat* als kunstvoll geschriebene Gespenster- und Schauergeschichte oder in der Tat als juristisches Thesenstück über die Unzweckmäßigkeit von Majoratsstiftungen zu lesen sei.

Bei der Beantwortung dieser Frage muß man vor allem in Betracht ziehen, daß die Erzählung als Gespenstergeschichte kaum ernst zu nehmen ist, weil sie selbst sich als solche auch keinesfalls ernst nimmt. Das erste Erscheinen des spukenden Daniel im mitternächtlichen Rittersaal vor Theodor ist durch innere und äußere Umstände dermaßen übermotiviert, daß seine langatmige Vorbereitung beinahe schon wie eine verschämte Bitte des sich von seinem jugendlichen Ich distanzierenden Erzählers um Entschuldigung klingt: „Wer weiß es nicht, wie ein ungewöhnlicher, abenteuerlicher Aufenthalt mit geheimnisvoller Macht den Geist zu erfassen vermag, selbst die trägste Fantasie wird wach in dem, von wunderlichen Felsen umschlossenen Tal – in den düstern Mauern einer Kirche o.s., und will sonst nie Erfahrnes ahnen. Setze ich noch hinzu, daß ich zwanzig Jahr alt war und mehrere Gläser starken Punsch getrunken hatte, so wird man es glauben, daß mir in meinem Rittersaal seltsamer zu Mute wurde als jemals. Man denke sich die Stille der Nacht, in der das dumpfe Brausen des Meers, das seltsame Pfeifen des Nachtwindes wie die Töne eines mächtigen, von Geistern gerührten Orgelwerks erklangen – die vorüberfliegenden Wolken, die oft, hell und glänzend, wie vorbeistreifende Riesen durch die klirrenden Bogenfenster zu gucken schienen – in der Tat, ich mußt' es in dem leisen Schauer fühlen, der mich durchbebte, daß ein fremdes Reich nun sichtbarlich und vernehmbar aufgehen könne. Doch dies Gefühl glich dem Frösteln, das man bei einer lebhaft dargestellten Gespenstergeschichte empfindet und das man so gern hat. Dabei fiel mir ein, daß in keiner günstigeren Stimmung das Buch zu lesen sei, das ich, so wie damals jeder, der nur irgend dem Romantischen ergeben, in der Tasche trug. Es war Schillers Geisterseher. Ich las und las, und erhitzte meine Fantasie immer mehr und mehr." (S.207)

Also: Theodor, ein Jüngling von zwanzig Jahren, offenbar ein leidenschaftlicher Leser von „Gespenstergeschichten" und mit Haut und Haar „dem Romantischen ergeben", liest, allein geblieben in einer für ihn fremden und an sich unheimlichen Umgebung, in einer stürmischen Spätherbstnacht, noch dazu leicht betrunken, Schillers *Geisterseher* – und sieht dabei schließlich ein Gespenst. Man frage sich nun in allem Ernst, ob dies nicht zuviel des Guten ist, ob die Stelle also nicht als Parodie auf 'gewöhnliche' Gespenstergeschichten zu lesen sei. Kein Zufall, daß Theodor selbst am nächsten Tag durchaus das Bedürfnis empfindet, sich bei seinem Großonkel wegen der Spukgeschichte zu entschuldigen.

Doch es ist keinesfalls meine Absicht, das Nächtliche und Gespensterhafte aus der Erzählung wegzuinterpretieren. Das eigentlich Gespenstische der Geschichte besteht allerdings nicht im Gespenst des alten Hausverwalters Daniel, das der alte Justitiarius V. in folgender Nacht in einer geradezu ins Heldenhafte stilisierten – also wiederum parodistisch anmutenden – Aktion erledigt. Es besteht vielmehr in den dunklen Kräften der menschlichen Natur – Geldgier, Neid und Habsucht –, die die Mitglieder der freiherrlich R..sittenschen Familie seit der Majoratsstiftung in tödlichem Zwist und Haß aufeinander hetzen und die sicherlich ehrenwerten Absichten des Majoratsstifters zuletzt in ihr Gegenteil verkehren. Darauf weisen schon die mehrdeutigen Worte des alten Justitiarius hin, der Theodor gegenüber bemerkt: „der Satan treibt hier seinen Spuk *auf mancherlei Weise*". (S.235, Herv. I.K.)[210]

Der alte Schloßvogt Daniel ist anfangs kaum mehr als ein Werkzeug der haßerfüllten Brüder, den insbesondere Hubert, der Jüngere, dazu gebrauchen will, den künftigen Majoratsherrn Wolfgang zu vernichten oder wenigstens unmöglich zu machen. Doch im Laufe der Gehässigkeiten wird aus dem alten Daniel immer mehr eine unheimliche, ja teuflische Figur, da die beiden Brüder den unversöhnlichen Haß, mit dem sie einander verfolgen, auf ihn projizieren. Besonders klar erscheint diese Projektion in Huberts Worten, die er am Vorabend des Mordes an seinem Bruder an den Justitiarius richtet. Er wolle, sagt er, das Schloß unverzüglich verlassen, weil „der Alte [...] seine bösen Geister hier hinein gehext" (S.260) hat. Da die Rückfrage des Justitiarius – „Sprechen Sie von Ihrem Vater, Herr Baron?" (ebd.) – unbeantwortet bleibt, liegt es nahe, daß Hubert nicht seinen Vater, den 'alten' Roderich, sondern den 'alten' Daniel gemeint hat.[211]

210 Damit soll Hoffmann keinesfalls die Meisterschaft abgesprochen werden, u.a. auch durch Naturschilderungen unheimliche Stimmungen hervorzurufen.

211 Gegen Ende der Erzählung wird Daniel noch einmal, an exponierter Stelle, durch die sterbende Baronin Seraphine als „der Alte" bezeichnet: „'Der Alte – der Alte ist hinter uns her', schreit die Baronin auf mit schneidender Stimme! In dem Augenblick wird sie durch einen Stoß, der den Schlitten umwirft, weit fortgeschleudert." (S.283)

So wird aus dem alten, gedemütigten Hausverwalter zuerst ein Teufel und dann, zu guter Letzt, ein Gespenst. Es wird aus ihm die Personifikation des Hasses der beiden Brüder, mit dem sie einander seit der Stiftung des Majorats unablässig verfolgten und der schließlich ihr Geschlecht zugrunde richtete – oder das Person gewordene Schuldgefühl, das herumgeisternde schlechte Gewissen der beiden. Daher ist es denn auch folgerichtig, daß „der Alte", wie ein Bauer im Epilog an Theodor berichtet, selbst unter den Trümmern des ehemaligen freiherrlichen Schlosses noch weiter spukt: „*Der* wußte auch noch von dem Spuk zu erzählen, wie er auf dem Schlosse gehaust haben sollte und versicherte, daß noch jetzt sich oft, zumal beim Vollmonde, grauenvolle Klagelaute in dem Gestein hören ließen." (S.284, Herv. im Original.)

4. Kant. Die anständige Erfrischung im Sterbehause

Den Anspruch Friedrichs des Großen, als Philosoph zu gelten, quittierte einer seiner berühmtesten Untertanen, Immanuel Kant (1724-1804),[212] zwar mit folgenden Worten: „Daß Könige philosophiren, oder Philosophen Könige würden, ist nicht zu erwarten, aber auch nicht zu wünschen: weil der Besitz der Gewalt das freie Urteil der Vernunft unvermeidlich verdirbt."[213] Gleichwohl bezeugt Kants Testament, daß er mehr Philosoph und – wenn auch auf eine wesentlich subtilere Weise – nicht weniger Preuße als sein philosophischer Herrscher war.

Kant hat insgesamt zwei Testamente gemacht. Das erste, aus dem Jahr 1791 – deponiert beim Königsberger Stadtgericht am 29. August 1791 –, ist allerdings nur in zwei Entwürfen überliefert. Die Entwürfe sind abgedruckt im 4. Band (Anmerkungen und Register) der Akademie-Ausgabe von Kants Briefwechsel, die auch die Entwürfe zum zweiten Testament des Philosophen enthält und darüber hinaus eingehend über Entstehung, Überlieferung bzw. Vollstreckung beider letztwilliger Verfügungen informiert.[214] Das zweite, end- und rechtsgültige Testament Kants

212 Aus der beinahe unübersehbaren Menge der Kant-Literatur wurden folgende Werke konsultiert: Cassirer, Ernst: Kants Leben und Lehre. – Berlin: Bruno Cassirer 1918; Irrlitz, Gerd: Kant-Handbuch. Leben und Werk. – Stuttgart, Weimar: Metzler 2002; Schultz, Uwe: Immanuel Kant. In Selbstzeugnissen und Bilddokumenten. – Reinbek bei Hamburg: Rowohlt 1965; Vorländer, Karl: Immanuel Kants Leben. – Leipzig: Felix Meiner 1911.

213 Zit. nach Irrlitz: Kant-Handbuch, S.38f.

214 Kant's Briefwechsel. Bd.4. Anmerkungen und Register. – Berlin, Leipzig: de Gruyter 1922, S.552-571. (= Kant's Gesammelte Schriften. Hg. von der Königlich Preußischen Akademie der Wissenschaften. Bd.XIII. Abt.2. Bd.4.)

vom 27. Februar 1798 (mit einer Reihe angrenzender Dokumente) erschien im 3. Band (Anhang) derselben Ausgabe.[215] Da jedoch die Datierung der zwei Entwürfe zum ersten Testament unsicher ist und die Prüfung des zweiten Testaments überzeugend belegt, daß Kants Testamentsentwürfe im Laufe der Ausarbeitung der Endfassung wesentliche Änderungen erfahren haben, werden die Entwürfe zum ersten Testament des Philosophen im Folgenden nur gelegentlich gestreift. Das Hauptaugenmerk soll Kants zweitem Testament gelten.

Bevor aber Kants zweites Testament in seinen Einzelheiten besprochen wird, soll hier noch kurz auf die Grundthese von Ernst Cassirers bis heute instruktiver Kant-Monographie *Kants Leben und Lehre* (1918) eingegangen werden. Cassirer legte seiner Gesamtdarstellung die These zu Grunde, daß Kants Leben und sein philosophisches Werk eine untrennbare Einheit bilden. Die These wurde dann in den einzelnen Phasen der Darstellung auf überzeugende Weise entfaltet. Diese Einheit bestehe „nicht in irgendwelchen Besonderheiten und Absonderlichkeiten seines persönlichen Wesens und seiner äußeren Lebenshaltung, sondern in der Richtung und Tendenz zum *Allgemeinen*, die in gleicher Weise in der Gestaltung des Lebens, wie in der der Lehre hervortritt", so daß „die Persönlichkeit und das Werk Kants in der Tat aus einem Gusse sind".[216] Konkreter: „[...] die Größe und Kraft dieses Lebens bestand nicht darin, daß es alle persönlichen und individuellen Momente, die in Kants Geist und Willen beschlossen waren, zu immer reicherer Entfaltung brachte, sondern daß es sie immer bestimmter und ausschließlicher in den Dienst der sachlichen Forderungen, der ideellen Probleme und Aufgaben stellte. Die persönlichen Lebens- und Daseinsformen behalten hier rein als solche keinen selbständigen Eigenwert; ihre ganze Bedeutung geht darin auf, daß sie zum Stoff und zum Mittel für das Leben des abstrakten Gedankens werden, das nach eigenen [sic!] Gesetz und kraft seiner immanenten Notwendigkeit fortschreitet. Auf diesem Verhältnis von Person und Sache gründet sich die gesamte Form und Struktur des Kantischen Lebens – gründet sich das, was seine Tiefe ausmacht und das, was als seine eigentümliche Schranke und Enge erscheinen kann."[217]

---

215 Kant, Immanuel: Testament. [27. Februar 1798.] – In: Ders.: Briefwechsel. Bd.3. 1795-1803. Anhang. 2. Aufl. – Berlin, Leipzig: de Gruyter 1922, S.382-392. (= Kant's Gesammelte Schriften. Hg. von der Königlich Preußischen Akademie der Wissenschaften. Bd.XII. Abt.2. Bd.3.) Zitate aus Kants letztwilligen Verfügungen sind dieser Ausgabe entnommen und werden im laufenden Text mit den Seitenzahlen ausgewiesen.

216 Cassirer: Kants Leben und Lehre, S.VIf., Herv. im Original.

217 Cassirer: Kants Leben und Lehre, S.443f.

Nun kommt man zwar nicht umhin, Cassirer, der die Einheit von Kants Leben und Werk in seiner Monographie auf überzeugende Weise dargelegt hat, recht zu geben. Doch indem man dies tut, wird man geradezu genötigt, die Gestaltungsprinzipien von Kants letztwilligen Verfügungen in seinem philosophischen Werk, namentlich in seiner Ethik, zu suchen. Doch da ich mich als Philologe keinesfalls dazu berufen fühle, in diesem nicht gerade unkomplizierten philosophischen System herumzudilettieren, sollen die diesbezüglichen Hinweise in der folgenden Analyse von Kants Testament auf das Notwendigste beschränkt bleiben.

Sein erstes Testament machte Kant, wie bereits erwähnt, im Jahre 1791, im relativ hohen Lebensalter von siebenundsechzig Jahren, kurz nachdem sein Hauptwerk mit der dritten Kritik, der *Kritik der Urteilskraft,* abgeschlossen worden war. Doch da dieses erste Testament nur in zwei undatierten Entwürfen überliefert ist, wollen wir uns gleich dem zweiten, end- und rechtsgültigen Testament Kants vom 27. Februar 1798 zuwenden. Obwohl der unmittelbare Anlaß zur Abfassung dieses zweiten Testaments, das das erste ausdrücklich aufhebt (vgl. S.382), nicht bekannt ist, dürfte es außer Zweifel stehen, daß es bereits in Erwartung des Todes entstanden ist. Zu dieser Zeit war Kant schon über siebzig Jahre alt und zeigte – ohne jemals eigentlich krank gewesen zu sein – immer mehr unübersehbare Alters- und Ermüdungserscheinungen. Zwei Jahre vorher hatte er sich gerade aus diesem Grunde von der Lehrtätigkeit sowie von seinen akademischen Ämtern zurückgezogen.

Bei der Lektüre des zweiten, end- und rechtsgültigen Testaments von Kant vom 27. Februar 1798 kann man sich zunächst einer gewissen Befremdung nicht erwehren. Hat man vom Philosophen und Ethiker etwas Großartiges erwartet, so wird man enttäuscht: in Wirklichkeit handelt es sich um einen beinahe dürftig zu nennenden Text, der sich strikt aufs Wesentlichste beschränkt, ist man nur bereit, die Regelung des Erbganges des Vermögens und die Austeilung von Legaten als das Wesentliche eines Testaments zu betrachten.

Kants zweites Testament hat folgende thematische Struktur:

1) Aufhebung des ersten Testaments von 1791;

2) Erbeinsetzung: zu Erben eingesetzt wurden in einer wohlerwogenen Abstufung Kants „noch lebende nächste Verwandte" (S.383), namentlich seine „einzige Schwester, die geborene Barbara Kantin, verwittwete Theuerin" (ebd.)[218], die Kinder seiner „zuletzt verstorbenen Schwester, der verheirathet gewesenen nachher

218 Obwohl selbst schon alt, stand Barbara Kant ihrem Bruder in dessen letzten Lebensjahren bei.

von ihrem Manne geschiedenen Kröhnertin" (ebd.) und sein einziger noch lebender Bruder Johann Heinrich Kant, „Pfarrer in *Altrahden* in Curland" (ebd., Herv. im Original);

3) Legate in Form von jährlichen Renten an die Schwester des Testators, die Theuerin, sowie an seinen langjährigen Bedienten Martin Lampe;

4) Einsetzung eines Testamentsvollstreckers in der Person des Kollegen und ehemaligen Schülers von Kant, Professor Gensichen bzw. „im Fall der Verweigerung oder Absterben desselben" (S.384) in der Person von Professor Poerschke, ebenfalls Kollege und ehemaliger Schüler des Testators;

5) Rechenschaftsbericht des Erblassers über den Stand seines mobilen und immobilen Vermögens zur Zeit der Testamentsabfassung.

Daß Bezugnahmen auf eine wie auch immer geartete transzendente Instanz in den letztwilligen Verfügungen des Philosophen – etwa in Form einer Einleitung, aber auch sonst – gänzlich fehlen, ist bei seiner Einstellung zur Offenbarungsreligion und bei seiner philosophischen Position in Bezug auf Fragen der Metaphysik keinesfalls verwunderlich. Außerdem entstammte Kant ja einem protestantisch-pietistischen Milieu, was das Vorkommen von Inhalten religiöser Art in seinem Testament an sich unwahrscheinlich macht. Höchst bezeichnend in dieser Hinsicht ist allerdings die Antwort, die er Lavater gab, als dieser ihn 1775 um seine Ansicht über die Abhandlung *Vom Glauben und dem Gebete* bat: „Wissen Sie auch, an wen Sie sich deshalb wenden? An einen, der kein Mittel kennt, was in dem letzten Augenblicke des Lebens Stich hält, als die reinste Aufrichtigkeit in Ansehung der verborgensten Gesinnungen des Herzens und der es mit Hiob vor ein Verbrechen hält, Gott zu schmeicheln und innere Bekenntnisse zu tun, welche vielleicht die Furcht erzwungen hat und womit das Gemüt nicht in freiem Glauben zusammenstimmt. Ich unterscheide die *Lehre* Christi von der *Nachricht*, die wir von der Lehre Christi haben, und, um jene rein herauszubekommen, suche ich zuvörderst die moralische Lehre abgesondert von allen neutestamentlichen Satzungen herauszuziehen. Diese ist gewiß die Grundlehre der Evangelii, das übrige kann nur die Hülfslehre desselben sein... Wenn aber die Lehre des guten Lebenswandels und der Reinigkeit der Gesinnungen (im Glauben, daß Gott das Übrige... *ohne sogenannte gottesdienstliche Bewerbungen, darin zu aller Zeit der Religionswahn bestanden hat*, auf eine Art, die uns zu wissen gar nicht nötig ist, schon ergänzen werde), einmal genugsam ausgebreitet ist, so daß sie sich in der Welt erhalten kann, so muß das Gerüste wegfallen, wenn schon der Bau da ist..."[219]

219 Zit. nach Cassirer: Kants Leben und Lehre, S.402, Herv. im Original.

Doch was man in Kants letztwilligen Verfügungen wohl mit Recht erwarten konnte und was man daher gleich beim ersten Blick vermißt, sind Verfügungen über das Begräbnis und über den 'geistigen' Besitz, den philosophisch-schriftstellerischen Nachlaß. Statt all dessen findet man am Ende des zweiten Testaments bloß den einzigen lapidaren Satz: „Von der Vererbung meines übrigen Hausgeräthes nehme ich doch meinen ganzen Büchervorrath aus als den ich dem Herrn Professor *Gensichen* vermache." (S.384, Herv. im Original.)[220] Das Fehlen von Verfügungen in Bezug auf den 'geistigen' Besitz, den philosophischen Nachlaß, fällt um so mehr ins Auge, wenn man bedenkt, daß Kant selbst in seinen letzten Lebensjahren noch an einem philosophischen Werk, dem sogenannten *Opus postumum* gearbeitet hatte, das er zeitweilig sogar als den Schlußstein seines Systems betrachtete.[221] Verfügungen in Bezug auf den philosophischen Nachlaß waren in den beiden undatierten Entwürfen zum ersten Testament allerdings noch vorhanden. Der Testator ordnete dort an, seinen handschriftlichen Nachlaß insgesamt zu vernichten, und zwar offenbar in der Absicht, sich auf diese Weise gegen eventuelle künftige Mißdeutungen zu verwahren, denen er sein Werk schon zu Lebzeiten öfters ausgesetzt sah. Im ersten Entwurf zum ersten Testament, wo die diesbezüglichen Verfügungen noch etwas präziser formuliert sind, heißt es: „Was mein Mobiliarvermögen betrift so vermache [...] es meinen beyden Schwestern zu gleichen Theilen; doch nehme ich davon alle meine Bücher und Manuscripte aus, als welche ich Herren *Gensichen* [...] zugleich mit dem *Bureau* von Mahogony-Holtz worinn einige der letzteren enthalten sind hiemit vermache. Ich ersuche zugleich gedachten Hrn Magister alle meine litterarische Papiere, worunter ich auch die von mir häufig beschriebene Handbücher meiner Vorlesungen verstehe, da sie niemand nutzen können und wegen ihrer Unleserlichkeit nur misverstanden werden dürften nachdem er sie so lange es ihm gefällt durchgesehen hat insge-

220 Im dritten Entwurf zum zweiten Testament hieß es allenfalls noch: „An meinen Freund, den ich hiermit zugleich zum *Executor testamenti* ernenne [...] vermache ich dafür 1500 fl. sage funfzehnhundert Gulden [...]; imgleichen an [...] Mobilien meinen gantzen Büchervorrath doch so daß er seiner Gringfügigkeit halber nicht unter meinem Nahmen auf einem Catalog öffentlich figurirt sondern [...] was der Erbe davon veräußern will [...] durch Privatlicitation distrahirt wird." (Kant's Briefwechsel. Bd.4. Anmerkungen und Register, S.565.) Der Testator Kant schämte sich offensichtlich wegen der Geringfügigkeit seiner Privatbibliothek, die aber daher rührte, daß er zeit seines Lebens anderweitig – durch befreundete Verleger und Buchhändler – mit Lesestoff versorgt war. Zum Bestand von Kants Privatbibliothek, in der nicht einmal die eigenen Hauptwerke ohne Ausnahme vorhanden waren, s. Kant's Briefwechsel. Bd.4. Anmerkungen und Register, S.569.

221 Dazu s. u.a. Irrlitz: Kant-Handbuch, S.9.

sammt zu vernichten..."[222] Und im zweiten Entwurf zum zweiten Testament liest man immer noch: „[An] Meinen Freund Herren Professor Gensichen vermache ich 500 fl. [...] imgleichen meinen nicht sehr erheblichen ganzen Büchervorrath samt meinen Manusripten [sic!] über sie nach Belieben doch nicht durch *öffentliche* Auction unter meinem Nahmen zu verfügen..."[223]

Selbst wenn man annimmt, daß Kant über seinen literarisch-philosophischen Nachlaß schließlich mündliche Verfügungen an den Diakonus Ehregott Andreas Christoph Wasianski, seinen ehemaligen Schüler und den engsten Vertrauten seiner letzten Lebensjahre, erteilt hatte, so bleibt die krasse Diesseitigkeit seines zweiten Testaments – sogar in Hinsicht auf den 'geistigen' Besitz – immer noch unbestreitbar.

Aller Schlichtheit oder sogar Dürftigkeit zum Trotz verrät sein zweites Testaments bei genauerer Betrachtung doch immerhin Einiges über die ethische Haltung Kants in seinen menschlichen Beziehungen. Die offenbar wohlüberlegte Abstufung der Erbeinsetzungen und der Legate, der präzise Rechenschaftsbericht über den Stand des hinterlassenen Vermögens lassen den Eindruck entstehen, daß der Testator einerseits zwar den Wert des Geldes und der materiellen Güter sehr wohl kannte, diese aber andererseits nicht an sich, sondern nur als die unabdingbaren materiellen Voraussetzungen seiner ethischen und geistigen Autonomie geschätzt hatte. Dies ist auch keinesfalls verwunderlich, wenn man bedenkt, daß Kant es erst im Laufe mehrerer Jahrzehnte gelungen war, sich aus ärmlichen Verhältnissen – durch ständige Mäßigkeit und Sparsamkeit in seiner Lebensführung – schließlich zur materiellen Unabhängigkeit emporzuarbeiten. Daß das rein Materielle ihm indessen niemals Selbstzweck gewesen war, läßt sich mit zahlreichen Momenten seiner Biographie belegen.[224] Insbesondere die Vermächtnisse des

---

222 Kant's Briefwechsel. Bd.4. Anmerkungen und Register, S.557, Herv. im Original.

223 Kant's Briefwechsel. Bd.4. Anmerkungen und Register, S.562, Herv. im Original.

224 So schlug Kant im Jahre 1778 beispielsweise eine Berufung nach Halle durch den Oberkurator der preußischen Universitäten, Freiherrn von Zedlitz, aus, die mit der Erhöhung seines akademischen Gehalts von 236 Taler in Königsberg auf 800 Taler und mit dem Hofratstitel verbunden gewesen wäre. (Vgl. u.a. Irrlitz: Kant-Handbuch, S.4.) Bezeichnend für Kants ethische Haltung sind auch die beinahe gleichlautenden Verfügungen der beiden Entwürfe zum ersten Testament in Bezug auf Studenten, die ihm noch Kollegiengelder schuldig waren. Im zweiten Entwurf heißt es: „Was die Unterschriften meiner Auditoren unter die halbjährige Zettel meiner Vorlesungen betrift, so will ich daß allenfalls nur die Restanten von den vier letzten *Semestribus* erinnert werden und denen welche behaupten nichts schuldig zu seyn auf ihr Wort geglaubt werde." (Kant's Briefwechsel. Bd.4. Anmerkungen und Register, S.558, Herv. im Original.) Die Verfügung steht in verkürzter

Testators an seinen langjährigen Bedienten Lampe, die ihm ausgesetzte Rente, die zum Teil sogar an dessen Frau und Kinder hätte weiter vererbt werden können, lassen die Bestrebung Kants erkennen, Anhänglichkeit und Treue entsprechend zu belohnen, d.h. ethisches Verhalten beim anderen stets in Ehren zu halten. Nicht zufällig trägt die Passage des dritten Entwurfs zum zweiten Testament, in der Legate ausgeworfen werden, die Überschrift: „Das Vermächtnis an meine Muthsfreunde *denen ich Erkentlichkeit schuldig bin.*"[225]

Dieser Eindruck verhärtet sich indessen noch, wenn man die geradezu verwirrende Menge von Hypo- und Hypertexten[226] ins Auge faßt, die das schlichte Testament Kants umgeben. Dabei handelt es sich einerseits um die insgesamt vier Entwürfe, die der end- und rechtsgültigen Fassung des zweiten Testaments vom 27. Februar 1798 vorausgegangen waren; andererseits um mehrere Kodizille und Nachträge, die zusammen mit den letztwilligen Verfügungen im 3. Band der Akademie-Ausgabe von Kants Briefwechsel abgedruckt sind: ein Kodizill vom 14. Dezember 1801, mehrere kleinere Nachträge zum Testament aus den Jahren 1802 und 1803, die *Bestimmungen über sein Begräbniß* aus dem Jahre 1799, ein *Ergänzungsstück zum Testament* aus demselben Jahr, und schließlich die *Bestimmung über die Verschenkung der goldenen Kant-Medaille* vom 8. November 1801.

Was zunächst einmal die insgesamt vier Entwürfe betrifft, sie verraten nicht nur, daß Kant bei der Abfassung seiner letztwilligen Verfügungen rechtskundigen Beistand in Anspruch genommen hatte – als rechtskundiger Berater kommt dabei am ehesten der mit dem Testator eng befreundete Regierungsrat Vigilantius in Frage –,[227] sondern sie dokumentieren auch den langen und mühsamen Prozeß, in dem der Philosoph die schriftlich unterbreiteten Vorschläge seines Beraters zum Teil sich angeeignet, zum Teil abgeändert oder abgelehnt, und dessen Text in mehreren Phasen, durch akribische Rückfragen und gewissenhafte Korrekturen schließlich zu seinem eigenen umgeformt hatte. Auf Rechtsgültigkeit und auf Gewissenhaftigkeit im Detail kam es ihm dabei offensichtlich genauso an, wie auf

---

Form noch im dritten Entwurf zum zweiten Testament. Dort heißt es: „unquittirte Unterschriften unter die collegia werden als quittirt angesehen" (Kant's Briefwechsel. Bd.4. Anmerkungen und Register, S.565).

225 Kant's Briefwechsel. Bd.4. Anmerkungen und Register, S.565, Herv. im Original.

226 Zu den Begriffen 'Hypotext' bzw. 'Hypertext' s. Genette: Palimpseste, S.9-18.

227 Vgl. Kant's Briefwechsel. Bd.4. Anmerkungen und Register, S.559; s. auch S.564, den dritten Entwurf, in dem Kant den „Hrn. RegierungsRath *Vigilantius* Wohlgeb." (Herv. im Original) in Bezug auf mehrere rechtliche Formvorschriften um Belehrung bat.

Rechtschaffenheit und Gerechtigkeit.[228] Kants beinahe endlose Überlegungen und Korrekturen sind ein Zeugnis dafür, daß er stets bestrebt war, sich keinem noch so geringen menschlich-sittlichen Verdienst gegenüber als ungerecht oder als undankbar zu erzeigen.

Ein anschauliches Beispiel für die Gewissenhaftigkeit Kants bei seinen Überlegungen – was dem oberflächlichen Betrachter übrigens leicht als Unschlüssigkeit und Zaudern erscheinen mag – bietet das Schicksal der goldenen Kant-Medaille, die ihm seine akademischen Zuhörer im März 1784 verehrt hatten.[229] Obwohl Kant von Ehrungen dieser Art zeit seines Lebens nicht viel gehalten hatte, scheint die Medaille für ihn nach und nach doch den Charakter eines persönlichen Erinnerungsstückes angenommen zu haben. So war sie in den beiden Entwürfen zum ersten Testament von 1791 noch ohne besondere Begründung als Vermächtnis an den in Curland lebenden Bruder des Testators, Johann Heinrich Kant, bestimmt.[230] Im dritten Entwurf zum zweiten Testament war die Medaille hingegen schon einem vertrauten Freund des Philosophen, dem englischen Kaufmann Robert Motherby, zum Zeichen der „dankbaren [...] Erinnerung an die vieljährige [...] Freundschaft"[231] zugedacht, ohne daß in der Endfassung der letztwilligen Verfügungen davon auch nur ein Wort gefallen wäre. Ein *Ergänzungsstück zum Testament* aus dem nächsten Jahr (1799) sprach die Medaille wiederum dem schon erwähnten Regierungsrat Vigilantius, einem anderen Freund des Testators, zu: „Meinen geehrten Freund HEn Regierungsrath Vigilantius bitte ich die auf mich geschlagene Goldene Medaille [...] zum Andenken erhalte." (sic!, S.391) Zu guter Letzt wurde aber die dem Testator inzwischen offenbar wichtig gewordene goldene Medaille in einem kurzen Schreiben vom 8. November 1801 dem Diakonus Wasianski, dem engsten Vertrauten der letzten Lebensjahre Kants, vermacht. (Vgl. S.392)

Dieses Schreiben gehört aber schon zu den Hypertexten des zweiten Testaments von 1798, den Kodizillen und Nachträgen aus den folgenden Jahren. In diesen läßt sich nicht nur der Prozeß verfolgen, wie Wasianski, der Vertraute und Helfer Kants in seinen letzten Lebensjahren, immer mehr in den Vordergrund getreten

228 Kants zweites Testament wurde einen Tag nach der Fertigstellung seiner Endfassung, am 28. Februar 1798 „Vormittags um 11 Uhr" beim Akademischen Senat in Königsberg deponiert. (S.385) Nach dem Tode des Testators wurde sein letzter Wille durch Wasianski, den er zuletzt zum *executor testamenti* eingesetzt hatte, gewissenhaft vollstreckt.

229 Zur Medaille s. Vorländer: Kants Leben, S.127f.

230 Vgl. Kant's Briefwechsel. Bd.4. Anmerkungen und Register, S.557 bzw. 558.

231 Kant's Briefwechsel. Bd.4. Anmerkungen und Register, S.566.

war und schließlich zum Testamentsvollstrecker eingesetzt wurde. Die Sätze, mit denen Kant ihn im Kodizill vom 14. Dezember 1801 zum neuen *executor testamenti* bestimmte, bezeugen auch, daß der Philosoph mit der Zeit uneingeschränktes Vertrauen zu seinem ehemaligen Schüler gefaßt hatte: „[Drittens] Constituire ich den Herrn *Diaconus Wasiansky* zum *Curator funeris* und *executor testamenti*, daß er gleich nach meinem Tode ohne alle Versiegelung meinen Nachlaß in Besitz nimmt, darüber ein Verzeichniß anfertigt, dessen Vollständigkeit die Erben, so wie es ihnen die Substanz des Nachlasses bezeichnet, anerkennen müssen, ohne Defecte und Monita deshalb gegen ihn machen zu können." (S.386, Herv. im Original.)

Die Kodizille und Nachträge zu den letztwilligen Verfügungen belegen aber auch, wie Kant bis zuletzt versucht hatte, für seine Bedienten Sorge zu tragen und sie nach dem Grad ihrer jeweiligen Verdienste zu belohnen. Daß in den einschlägigen Schriftstücken oft relativ kleine Legate an Bediente hin und her geschoben – bald erhöht, bald wieder zurückgenommen – wurden, bezeugt wieder einmal mehr die sittliche Gewissenhaftigkeit des Philosophen, der selbst die geringsten Dinge nicht als allzu gering achtete, um über sie, wenn es ihm aus ethischen Gründen etwa nötig zu sein schien, neu zu disponieren.

Ein besonderes Problem bereitete Kant kurz vor seinem Tode offenbar die Entlassung seines alten Bedienten Lampe. „Dieser, vierzig Jahre lang in Kants Diensten und mit ihm alt geworden, hatte die Güte seines Herrn zu mißbrauchen begonnen, 'drang ihm Zulagen ab, kam zur unrechten Zeit nach Hause, zankte sich mit der Aufwärterin, und wurde überhaupt mit jedem Tage unbrauchbarer zur Bedienung seines Herrn'. Auch begann er zu trinken, und er, der seinen Herrn stützen und halten sollte, vermochte sich selbst oft nicht gerade auf den Beinen zu halten."[232] Daß seine Entlassung im Januar 1802 Kant trotz allem nicht nur ein praktisches, sondern auch ein Gewissensproblem bereitet hatte, bezeugt die paradoxe Eintragung in sein Gedächtnisbüchlein: „Der Name Lampe muß nun völlig vergessen werden."[233] Lampe verspielte durch sein unvernünftiges Verhalten eine jährliche Rente von 400 Gulden, die ihm das zweite Testament zugesprochen hatte und die er zur Hälfte sogar auf seine Frau und seine Kinder hätte weiter vererben können. Eine Pension von jährlich 40 Gulden auf Lebenszeit blieb ihm in Anbetracht seiner langjährigen Dienste allerdings nach wie vor erhalten.

---

232 Vorländer: Kants Leben, S.200.

233 Zit. nach Vorländer: Kants Leben, S.201.

Zur Gesamtcharakteristik der Kodizille und Ergänzungen zu Kants zweitem Testament bietet sich am ehesten ein oft zitierter Satz des Philosophen an, den Wasianski überliefert hatte. Einige Tage vor Kants Tode, am 3. Februar 1804, besuchte ihn sein Arzt Elsner, Professor der Medizin und damaliger Rektor der Königsberger Universität. Der Achtzigjährige war nicht mehr in der Lage, in vollständigen und zusammenhängenden Sätzen zu sprechen, gleichwohl bemerkte sein Besucher nach seiner Ankunft mit Befremden, daß er sich trotz seiner offensichtlichen Hinfälligkeit nicht hinsetzen wollte. Wasianski weiter: „Der Arzt bittet ihn, sich zu setzen. Kant zaudert verlegen und unruhig. Ich war mit seiner Denkungsart zu bekannt, als daß ich mich in der eigentlichen Ursache der Verzögerung hätte irren sollen, weshalb Kant seine ermüdende und ihn schwächende Stellung nicht änderte. Ich machte den Arzt auf die wahre Ursache, nämlich die feine Denkungsart und das artige Benehmen Kants aufmerksam und gab ihm die Versicherung, daß Kant sich sogleich setzen würde, wenn er, als Fremder, nur erst würde Platz genommen haben. Der Arzt schien diesen Grund in Zweifel zu ziehen, wurde aber bald von der Wahrheit meiner Behauptung überzeugt und fast zu Tränen gerührt, als Kant nach Sammlung seiner Kräfte mit einer erzwungenen Stärke sagte: *'Das Gefühl für Humanität hat mich noch nicht verlassen.'*"[234]

Das merkwürdigste Schriftstück im Umkreis von Kants zweitem Testament ist jedoch ohne Zweifel dasjenige aus dem Jahre 1799, das die *Bestimmungen über sein Begräbniß* enthält. Der etwas verworrene und des öfteren ungrammatikalische Text des Nachtrags lautet wie folgt: „Ich will daß mein Begräbnis den dritten Tag nach meinem Tode unter Begleitung zweyer oder dreyer Kutschen mit meiner dazu erbetenen Umgangsfreunde früh Vormittags und zwar auf dem neuen Kirchhof am Steindammschen Tor [...] nach Anleitung und im Beyseyn des dazu erbetenen Hrn. Regierungsrath Vigilantius (oder im Weigerungsfalle) HEn Professor Rinck etc. welche auch die Güte haben wollen ohne daß sich irgend einer meiner Verwandten dabey einmischen muß über die [...] im Sterbehause zu reichende anständige Erfrischungen so wohl vor dem Hinzuge als dem Abtreten nach Rückfahrt nach belieben zu disponiren" (S.391)[235]

---

234 Zit. nach Cassirer: Kants Leben und Lehre, S.440. (Herv. im Original.) Ob der Vorfall sich tatsächlich auf diese Weise zugetragen hat, läßt sich nicht mehr ermitteln. Daß die Szene den Leser, wie es dem Besucher „fast" schon ergangen war, zu Tränen rühren soll, ist nicht zu bezweifeln. Daß die – oft genug fingierten – letzten (oder „fast" letzten) Worte von Geistesgrößen bei ihrer Kanonisierung eine nicht unerhebliche Rolle spielen, ist nicht zu leugnen...

235 Kants Verfügungen über sein Begräbnis sind freilich mißachtet worden. Zu seinem Totenfeier s. u.a. Vorländer: Kants Leben, S.208-211. Eine Verrechnung der Unkosten für anständige Erfrischungen im Sterbehause s. Kant's Briefwechsel. Bd.4. Anmerkungen und Register, S.571.

Wäre man nicht fest überzeugt vom sittlichen Ernst des Testators, müßte man die Verfügung „über die [...] im Sterbehause zu reichende anständige Erfrischungen" allenfalls für einen makabren Scherz halten. Gleichwohl sollte diese letztwillige Verfügung Kants – mag sie auf den ersten Blick noch so unerheblich oder sogar lächerlich erscheinen – in zweierlei Hinsicht durchaus ernst genommen oder sogar als symptomatisch betrachtet werden. Sie zeigt nämlich (erstens) die gewaltige Distanz zum Ausgangspunkt dieser Untersuchungen, zu den Testamenten aus der frühen Neuzeit. Sie beweist, daß der Tod zur Wende vom 18. zum 19. Jahrhundert seine Sakralität, seine transzendenten und religiösen Bezüge weitgehend eingebüßt hat und nur mehr als rein diesseitige Angelegenheit zu betrachten war. Kants Verfügung über die anständigen Erfrischungen im Sterbehause bezeugt aber (zweitens) auch, daß in dem Moment, als die Sorge um das eigene Seelenheil der Sorge um die Hinterbliebenen gewichen war, mehr als bisher eine achtungsvolle Freundlichkeit gegenüber dem Mitmenschen selbst noch im Sterbehause möglich wurde.

5. Literarischer Exkurs: Aufgeklärte Zärteleien – und Spötteleien. Gellert, Lessing, Lichtenberg

Daß Testamentshandlungen im Bewußtsein der Aufklärungszeit allgemein als moralisch heikle Angelegenheiten galten, erhellt der einschlägige Artikel in Zedlers *Universal-Lexikon*. Dort heißt es u.a.: „Denn als man gesehen, daß die Testamente so vielerley Betrügereyen unterworffen, weil man einen, der tod ist, nicht fragen kan, ob er das geschrieben? ob dieses seine Meynung? so hat die weltliche Obrigkeit vor nöthig befunden, durch gewisse bürgerliche Gesetze gewisse Eigenschafften eines Testaments einzusetzen, damit solchen Betrügereyen möge vorgebauet werden. Krafft dieser bürgerlichen Gesetzen hat in dem menschlichen Gericht kein Testament ehe seine Gültigkeit, es befinden sich denn alle verordneten Eigenschafften dabey."[236] Und etwas weiter: „Man thut wohl, wenn man bey gesunden Leibes- und Gemüths-Kräfften sein Testament schreibet. Denn es finden sich bisweilen böse Leute, die, wenn sie mercken, daß einer kranck und schwach ist, theils durch Drohungen, theils durch unrechtmäßige Schmeicheleyen, dem Testator etwas abzubetteln, und ihn zu einer gewissen Verordnung zu disponiren suchen, die mit seiner Intention völlig nicht überein

236 Zedlers Universal-Lexikon, Bd.42, Spalte 1205.

kommt; da man hingegen bey gesunden Tagen selbst thun kan, was man will, und wie man es vor gutt befindet."[237] Mag es sich hierbei auch um Binsenweisheiten handeln, so äußert Zedlers Artikel doch nicht nur praktische, sondern – unter Berufung auf Thomasius und andere Autoritäten – auch prinzipielle Bedenken gegen das Testament als längst etablierte Institution des bürgerlichen Rechts: „Mit und neben dem allen haben doch einige dafür halten wollen, als wenn die Testamente dem gemeinen Wesen und der menschlichen Gesellschafft eben nicht gar viel zu nutz wären. **Thomasius** [...] meynet, daß sie nach der subtilen und krausen Art, darinnen sie sich heut zu Tage finden, dem Geitze der Advocaten und Richter, auch der Clerisey am ersprießlichsten wären, als welche das meiste durch Testamente erlanget hätten, da nemlich die thörigte Menschen, welche bey Leibesleben selbst für das Heyl der Seelen nicht gesorget, diese Sorge fremden nach dem Tode aufgetragen, und ihnen für disfals anzuwendende Mühe einen fetten Lohn im Testament vermacht haben [...]. Er hält weiter dafür, daß [...] viele, das Recht Testament zu machen, nur zur Kühlung ihrer Rache und eingebildeter Vergnügung ihrer Begierden nach dem Tode zu misbrauchen pflegten. **Titius** [...] gestehet gerne [...], daß aus denen Testamenten der größte Theil der Processe oder gerichtlichen Zänckereyen entstünden, dabey er doch auch anführet, wie hieran die undeutliche, ungewisse und nicht hinlängliche Gesetze eine Schuld hätten."[238] Mit anderen Worten: Testamentshandlungen sind moralisch durch und durch heikle Angelegenheiten, weil sie das Lasterhafte in der menschlichen Natur geradezu auf den Plan rufen, weil sie nach wie vor der religiösen Schwärmerei Vorschub leisten und weil die Unvollkommenheit menschlicher Gesetze noch zusätzlich die an sich schon unheilvolle Verwirrung vermehrt, die unvernünftige Grillen von manchen Testatoren verursachen.

Vor diesem bewußtseinsgeschichtlichen Hintergrund nimmt es kaum mehr Wunder, daß das Testament-Motiv für die Literatur der Aufklärung einen höchst willkommenen Aufhänger für moralische Belehrungen allerlei Art darstellte. Sein Einsatz und seine Funktionalisierung erfolgte freilich auf mannigfaltige Weise; die Skala reicht von der handfesten, frontalen moralischen Didaxis über die Satire bis hin zur Groteske, wo keine klare moraldidaktische Wirkungsintention mehr auszumachen ist.

Die moraldidaktische Funktion des Testament-Motivs erkennt man besonders klar in einem Stück von Christian Fürchtegott Gellert aus dem Jahre 1747, *Die*

---

237 Zedlers Universal-Lexikon, Bd.42, Spalte 1209.

238 Zedlers Universal-Lexikon, Bd.42, Spalte 1208, Herv. im Original.

zärtlichen Schwestern.[239] Das Drama, das schon beim zeitgenössischen Publikum großen Beifall fand,[240] ist ein paradigmatisches Beispiel für die Gattung des 'weinerlichen' – oder auch 'rührenden' – Lustspiels, die Gellert selbst in Deutschland sowohl in der Praxis etabliert wie auch in der Theorie begründet hat.[241] Im Gegensatz zur sächsischen Typenkomödie Gottschedscher Provenienz hatte das rührende Lustspiel nicht mehr bloß die Wirkungsabsicht, moralisches Fehlverhalten im Umkreis des häuslich-bürgerlichen Lebens der Lächerlichkeit preiszugeben und dadurch auf das bürgerliche Publikum erzieherisch zu wirken. Doch die didaktische Wirkungsintention blieb nach wie vor erhalten, auch wenn sie etwas subtiler geworden war. Durch beispielhaft sittliches Verhalten bürgerlicher Personen sollte nun das Publikum auch zu Tränen gerührt und zur Nachahmung der im Stück affirmativ dargebotenen Tugenden angeregt werden. Mit Gellerts eigenen Worten: „[...] die Komödie sey ein dramatisches Gedicht, welches Abschilderungen von dem gemeinen Privatleben enthalte, die Tugend anpreise, und verschiedene Laster und Ungereimtheiten der Menschen, auf eine scherzhafte und feine Art durchziehe"[242], so daß diese Art von Lustspiel „ausser der Freude, auch eine Art von Gemüthsbewegung hervorbringen kann, welche zwar den Schein der Traurigkeit hat, an und für sich selbst aber ungemein süsse ist".[243]

Als heutiger, durch und durch skeptischer Leser fragt man sich freilich, ob eine derart naive Wirkungsabsicht auf dem Theater je aufgehen kann. Denselben Zweifel am Konzept der 'weinerlichen' Komödie äußerte übrigens schon Lessing in der Rezension, in die er seine Übersetzung von Gellerts Programmschrift *Pro Comoedia Commovente* eingebettet hatte: „Ihre Zuschauer wollen ausgesucht sein,

---

239 Zitiert wird das Stück auf Grund folgender Ausgabe: Gellert, Christian Fürchtegott: Die zärtlichen Schwestern. – In: Ders.: Gesammelte Schriften. Kritische, kommentierte Ausgabe. Bd.III. Lustspiele. Hg. von Bernd Witte. – Berlin, New York: de Gruyter 1988, S.195-261. (Im Weiteren zitiert als GGS.) Zitate aus dem Stück werden im laufenden Text mit den Seitenzahlen dieser Ausgabe ausgewiesen. Zur Datierung s. den Apparatteil des Bandes, S.325 bzw. S.407.

240 Zur zeitgenössischen Rezeption des Stückes s. ebenfalls den Apparatteil in GGS, Bd.III, S.410-414.

241 Zur gattungstheoretischen Grundlegung des rührenden Lustspiels s. Gellerts lateinische Programmschrift *Pro Comoedia Commovente* (1751), die Lessing zwei Jahre später für seine *Theatralische Bibliothek* unter dem Titel *Des Hrn. Prof. Gellerts Abhandlung für das rührende Lustspiel* ins Deutsche übersetzt hat. – In: GGS, Bd.V. Poetologische und moralische Abhandlungen. Autobiographisches. Hg. von Bernd Witte. – Berlin, New York: de Gruyter 1994, S.145-173. Neben dem lateinischen Original bringt die Ausgabe Lessings Übersetzung, die im Weiteren zitiert wird.

242 Des Hrn. Prof. Gellerts Abhandlung für das rührende Lustspiel. – In: GGS, Bd.V, S.151.

243 Des Hrn. Prof. Gellerts Abhandlung für das rührende Lustspiel. – In: GGS, Bd.V, S.149.

und sie werden schwerlich den zwanzigsten Teil der gewöhnlichen Komödiengänger ausmachen. Doch gesetzt, sie machten die Hälfte derselben aus. Die Aufmerksamkeit, mit der sie zuhören, ist, wie es der Herr Prof. Gellert selbst an die Hand gibt, doch nur ein Kompliment, welches sie ihrer Eigenliebe machen; eine Nahrung ihres Stolzes. Wie aber hieraus eine Besserung erfolgen könne, sehe ich nicht ein. Jeder von ihnen glaubt der edlen Gesinnungen, und der großmütigen Taten, die er siehet und höret, desto eher fähig zu sein, je weniger er an das Gegenteil zu denken, und sich mit demselben zu vergleichen Gelegenheit findet. Er bleibt, was er ist, und bekömmt von den guten Eigenschaften weiter nichts, als die Einbildung, daß er sie schon besitze."[244]

Wie dem auch sei, Gellerts *Zärtliche Schwestern* sind – wenn auch nicht wegen ihrer fast durchgehenden mustergültigen Tugendhaftigkeit – selbst für den heutigen Leser noch höchst amüsant (darauf soll etwas weiter unten noch eingegangen werden), und im Rahmen einer Untersuchung über das 'literarische' Testament verdienen sie ohnehin unsere Aufmerksamkeit.

Die Handlung des Lustspiels verläuft in zwei Strängen, nämlich: Der ehrbare, doch nicht besonders wohlhabende Bürger und Hausvater Cleon möchte seine zwei Töchter, Lottchen und Julchen, vor seinem Tod anständig versorgt wissen, d.h. so schnell wie möglich verheiraten. Beide haben zwar ihre Bewerber, doch der Heirat steht in beiden Fällen ein Problem im Wege. Die Beziehung der älteren Tochter, Lottchen, zu dem Herrn Siegmund scheint zwar innerlich stabil zu sein, doch der Zukünftige hat infolge eines unglücklichen Prozesses sein Vermögen verloren, so daß die Heirat auf ungewisse Zeit hinausgeschoben werden mußte. Sowohl Lottchen als auch Siegmund scheinen indessen moralisch standfest zu sein, sie sind einander nach wie vor zärtlich[245] zugetan und hoffen auf bessere Zeiten. Was Julchen, die jüngere Tochter, betrifft, hat sie in Damis einen wohlhabenden – und wie sich erst etwas später herausstellt, auch durch und durch verständigen, ehrlichen und gesitteten – Bewerber. Diese Beziehung ist jedoch von innen gefährdet, da Julchen über ihre eigenen Gefühle, über ihre Zu- oder Abneigung nicht ins Klare kommen kann.

An diesem Punkt setzt nun die Handlung ein. Um wenigstens in Julchens Sache eine rasche Entscheidung herbeizuführen, einigen sich der Vater und die ältere

---

244 Lessing, Gotthold Ephraim: Abhandlungen von dem weinerlichen oder rührenden Lustspiele. – In: Ders.: Gesammelte Werke. Bd.3. Frühe kritische Schriften. – Berlin: Aufbau 1955, S.601-651. (Hier S.650.)

245 'Zärtlichkeit' – in adjektivischer Form auch im Titel des Stückes – bedeutet hier eine Art 'vernünftige' Liebe.

Tochter auf eine kleine List. Lottchen bekommt freie Hand und ordnet Folgendes an: Damis, der sich mit ernsten und dringenden Heiratsplänen herumträgt, soll sich aufführen, als ob er Julchen nicht mehr lieben würde, er soll – wenn auch nur zum Schein – „seine Liebe zur Freundschaft dämpfen".[246] Ihr eigener Liebhaber, Siegmund, hingegen soll Julchen mit Lottchens ausdrücklicher Erlaubnis den Hof machen, um ihr auf diese Weise über ihre Liebe zu Damis zur Klarheit zu verhelfen. Hier, im vorletzten Auftritt des ersten Aufzuges, taucht das Testament-Motiv zum ersten Mal im Stück auf. Herr Simon, Damis' Vormund, kündigt in einem Billett seinen bevorstehenden Besuch im Hause an und meldet Cleon zugleich, „daß heute oder morgen das Testament [seiner] seligen Frau Muhme, der Frau Stephan, geöffnet werden soll." (S.213) Auch glaube er gewiß, daß die Verstorbene Cleon etwas vermacht hat.

Die erste Nachricht erweist sich später freilich als zum Teil falsch. Im siebten Auftritt des zweiten Aufzuges scheint sie sich nämlich zunächst einmal dahingehend zu verhärten, daß die selige Frau Muhme Julchen, der jüngeren Schwester, testamentarisch ihr ganzes Rittergut, ein Weiberlehen, vermacht habe. Dies stimmt aber auch immer noch nicht ganz, denn im vierten Auftritt des dritten Aufzuges, wo endlich die Abschrift des Testaments herbeigeschafft wird, stellt sich erst heraus, daß nicht Julchen, sondern Lottchen die wirkliche Erbin des Rittergutes ist. Doch am gegebenen Punkt der Handlung erfüllt die falsche Nachricht von Julchens Erbschaft eine doppelte Funktion: eine dramaturgische und eine moraldidaktische.

Die unerwartete Nachricht vom Testament der Muhme Stephan bzw. von der Erbschaft erweist sich nämlich als das Moment, das nun auch die Beziehung von Lottchen und Siegmund destabilisiert, und dadurch überhaupt erst die doppelte Handlungsführung des Stückes möglich bzw. notwendig macht. Die – wie bereits erwähnt: falsche – Nachricht von Julchens Erbschaft hat nämlich zur Folge, daß der vermeintlich tugendfeste Siegmund zwar insgeheim, doch im Ernst sich anschickt, statt Lottchen um Julchen zu werben, so daß von nun an beide Liebesbeziehungen als von innen her problematisch und als gefährdet gelten müssen.

Siegmunds Machenschaften verfehlen freilich ihr Ziel – und zwar sogar doppelt. Erstens treibt sein ungestümes Werben Julchen, wie ursprünglich beabsichtigt, geradewegs in Damis' Arme. Nach einiger emotionaler Verwirrung spricht das Mädchen endlich das lang ersehnte Jawort. Zweitens erweist sich die frühere

246 Coym, Johannes: Gellerts Lustspiele. Ein Beitrag zur Entwicklungsgeschichte des deutschen Lustspiels. – Berlin: Mayer & Müller 1899, S.57.

Nachricht vom Testament, wie schon erwähnt, als falsch. Erbin des wertvollen Rittergutes ist nämlich – wie es sich erst spät herausstellt – in Wirklichkeit nicht Julchen, sondern Lottchen. Die frühere – falsche – Nachricht war nur Teil des beliebten Gesellschaftsspiels, das die Figuren des Stückes unaufhörlich betreiben: einander immer wieder auf die moralische Probe zu stellen.

Nachdem die Wahrheit vom Testament bzw. von Lottchens Erbschaft ans Tageslicht gekommen ist, scheint Siegmund allerdings zwischen zwei Stühlen zu sitzen, und am liebsten möchte er nun das Geschehene ungeschehen machen. Doch seine Machenschaften können nicht lange verborgen bleiben; er wird der Untreue überführt und schließlich mit beispielhafter moralischer Standhaftigkeit aus dem Umkreis der gesitteten Bürger verwiesen. Damit hat aber das Testament-Motiv im Stück nicht nur seine dramaturgische, sondern auch seine moraldidaktische Funktion voll und ganz erfüllt. Der moralisch verwerflich Handelnde hat sich durch seine Handlungsweise selbst um sein Glück und um seinen moralischen Kredit gebracht – ein Umstand, der im Text sogar explizit und ausgiebig kommentiert wird.

Dem Zweck dieser ausgiebigen moraldidaktischen Reflexion dient die schrullige Figur des Magisters, ein satirisch gezeichneter Typ, der dem Verfasser einiges zu schaffen machte, weil das zeitgenössische Publikum darin unbedingt einen Pasquill – allerdings auf die verschiedensten Personen – erblicken wollte, so daß Gellert sich schließlich zu einer ausführlichen Rechtfertigung veranlaßt sah.[247] Der Magister ist nicht allein, wie Gellert selbst sagt, „ein kleiner Pedant", der „zur Unzeit gelehrt und in seine Art der Gelehrsamkeit [...] verliebt ist"[248], sondern geradezu ein hoffnungsloser Narr, wenn auch ein nicht ganz unsympathischer. Er ist nämlich dermaßen in seine spekulative Moralphilosophie vernarrt, daß er wirkliche Menschen mit ihren wirklichen Bedürfnissen und Nöten gar nicht erst wahrzunehmen vermag. Daher wird er von dem verwirrten und emotional verunsicherten Julchen, das er im neunten Auftritt des ersten Aufzuges mit stringenter moralphilosophischer Beweisführung zur Heirat überreden will, mit den schlichten, aber durchaus vernünftigen Worten in seine Schranken gewiesen: „Nehmen Sie mirs nicht übel, Herr Magister, daß ich Sie verlasse, ohne von Ihrer Sittenlehre überzeugt zu seyn. Was kann ich armes Mädchen dafür, daß ich nicht so viel Einsicht habe, als Plato, Seneka, und Ihre andern weisen Männer? Machen Sie es mit diesen Leuten aus, warum ich keine Lust zur Heyrath habe, da ich doch durch ihren Beweis dazu ver-

---

247 Dazu s. Gellerts Vorrede zur Ausgabe seiner Lustspiele bei Johann Wendler im Jahre 1747. – In: GGS, Bd.III, S.329f.

248 GGS, Bd.III, S.329f.

bunden bin. Ich habe noch etliche Anstalten in der Küche zu machen." (S.211f.) Julchens Replik läßt sich zugleich als eine höchst amüsante Kritik Gellerts an der praktischen Folgenlosigkeit der aufgeklärten Schulphilosophie lesen.

Doch gerade als spekulativer Moralphilosoph ist der närrische Magister andererseits durchaus im Stande, Siegmunds moralisches Fehlverhalten einer eingehenden Analyse zu unterwerfen und es exakt auf den moralphilosophischen Punkt zu bringen. Genau dies tut er im zwölften Auftritt des dritten Aufzuges in einem Dialog mit Herrn Simon auf seine umständlich-pedantische Weise, wobei er wie nebenbei die moraldidaktische Summe der Dramenhandlung zieht: „[...] sagen Sie mir, Herr Simon, ob die Stoiker nicht recht haben, wenn sie behaupten, daß nur ein Laster ist; oder, daß wo ein Laster ist, die andern alle ihrer Kraft nach zugegen sind? Sehn Sie nur Siegmunden an. Ist er nicht recht das Exempel zu diesem Paradoxo? [...] O wie erstaunt man nicht, über die genaue Verwandtschaft, welche ein Laster mit dem andern hat, und welche alle mit einem haben! Siegmund wird bey der Gelegenheit des Testaments geizig. Ein Laster. Er strebt nach Julchen, damit er ihre Reichthümer bekomme. Welcher schändliche Eigennutz! Er wird Lottchen untreu, und will Julchen untreu machen. Wieder zwey neue Verbrechen. Er kann sein erstes Laster nicht ausführen, wenn er nicht ein Betrüger und ein Verräther wird. Also hintergeht er seinen Freund, seinen Schwiegervater, Sie, mich und alle, nachdem er einmal die Tugend hintergangen hat. Aber alle diese Bosheiten auszuführen, mußte er ein Lügner und ein Verläumder werden. Und er ward es. Welche unseelige Vertraulichkeit herrscht nicht unter den Lastern? Sollten also die Stoiker nicht Recht haben?" (S.252)

Die Lehre ist zwar, wie man sieht, nicht ganz originell, doch Siegmund wird auf diese Weise schließlich zu einem moralischen Ungeheuer stilisiert, das beispielhafte Strafe verdient. Wie ebenfalls der Magister verkündet: „Siegmund muß bestraft werden, damit er gebessert werde." (Ebd.) Der Anklang an das poetologische Konzept der sächsischen Typenkomödie ist an dieser Stelle beinahe unüberhörbar. Bei all dem gerät allerdings in Vergessenheit oder wird gar nicht erst beachtet, daß nicht der Geiz allein, sondern auch Julchens vielgepriesene körperliche Reize bei Siegmunds Fehltritt eine nicht unbeträchtliche Rolle gespielt haben mögen.

Doch das Testament-Motiv bewährt sich im Stück nicht nur am Schicksal und an der Bewertung von Siegmund in seiner moraldidaktischen Funktion. Sämtliche Figuren des Lustspiels üben sich nämlich nicht allein im Gesellschaftsspiel, sich gegenseitig immer wieder auf die moralische Probe zu stellen, sondern sie sind offenbar auch in einem unaufhörlichen Wettkampf begriffen, einander in Tugendhaftigkeit zu überbieten. So erweist sich das Testament-Motiv auch als vielfacher

Anlaß für etliche Figuren, Sittlichkeit und Tugendhaftigkeit, d.h. zumeist Großmut und Selbstlosigkeit, an den Tag zu legen.

Als erster ist Cleon, der Hausvater an der Reihe. Kaum hat er die – falsche – Nachricht erhalten, die Muhme Stephan habe ihm testamentarisch etwas vermacht, so ist er auch schon ohne Zögern dabei, das ganze Vermächtnis seinen Töchtern zu überlassen: „Mein Kind, wenn mir die Frau Muhme Stephan etwas vermacht haben sollte: so sähe ichs sehr gerne, wenn ich euch, meine Töchter, auf einen Tag versprechen, und euch in kurzem auf einen Tag die Hochzeit ausrichten könnte. Ich wollte gern das ganze Vermächtniß dazu hergeben." (S.214) – freilich vergibt der gute Hausvater eilfertig ein Vermächtnis, das ihm in Wirklichkeit gar nicht gehört. Doch Lottchen, an die die Worte des Vaters gerichtet waren, will in Selbstlosigkeit offenbar auf keinen Fall hinter Cleon zurückstehen. Sie weist also das Angebot selbstverständlich zurück: „Sie sind ein liebreicher Vater. Nein, wenn Sie auch durch das Testament etwas bekommen sollten: so würde es doch ungerecht seyn, wenn wir Sie durch unsre Heyrathen gleich um alles brächten. Nein, lieber Papa, ich kann noch lange warten." (Ebd.) Daß sie noch lange warten kann, hindert sie allerdings keinesfalls daran, die glückliche Nachricht gleich im nächsten Auftritt ihrem Bewerber Siegmund weiterzuerzählen: „Der Herr Vormund des Herrn Damis hat dem Papa in einem Billette gemeldet, daß heute das Testament der Frau Muhme Stephan geöffnet werden würde, und daß er glaubte, sie würde den Papa darinne bedacht haben. O wenn es doch die Vorsicht wollte, daß ich so glücklich würde, Ihre Umstände zu verbessern!" (S.216) Will sie also etwa doch...?

Als nun Herr Simon, Damis' Vormund im siebten Auftritt des zweiten Aufzuges die – immer noch falsche – Nachricht von Julchens Erbschaft überbringt, ist wieder Lottchen die erste, der er im Hause begegnet. Um sich seinen „Antrag durch eine verstellte Ungewißheit leichter [zu] machen" (S.225) – und wohl auch, um Lottchen gleich auf die moralische Probe zu stellen –, erzählt Simon ihr die glücklich-unglückliche Nachricht, als ob er im Glauben stünde, er habe es mit der Erbin selbst zu tun. Doch Lottchen besteht die Probe ganz vorzüglich. Sie äußert ausschließlich die reinste Freude über das Glück ihrer Schwester, obschon Simon vielmehr befürchtet – oder gar erwartet – hätte, daß sie „erschrickt" und „über die Vortheile [der] Jungfer Schwester unruhig" (ebd.) werden würde. Nach glücklich bestandener Probe bedingt sich Lottchen sogar noch das Recht aus, die erfreuliche Botschaft selbst an Julchen und Damis bzw. an Cleon bringen zu dürfen – abermals ein Beweis ihrer Selbstlosigkeit.

Als Julchen im neunzehnten Auftritt des zweiten Aufzuges endlich von Lottchen die (falsche) Glücksbotschaft von der Erbschaft erfährt, geht schon ihr allererster Gedanke auf eine Teilung: „Was? Das ganze Rittergut? Und dir nichts? Hätte sie es denn nicht theilen können? Ist es denn auch gewiß? Kann es nicht ein Misverstand seyn? Warum hat sie denn dir nichts vermacht? [...] Lottchen, ich theile das Gut mit dir und dem Papa. Nein, ganz wünsche ich mir es nicht. Ich verdiene es auch nicht. Traurige Erbschaft!" (S.236f.) Auch ihr Bewerber Damis reagiert auf die Nachricht in einer Weise, die gar keinen Zweifel daran läßt, daß er nicht an der Erbschaft, sondern einzig und allein an Julchen selbst interessiert ist: „Vielleicht wäre es ein Glück für mich, wenn kein Testament wäre. Ach mein liebes Julchen, soll ich Sie verlieren?" (S.236)

Als Lottchen nun im vierten Auftritt des dritten Aufzuges – abermals von Simon – endlich den wahren Inhalt der letztwilligen Verfügungen der seligen Muhme Stephan erfährt, ist sie zunächst zwar etwas unangenehm berührt. Sie macht sich nämlich Sorgen wegen ihrer Schwester und deren Partie: „O das ist ein trauriges Glück! Wird nicht meine liebe Schwester darüber betrübt werden? Wird nicht Ihr Herr Mündel –?" (S.243) Die offensichtliche Selbstlosigkeit ihres Benehmens wird durch Simon diesmal sogar ausdrücklich bestätigt: „Waren Sie doch viel zufriedener, da ich Ihnen die erste und nunmehr falsche Nachricht brachte." (S.244) Lottchen beruhigt sich gewissermaßen erst, nachdem sie die Testamentsklausel gelesen hat, die ihr als Universalerbin die Auszahlung eines Legats von zehntausend Talern an ihre Schwester bei deren Heirat auferlegt.

Julchens Reaktion, als sie im zehnten Auftritt des dritten Aufzuges – ebenfalls von Simon, der die ganze Handlung hindurch als Bote kommt und geht – die für sie nunmehr etwas unangenehme Wahrheit erfährt, ist nicht ganz so eindeutig von lauter Selbstlosigkeit bestimmt – den Traum vom Rittergut hat sie sich mittlerweile viel zu schön ausgemalt. Daß sie ihrer zärtlichen Schwester zu guter Letzt alles gönnt – „Ich gönne ihr alles. [...] Ich gönne ihr alles." (S.250) – ist trotzdem gar keine Frage und darf auch keine sein. Nur muß sie zuvor ihren schönen Traum fahren lassen, was ihr nicht ganz so leicht fällt. Doch ihr Zögern ist entschuldigt, da nicht der materielle Verlust ihr zu schaffen macht, sondern die Befürchtung, sie könnte darüber ihren (nunmehrigen) Bräutigam Damis verlieren. Daß zärtlich Liebende sich in diesem Stück nicht oder kaum kennen, oder sogar voll und ganz verkennen, scheint nicht die Ausnahme, sondern die Regel zu sein...

Was das anscheinend hoffnungslos veraltete Stück auch für den heutigen Leser nicht bloß erträglich, sondern geradezu lesenswert macht, ist nicht allein die einfallsreiche Führung und Verflechtung der Doppelhandlung, sondern es sind vor allem die Partien, die geistreiche – und kritische – (Selbst)Reflexionen zur Literatur und zur Philosophie der Aufklärung bieten. Zu den amüsantesten Stellen dieser Art gehört der vierzehnte Auftritt des zweiten Aufzuges, in dem der Magister dem immer noch verwirrten Julchen eine selbst gedichtete Fabel vorliest. Gleich nachdem er mit seiner Sittenlehre bei Julchen gescheitert ist, kommt er im Dialog mit Cleon auf die vielversprechende Idee: „Es giebt noch gewisse witzige Beweise zur Ueberredung [...]. Dergleichen sind bey den alten Rednern die Fabeln und Allegorien, oder Parabeln. Bey Leuten, die nicht scharf denken können, thun diese witzigen Blendwerke oft gute Dienste. Ich will sehen, ob ich durch mein Ingenium das ausrichten kann, was sie [Julchen, I.K.] meinem Verstande versagt hat. Vielleicht macht ihr eine Fabel mehr Lust zur Heyrath, als eine Demonstration." (S.213) Doch Julchen will sich die Fabel des Magisters von der Sonne und dem Mond eigentlich genauso wenig anhören wie vorhin seine moralphilosophische Demonstration. Sie ergibt sich überhaupt erst, weil sie einsieht, daß die Fabel anzuhören die einzige Möglichkeit ist, den Magister endlich loszuwerden. Daß sie die recht einfältige Moral der recht einfältigen Geschichte problemlos erfaßt hat, ist gar keine Frage: „Sie sind heute recht sinnreich, Herr Magister. Ich merke, die Fabel geht auf mich. Ich bin der Mond. Herr Damis wird die Sonne seyn, und die Planeten werden auf Sie und meine Schwester zielen. Habe ich nicht alles errathen?" (S.232) Bis hierher stimmt auch alles recht schön mit Gellerts eigener Fabellehre und mit der Fabellehre der Aufklärungszeit überein.[249] Der Haken an der Sache ist aber, daß die Fabel des Magisters ebenso wirkungs- und praktisch folgenlos bleibt wie vorhin seine moralphilosophische Demonstration. Auf seine abschließende, erwartungsvolle Frage, die unmißverständlich darauf abzielt, ob

249 Zu Gellerts Fabellehre s. die Abhandlung *De Poesi Apologorvm Eorvmque Scriptoribus – Von denen Fabeln und deren Verfassern* [1744]. – In: GGS, Bd.V, S.1-99. Wie Gellert ausführt, ist die Fabel eine „kurze und auf einen gewissen Gegenstand anspielende Erdichtung, die so eingerichtet ist, daß sie zugleich ergötzet und zugleich nutzet" (S.5), bzw. sie ist „nichts anders, als eine erdichtete Handlung, durch welche man eine gewisse Wahrheit in ihr Licht setzen will". (S.27) Die Wirkungsintention der Fabel bestehe darin, „in die Gemüther der Menschen [zu] dringen": *„Eine gute Fabel nutzt indem sie vergnügt;* sie trägt andern die Wahrheit unter glücklich erdachten und wohlgeordneten Bildern vor; daß man aber auf diesem zwar kurzen, doch königlichen Wege am leichtesten in die Gemüther der Menschen dringen könne, wird niemand leugnen, der das menschliche Herz fleißig untersucht hat." (S.43f., Herv. im Original.) Als Publikum der Fabel werden sowohl philosophisch Gebildete als auch philosophisch Ungebildete ins Auge gefaßt: „Eine Fabel kann und soll den, der diese Kunst verstehet, und den, der sie nicht verstehet, in Bewegung setzen; diesen, weil er einsiehet, daß die Fabel mit den Vorschriften der Kunst übereinstimmt; jenen, weil er das Künstliche und den Nachdruck der Fabel fühlet, ob er gleich nicht sagen kann, worinnen es hauptsächlich lieget." (S.41) Die Fabel sei insbesondere auch für Frauen geeignet: „Dahero kann sich das weibliche Geschlecht, und alle, die zwar nicht Gelehrte sind, aber doch den Wohlstand lieben, die Fabel zu nutze machen; *es kann aus den Bildern, mit einem Worte, ein jeder beßer als durch alle philosophische Beweise einsehen was wahr, was recht, was gerecht, was schön, und was anständig ist.*" (S.45, Herv. im Original.)

Julchen nach der Fabel sich endlich zur Heirat entschlossen hat – „Was soll ich Ihrem Papa für eine Antwort bringen?" (ebd.) –, bekommt der Magister nämlich wieder nur eine nichtssagende Antwort, bzw. Julchen spielt ihm sogar unverfroren vor, seine Frage nicht verstanden zu haben: „Sagen Sie ihm nur, daß ich über Ihre Fabel hätte lachen müssen: so verdrießlich ich auch gewesen wäre. Ich habe die Ehre, mich Ihnen zu empfehlen." (Ebd.) Hat Gellert sich mit Julchens Figur etwa sogar über die eigene Fabellehre lustig gemacht?

Wie dem auch sei, Gellert war bekanntlich einer der populärsten Fabeldichter seiner Zeit und als solcher hat er das Testament-Motiv nicht nur im 'weinerlichen' Lustspiel von den *Zärtlichen Schwestern*, sondern auch in zahlreichen Fabeln aufgegriffen.[250] Den Begriff 'Fabel' wollen wir dabei allerdings nach Gellerts eigener Definition möglichst weit fassen, als „eine erdichtete Handlung, durch welche man eine gewisse Wahrheit in ihr Licht setzen will". Von den insgesamt fünf Gedichten mit dem Testament-Motiv unter Gellerts *Fabeln und Erzählungen* seien im Folgenden drei Stücke etwas näher ins Auge gefaßt, an denen zugleich drei verschiedene Möglichkeiten der Funktionalisierung des Testament-Motivs zu moraldidaktischen Zwecken veranschaulicht werden können.

Das erste Gedicht, das näher betrachtet werden soll, trägt den Titel *Das Testament* und ist 1756 unter den Fabeln und Erzählungen der *Sammlung vermischter Schriften* erschienen.[251] Das Stück dürfte gleichwohl kaum zu den Fabeln im eigentlichen Sinne gerechnet werden, falls eine Fabel – wieder nach Gellerts eigenen Worten – die „Hülle" der Wahrheit sein soll.[252] In diesem Fall handelt es sich nämlich um frontale Moraldidaxis ohne jegliche 'Verhüllung'.

Der Aufbau des Gedichtes ist klar übersichtlich, es besteht aus insgesamt zwei Strophen. Die erste Strophe entwirft eine Situation – bevor der Vater stirbt, überreicht er seinem Sohn den letzten Willen –, die zweite Strophe enthält die moralische Lehre – den Wortlaut des Testaments –, die durch die Situation beglaubigt ist. Die erste Strophe hat dabei offensichtlich die Funktion, Spannung zu erzeugen, da der Vater das Testament dem Sohn mit der ausdrücklichen Versicherung überreicht, sein Glück sei darin beschlossen:

---

250 Unter Gellerts Fabeln und Erzählungen habe ich folgende Stücke mit dem Testament-Motiv ausmachen können: *Das Testament; Das Vermächtniß; Die Gutthat; Erast; Das Testament*. Die insgesamt fünf Stücke sind in den beiden Bänden von Gellerts *Fabeln und Erzählungen* [1746 bzw. 1748] und in der *Sammlung vermischter Schriften* [1756] erschienen. S. GGS, Bd.I. Fabeln und Erzählungen. Hg. von Ulrike Bardt und Bernd Witte. – Berlin, New York: de Gruyter 2000, S.86-88, S.161f., S.174f., S.237f.

251 GGS, Bd.I, S.237f.

252 GGS, Bd.V, S.33.

„So bald du mich ins Grab gebracht,
So brich ihn [den letzten Willen, I.K.] auf, und such ihn zu erfüllen;
So ist dein Glück gewiß gemacht."

Diese Erwartung soll durch eine überraschende Wendung bzw. eine vorläufige Enttäuschung am Anfang des Testaments (2. Strophe), das der Versicherung des Vaters zunächst zu widersprechen scheint, offenbar noch höher geschraubt werden:

„Mein Sohn, du wirst von mir sehr wenig erben,
Als etwan ein gut Buch und meinen Lebenslauf..."

Um materielle, 'weltliche' Güter handelt es sich also in den letztwilligen Verfügungen gar nicht; nach der Ansicht des Vaters würden diese den Sohn ohnehin nicht glücklich machen. Statt dessen enthält der letzte Wille des Vaters seinen sittlichen Lebenslauf als ausführliches moralisches Vermächtnis, durch das zentrale Werte der aufgeklärten Sittenlehre dem Sohn – und mit ihm dem Leser – eingeschärft werden sollen. Pflichterfüllung, gutes Gewissen, nützliche Handlungen für jeden Tag, Streben nach Weisheit, Zufriedenheit, Bescheidenheit, Genügsamkeit, Ergebenheit in die göttliche Vorsehung, Verachtung von Würden und Reichtum – so das Testament des Vaters – machen das Erdenglück des Menschen aus. Diese Art von Glück habe außerdem den unschätzbaren Vorteil der Autonomie; es ist ein Glück, das man sich selber geben könne:

„Und dieses Glück kannst du, mit Gott, dir selber geben."

Die moralische Lehre wird am Ende des Testaments – und des Gedichtes – noch einmal sentenzartig auf den Punkt gebracht:

„Vergiß es nicht: Das wahre Glück allein
Ist ein rechtschaffner Mann zu seyn."

Die testamentarisch erteilte Lehre ist, wie bereits erwähnt, auf zweifache Weise durch die in der ersten Strophe entworfene Situation beglaubigt. Erstens liegt der Vater im Sterben und zieht die Summe seines Lebens in Form eines letzten Willens als sittliches Vermächtnis; zweitens beruft er sich ausdrücklich auf eigene Erfahrung:

„So dacht ich, liebster Sohn, so sucht ich auch zu leben."

Doch das Gedicht verliert kein Wort mehr darüber, ob und wie der Sohn den letzten Willen des Vaters erfüllt hat, und dies mit gutem Grund. Die Erzählung wird nämlich gerade an der Stelle abgebrochen, wo der nunmehr unterwiesene Leser gleichsam in die Rolle des Sohnes schlüpfen und die letztwilligen Verfügungen des Vaters in die Praxis umsetzen sollte...

Das zweite Gedicht trägt den gleichen Titel wie das erste: *Das Testament*. Es ist 1746, im *Ersten Buch* von Gellerts *Fabeln und Erzählungen* erschienen[253] und kann in der Tat auch im engeren Sinne als Fabel gelten, da es beide Gellertsche Gattungskriterien, sowohl das Kriterium des „Wunderbaren" wie auch das Kriterium des „Wahrscheinlichen" erfüllt.[254]

Die Geschichte, die im Gedicht erzählt wird, läßt sich in aller Kürze zusammenfassen: Philemon, ein reicher und zugleich edelmütiger Mann, hatte seiner Rechtschaffenheit zum Trotz zwei neidische Nachbarn, die ihn stets verleumdeten. Statt sich zu rächen, wie ihm geraten wurde, vermachte er den beiden testamentarisch seine Güter; er machte auf anscheinend großmütige Weise seine Neider zu seinen Erben. Doch die Geschichte nimmt eine überraschende Wendung: die beiden Erben können mit dem ihnen plötzlich zugefallenen Reichtum gar nichts anfangen. Im Gegenteil. Der unverhoffte Reichtum stürzt beide rasch in den Ruin. Der eine, der Typ 'Geizhals', kostet bald das Elend des Reichtums bis zur Neige aus, und wird

„mit jedem neuen Tage,
Der Seinen Last und seine Plage."

Der andere hingegen, der Typ 'Verschwender', bringt bald die ihm zugefallene Erbschaft durch, so daß er ärmer und elender wird als je zuvor:

„Durch Gassen, wo er sonst stolz auf und ab gefahren,
Schlicht itzt sein Fuß ganz unbekannt."

Die im Gedicht erteilte moralische Lehre scheint soweit völlig klar und unproblematisch zu sein. Das ebenso „wunderbare" wie „wahrscheinliche" Beispiel der zwei Nachbarn schärft einem auf unmißverständliche Weise ein, daß Reichtum allein noch keinen Unvernünftigen glücklich macht. Doch wie ist bei all dem die Handlungsweise von Philemon zu beurteilen? Was war denn das eigentliche Motiv zu seinem sonderbaren und anscheinend großzügigen Testament? Sein Nachbar, der Verschwender, unterstellt ihm allerdings, wenn auch erst nachträglich, eine nicht ganz edelmütige Absicht, nämlich die Rache:

„Philemon hat es wohl gedacht,
Daß uns der Reichtum wird verderben,
Darum hat er uns sein Gut vermacht."

---

253 GGS, Bd.I, S.86-88.

254 Zu den beiden gattungspoetischen Kriterien der Fabel s. GGS, Bd.V, S.15-27.

Daß der durch die ihm zugefallene Erbschaft ruinierte und erbitterte Nachbar mit seiner Unterstellung sogar recht haben mag, erhellt indessen eine vorangegangene Bemerkung Philemons über seinen letzten Willen. Der Testator weiß nämlich ganz genau, daß Reichtum „ein Glück" sei, „das wenig Menschen nützen können". Wenn aber Philemons Großmut sich zu guter Letzt als eine subtile Art von Rache über den Tod hinaus entpuppt, so ist die moralische Beurteilung des Falles – und damit auch der Fabel selbst – wesentlich komplexer und verwickelter. Thomasius, der bekanntlich nicht gut auf Testamente zu sprechen war, sollte wieder einmal Recht behalten haben: Philemon hat „das Recht Testament zu machen, nur zur Kühlung [seiner] Rache und eingebildeter Vergnügung [seiner] Begierden nach dem Tode" mißbraucht.

Das dritte Beispiel sei aus dem *Zweiten Buch* von Gellerts *Fabeln und Erzählungen* aus dem Jahre 1748 genommen. Es ist ein kleines vierstrophiges Gedicht mit dem Titel Die *Gutthat.*[255] Im Vergleich zu den beiden gerade erst erörterten Gedichten Gellerts empfiehlt sich *Die Gutthat* dem heutigen Leser durch seine wohltuende Andersartigkeit. Das Stück enthält keine frontale Moraldidaxis, ist auch keine 'Verhüllung' (bzw. Enthüllung) einer 'Wahrheit' durch leicht applizierbare Beispiele. Statt dessen geht Gellert hier zu einer freieren Art von Sittenkritik über, indem er auf geistreiche und durchaus amüsante Weise die Lebenspraxis, die Umsetzung der als allgemein verbindlich geltenden 'Wahrheiten' der Sittenlehre kritisch hinterfragt.

In seiner Kürze und Bündigkeit ist das Gedicht der Gattung Sinngedicht angenähert; meisterhaft ist auch sein auf die Schlußpointe hin gerichteter Aufbau.

Die erste Strophe faßt einen allgemein bekannten, auch als allgemein verbindlich geltenden Grundsatz der aufgeklärten Sittenlehre zusammen; gerühmt wird die Selbstlosigkeit, die Uneigennützigkeit:

> „Wie rühmlich ists, von seinen Schätzen
> Ein Pfleger der Bedrängten seyn!
> Und lieber minder sich ergetzen,
> Als arme Brüder nicht erfreun."

Die zweite Strophe fragt jedoch gleich schon nach der Praxis. Frau Beate fällt durch Erbschaft ein beträchtliches Vermögen zu. Daraufhin faßt sie den edelmütigen Vorsatz, nach dem in der ersten Strophe dargebotenen allgemeinen moralischen Lehrsatz zu handeln:

---

[255] GGS, Bd.I, S.162.

„Beaten fiel heut ein Vermögen
Von Tonnen Golds durch Erbschaft zu.
Nun, sprach sie, hab ich einen Seegen,
Von dem ich Armen Gutes thu."

Die dritte Strophe bietet Beate sogleich die glückliche Gelegenheit, den rühmlichen Vorsatz in die Praxis umzusetzen:

„Sie sprachs. Gleich schlich zu seinem Glücke
Ein siecher Alter vor ihr Haus,
Und bat, gekrümmt auf seiner Krücke,
Sich eine kleine Wohltat aus."

Der Anblick des alten Bettlers erweckt nun in Frau Beate Rührung und Mitleid als Voraussetzungen bzw. Motive des sittlichen Handelns:

„Sie ward durchdrungen von Erbarmen,
Und fühlte recht des Armen Noth."

Nichtsdestotrotz bleibt die tatsächlich ausgeführte Handlung weit hinter dem löblichen Vorsatz zurück; eigentlich bleibt es sogar bei der bloßen – und praktisch folgenlosen – Rührung als Selbstgenuß:

„Sie weinte, gieng und gab dem Armen
Ein grosses Stück verschimmelt Brodt."

Die Stärke der Pointe ergibt sich aus der offensichtlichen Unproportionalität des schönen Vorsatzes und seiner überaus bescheidenen Ausführung durch die glückliche Erbin in dem Moment, als es wirklich ernst wird. Dazu baut das Gedicht im Leser konsequent eine Erwartung auf, die zum Schluß in (beinahe) Nichts aufgelöst wird. Es fängt mit der Lobrede auf die Selbstlosigkeit als allgemein verbindlich geltenden sittlichen Wert an (1. Strophe); dann wird einer Person durch die reiche Erbschaft die Möglichkeit geboten, tatsächlich nach der Sittenlehre zu handeln (2. Strophe); die Möglichkeit wird mit dem Erscheinen des alten Bettlers zur konkreten und aktuellen Gelegenheit (3. Strophe); es kommen schließlich Rührung und Mitleid als innere Handlungsmotive hinzu (4. Strophe) – und trotzdem passiert (beinahe) nichts. Die 'Moral': Lehrsätze der aufgeklärten Schulphilosophie, die als allgemein verbindlich gelten, führen zwar zu löblichen Vorsätzen, doch diese versanden recht bald im Selbstgenuß bzw. prallen wieder an unheilbaren Gebrechen und Lastern der menschlichen Natur – wie hier am 'Geiz' – ab.

Die komische Wirkung des Gedichtes dürfte außer Zweifel stehen. Fragwürdig ist nur, was der Leser am Gedicht eigentlich komisch findet. Worüber lacht er denn, wenn er lacht? Über Frau Beate, die offenbar der sittlichen Norm zuwider handelt bzw. die als verbindlich geltende Norm nur in unbefriedigend lächerlicher Weise erfüllt? Oder lacht der Leser vielmehr über die als verbindlich geltende sittliche Norm selbst, weil sie offenbar unerfüllbare Forderungen an die menschliche Natur stellt und daran folgenlos abprallt? Oder lacht er über beide zugleich? Handelt es sich also um ein normstabilisierendes, oder eher um ein -destabilisierendes Lachen?

Daß Gellerts Wirkungsabsicht das Erstere war, ist mit großer Sicherheit anzunehmen. Ob es ihm aber tatsächlich gelungen ist, seine Wirkungsintention im Gedicht ohne Abstriche und in unmißverständlicher Weise umzusetzen, dürfte mit Recht bezweifelt werden. Doch gerade diese Zweideutigkeit macht den besonderen Reiz des Gedichtes für den heutigen Leser aus.

Wie dem auch sei, in der *Gutthat* näherte sich Gellert auf jeden Fall der subtileren Art und Weise an, in der Lessing sich in seinen Sinngedichten des Testament-Motivs zum Zweck der allgemeinen Sittenkritik bediente. Beim Vergleichen von Gellerts Fabeln und Lessings Sinngedichten stellt man übrigens im Grunde genommen dieselbe Differenz fest, die auch Lessings Komödienkonzept von dem der Frühaufklärung trennt, und die er selbst im 29. Stück der *Hamburgischen Dramaturgie* im Hinblick auf die sächsische Typenkomödie Gottschedscher Provenienz präzise auf den Punkt gebracht hat: „Die Komödie will durch Lachen bessern; aber nicht eben durch Verlachen; nicht gerade diejenigen Unarten, über die sie zu lachen macht, noch weniger bloß und allein die, an welchen sich diese lächerlichen Unarten finden. Ihr wahrer allgemeiner Nutzen liegt in dem Lachen selbst; in der Übung unserer Fähigkeit das Lächerliche zu bemerken; es unter allen Bemäntelungen der Leidenschaft und der Mode, es in allen Vermischungen mit noch schlimmern oder mit guten Eigenschaften, sogar in den Runzeln des feierlichen Ernstes leicht und geschwind zu bemerken. Zugegeben, daß der 'Geizige' des Moliére nie einen Geizigen, der 'Spieler' des Regnard nie einen Spieler gebessert habe; eingeräumet, daß das Lachen diese Toren gar nicht bessern könne: desto schlimmer für sie, aber nicht für die Komödie. Ihr ist genug, wenn sie keine verzweifelte Krankheiten heilen kann, die Gesunden in ihrer Gesundheit zu befestigen. [...] Ein Präservativ ist auch eine schätzbare Arznei; und die ganze Moral hat kein kräftigers, wirksamers, als das Lächerliche."[256] Von der Komödie erwartete Lessing offenbar immer noch eine Wirkung auf die Sitten. Allein sie sollte nicht

256 Lessing, Gotthold Ephraim: Hamburgische Dramaturgie. – In: Ders.: Gesammelte Werke. Bd.6. – Berlin: Aufbau 1954, S.5-533. (Hier S.149f.) Zu den gattungspoetisch bedingten Differenzen zwischen Fabel und Sinngedicht äußerte sich Lessing in seiner Abhandlung *Zerstreute Anmerkungen über das Epigramm und einige der vornehmsten Epigrammatisten*. – In: Lessing, Gotthold Ephraim: Gesammelte Werke. Bd.7. – Berlin: Aufbau 1956, S.5-140, hier insbesondere S.26.

mehr in der Besserung von an sich unheilbaren menschlichen Gebrechen und Torheiten bestehen, sondern in der Förderung der sittlichen Qualitäten des mit gesundem Menschenverstand begabten Einzelnen, und zwar durch die Steigerung seiner Wahrnehmungsfähigkeit gegenüber dem Komischen, dem Menschlich-Allzumenschlichen. Das Lessingsche Konzept dürfte, wie noch gezeigt werden soll, gelegentlich sogar die moralisch zweck- und wertlose Lust am Sinnwidrigen und an sich Paradoxen mit einschließen.

Lessing hat das Testament-Motiv in zwei Sinnsprüchen aufgegriffen.[257] Beide kleinen Gedichte entsprechen ziemlich genau, wenn auch auf unterschiedliche Weise, den Merkmalen, die aufzuweisen Lessing in seiner Abhandlung *Zerstreute Anmerkungen über das Epigramm und einige der vornehmsten Epigrammatisten* (1771) vom Sinngedicht bzw. vom Epigramm gefordert hat. Sie sind kurz (zweizeilig), bestehen aus zwei Teilen[258] und zielen auf eine Pointe hin. Das Testament-Motiv dient in den beiden immer noch als ein Aufhänger für Sittenkritik, doch Lessings Art, Sittenkritik zu betreiben, unterscheidet sich wesentlich von der der Literatur der Frühaufklärung.

Das erste Gedicht trägt den Titel *Auf den Avar* und hat folgenden Wortlaut:

„Avar stirbt, und vermacht dem Hospital das Seine,
Damit sein Erbe nicht verstellte Tränen weine."

Der erste Vers gibt eine bündig-sachliche Mitteilung über einen alltäglichen Fall von testamentarischer Wohltätigkeit. Das eigentliche Motiv der vermeintlich karitativen Testamentshandlung jedoch, das als Pointe erst im zweiten Vers nachgeliefert wird, läßt die Sache wiederum in einem völlig anderen Licht erscheinen und kehrt das Verrückte am anscheinend Normalen heraus.

Doch wer ist hier eigentlich verrückt? Der Testator ohnehin, da er als Geizhals[259] – mithin ein Tor – seinen Geiz sogar mit sittlich-karitativen Absichten zu bemänteln sucht. Doch selbst dies nützt ihm ja gar nichts. Da er stirbt, muß er sich ja wohl oder übel von seinen heißgeliebten Schätzen trennen. Übrig bleibt also – hinter der Maske der Caritas – die pure Selbstsucht und Boshaftigkeit.

Nicht weniger verrückt ist aber auch der nunmehr enterbte Erbe, falls er, wie es ihm unterstellt wird – freilich ebenfalls aus Selbstsucht und Habgier –, „verstellte

---

257 Lessing, Gotthold Ephraim: Auf den Avar; Auf den Sophron. – In: Ders.: Gesammelte Werke. Bd.1. – Berlin: Aufbau 1954, S.161 bzw. 166. Zur Überlieferung vgl. den Apparatteil derselben Ausgabe, S.712.

258 Die zwei Teile, die er für das Sinngedicht forderte, nannte Lessing „Erwartung" und „Aufschluß". Vgl. die *Zerstreuten Anmerkungen über das Epigramm*, S.14 und passim.

259 Dazu s. den 'sprechenden' Namen Avar im Titel.

Tränen" weinen sollte. Da die Unterstellung jedoch vom testierenden Geizhals selbst herrührt, kann diese ebenso begründet wie auch unbegründet sein. Daß Erben „verstellte Tränen" weinen, ist allerdings keine Seltenheit, so daß es wiederum nicht auszumachen ist, ob der Geizhals – wenn auch nur mit seiner 'pädagogischen' Intention, einer schändlichen Unwahrhaftigkeit vorzubeugen – zu guter Letzt nicht doch tatsächlich recht behalten hat.

Das kleine Gedicht ergibt also etwa folgendes Fazit: Menschen, die zu sehr am materiellen Besitz hängen, sind alle miteinander verrückt, oder befinden sich wenigstens auf dem besten Wege dazu, einander – und auch den Leser des Epigramms – aus purer Selbstsucht und Bosheit verrückt zu machen. Das Erstaunlichste an dem kleinen Text ist also die Komplexität von menschlichen Verhaltensweisen, Beziehungen und Verwicklungen, die Lessing in nicht mehr als zwei Versen unterzubringen vermochte.

Das andere Sinngedicht Lessings, das hier noch kurz besprochen werden soll, hat mit dem Testament-Motiv nur indirekt zu tun; eigentlich handelt es sich dabei um eine künftige Erbschaft. Der Titel ist *Auf den Sophron*[260] und die zwei Verse lauten wie folgt:

„Damit er einst was kann von seinen Eltern erben;
So lassen sie ihn jetzt vor Hunger weislich sterben."

Die moralisch zweckfreie, ausgelassene Lust am Paradoxon, am an sich Sinnwidrigen, an der menschlichen Torheit tritt hier noch klarer als im ersten Lessingschen Epigramm zutage. Die verblüffende Wirkung des kleinen Gedichtes ergibt sich aus dem Widerspruch der beiden Verse als Widerspruch von Zweck und Mittel. Der Zweck, der in der ersten Zeile formuliert wird, ist ja in der Tat „weislich"; es handelt sich um die Voraussicht der Eltern, für die Zukunft ihres Kindes zu sorgen. Doch das Mittel, durch das diese den an sich vernünftigen und löblichen Zweck zu erreichen meinen, ist ganz und gar unvernünftig, weil so beschaffen, daß es den Zweck – statt ihn zu erreichen – notwendigerweise zunichte macht.

Die Absicht, menschliche Gebrechen und Torheiten dieser Art durch literarische Heilmittel beheben zu wollen, ist bei Lessing allerdings schon auszuschließen. Der Zweck beider Sinngedichte besteht wohl, wie es in der *Hamburgischen Dramaturgie* heißt, „in dem Lachen selbst; in der Übung unserer Fähigkeit das

260 Sophron könnte wieder als ein 'sprechender' Name betrachtet werden. Sophron war zwar ein griechischer Mimendichter, Zeitgenosse des Euripides, doch das Gedicht dürfte schwerlich auf die historische Person bezogen sein. Vielmehr könnte das im zweiten Vers ironisch stehende Wort „weislich" einen auf die Idee bringen, einen Bezug auf das griechische Wort *sophia* anzunehmen.

Lächerliche [...] unter allen Bemäntelungen der Leidenschaft und der Mode, [...] sogar in den Runzeln des feierlichen Ernstes leicht und geschwind zu bemerken".

In Lessings Umgang mit dem Testament-Motiv war schon ein wesentlicher Schritt zur Emanzipation des Komischen vom moraldidaktischen Zweck der Satire – des Lachens vom Verlachen – vollzogen. Lichtenberg tat in seinen *Sudelbüchern,* in denen das Testament-Motiv übrigens mehrfach auftaucht,[261] ein Übriges, indem er das Testament-Motiv gelegentlich sogar vollends ins Groteske verkehrte. Am entschiedensten geschah dies wohl in einer kleinen Geschichte, die er im Rahmen des Entwurfs zur satirischen Erwiderung auf Klopstocks orthographische Reformvorschläge in seine *Sudelbücher* eingetragen hatte.[262] Die relativ lange Eintragung G 35 besteht aus drei Teilen. Der erste trägt die Überschrift *Conrad Photorins (p.t. Fotorins) Sendschreiben an die Herausgeber des [Göttingischen, I.K.] Magazins, die Abschaffung der Hosen betreffend;* der zweite ist mit *Forschlach künftig keine Bainklaider mer zu tragen* überschrieben. In beiden betreibt Lichtenberg ausgelassen satirischen Spaß mit der „Cänographie" (S.138), indem er u.a. deren Vorschläge in die Praxis umsetzt. Den letzten Teil der Eintragung bildet die anekdotenhafte Geschichte mit dem Testament-Motiv, die augenscheinlich vom satirischen Zweck ihren Ausgang nimmt, sich jedoch bald – gleichsam unter der Hand – verselbständigt und schließlich ins Groteske bzw. sogar ins Blödeln mündet. Sie

---

261 S. u.a. Lichtenberg, Georg Christoph: Schriften und Briefe. Bd.1. Sudelbücher I. Hg. von Wolfgang Promies. 3. Auflage. – München, Wien: Hanser 1980, S.109-111 [B 251-253], S.885 [L 227], S.944 [L 677]. Doch diese Einträge gehen im Wesentlichen nicht darüber hinaus, was von einem Aufgeklärten ohnehin zu erwarten ist. Der Eintrag 227 im Heft L lautet z.B.: „Man fängt seine Testamente gewöhnlich damit an, daß man seine Seele Gott empfiehlt. Ich unterlasse dieses mit Fleiß, weil ich glaube, daß solche Rekommendationen wenig fruchten, wenn sie nicht durch das ganze Leben vorausgegangen sind, solche Rekommendationen sind Galgenbekehrungen; eben so leicht als unwirksam." Lichtenbergs eigenes Testament ist mehrfach gedruckt worden: Lichtenberg, Georg Christoph: Meine letzte Willenverordnung. [24. Februar 1799.] – In: Wagnis der Aufklärung. Georg Christoph Lichtenberg 1742-1799. Ausstellung. Mathildenhöhe Darmstadt, 28. Juni bis 30. August 1992. – München, Wien: Hanser 1992, S.389. [Dass. in: Promies, Wolfgang: Georg Christoph Lichtenberg. In Selbstzeugnissen und Bilddokumenten. – Reinbek bei Hamburg: Rowohlt 1964, S.148f.; sowie in: Der Briefwechsel zwischen Johann Christian Dietrich und Ludwig Christian Lichtenberg. Hg. von Ulrich Joost. – Göttingen: Vandenhoeck & Ruprecht 1984, S.111f.]

262 Lichtenberg, Georg Christoph: Schriften und Briefe. Bd.2. Sudelbücher II, Materialhefte, Tagebücher. Hg. von Wolfgang Promies. 3., revidierte Auflage. – München, Wien: Hanser 1991, S.138-140 [G 35]. Zitate aus dem Text des Heftes G sind dieser Ausgabe entnommen und werden im laufenden Text mit den Seitenzahlen ausgewiesen. Zur Textgestalt und zur Datierung des Heftes G vgl. den von Wolfgang Promies erarbeiteten Kommentarband zu den ersten zwei Bänden der *Schriften und Briefe* Lichtenbergs (München, Wien: Hanser 1992), S.489. Zur Eintragung G 35 s. ebd., S.492.

hat folgenden Wortlaut: „Neulich entstand bei einem Testament ein entsetzlicher und fast skandalöser Streit über folgende Worte: 'Auch vermache ich das Heu von meinen Wiesen den jedesmaligen drei *Stadtfarren* zu O...' Es wurde nämlich gestritten, ob Testator die Prediger des Orts, oder die Bullen gemeint habe; und weil die letztern einen bessern Advokaten erhielten, als die erstern, so fiel das Heu dem Bullenstall zu. Der Advokat für die Prediger wußte nichts beizubringen, als daß man einem unvernünftigen Vieh nichts vermachen könne; nur sei bekanntlich Testator ein Anhänger von Herrn K... und dessen prosaischen Werken gewesen, und habe daher *farren* statt *pfarren* geschrieben. Dagegen erwies der Advokat für die Bullen mit unwidersprechlichen Zeugnissen, Testator sei zwar ein eifriger K-ianer, aber, da er selbst *Pfeiffer* geheißen, auch ein hartnäckiger Verteidiger des *Pf* gewesen, weshalb er wohl oft *Klopfstock* und *Trepfe* gesagt, aber sich nie *Feiffer* unterzeichnet habe. Die Sache wäre also klar. Überdies habe der Selige bekanntlich nicht viel auf die dasigen Herren Prediger gehalten, und da die Wiesen gegen 300 Taler abwerfen, so wäre es gar nicht wahrscheinlich, daß er sie gemeint hätte, usw." (S.139f., Herv. im Original.)

Die kleine – aller Wahrscheinlichkeit nach erdichtete – Geschichte setzte Lichtenberg auf ihren Platz im Entwurf der satirischen Entgegnung auf Klopstocks orthographischen Reformvorschlag, ursprünglich wohl in der Absicht, auf spaßhaft-witzige Weise Verwirrungen zu demonstrieren, die sich gelegentlich aus der Verunsicherung der Orthographie ergeben können. Doch daß infolge der neu vorgeschlagenen Orthographie ein Erbschaftsstreit zwischen Geistlichen und Bullen ausbricht, daß der Streit sogar nach allen gehörigen Formalitäten und in allem Ernste vor Gericht ausgetragen wird, und daß zu guter Letzt sogar noch die Bullen den Prozeß gewinnen, geht weit über die gewöhnlichen Grenzen des Komischen und Satirischen hinaus. Es ist unverkennbar grotesk. Darüber hinaus wird im Text ein derart infantiler Spaß mit der Verballhornung von Namen und Wörtern getrieben, daß es im Grunde genommen schon dem Blödeln nahekommt.[263] Es ist allerdings schwer einzusehen, wie durch Groteske und Blödeln noch irgendwelche satirisch-moraldidaktischenen Zwecke verfolgt werden oder auch nur intendiert sein könnten...

---

263 Zum Begriff des 'Blödelns' s. Wellershoff, Dieter: Infantilismus als Revolte oder das ausgeschlagene Erbe. Zur Theorie des Blödelns. – In: Das Komische. Hg. von Wolfgang Preisendanz und Rainer Warning. – München: Fink 1976, S.335-357. (= Poetik und Hermeneutik VII)

6. Exkurs: Und noch ein Philosoph aus Preußen. Schopenhauer: „Date obulum Belisario!"

Arthur Schopenhauers (1788-1860) eigenhändig geschriebenes, rechtsgültiges Testament vom 26. Juni 1852 gehört wohl zu den spektakulärsten Fällen in der Geschichte des 'literarischen' Testaments in Deutschland. Als ein Dokument von zweifellosem geistesgeschichtlichen Interesse ist es – zusammen mit einem Kodizill vom 4. Februar 1859 und mit den den letztwilligen Verfügungen vorangegangenen Anordnungen über das Begräbnis vom 23. November 1851 – mehrfach gedruckt worden. In seiner Ausgabe informiert Hugo Busch ausführlich über Entstehung, Textgestalt, Überlieferung, biographische Hintergründe, Vollstreckung etc. des Schopenhauerschen Testaments.[264]

Schopenhauers Testament ist einerseits – aus verschiedenen Gründen – ein an sich schon interpretationsbedürftiger und -würdiger Text, und zwar weit über die bloße Rekonstruktion biographischer Zusammenhänge hinaus. Andererseits ist es bereits von den Zeitgenossen, wie noch nachgewiesen werden soll, als plakative politische Stellungnahme zur 48er Revolution verstanden worden. Wie es scheint, wurde das 'literarische' Testament in Deutschland im historischen Kontext der 48er Revolution zum ersten Mal direkt politisch, und zwar bei vermeintlich weltabgewandten Geistern, bei denen man dies vielleicht am wenigsten vermutet hätte. Daß es sich im Fall Schopenhauers nicht um ein Einzelphänomen handelt, sondern das Politische gleichsam als Transzendenz-Surrogat die Stelle von Bestimmungen religiösen Inhalts in den letztwilligen Verfügungen eingenommen hat, belegt u.a. das erste Testament Franz Grillparzers,[265] so daß die 48er Revo-

---

264 Schopenhauer, Arthur: Testamentum Doctoris philosophiae Arthurii Schopenhaueri cum Codicillo. [26. Juni 1852; mit einem Kodizill vom 4. Februar 1859 und mit Anordnungen über das Begräbnis vom 23. November 1851.] – In: Busch, Hugo: Das Testament Arthur Schopenhauers. Date obolum Belisario. Mit 25 zum Teil bisher unveröffentlichten Abbildungen und einem Faksimile der Handschrift des Testaments. – Wiesbaden: Brockhaus 1950, S.67-76. [Dass. ohne Kodizill und Anordnungen in: Schopenhauer. Ausw. u. Einl. von Reinhold Schneider. – Frankfurt am Main: Fischer 1956, S.61-65.] Zu Schopenhauers Testament s. außerdem Abendroth, Walter: Arthur Schopenhauer. Mit Selbstzeugnissen und Bilddokumenten. – Reinbek bei Hamburg: Rowohlt 1967, S.125-127. Zitiert wird Schopenhauers Testament auf Grund der Ausgabe von Busch; Zitate im laufenden Text werden mit den Seitenzahlen ausgewiesen. Eine der wichtigsten Quellen zu Schopenhauers Biographie ist: Gwinner, Wilhelm: Arthur Schopenhauer aus persönlichem Umgang dargestellt. Ein Blick auf sein Leben, seinen Charakter und seine Lehre. – Frankfurt am Main: Kramer 1963. [Erstdruck 1862.]

265 S.u., Kap.III.iv.5.

lution auch in dieser Hinsicht mit Recht als bewußtseinsgeschichtliche Zäsur in Deutschland betrachtet werden darf.

Außerdem ging Schopenhauers Testament – und dies ist gleich schon ein Indiz für seine 'Literarizität' – als Zitat in Wilhelm Raabes Erzählung *Wunnigel* auch bald in die erzählende Literatur ein. Raabe war ja bekanntlich ein großer Verehrer Schopenhauers. Im zwanzigsten Kapitel seiner Erzählung *Wunnigel* (Erstdruck 1877-78) sagt der alte Papa Wunnigel kurz vor seinem Tode: „Wenn es euch drängt, mir einen Stein späterhin aufzulegen, so bitte ich, nur den Namen *Wunnigel* darauf zu setzen; *schlechterdings nichts weiter, kein Datum noch Jahreszahl, gar nichts, keine Silbe*. Wenn dann jemand das Bedürfnis haben sollte, mich zu suchen, so wird er mich ja auch wohl finden."[266] Bei Wunnigels Worten handelt es sich offenbar um eine Kompilation von zwei Schopenhauerschen Textstellen. In seinen letztwilligen Verfügungen wünschte Schopenhauer sich einen Grabstein „aus Marmor, oder noch beßer aus Granit, auf welchem mein Vor- u. Zunahme stehn soll, aber schlechterdings nichts weiter, kein Datum noch Jahreszahl, gar nichts, keine Silbe." (S.70) Außerdem hat der Testamentsvollstrecker und Schopenhauer-Biograph Dr. Gwinner folgenden Satz vom Philosophen überliefert: „Und als ich ihn fragte, wo er ruhen wolle, sagte er: 'Es ist einerlei, *sie werden mich finden*'."[267]

Schopenhauers letztwillige Verfügungen legen – ein gutes halbes Jahrhundert nach demjenigen errichtet – in mehrerer Hinsicht den Vergleich mit Kants Testament nahe (in anderen Eigentümlichkeiten weichen sie freilich wiederum davon ab), daher sollen sie nicht an ihrem Platz in der Chronologie, sondern im Rahmen eines Exkurses nach Kants Testament betrachtet werden. Der Vergleich beruht nicht bloß auf dem rein äußerlichen Umstand, daß es sich bei Kant und Schopenhauer um zwei Philosophen aus Preußen handelt;[268] auch nicht allein auf der Hochschätzung des ersteren durch den zweiten. Vielmehr verrät Schopenhauers Testament – beim gänzlichen Fehlen von wie auch immer gearteten transzendenten oder religiösen Bezugnahmen – dieselbe Sorgfalt in Bezug auf die Rechtsgültigkeit, dieselbe Gewissenhaftigkeit im finanziellen Detail und dieselbe Einstellung zum materiellen Besitz wie das von Kant. Offenbar betrachtete auch Schopenhauer, wie schon Kant, materiellen Besitz als die Voraussetzung und die Grundlage seiner geistigen und moralischen Autonomie. Daher heißt es im dritten Kapitel *(Von Dem, was Einer hat)* seiner *Aphorismen zur Lebensweisheit: „Vorhandenes*

---

266 Raabe, Wilhelm: Wunnigel. – In: Ders.: Sämtliche Werke. Bd.13. Hg. von Karl Hoppe. – Freiburg i.Br., Braunschweig: Klemm 1957, S.5-170; hier S.166, Herv. im Original.

267 Gwinner: Schopenhauer, S.198, Herv. im Original.

268 Kant wurde in Königsberg, Schopenhauer in Danzig geboren.

Vermögen soll man betrachten als eine Schutzmauer gegen die vielen möglichen Uebel und Unfälle; nicht als eine Erlaubniß oder gar Verpflichtung, die Plaisirs der Welt heranzuschaffen. [...] Ich glaube keineswegs etwas meiner Feder Unwürdiges zu thun, indem ich hier die Sorge für Erhaltung des erworbenen und des ererbten Vermögens anempfehle. Denn von Hause aus so viel zu besitzen, daß man, wäre es auch nur für seine Person und ohne Familie, in wahrer Unabhängigkeit, d.h. ohne zu arbeiten, bequem leben kann, ist ein unschätzbarer Vorzug: denn es ist die Exemtion und die Immunität von der dem menschlichen Leben anhängenden Bedürftigkeit und Plage, also die Emancipation vom allgemeinen Frohndienst, diesem naturgemäßen Loose des Erdensohns. Nur unter dieser Begünstigung des Schicksals ist man als ein wahrer Freier geboren: denn nur so ist man eigentlich *sui juris*, Herr seiner Zeit und seiner Kräfte, und darf jeden Morgen sagen: 'Der Tag ist mein'."[269]

In Schopenhauers letztwilligen Verfügungen und im Kodizill wurde übrigens des öfteren explizit auf Kant Bezug genommen. So vermachte Schopenhauer im V. Absatz des Testaments seine Privatbibliothek zwar seinem Vertrauten Dr. Martin Emden, der gleichzeitig auch zum Testamentsvollstrecker eingesetzt wurde. Doch davon nahm er ausdrücklich „alle Werke u. Schriften *Kant's*" (S.69, Herv. im Original) sowie „Kants Büste"[270] (ebd.) aus, die er zusammen mit seinem wissenschaftlichen Nachlaß Dr. Frauenstädt überließ. Im *Codicillus* vom 4. Februar 1859 wurde dann eine Verfügung getroffen über die Rückerstattung eines mit eigenhändigen Anmerkungen Kants präparierten Exemplars der ersten Auflage der *Kritik der praktischen Vernunft*, das sein Verehrer, der Merseburger Geheime Oberregierungsrat Crüger 1856 dem Philosophen zugesandt hatte, und das Schopenhauer zeitlebens als „Schatz", als „Juwel" und als „Heiligthum" verehrte. In seinem Brief an Crüger vom 29. November 1856 bedankte er sich mit folgenden Worten: „[...] jetzt begreife ich, daß es Ihnen schwer werden mußte, sich von einem solchen Schatz zu trennen. Denn es ist ein Juwel, und zwar ein ächter. Habe alles deschiffrirt. Gedanken und Stil erz-Kantisch, und die Handschrift trägt den Charakter des Autographs u nicht der Kopie. Also meinen schönsten und verbindlichsten Dank für dies Heiligthum, welches bei mir doch an der würdigsten Stelle ist. Ich werde ein schönes Futteral dazu machen lassen, wie auch dieser Tage mein

---

269 Schopenhauer, Arthur: Aphorismen zur Lebensweisheit. – In: Ders.: Sämtliche Werke. Parerga und Paralipomena. Bd.1. Hg. von Arthur Hübscher. 3. Aufl. – Wiesbaden: Brockhaus 1972, S.331-530; hier S.369-372, Herv. im Original.

270 Wie Gwinner berichtet, stand Kants Büste auf dem Schreibpult Schopenhauers. (Vgl. Gwinner: Schopenhauer, S.186.)

Testament entsiegeln, um Ihnen das Buch zurück zu vermachen."[271] Im Kodizill vom 4. Februar 1859 heißt es dann in der Tat: „In einem Futteral wird sich vorfinden ein Exemplar der Kritik der praktischen Vernunft v. Kant: 1ste Aufl: 1788. Dieses Buch fällt nach meinem Tode zurück an den Geheimen-Ober-Regierungs-Rath *Eduard Crüger* zu Merseburg, oder seine Erben. Jedenfalls ist es ihm hierdurch vermacht." (S.75, Herv. im Original.)

Schopenhauer hat offenbar großen Wert darauf gelegt, seine letztwilligen Verfügungen den juristischen Formvorschriften entsprechend zu gestalten und dadurch ihre Rechtsgültigkeit unter allen Umständen sicherzustellen. Die Ausarbeitung der Endfassung war, ähnlich wie bei Kant, ein langwieriger Prozeß, im Laufe dessen Schopenhauer auch rechtskundigen Beistand in Anspruch nahm. Als rechtskundiger Berater kommt am ehesten der Advokat Dr. Martin Emden in Frage, der zur Zeit der Testamentsabfassung schon lange zu Schopenhauers engsten Vertrauten zählte.[272] Er ist auch – wohl nicht ohne seine Zustimmung – zum *executor testamenti* eingesetzt und mit zahlreichen persönlichen Legaten bedacht worden. Dem rechtskundigen Beistand und der peinlich genauen Beobachtung sämtlicher juristischer Formvorschriften zum Trotz wurde Schopenhauers Testament schließlich doch ein in mehrerer Hinsicht exzentrischer Text. Darin besteht sein tragender Widerspruch, der – wie noch gezeigt werden soll – zahlreiche Interpreten auf den Plan gerufen hat.

Der thematische Bauplan von Schopenhauers letztwilligen Verfügungen ist – wohl auch infolge des rechtskundigen Beistandes – beinahe völlig konventionell:

1) Überschrift (in Latein);

2) knapp und formelhaft gehaltene Einleitung (Klärung der Rechtslage: der Testator besitzt keine gesetzlichen Erben);

3) Erbeinsetzung;

4) Legate an entfernte Verwandte des Erblassers in Danzig und an seine Magd Margaretha Schnepp aus Heidelberg;

5) Einsetzung des Testamentsvollstreckers Dr. Emden, der gleichzeitig mit persönlichen Legaten bedacht wurde;

6) Verfügungen über den philosophischen Nachlaß wie Manuskripte und mit handschriftlichen Bemerkungen versehene Exemplare der eigenen Werke;

7) Verfügung über eine den Testator darstellende Daguerrotype zu Gunsten der Frankfurter Stadtbibliothek;

---

271 Schopenhauer, Arthur: Gesammelte Briefe. Hg. von Arthur Hübscher. – Bonn: Bouvier 1978, S.406.

272 Zur Person von Dr. Emden s. Busch: Das Testament Arthur Schopenhauers, S.112f.

8) Verfügungen zu Gunsten des Pudels des Erblassers;

9) Verfügungen über Begräbnis und Grabstätte (wie schon erwähnt, bei Raabe bald als Zitat in die Erzählliteratur eingegangen);

10) Rechenschaftsbericht über den Vermögensstand des Testators bei der Abfassung des Testaments;

11) Verfügung über das Verlagsrecht der philosophischen Schriften;

12) ein Absatz in Latein, betreffend den Schreibtisch des Erblassers;

13) juristische Formalitäten (Unterwerfungsklausel, Vorbehalt der Abänderung, Kodizillarklausel, Beglaubigungen, Zeugenberufung etc.).[273]

Wie man sieht, ist die thematische Struktur von Schopenhauers Testament in der Tat juristisch solide und relativ konventionell. Kein Wunder, daß das Testament ohne Umstände als rechtsgültige Willensmeinung anerkannt und vollzogen worden war. Trotzdem handelt es sich dabei, wie bereits erwähnt, um einen in mehrerer Hinsicht exzentrischen und interpretationsbedürftigen Text. Daher sollen im Folgenden die relativ unproblematischen Teile übergangen werden. Das Hauptaugenmerk sei auf diejenigen Passagen gerichtet, die die Leser der letztwilligen Verfügungen des Philosophen seit eh und je verblüfft oder ihnen offensichtliche Verstehensschwierigkeiten bereitet haben.

Die erste Stelle dieser Art findet sich gleich am Eingang des Testaments. Es ist die lateinische Überschrift „Date obulum Belisario!" (S.67), die in Schopenhauers letztwilligen Verfügungen an die Stelle der herkömmlichen Eingangsformel „Im Namen Gottes!" gesetzt wurde und die, wie Busch versichert, „wohl kaum jemals zuvor an einer solchen Stelle und für den feierlichen Zweck einer Verfügung auf den Todesfall verwendet worden war".[274] Um diese Überschrift zunächst einmal rein sachlich verstehen zu können, muß man sich die sogenannte Belisar-Legende vergegenwärtigen: „Belisar (geb. um 500 n.Chr., gest. 565) war der Feldherr des byzantinischen Kaisers Justinian I.; er kämpfte mit wechselndm Erfolg gegen die Perser, half Konstantinopel den Nika-Aufstand (532) niederschlagen, vernichtete das Vandalenreich in Afrika, griff in Italien die Heeresmacht der Ostgoten an, wurde dann abberufen und trieb, in abermaliger Bekundung seiner Vasallentreue, die hunnischen Scharen vor Konstantinopel zurück (559). Nun aber traf ihn die

273 Wie Busch darauf hingewiesen hat, weist Schopenhauers Testament gerade „in der Eingangsformel und in dem zweitletzten Absatz bei den Wortverbindungen eine fast völlige Übereinstimmung mit dem im Verwahr des Frankfurter Stadtarchivs befindlichen Testament des Dr. jur. Martin Emden auf" (Busch: Das Testament Arthur Schopenhauers, S.80.) – ein weiteres Indiz für Emdens juristische Beraterrolle bei der Abfassung von Schopenhauers letztem Willen.

274 Busch: Das Testament Arthur Schopenhauers, S.86.

Ungnade des Kaisers, der seine kriegerischen Taten mit Mißtrauen verfolgte. [...] Im 12. Jahrhundert erhielt in der byzantinischen Stadtgeschichte eines unbekannten Verfassers das Schicksal Belisars jenen Zug beigefügt, wonach der Kaiser dem Belisar die Augen hätte ausstechen lassen und angeordnet, daß er sich auf einen Platz vor Byzanz setze, wo die Vorübergehenden ihm Münzen in einen Topf warfen. Diese Darstellung gibt auch der griechische Dramatiker und Dichter Johannes Tzetzes (um 1110-1185) in Konstantinopel in seinem philologisch-historischen Lehrgedicht wieder; nach ihm hat Belisar, ein hölzernes Becken in der Hand haltend, die Vorübergehenden angefleht: 'Gebt dem Belisar einen Obulus!'"[275]

Doch selbst wenn man die Belisar-Legende kennt, ist der Bezug der darauf anspielenden Überschrift zum übrigen Text des Testaments immer noch nicht ganz unproblematisch. Auf jeden Fall muß man vorerst zweierlei festhalten. In der Geschichte von Belisar handelt es sich um ein exemplarisches Soldatenschicksal und – ebenso exemplarisch – um den Undank der Großen und Mächtigen dieser Welt gegenüber ihren Dienern und Untergebenen.

Öfters hat man versucht, die sonderbare Überschrift am Eingang von Schopenhauers letztwilligen Verfügungen als persönliche Klage des Testators über die Ignoranz und Verunglimpfung, mit der lange Zeit hindurch seinem philosophischen Werk begegnet worden war, zu interpretieren.[276] Plausibler scheint es jedoch, die Überschrift als „Mahnmal des Soldatenschicksals"[277] und somit als Ankündigung und implizite Begründung der aufsehenerregenden Erbeinsetzung im letzten Willen des Philosophen zu verstehen.

Diese Interpretation kann des Weiteren auch noch durch den Umstand begründet werden, daß der unmittelbare Anlaß zur Abfassung des Testaments von Schopenhauer nicht im rein Privaten und Persönlichen zu suchen ist – die Gesundheit und die Lebenskraft des Philosophen schien acht Jahre vor seinem Tod, im Lebensalter von vierundsechzig Jahren immer noch beinahe unerschütterlich.[278] Wohl hat Schopenhauer zeit seines Lebens sein ererbtes Vermögen als die Grundlage seiner sittlichen und geistigen Autonomie betrachtet und daher mit großer Sorgfalt zu erhalten und zu vermehren gesucht. Wohl hat er schon in relativ jungen Jahren, 1822, vor dem Antritt seiner zweiten Italienreise ein erstes Testament gemacht.[279] Wohl war er nach dem Tod seiner Schwester Adele im Jahre 1849 der alleinige

275 Busch: Das Testament Arthur Schopenhauers, S.87.
276 S. mit Literaturangaben Busch: Das Testament Arthur Schopenhauers, S.87f.
277 Busch: Das Testament Arthur Schopenhauers, S.88.
278 Dazu s. Gwinner: Schopenhauer, S.187.
279 Vgl. Busch: Das Testament Arthur Schopenhauers, S.77.

Überlebende der Familie, so daß er nunmehr ganz frei, ohne gesetzliche Noterben über sein sämtliches Vermögen disponieren durfte. Gleichwohl ist der unmittelbare Anlaß zur Abfassung der letztwilligen Verfügungen des Philosophen nicht im Privaten, sondern im Öffentlich-Politischen zu suchen, darin, was er während der revolutionären Unruhen in Frankfurt persönlich gesehen und erlebt hat bzw. in einem Aufruf, der am 15. Juli 1849 in den Zeitungen erschien und die Stiftung eines „Volksdanks für Preußens Krieger" anzeigte.[280]

Dieser Aufruf veranlaßte Schopenhauer wohl unmittelbar dazu, die Erbeinsetzung in seinem letzten Willen nach einigem Überlegen[281] auf folgende Weise zu regeln: „Zu meinem Universal-Erben setze ich ein den in Berlin errichteten *Fonds* zur Unterstützung der in den Aufruhr- u. Empörungs-Kämpfen der Jahre 1848 & 1849 für Aufrechterhaltung u. Herstellung der gesetzlichen Ordnung in Deutschland invalide gewordenen Preußischen Soldaten, wie auch der Hinterbliebenen solcher, die in jenen Kämpfen gefallen sind. – Auf den Fall aber, daß besagter Unterstüztungsfonds zur Zeit meines Todes nicht mehr existierte, substituiere ich demselben das Invaliden-Haus in Berlin als meinen Universal-Erben. – Das Invaliden-Haus ist aber auch auf den Fall zum Erben eingesetzt, daß die Erbfähigkeit des obigen Unterstützungsfonds, aus irgend einem Grunde, in Zweifel gezogen werden könnte, wo dann das Invalidenhaus verpflichtet seyn soll, das Erbvermögen an diesen Unterstützungsfonds herauszugeben, damit es zu deßen Zwecken verwendet werde." (S.67, Herv. im Original.)[282]

Man sieht, der Testator wollte ganz sicher gehen, daß seine durchaus nicht unbeträchtliche Hinterlassenschaft tatsächlich zu deren Gunsten verwendet wird, für die er sie bestimmte. Zwar ist immer wieder versucht worden, die Erbeinsetzung in Schopenhauers Testament zu einem Gestus der reinen Menschenliebe, des Mitleids mit den Notleidenden und Bedürftigen zu stilisieren.[283] Busch hat auch darauf hingewiesen, daß die Versorgung invalider Soldaten in den deutschen Staaten – Preußen nicht ausgenommen – gesetzlicher Regelungsversuche zum Trotz selbst

---

280 Zu Schopenhauers Erfahrungen während der Revolutionszeit in Frankfurt und zu seiner Haltung gegenüber der Revolution vgl. Busch: Das Testament Arthur Schopenhauers, S.88-93. Zum „Volksdank für Preußens Krieger" s. ebenfalls Busch: Das Testament Arthur Schopenhauers, S.81 sowie S.140-150. Den faksimilierten Aufruf zum „Volksdank" s. ebd., S.141.

281 Dazu s. Busch: Das Testament Arthur Schopenhauers, S.80-82.

282 Das Invalidenhaus in Berlin war eine Gründung Friedrichs des Großen aus der Zeit der Schlesischen Kriege.

283 Vgl. Busch: Das Testament Arthur Schopenhauers, S.94; auch Abendroth: Arthur Schopenhauer, S.126.

zu Schopenhauers Zeiten noch durchaus mangelhaft und unzureichend war, was ja sogar stimmen mag.[284] Trotzdem ist die Erbeinsetzung in Schopenhauers letztwilligen Verfügungen kaum anderes als die plakative Bekundung der konservativen politischen und Staatsgesinnung des Testators, als Statement gegen die 48er Revolution zu verstehen. Daß sie auch von den Zeitgenossen schon – und zwar von den Konservativen wie von den Liberalen – genau so verstanden worden war, kann vielfach nachgewiesen werden.

Als nämlich der Vorstand des „Volksdanks für Preußens Krieger" in seinem jährlichen Rechenschaftsbericht vom 1. Oktober 1862 die Schopenhauersche Stiftung zum ersten Mal erwähnte, tat er dies mit folgenden von patriotischem Pathos beflügelten Worten: „Ein ehrendes Andenken widmen wir mit dankerfülltem Herzen besonders dem zu Frankfurt a. Main am 21sten September 1860 verstorbenen Dr. phil. Arthur Schopenhauer, der, ein ächter Sohn unseres Preußenlandes, unserer Stiftung zur Unterstützung der in den Kämpfen für Recht und Ordnung in den Jahren 1848/49 verwundeten Krieger und der Hinterbliebenen der Gefallenen den größten Theil seines Vermögens zugewandt und uns dadurch in den Stand gesetzt hat, die bisherigen Unterstützungen noch auf eine Reihe von Jahren und – wenn sein erhebendes Beispiel ihm gleichgesinnte Vaterlandsfreunde und Wohltäter erweckt – für die Lebensdauer der Betheiligten gewähren zu können."[285]

Kein Wunder also, daß die letztwillig bekundete konservative Staatsgesinnung des Philosophen andererseits die liberalen Achtundvierziger in hohem Maße irritierte. So brachte Karl Gutzkow schon kaum eine Woche nach Schopenhauers Tod in seinen *Unterhaltungen für den häuslichen Herd* (1860) ein aufsehenerregendes Pamphlet mit dem Titel *Arthur Schopenhauer's Testament* heraus, in dem er den gerade erst verblichenen Philosophen auf nicht gerade pietätvolle Weise attackierte: „Wir brauchen wohl nicht vorauszuschicken, daß wir eine Belohnung für Krieger, die im Dienst ihrer Pflicht Gesundheit und Leben opfern, für keinen Mangel an Liebe halten. Im Gegentheil; Die Spenden des 'Nationaldanks' mögen, unabhängig von jeder politischen Meinung, als Gaben schon allein der Humanität zu preisen sein. Schopenhauer indessen hat, wie die Stifter des 'Nationaldanks' selbst, einen bestimmten Tendenznachdruck auf seine Gabe gelegt und nicht nur den Kriegerberuf als solchen, sondern ihn vorzugsweise in seiner Aufgabe, den Staatsveränderungen zu steuern, ehren wollen. Daß ihm von allen den des Zeugnisses

---

284 Vgl. Busch: Das Testament Arthur Schopenhauers, S.95.

285 Zit. nach Busch: Das Testament Arthur Schopenhauers, S.148.

und der Unterstützung bedürftigen Kampfpositionen dieser Zeit und Welt, Positionen der Kunst, Wissenschaft, Moral, Religion, Sitte, gerade diese als die bedeutendste erschien, ist eine Offenbarung seiner innersten Natur, ein Fehdehandschuh, hingeworfen allem, was nur in unserer Gegenwart von neuernden Gedanken zum Lichte dringt. Ein Seher der Menschheit, ein Weiser, ein Genius ersten Ranges – und wem bietet er im Augenblick, wo er in die Grube steigt, zum letzten Abschied vom Leben die Hand? An dem Hause, wo er wohnte, der nächsten Schildwache. Schopenhauer wollte nichts als seine Philosophie und im übrigen die Ruhe. Arbeit des Denkens, quietistisch indische Kastengliederung in den überlieferten Formen des sozialen Lebens und für alles Übrige, falls es zu üppig würde – Pulver und Blei."[286]

Nun fühle ich mich zwar keinesfalls dazu berufen, in den krassen politischen Kontroversen um die Beurteilung der 48er Revolution an dieser Stelle als verspäteter Schiedsrichter aufzutreten. Doch daß das Politische aus Schopenhauers letztem Willen, wie man seine Tendenz auch immer beurteilen mag, auf keinen Fall wegzuinterpretieren ist, scheint mir nach all dem unzweifelhaft zu sein.

Die Legate, die in Schopenhauers letztwilligen Verfügungen an die entfernten notleidenden Verwandten in Danzig bzw. an die langjährige Magd des Testators, Margaretha Schnepp aus Heidelberg, ausgeworfen wurden, sollen hier nur kurz berührt werden, als Zeugnisse dafür, daß Schopenhauer für menschliche Not und Hilfsbedürftigkeit durchaus aufgeschlossen war und – wie auch schon Kant zu seiner Zeit – versuchte, für seine Verwandten und Bediensteten nach seinen Kräften auch noch über den Tod hinaus Sorge zu tragen. Ebenso kurz konstatiert seien nur die Einsetzung des schon mehrmals erwähnten Dr. Martin Emden zum *executor testamenti*, den Schopenhauer zum Zeugnis seines Vertrauens und seiner Anhänglichkeit gleichzeitig mit zahlreichen persönlichen Erinnerungsstücken bedachte, bzw. die Ernennung von Dr. Christian Martin Julius Frauenstädt[287] zum Betreuer des handschriftlichen Nachlasses, ein Jünger und Vertrauter, dem der Philosoph nachträglich auch noch „das Verlagsrecht zu allen ferneren Auflagen aller [s]einer Schriften" (S.71) übertrug, „da auf daßselbe alle [s]eine Verleger in ihren Kontrakten förmlich verzichtet haben" (ebd.). Diese Bestimmungen wurden

286 Zit. nach Busch: Das Testament Arthur Schopenhauers, S.151f. Zur Nachgeschichte von Gutzkows Attacke s. ebd., S.152-154, wo der Verfasser seine konservative politische Parteinahme allerdings keinesfalls verhehlt, so daß schließlich auch Gutzkow massiv verleumdet wird. Man sieht: der politische Streit um das Erbe des Philosophen ist immer noch nicht beigelegt.

287 Zur Person von Frauenstädt bzw. zu seinem Verhältnis zu Schopenhauer s. Busch: Das Testament Arthur Schopenhauers, S.113.

im Kodizill vom 4. Februar 1859 zum Teil – aus zwingenden sachlichen Gründen – abgeändert, zum Teil führten sie aber zu unvorhergesehenen Komplikationen und unrühmlichen Streitereien, die noch erörtert werden sollen. Hier sei nur festgehalten, daß die Verfügungen Schopenhauers über seinen philosophischen Nachlaß, der Umstand, daß er nicht nur „alle Werke u. Schriften *Kant's* aus [s]einer Bibliothek" (S.69, Herv. im Original), sondern auch seine eigenen „wißenschaftlichen Manuskripte, alle mit Papier durchschoßenen Exemplare [s]einer Werke" (ebd.) Dr. Frauenstädt überantwortet hat, allen ernüchternden Erfahrungen zum Trotz ein unerschütterliches Selbstvertrauen des Testators in die eigene epochale philosophiegeschichtliche Bedeutung verraten.

Das gleiche Selbstvertrauen, die gleiche Ruhmesgewißheit äußert sich in der Verfügung über die den Erblasser darstellende Daguerrotype, die Schopenhauer im nächsten Absatz seines Testaments der Frankfurter Stadtbibliothek vermachte.

Zu den auffälligsten Exzentrizitäten des Testaments gehören hingegen Schopenhauers Verfügungen zu Gunsten seines Pudels, der mit der beträchtlichen „Alimentationsentschädigung" (S.70) von 200 Gulden nach dem Tod des Testators verschiedenen Personen – allen voran der Magd Schnepp, sodann Dr. Emden – angeboten werden sollte. Im Kodizill vom 4. Februar 1859 wurde die „Alimentationsentschädigung" für den Hund sogar auf 300 Gulden erhöht. Und sollte sich trotz allem keine der dort genannten Personen bereit erklären, den Pudel zu sich zu nehmen und „ihn bei sich zu behalten, bis an sein natürliches Ende" (ebd.), so sollte er nach der neuen Verfügung des Testators schließlich „irgend einem Ehrenmann, der [s]ein Andenken ehrt" (S.74), anvertraut werden.

Schopenhauer fügte seinem letzten Willen, wie auch schon Kant, einen peinlich genauen – in mancher Hinsicht beinahe kleinlich anmutenden – Rechenschaftsbericht über den aktuellen Stand seines Vermögens bzw. über seine gewöhnlichen Ausgaben und eventuellen Schulden bei, was aber gar nicht Wunder nimmt, wenn man sich sein Verhältnis zum materiellen Besitz als Grundlage seiner geistigen und sittlichen Autonomie vergegenwärtigt. Doch dieser Rechenschaftsbericht beinhaltet auch folgende letztwillige Verfügung des Philosophen über sein Begräbnis und über die Grabstätte seiner Wahl: „Ferner gehn von meinem Nachlaß ab die Kosten eines anständigen Begräbnißes, eines starken eichenhölzernen Sarges, auch einer Grabstätte auf ewige Zeit, welches *Dr juris Martin Emden* zu kaufen beauftragt ist, u. endlich eines von ihm zu kaufenden 4 bis 5 Fuß langen Grabsteines, aus Marmor, oder noch beßer aus Granit, auf welchem mein Vor- u. Nachname stehen soll, aber schlechterdings nichts weiter, kein Datum noch Jahreszahl, gar nichts, keine Silbe." (S.70, Herv. im Original.) Was in diesen – wie bereits erwähnt, bald literarisch gewordenen – Verfügungen beim ersten Blick noch vielleicht als

Bekundung des Wunsches nach Schlichtheit aussehen mag, entpuppt sich beim genaueren Hinsehen als verhaltenes Pathos: eine „Grabstätte auf ewige Zeit" mit einem möglichst haltbaren Grabstein soll es sein, auf dem jedoch ausschließlich nur der Name des Verstorbenen steht. Gerade in ihrem als Schlichtheit maskierten, verhaltenen Pathos bezeugen also Schopenhauers Bestimmungen über sein Begräbnis die trotz allem unerschütterte Ruhmesgewißheit des testierenden Philosophen: der Ruhm seines Namens – „kein Datum noch Jahreszahl" – werde bestehen „auf ewige Zeit". Hier gilt insbesondere sein durch Dr. Gwinner überlieferter und bei Raabe auch bald literarisch gewordener Satz über die Wahl der Grabstätte: „Es ist einerlei, *sie werden mich finden.*"[288]

Hiernach folgt in Schopenhauers letztwilligen Verfügungen nun schon wieder etwas durch und durch Exzentrisches; ein Absatz in Latein, der jedoch nichts anderes als zunächst etwas schrullenhaft anmutende Verfügungen über den Schreibsekretär des Erblassers zum Inhalt hat. In der Übersetzung von Busch hat die Passage folgenden Wortlaut: „Hier aber ordne ich an: Mein Schreibtisch, gemeinhin Sekretär genannt, ist zunächst in allen seinen Schüben, Fächern, Geheimschubladchen und Winkeln sorgfältig zu durchsuchen und zu durchstöbern; der Tintenbehälter selbst ist auszuschütten; ja alle Briefe und sonstigen Schriftstücke, die in den ausziehbaren Schublädchen des oberen und mit einem Doppeltürchen verschlossenen Teiles des Schreibtisches aufbewahrt sind, sollen Stück für Stück entfaltet werden, weil oft Schuldscheine und ähnliche Schriftstücke darunter sind. Ebenso müssen die im obersten Teile des Sekretärs ruhenden Notenblätter Blatt für Blatt aufgeschlagen werden. Endlich soll vollends der Schreibtisch selbst auseinandergenommen und so zersägt werden, daß auch nicht zwei Teile eines Brettes weiter noch zusammenhalten; denn nur so werden sich wertvollste Funde

288 Wie vorzüglich Schopenhauer sich auf Denkmale und deren Überschriften verstand, bezeugt ein Privatgutachten, das er 1837 verfertigte. Wie Gwinner berichtet, „hatte sich in Goethes Vaterstadt ein Komitee gebildet, dem größten Dichter der Nation ein Denkmal zu errichten." (Gwinner: Schopenhauer, S.105.) Schopenhauer schlug für das zu errichtende Denkmal die Inschrift „Dem Dichter der Deutschen seine Vaterstadt 1838" vor. „Aber auch schlechterdings keine Sylbe mehr! Dadurch dass diese Inschrift Goethes Namen nicht nennt, sondern voraussetzt, ist sie zu seinem Ruhme unendlich beredter, als das wortreichste Encomium (Lobrede) sein könnte, denn sie besagt, dass er der Einzige, der Unvergessliche ist, der, den Jeder kennen muss, den keine Zeit vergessen, kein Nachfolger je verdunkeln kann. Und somit ist sie in ihrer lakonischen Kürze erhaben, im Beschauer Ehrfurcht erweckend, und ihre Einsamkeit entspricht der ernsten Einfachheit des Monuments selbst..." (Zit. nach Gwinner: Schopenhauer, S.105-107.) Aus ähnlichen Überlegungen heraus traf Schopenhauer wohl die letztwilligen Verfügungen über die Gestaltung des eigenen Grabmonuments.

machen lassen. Das also soll in Gegenwart geeigneter Zeugen vorgenommen werden; dies mache ich allen (Beteiligten) zur Pflicht. Die Bruchstücke des zerlegten Schreibtisches sollen Dr. Emden übergeben werden."[289]

Über den eigentlichen Sinn der lateinischen Passage in Schopenhauers sonst selbstverständlich in Deutsch verfaßten letztwilligen Verfügungen, in der der Testator die Durchsuchung, Zerlegung und Zersägung seines Schreibsekretärs angeordnet hatte, wurde in der Schopenhauer-Literatur verständlicherweise viel herumgerätselt und -gedeutelt. Dies, zumal man annahm, daß gerade bei der hier angeordneten Maßnahme die Hauptsache des Nachlasses hätte gefunden werden sollen, so daß nach der Zerlegung des Schreibtisches – es ist nichts Unerwartetes zum Vorschein gekommen – die spannungsvolle Erwartung einer Enttäuschung gewichen sei.[290] Daher wollte man der Verfügung schließlich einen „getarnten Zweck" unterstellen: Schopenhauer habe es nicht ertragen können, „daß sein Heiligtum dereinst zum Auktionar oder zum Trödler wandern sollte, um von Gevatter Schneider und Handschuhmacher erstanden zu werden. Sein Schreibtisch sollte mit ihm sterben. Darum vermachte er ihn dem Testamentsvollstrecker – als Bretterhaufen."[291] Doch so rührend diese Interpretation auch sein mag, sie hat einige Haken. Erstens schrieb Schopenhauer „seine unsterblichen Werke"[292] gerade nicht an dem Schreibtisch, der nun „mit ihm sterben sollte", denn – wie Gwinner berichtet – hat der Philosoph sich erst relativ spät eigenes Mobiliar angeschafft;[293] zweitens deutet rein gar nichts darauf hin, daß der Testator seinen Schreibtisch je als ein „Heiligtum" verehrt hätte; drittens gehörte zum Schreibtisch auch noch ein Sessel, den die sonderbaren Verfügungen in keiner Weise erwähnen; und schließlich hätte Schopenhauer, wenn seine Absicht in der Tat dies gewesen wäre, wohl auf andere Weise verhüten können, daß sein Schreibtisch nach seinem Ableben in unwürdige Hände gerate; er hätte ihn z.B., wie auch die Daguerrotype, über die schon die Rede war, der Stadtbibliothek zu Frankfurt vermachen oder einem seiner Freunde und Verehrer überlassen können. Daher scheint es zwar viel prosaischer, doch gleichzeitig viel plausibler zu sein, anzunehmen, daß es sich bei der sonderbaren Verfügung über die Zersägung des Schreibsekretärs um eine schlichte

---

289 Busch: Das Testament Arthur Schopenhauers, S.118. Das lateinische Original des Absatzes s. ebd., S.71.

290 Dazu s. mit Literaturangaben Busch: Das Testament Arthur Schopenhauers, S.118.

291 Zit. nach Busch: Das Testament Arthur Schopenhauers, S.119.

292 Zit. nach Busch: Das Testament Arthur Schopenhauers, S.119.

293 Vgl. Gwinner: Schopenhauer, S.186.

Vorsichtsmaßnahme gehandelt hat. Der Testator wollte auf diese sonderbare Weise wohl verhindern, daß wichtige Dokumente oder Wertpapiere in den – wie der Text selbst es nahelegt: zahl- und trickreichen – Geheimfächern seines Schreibtisches versehentlich liegen bleiben. Diese Interpretation bekräftigt auch der Umstand, daß Schopenhauer die Verfügung seinem letzten Willen in lateinischer Sprache eingefügt hat, denn, wie ebenfalls Gwinner berichtet: „Keine Aufzeichnung, die sein Vermögen, seine häusliche Ökonomie und seine sonstigen Privatangelegenheiten betrafen, vertraute er der Landessprache an; er führte sein Rechnungsbuch seit seiner Rückkehr aus Italien englisch und bediente sich bei wichtigen Geschäftsnotizen des Lateinischen und Griechischen."[294] Schopenhauers Phobien, seine oft schrullenhafte Ängstlichkeit bei der Verwahrung von Wertsachen und Wertpapieren, auch daß er für diese zeit seines Lebens die unmöglichsten Verstecke ausgesucht hatte, sind seit Gwinners biographischer Darstellung ebenfalls zur Genüge bekannt.[295]

Todesfälle im Kreis der Verwandten und Freunde nötigten Schopenhauer, der „sich bis in sein letztes Lebensjahr einer überaus festen Gesundheit"[296] erfreute, wohl hauptsächlich dazu, einige Verfügungen seines Testaments von 1852 in einem Kodizill vom 4. Februar 1859 abzuändern. Da war vor allem der Tod von Dr. Emden im November 1858, der nicht nur zum *executor testamenti* eingesetzt, sondern auch mit zahlreichen persönlichen Erinnerungsstücken bedacht war. Es galt also, einen neuen Testamentsvollstrecker zu ernennen und das Emden Vermachte neu unter die Freunde und Vertrauten zu verteilen. Dazu kamen Veränderungen im Vermögensstand des Erblassers – seit der Testamentserrichtung verkaufte er nämlich seine „Ländereien zu Ohra bei Danzig" (S.73, Herv. im Original), die er in den letztwilligen Verfügungen noch als Legat seinen Danziger Verwandten vermacht hatte, so daß diese nun in anderer Form entschädigt werden sollten – sowie weitere Todesfälle im Kreis der Verwandten. Doch Schopenhauer nutzte die Gelegenheit auch dazu, Legate (z.B. an seine Magd, die ihm bis in seine letzten Lebensstunden beistand, und an seinen Pudel) beträchtlich zu erhöhen, bzw. neue Legate (u.a. an seine ehemalige Geliebte in Berlin, Caroline Medon) auszuwerfen; über die Rückerstattung des mit Kants handschriftlichen Randbemerkungen versehenen Exemplars der Erstauflage der *Kritik der praktischen*

---

294 Gwinner: Schopenhauer, S.122f.

295 Dazu s. Gwinner: Schopenhauer, S.121-124.

296 Gwinner: Schopenhauer, S.187.

Vernunft an den Geheimen Oberregierungsrat Eduard Crüger zu Merseburg war schon die Rede.

Den neuen Testamentsvollstrecker fand Schopenhauer in der Person seines neuen Vertrauten und juristischen Beraters, seines einstmaligen Biographen Wilhelm Gwinner: „Imgleichen annullire ich alle dem *Dr jur: Emden* gemachte Legate; weil er gestorben ist. Statt seiner ernenne ich zu meinem *Executor testamenti* den *Dr jur: Wilhelm Robert Franz Gwinner*, Sohn des Senators *Gwinner*, u. vermache demselben alle Bücher meiner Bibliothek, mit Ausnahme der wenigen, die ich dem *Dr Frauenstädt* vermacht habe." (S.75, Herv. im Original.) Doch die Verwaltung und Betreuung des philosophischen Nachlasses blieb nach wie vor – trotz der Entfremdung des Testators und seines „Erzevangelisten"[297] – in den Händen von Frauenstädt. Gerade diese Personenkonstellation erwies sich nachträglich jedoch als besonders unglücklich gewählt. Zwischen dem *executor testamenti* Gwinner und dem Verwalter des Schopenhauerschen philosophischen Nachlasses Frauenstädt entbrannte nämlich bald nach dem Tod des Philosophen aus zweifelhaftem Anlaß – Gwinner hat ein Manuskriptheft Schopenhauers entweder (wie er selbst behauptete) auf dessen mündliches Geheiß vernichtet oder (noch schlimmer) beiseite geschafft – ein ganz und gar unwürdiger Streit um das geistige Erbe des Verstorbenen, der Jahre hindurch auf die denkbar unglücklichste Weise vor der Öffentlichkeit weitergeführt wurde. Dabei erhoben beide Parteien selbstverständlich den Anspruch, der einzig wahre Erbe Schopenhauers zu sein, und sparten nicht mit gegenseitigen Verleumdungen, Entgegnungen, Entgegnungen auf Entgegnungen und Selbstrechtfertigungen.[298] Daß das Gezänk dem Andenken des verstorbenen Philosophen – wie man seine menschlichen und denkerischen Qualitäten auch immer beurteilen mag – im höchsten Grade unwürdig und nachteilig war, braucht nicht eigens betont zu werden.

Zum Schluß bleibt nichts mehr übrig, als das kleine Schriftstück kurz zu betrachten, das zwar unabhängig von Schopenhauers Testament, sogar vor dessen letztwilligen Verfügungen (am 23. November 1851) entstand, jedoch wichtige Anordnungen des Philosophen in Hinsicht auf den Todesfall, und zwar über sein Begräbnis enthält. Das Wesentliche davon lautet wie folgt: „Im Fall meines Todes soll meine Leiche nicht sofort begraben, sondern <u>in den Todtenkammern des Friedhofs</u> beigesetzt werden u. bleiben bis zum Eintritt der Verwesung. Dies ist

---

297 Dazu s. Busch: Das Testament Arthur Schopenhauers, S.113.

298 Näheres dazu s. Busch: Das Testament Arthur Schopenhauers, S.154-157.

mein ausdrücklicher Wille." (S.76, Herv. im Original.)[299] Nicht weniger als Schopenhauers Testament selbst mit der Aufnahme des Politischen, ist auch dieses kleine Schriftstück des Philosophen mit der Anordnung über sein Begräbnis symptomatisch für die Zeit, in der es entstand. Die Verfügung bezeugt nämlich Schopenhauers Angst vor dem Scheintod; eine Angst, die um so merkwürdiger ist, als nach „der gesetzlichen Bestimmung [...] zwischen dem Tod und dem Begräbnis ohnehin 72 Stunden verstreichen mußten".[300] Wie dem auch sei, die Angst vor dem Scheintod kann als Folge der Veränderungen in der Art und Weise, wie man starb, begriffen werden; als Folge der Medikalisierung und Hospitalisierung des Todes in der Moderne.[301] Und obschon Schopenhauer keine Familie um sich hatte, so daß ein Tod im vertrauten Familienkreis für ihn ohnehin nicht in Frage kam, so hatte er doch wohl auch in dieser Hinsicht ein überfeines Gespür für die wesentlichen Tendenzen seiner Zeit.

299 Zu Schopenhauers Totenfeier s. Gwinner: Schopenhauer, S.193-198.
300 Busch: Das Testament Arthur Schopenhauers, S.83.
301 Dazu s. Wiesemann, Claudia: Individuelles Leiden. Sterben – Tod. – In: Entdeckung des Ich. Die Geschichte der Individualisierung vom Mittelalter bis zur Gegenwart. Hg. von Richard van Dülmen. – Köln: Wissenschaftliche Buchgesellschaft – Böhlau Verlag 2001, S.541-556.

iv. Testamente aus dem 19. Jahrhundert

1. Vorbemerkung

Im folgenden Kapitel soll ein vielfältiges Material an Testamenten von Prominenten – in erster Linie Dichtern – aus dem 19. Jahrhundert behandelt werden. Das Hauptcharakteristikum dieses Stoffes ist in der Tat die Vielfalt. Denn während für die Testamente aus dem 18. Jahrhundert einerseits zwar eine hohe Variabilität der Inhalte kennzeichnend war, blieb andererseits ihre Struktur immer noch relativ traditionell und stabil. Was hingegen die Testamente aus dem 19. Jahrhundert betrifft, so bezeugen etliche von ihnen schon, daß selbst die tradierte Testamentsstruktur mit der Zeit ins Wanken gerät oder sich sogar ganz auflöst. Es entwickeln sich individuelle Spielarten und Grenzformen, die es jeweils im Einzelnen zu untersuchen gilt.

Gerade die Dichtertestamente aus dem 19. Jahrhundert bieten sich gleichzeitig als ein recht anschauliches Material dazu an, mentalitäts- und gelegentlich auch sozialgeschichtliche Prozesse aus der Sicht der daran beteiligten Intellektuellen – in der Mehrheit freischaffende Berufsschriftsteller oder -künstler – zu erfassen. Denn die Schriftstellertestamente gewähren Aufschluß über die nicht gerade unproblematische Stellung des 'freien' Schriftstellers und Intellektuellen im 19. Jahrhundert, der auf der einen Seite einem anonymen Literaturmarkt, auf der anderen einer in der Regel gutbürgerlichen Familie gegenüberstand.

Die Untersuchung der 'wirklichen' Testamente soll auch in diesem Kapitel, wie es bisher schon immer wieder geschehen ist, durch mehrere – doch diesmal nicht ausschließlich durch literarische – Exkurse ergänzt werden.

2. Beethoven. Die 'Brieftestamente' und das Heiligenstädter Testament

Das über die Auflösung der hergebrachten Testamentsstruktur Gesagte wird in exemplarischer Weise augenfällig an den einschlägigen Texten Beethovens, die gleichsam den spektakulären Auftakt zur Geschichte des 'literarischen' Testaments im 19. Jahrhundert bilden.

Ludwig van Beethoven (1770-1827) hat insgesamt vier Schriftstücke hinterlassen, in denen er letztwillige Verfügungen für den Fall seines Todes getroffen hat. Das Wort 'Testament' wurde im vorangegangenen Satz absichtlich und mit Bedacht vermieden, denn sämtliche vier einschlägige Texte des Komponisten erweisen sich von den nunmehr zur Genüge bekannten Normen und Merkmalen der Textsorte 'Testament' her betrachtet – wenn auch in recht unterschiedlichem Maße – als problematisch.

Die wenigsten Schwierigkeiten bereiten noch jene zwei 'Brieftestamente', die Beethoven am 6. März 1823 bzw. am 3. Januar 1827 – kurz vor seinem Tod am 26. März desselben Jahres – an den Wiener Rechtsanwalt Dr. Johann Baptist von Bach, der seit längerer Zeit sein Berater in Rechtsangelegenheiten war, adressierte.[302] Trotz der ungewöhnlichen Briefform, die im ersten 'Brieftestament' sogar reflektiert wird – „Der Tod könnte kommen, ohne anzufragen, in dem Augenblicke ist keine Zeit ein gerichtl[iches] Testament zu machen, ich zeige ihnen daher durch dieses eigenhändig an, daß..." (S.30), heißt es dort –, wurde Beethovens zweites 'Brieftestament', das im Wesentlichen, wenn auch etwas knapper formuliert, bloß die Verfügungen des ersten wiederholt, als rechtsgültige Willensmeinung des Komponisten anerkannt und vollzogen.

Beethovens 'Brieftestamente' beschränken sich zwar in der Tat auf das Wesentlichste, doch ohne dadurch ungeeignet zu werden, ihre pragmatisch-lebensweltliche Funktion als juristische Gebrauchstexte zu erfüllen. Ihre Form – der Brief – ist zwar ungewöhnlich, sie enthalten jedoch alles, was ein Testament unbedingt enthalten muß, um als Gebrauchstext ernst genommen zu werden und seinen pragmatischen Zweck erfüllen zu können: die Einsetzung von Beethovens Neffen Karl zum Universalerben und die Ernennung eines Kurators bzw. Vormundes für ihn.[303] Die Person des Testamentsvollstreckers steht indessen eigentlich allein schon durch die Briefform fest – *executor testamenti* soll offenbar kein anderer als der Adressat Dr. Bach sein –, doch der Text bestätigt ihn auf implizite Weise wiederholt in dieser Funktion. Beethovens zweites 'Brieftestament' hat also folgenden Wortlaut: „Wien, Mittwoch, 3ten Januar 1827. / Hrn. Dr. Bach. / Verehrter Freund! / Ich erkläre vor meinem Tode Karl van Beethoven meinen geliebten Neffen als meinen einzigen Universalerben von allen meinem Hab und Gut; worunter hauptsächlich 7 Bankactien, und was sich an Baarem vorfinden wird. – Sollten die

302 Beethoven, Ludwig van: [Brieftestamente an den Rechtsanwalt Dr. Johann Baptist von Bach; 6. März 1823 bzw. 3. Januar 1827. Mit einem Kodizill vom 23. März 1827.] – In: Ders.: Heiligenstädter Testament. Hg. von Hedwig M. von Asow. – Wien, Wiesbaden: Ludwig Doblinger 1957, S.30-32. Zitate aus Beethovens Brieftestamenten bzw. aus dem Kodizill entstammen dieser Ausgabe und werden im laufenden Text mit den Seitenzahlen ausgewiesen.

303 Es handelt sich um den 1806 geborenen Sohn von Beethovens Bruder, Caspar Anton Carl. Nach dem Tod seines Bruders im Jahre 1815 führte Beethoven langjährige Prozesse gegen die Mutter von Karl um die Vormundschaft des Jungen, der daraufhin 1826 einen mißglückten Selbstmordversuch beging.

Gesetze hier Modifikationen vorschreiben, so suchen sie selbe so sehr als möglich zu seinem *Vortheile* zu verwenden. – Sie ernenne ich zu seinem *Kurator* und bitte sie mit Hofrath Breuning seinem Vormunde Vaterstelle bei ihm zu vertreten. – / Gott erhalte Sie. – Tausend Dank für Ihre mir bewiesene Liebe und Freundschaft. – / Ludwig van Beethoven" (S.31, Herv. im Original.)

Dieses zweite 'Brieftestament' änderte Beethoven am 23. März 1827, schon auf dem Sterbebett, noch durch ein Kodizill ab, das in seinen orthographischen Unregelmäßigkeiten – Beethoven war nicht einmal mehr imstande, den eigenen Namen korrekt zu unterschreiben – schon die unmittelbare Nähe des Todes bezeugt: „Mein Nefffe Karle Soll alleini[ger] Erbe sejn, das Kapital meines Nachlaßes soll jedoch Seinen natürlichen oder testamentarischschen Erben zufallen. / Wien: am 23: März 1827 / Luwig Van Beethoen." (S.32, sic!)

Ihrer ungewöhnlichen und formal-juristisch mangelhaften Gestaltung, ihrer in vieler Hinsicht offensichtlichen Unzulänglichkeiten zum Trotz waren die Brieftestamente Beethovens also noch durchaus dazu geeignet, ihre pragmatisch-lebensweltliche Funktion als juristische Gebrauchstexte, als letztwillige Verfügungen für den Todesfall zu erfüllen. Um so mehr sticht das sogenannte *Heiligenstädter Testament* des Komponisten von ihnen ab, eine in vieler Hinsicht problematische und zugleich merkwürdige Schrift, die auf den 6. Oktober 1802 (mit einem Nachtrag vom 10. Oktober) datiert ist und erst in Beethovens Nachlaß aufgefunden wurde.[304]

Um Beethovens *Heiligenstädter Testament* in seiner Eigenart adäquat würdigen zu können, muß man sich zunächst noch einmal in aller Kürze vergegenwärtigen, was in der Einleitung dieser Arbeit im Allgemeinen über die Merkmale der Textsorte 'Testament' gesagt worden war.[305] Testamente, wurde dort festgestellt, sind im Regelfall Gebrauchstexte. Ihre Funktion besteht darin, die letztwilligen Verfügungen des Testators im Rahmen des jeweils gültigen Rechtssystems möglichst präzise zu fixieren und dadurch zur Geltung zu bringen. Dabei stehen

---

304 Beethovens *Heiligenstädter Testament* ist mehrfach gedruckt worden. In ihrer Ausgabe informiert Hedwig M. von Asow auch über biographische Hintergründe der Entstehung des Textes sowie über dessen Überlieferung. (Beethoven, Ludwig van: Heiligenstädter Testament. Hg. von Hedwig M. von Asow. – Wien, Wiesbaden: Ludwig Doblinger 1957.) Zitiert wird Beethovens *Heiligenstädter Testament* jedoch auf Grund folgender Ausgabe: Beethoven, Ludwig van: Heiligenstädter Testament. Hg. von Sieghard Brandenburg. – Bonn: Beethoven-Haus 1997. (= Jahresgaben des Vereins Beethoven-Haus 14) Zitate aus dem *Heiligenstädter Testament* werden im laufenden Text mit den Seitenzahlen dieser Ausgabe ausgewiesen.

305 S.o., Kap.II.ii.

Testamente in einem institutionell definierten Kommunikationszusammenhang, so daß der Verfasser, den wir der Einfachheit halber mit dem jeweiligen Testator gleichgesetzt haben, durch das Aufsetzen des Testaments als Rechtssubjekt das ihm gesetzlich zustehende Recht wahrnimmt, über seine Hinterlassenschaft letztwillige Verfügungen zu treffen. Als Adressaten von Testamenten wurden die jeweiligen Testamentsvollstrecker, die Erben und Legatarien sowie im weitesten Sinne Autoritäten verschiedenster Art bzw. die Öffentlichkeit erwähnt. Auf Rechtsgültigkeit, wurde des Weiteren gesagt, kann ein Testament nur unter der Bedingung Anspruch erheben, daß es – historisch wandelbare – formale und inhaltliche Kriterien erfüllt.

Wie steht es nun mit Beethovens *Heiligenstädter Testament* im Lichte der oben genannten Merkmale der Textsorte 'Testament'?

Die Veranlassung – wenn auch nicht gerade der Anlaß im engeren Sinne –, das *Heiligenstädter Testament* niederzuschreiben, ist dem Text selbst zu entnehmen. Sie bestand in Beethovens Gehörleiden, das sich seit 1796 bemerkbar machte und durch seine dauernde Verschlechterung, durch die immer wieder getäuschte Hoffnung auf Heilung den Komponisten schließlich in die Verzweiflung – bis hin zu Selbstmordgedanken – trieb.[306] Dazu kam als unmittelbarer Anlaß die bevorstehende Abreise aus Heiligenstadt, wo Beethoven sich den Sommer über zur – wieder einmal erfolglosen – Kur aufgehalten hatte, und zwar in einer Spätherbststimmung, die im Nachtrag vom 10. Oktober folgendermaßen wiedergegeben wurde: „so nehme ich den Abschied von dir [Heiligenstadt, I.K.] – und Zwar traurig – ja die geliebte Hofnung – die ich mit hierher nahm, wenigstens bis zu einem gewissen Punkte geheilt zu seyn – sie muß mich nun gänzlich verlassen, wie die blätter des Herbstes herabfallen, gewelkt sind, so ist – auch sie für mich dürr geworden..." (S.4) Ich glaube, es braucht selbst nach diesem kurzen Zitat nicht mehr eigens betont zu werden, daß der Stil des *Heiligenstädter Testaments* für letztwillige Verfügungen im höchsten Grade ungewöhnlich ist. Sind ja Testamente als Gebrauchstexte in der Regel aus naheliegenden Gründen selbst über das rein juristisch Formelhafte hinaus durch eine größtmögliche Sachlichkeit charakterisiert; namentlich durch das Bestreben, die Polysemie des in natürlicher Sprache abgefaßten Textes auf ein Minimum zu reduzieren, was wie auch immer als 'poetisch' anmutende Formulierungen von Anfang an ausschließt. In der zitierten Passage hingegen begegnet uns ein Vergleich, der die Veränderungen der spätherbstlichen

306 Dazu s. die Dokumentation bei Asow (Hg.), S.15-22.

Natur mit der inneren Verfassung des Sprechers parallelisiert. Also ein letzter Wille mit unverkennbar literarischen Qualitäten?

Selbst wenn das 'Literarische' schwer zu definieren ist, kann man solche Qualitäten dem *Heiligenstädter Testament* Beethovens schon nach der ersten Lektüre rein intuitiv ohne Bedenken zubilligen. Das Hauptcharakteristikum des Textes besteht indessen in der Spontaneität; nämlich im Sinne der ganz offensichtlichen Abweichung davon, was in einem Testament als Gebrauchstext normalerweise zu erwarten ist. Ob nun Beethoven die Norm der Textsorte 'Testament' mit Absicht verletzte, oder ob er sich einfach nicht darum kümmerte, mag hier dahingestellt bleiben.

Da sind (erstens) die auffallenden Lücken im Text. Er trägt nämlich die Überschrift „<An>für meine Brüder *Carl* und   Beethowen" (S.1., Herv. im Original), wobei nicht allein die inkorrekte Schreibweise des – auch eigenen – Familiennamens ins Auge fällt, sondern auch, daß Beethoven den Namen seines zweiten Bruders Nikolaus Johann aus welchem Grund auch immer ausließ, was sich im Text etwas später noch einmal wiederholt: „ihr meine Brüder *Carl* und   , sobald ich tod bin..." (S.3, Herv. im Original.) Was den Komponisten zu dieser merkwürdigen Auslassung veranlaßte, läßt sich nicht mehr mit Sicherheit feststellen. Doch wie eine der Herausgeber des *Heiligenstädter Testaments*, Hedwig M. von Asow bemerkt, „vermuten kann man vielleicht, daß der Tonkünstler im Zweifel war, ob er Nikolaus schreiben sollte, wie sein Bruder zu Hause gerufen worden war, oder Johann, wie sich sein Bruder in Wien nannte".[307] Dazu kommt (zweitens) ein nicht weniger auffallender sachlicher Irrtum, der sogar die eigene Person des Testators betrifft. Es heißt: „schon in meinem 28 Jahre gezwungen Philosoph zu werden, es ist nicht leicht..." (S.2) Beethoven gab also sein Lebensalter mit achtundzwanzig Jahren an, was selbst dann noch ein schwer zu erklärender Irrtum bleibt, wenn man in Betracht zieht, daß er 1772 für sein Geburtsjahr hielt, „weil der Vater den Dreizehnjährigen als 'elfjähriges Wunderkind' hatte auftreten lassen".[308] Darüber hinaus wimmelt es im Text (drittens) von syntaktischen und orthographischen Unregelmäßigkeiten und Inkorrektheiten sowie von Schreibfehlern und gestrichenen Stellen. Die Handschrift ist auch (viertens) offenbar schwer leserlich, daher die – wenn auch nur geringfügigen – Abweichungen in den Lesarten beider Editionen. Doch damit immer noch nicht genug. Der Text des *Heiligenstädter Testaments* weist (fünftens) an etlichen Stellen offenkundige Inkohärenzen auf,

---

307 Asow (Hg.), S.15.

308 Asow (Hg.), S.15.

Risse und schwer nachvollziehbare assoziative Sprünge im Fortgang der Gedanken; eine Eigentümlichkeit, die selbst schon durch die eigenwillige Interpunktion angedeutet ist.[309]

Die Beschreibung des *Heiligenstädter Testaments* als eines beinahe unlesbaren Textes war indessen nicht wertend gemeint und hatte auf gar keinen Fall den Zweck, den Text wie auch immer abzuwerten. Im Gegenteil. Gerade die auffallenden Unzulänglichkeiten, das offenbar Unfertige und Unausformulierte, das Spontane und Unstilisierte verleihen dem *Heiligenstädter Testament* Beethovens den Charakter eines im hohen Grade authentischen Lebenszeugnisses mit außerordentlicher Überzeugungskraft.

Doch setzen wir noch einmal bei dem Subjekt an, dessen Stimme im Text vernehmbar wird. Wie bereits erwähnt, nehmen Testatoren im Normalfall das ihnen als Rechtssubjekten zukommende Recht wahr, über ihre Hinterlassenschaft Verfügungen in Bezug auf den Todesfall zu treffen. Die Rechtsgültigkeit solcher letztwilliger Verfügungen ist indessen an die Erfüllung ganz bestimmter formaler und inhaltlicher Kriterien gebunden. In seinem *Heiligenstädter Testament* kümmerte sich Beethoven jedoch nicht im Geringsten um die Kriterien der Rechtsgültigkeit, obschon der Text auch letztwillige Verfügungen – und sogar, wenn auch nur vereinzelt, solche über materiellen Besitz – beinhaltet. Der in vieler Hinsicht problematische Zustand der Handschrift läßt sich dabei als der Durchbruch einer radikalen Subjektivität deuten. Beethovens *Heiligenstädter Testament* ist von der starken Gegenwart eines Ich geprägt, das nicht sosehr als Rechtssubjekt, sondern eher als Mensch und Künstler vielen etwas zu sagen hat und von seinem dringenden Mitteilungsbedürfnis regelrecht mitgerissen wird. Eben dieses dringende Mitteilungsbedürfnis dürfte hier die herkömmlichen Grenzen und den Rahmen eines Testaments gesprengt haben.

Als unmißverständliche Indizien der brennenden Mitteilungsnot des im *Heiligenstädter Testament* vernehmbar gewordenen Subjekts können die zahlreichen Anreden im Text gelten. Alles, was hier gesagt wird, hat einen mehr oder weniger präzise benannten Adressaten. Als Ganzes und rein formal gesehen ist das *Heiligenstädter Testament* an Beethovens Brüder Caspar Anton Carl und Nikolaus Johann gerichtet; von der lückenhaften Überschrift „<An>für meine Brüder *Carl* und   Beethowen" (S.1., Herv. im Original) und von seiner Wiederholung im Text war schon die

309 Im ganzen Text, der in der Handschrift einen Umfang von etwa vier Seiten hat, wurde kein einziger Punkt als Satzzeichen verwendet. Statt dessen wurden zur syntaktischen Gliederung ausschließlich Gedankenstriche, Kommas und Semikola eingesetzt.

Rede. Dadurch gewinnt Beethovens *Heiligenstädter Testament* wiederum den Charakter eines 'Brieftestaments'. Doch gleich am Beginn des Textes findet man schon die Anrede „O ihr Menschen" (S.1), die sich etwas weiter unten dann ebenfalls wiederholt: „o Menschen, wenn ihr einst dieses leset..." (S.2) Dadurch gewinnt man nun den Eindruck, daß das *Heiligenstädter Testament* von Anfang an für eine breitere Öffentlichkeit konzipiert war, und zwar von einem Verfasser, der als Künstler sehr wohl um den öffentlichen Charakter seiner Person wußte.

Dieser Eindruck verhärtet sich weiter, wenn man folgende Stelle liest: „ihr meine Brüder *Carl* und , sobald ich tod bin und Professor schmid lebt noch, so bittet ihn in meinem Namen, daß er meine Krankheit beschreibe, und dieses hier geschriebene Blatt füget ihr dieser meiner Krankengeschichte bey, <zu> damit wenigstens so viel als möglich die Welt nach meinem Tode mit mir versöhnt werde..." (S.3, Herv. im Original.) Also in der Tat ein für die breitere Öffentlichkeit bestimmter Text. Um so erstaunlicher, daß Beethoven in seinem ungehemmten Mitteilungsdrang die – freilich stets schwer bestimmbare – Grenze zwischen Privatem und Öffentlichem gar nicht beachtet hat, so daß im *Heiligenstädter Testament* schließlich private letztwillige Verfügungen sowie intimste sittliche Mahnungen an die Brüder mit einer Art Rechenschaftsbericht und Bekenntnis des Menschen und Künstlers im Angesicht der Öffentlichkeit vermengt wurden.

Doch es werden im *Heiligenstädter Testament* nicht nur die „Menschen", sondern auch weitere – 'höhere' – Instanzen angesprochen, und zwar immer wieder mit großer Emphase. So allen voran die „Gottheit" – „Gottheit du siehst herab auf mein inneres, du kennst es, du weist, daß menschenliebe und Neigung zum Wohlthun drin hausen" (S.2); „o Wann o Gottheit – kann ich im Tempel der Natur und der menschen ihn [der wahren Freude innigen Widerhall, I.K.] wider fühlen" (S.4) –; dann die „Vorsehung" – „o Vorsehung – laß einmal einen reinen Tag der Freude mir erscheinen" (S.4, Herv. im Original) –; und schließlich der Tod: „Komm, wann du willst, ich gehe dir muthig entgegen". (S.4) Auf die Funktion der emphatischen Anreden soll noch näher eingegangen werden. Hier sei einstweilen wiederholt festgehalten, daß diese auf unmißverständliche Weise den brennenden Mitteilungsdrang des im *Heiligenstädter Testament* vernehmbaren Subjekts bezeugen.

Fragt man nun nach dem Zweck, der mit dem *Heiligenstädter Testament* intendiert war, so kann man wieder einmal signifikante Differenzen zu 'gewöhnlichen' Testamenten feststellen. Denn das *Heiligenstädter Testament* enthält zwar auch – nebenbei – letztwillige Verfügungen über materielle Güter. Doch erstens nehmen diese hier im Vergleich zu 'gewöhnlichen' Testamenten einen unverhältnismäßig geringen Raum ein, zweitens sind sie in einer der Juristensprache 'gewöhnlicher' Testamente gänzlich fremden Art und Weise formuliert und drittens sind sie auf untrennbare Weise mit intimsten sittlichen Mahnungen und Vermächtnissen an die Brüder verbunden, so daß die 'Erbeinsetzung' des *Heiligenstädter Testaments* ohne Umschweife als kindlich naiv bezeichnet werden kann. Sie lautet wie folgt: „Zugleich erkläre ich euch beyde [die zwei Brüder, I.K.] hier für <meine> die Erben des kleinen Vermögens, (wenn man es so nennen kann) von mir, theilt es redlich, und vertragt und helft euch einander, was ihr mir zuwider gethan, das wist ihr, war euch schon längst verziehen, dir Bruder *Carl* danke ich noch in's besondre für deine in dieser leztern spätern Zeit mir bewiesene Anhänglichkeit, Mein Wunsch ist, daß <ich> euch ein bessers sorgen<volleres> loseres Leben, als mir, werde, emphelt euren <nach> Kindern Tugend, sie nur allein kann glücklich machen, nicht Geld, ich spreche aus Erfahrung..." (S.3, Herv. im Original.)

Ansonsten findet sich im *Heiligenstädter Testament* nur noch eine einzige Stelle, wo von (halbwegs) materiellen Gütern die Rede ist. Sie betrifft die Instrumente, die Beethoven von seinem Förderer, dem Fürsten Lichnowsky, geschenkt bekam und die für den Künstler wohl nicht bloß einen materiellen Wert darstellten.[310] Doch diese Verfügung ist wiederum mit einem sittlichen Bekenntnis verbunden: „die Instrumente von fürst L. wünsche ich, daß sie doch mögen aufbewahrt werden bey einem von euch, doch entstehe deswegen kein streit unter euch, sobald <ih>sie euch aber zu was nüzlicherm dienen können, so verkauft sie nur, wie froh bin ich, wenn ich auch noch unter meinem Grabe euch nüzen kann..." (S.3)

Demnach bestand das Hauptanliegen von Beethovens *Heiligenstädter Testament* offenbar nicht darin, letztwillige Verfügungen über materielle Güter zu treffen; Vermächtnisse über 'Geistiges' und Sittliches haben hier von Anfang an ein weitaus größeres Gewicht. Doch die Hauptintention des Testators muß darin bestanden haben, in einer als ausweglos empfundenen Lebenssituation – sogar in unmittelbarem Angesicht des Todes – einen Rechenschaftsbericht zu erstatten, d.h. in einem Bekenntnis als Mensch und als Künstler die sittliche Summe seines Lebens zu ziehen. Menschentum und Künstlertum sind im Bekenntnis des *Heiligenstädter Testaments* in keiner Weise voneinander zu trennen.

Es wurde schon erwähnt, daß sein stets schlimmer werdendes Gehörleiden Beethoven mit der Zeit in die Verzweiflung und bis hin zu Selbstmordgedanken trieb. Dieser Umstand wird auch im Text explizit erwähnt: „aber welche Demüthigung wenn jemand neben mir stund und von weitem eine Flöte hörte und

---

310 Wie Asow erwähnt, handelte es sich bei den Instrumenten um „eine Violine und ein Violoncello von Guarneri, eine Geige von Amati und eine Bratsche aus dem Jahre 1690". (Asow [Hg.], S.15.)

ich nichts hörte, oder jemand den Hirten Singen hörte, und ich auch nichts hörte, solche Ereignisse brachten mich nahe an Verzweiflung, es fehlte wenig, und ich endigte selbst mein Leben –" (S.2, Herv. im Original.) Außer dem menschlich-künstlerischen Bekenntnis in unmittelbarem Angesicht des Todes hatte die Niederschrift des *Heiligenstädter Testaments* für Beethoven daher wohl auch die Funktion, im Akt des Schreibens sich der eigenen sittlichen Haltung, des eigenen Aushaltevermögens zu vergewissern. So ausweglos seine Lebenssituation auch erscheinen mag, im Akt des Schreibens richtet sich das Subjekt wieder auf: „so wär's geschehen – mit freuden eil ich dem Tode entgegen –" (S.3)

Was für eine menschlich-künstlerische Lebenssituation ist es nun, die das *Heiligenstädter Testament* – gerade in seinen assoziativen Sprüngen und Rissen, in seinem Unausgeformtsein ein erschütternd-authentisches Lebenszeugnis – dem geradezu eingeladenen Leser („o Menschen, wenn ihr einst dieses leset...", S.2) begreiflich zu machen sucht? Offenbar eine als ausweglos empfundene, denn das Subjekt, dessen Stimme im Text vernehmbar wird, sieht sich sogar doppelt gefährdet, obschon es „troz allen Hindernissen der Natur, doch noch alles gethan [hat], was in seinem Vermögen stand, um in die Reihe würdiger Künstler und Menschen aufgenommen zu werden". (S.2f.) Der Sprecher sieht sich einerseits – als Tonkünstler – durch sein Gehörleiden gefährdet in seinem Künstlertum, wobei er doch gerade die Entfaltung seines Künstlertums als einen wesentlichen Teil des sittlichen Gehalts seines Lebens betrachtet: „kömmt er [der Tod, I.K.] früher als ich Gelegenheit gehabt habe, noch alle meine Kunst-Fähigkeiten zu entfalten, so wird er mir troz meinem Harten Schicksaal doch noch zu frühe kommen, und ich würde ihn wohl später wünschen –" (S.3f.) Andererseits treibt die Unmöglichkeit, sein Gehörleiden den Mitmenschen einzugestehen, ihn immer mehr in die Isolation: „und doch war's mir noch nicht möglich den Menschen zu sagen: sprecht lauter, schreyt, denn ich bin Taub, ach wie wär es möglich daß ich <den> die Schwäche eines Sinnes angeben sollte, der bey mir in einem Vollkommenern Grade als bey andern seyn sollte, einen Sinn denn ich einst in der grösten Vollkommenheit besaß, in einer Vollkommenheit, wie ihn wenige von meinem Fache gewiß haben noch gehabt haben – o ich kann es nicht..." (S.1, Herv. im Original.) In dieser menschlichen Isolation hat nun das dringende Mitteilungsbedürfnis des sprechenden Subjekts seinen Grund und seinen Ursprung; ebenso die im Text konsequent entfaltete Rhetorik der Unmittelbarkeit.[311] Die zahlreichen emphatischen Anreden

311 Ich bin mir der Paradoxie der Formulierung 'Rhetorik der Unmittelbarkeit' bewußt. Doch die Unmittelbarkeit – oder auch nur die Sehnsucht danach – ist ebenso auf die Mittelbarkeit an sich, nämlich auf die Sprache angewiesen, wie jede andere menschliche Regung auch.

sind ein verzweifelter Versuch, die Kluft zwischen dem sprechenden Subjekt und dem Gegenüber – allen voran den Mitmenschen – zu überbrücken, eine Kluft, die nunmehr geradezu unüberbrückbar zu sein scheint. Denn das Gesagte ist zwar stets adressiert, doch ist es fraglich, ob es die Adressaten noch erreichen kann. Daher auch die Angst des Testators, als Misanthrop verkannt zu werden, bzw. die Not, sich vor der Öffentlichkeit – wenn auch erst nachträglich – als Menschenfreund zu rechtfertigen: „O ihr Menschen die ihr mich für Feindseelig störisch oder Misantropisch haltet oder erkläret, wie unrecht thut ihr mir, ihr wißt nicht die geheime ursache von dem, was euch so scheinet, mein Herz und mein Sinn waren von Kindheit an für das zarte Gefühl des Wohlwollens, selbst große Handlungen zu verrichten dazu war ich immer aufgelegt..." (S.1)

Was die menschliche Situation des Sprechers vollends unerträglich macht, ist aber der Umstand, daß er sich von Natur aus zu geselligen Freuden aufgelegt weiß: „mit einem feurigen Lebhaften Temperamente gebohren selbst empfänglich für die Zerstreuungen der Gesellschaft, muste ich früh mich absondern, einsam mein Leben zubringen, wollte ich auch zuweilen mich einmal über alles das hinaussezen, o wie hart wurde ich dur[ch] die verdoppelte traurige Erfahrung meines schlechten Gehör's zurückgestoßen, [...] drum verzeiht, wenn ihr mich da zurückweichen sehen werdet, wo ich mich gerne unter euch mischte, doppelt Wehe thut mir mein unglück, indem ich dabey verkannt werden muß, für mich darf Erholung in menschlicher Gesellschaft, <U>feienere Unterredungen, <Erg>Wechselseitige Ergießungen nicht statt haben, ganz allein fast nur so viel als es die höchste Nothwendigkeit fodert, darf ich mich in Gesellschaft einlassen, wie ein Verbrannter muß ich leben..." (S.1)

An dieser Stelle wird nun die Funktion und zugleich der (Selbst)Täuschungscharakter der im Text entfalteten Rhetorik der Unmittelbarkeit besonders augenfällig. Gegenstand der Sehnsucht des Subjekts sind „Wechselseitige Ergießungen", während es in Wirklichkeit „wie ein Verbrannter" leben muß. Die emphatischen Anreden – die stets adressierte Rede – sollen also eine Unmittelbarkeit herstellen, die jedoch rein imaginär bleibt, die also in der Wirklichkeit offenbar nicht gegeben ist. Doch wen können die Anreden tatsächlich erreichen? Sie werden ja nicht gesprochen, sondern niedergeschrieben, nicht an ein tatsächlich gegenwärtiges Gegenüber gerichtet, sondern einem Schriftstück anvertraut, das zu Lebzeiten des Sprechers nicht einmal veröffentlicht werden sollte. Doch wäre das *Heiligenstädter Testament* auch veröffentlicht worden, so hätten die Anreden und die „Ergießungen" bestenfalls immer noch nur ein anonymes und schweigendes Lesepublikum und nicht die „Menschen" erreichen können. Die Anreden an ein rein imaginäres Gegenüber haben zuletzt also die Funktion, das sprechende Subjekt durch eine

Art Autosuggestion rhetorisch über einen realen Mangel hinwegzutäuschen oder hinwegzutrösten.

Die Folge dieser doppelt gefährdeten Existenz, die gleich aussichtslos sowohl für den Menschen als auch für den Künstler scheint, ist, wie bereits erwähnt, die Verzweiflung bzw. die Nähe zum Selbstmord. Doch es werden zwei Lebensinhalte festgehalten, an denen sich das Subjekt trotz allem wieder aufzurichten vermag – deshalb läßt sich die Niederschrift des *Heiligenstädter Testaments* mit Recht als der Akt einer sittlichen Selbstvergewisserung betrachten. Der eine der beiden Halt bietenden Lebensinhalte ist – paradoxerweise – das gefährdete Künstlertum selbst, als sittlicher Hauptgehalt und ethische Verpflichtung der Künstlerexistenz: „es fehlte wenig, und ich endigte selbst mein Leben – nur sie die <u>Kunst,</u> sie hielt mich zurück, ach es dünkte mir unmöglich, die Welt eher zu verlassen, bis ich das alles hervorgebracht, wozu ich mich aufgelegt fühlte, und so fristete ich dieses elende Leben –" (S.2, Herv. im Original.) Als zweites Lebenselement, an dem sich das Subjekt wieder aufrichten kann, wird dann die „Tugend" genannt – für den heutigen Leser zwar kaum mehr als ein hoffnungslos anachronistischer und leerer Begriff, doch einstmals scheint sie ihre eigentümliche Kraft gehabt zu haben, die der Sprecher auch an sich selber erfuhr: „emphelt euren <nach> Kindern <u>Tugend,</u> sie nur allein kann glücklich machen, nicht Geld, ich spreche aus Erfahrung, sie war es, die mich selbst im Elende gehoben, ihr Danke ich nebst meiner Kunst, daß ich durch keinen selbstmord mein Leben endigte –" (S.3, Herv. im Original.)

Mit diesen zwei Lebensinhalten wird schließlich der Entschluß begründet, allem zum Trotz und auf alles gefaßt weiter im Elend und in der Verzweiflung auszuharren: „daurend hoffe ich, soll mein Entschluß seyn, aus zu harren, bis es den unerbittlichen Parzen gefällt, den Faden zu brechen, vieleicht geht's besser, vieleicht nicht, ich bin gefaßt –" (S.2)

Nachdem im Vorangegangenen der Gang der Gedanken im *Heiligenstädter Testament* nicht eigentlich rekapituliert als vielmehr rekonstruiert wurde, wobei freilich eine Kohärenz entstand, die dem Text an sich abgeht, mag es zwar immer noch als zweifelhaft erscheinen, ob und inwiefern Beethovens *Heiligenstädter Testament* als 'Testament' im engeren Sinne des Wortes gelten kann. Vieles spricht in der Tat dagegen, auch wenn darin andererseits gewisse Merkmale der Textsorte 'Testament' nachgewiesen werden konnten. Doch daß es sich um ein erschütterndes Dokument einer gefährdeten Künstlerexistenz und um ein authentisches sittliches Vermächtnis handelt, dürfte kaum je in Frage gestellt werden.

3. Börne und Heine. Der jüdische Intellektuelle aus gutbürgerlichem Haus

Es liegt auf der Hand, die Testamente von Ludwig Börne und Heinrich Heine zusammen in einem Kapitel zu behandeln. Die nicht gerade spannungsfreien persönlichen Beziehungen beider repräsentativer Autoren der Vormärzliteratur sind zur Genüge bekannt;[312] doch noch wichtiger ist hier die Ähnlichkeit ihrer sozial- und literaturgeschichtlichen Stellung. Denn sowohl Börne als auch Heine entstammten reichen jüdischen Bürgerfamilien, beide traten – wenn auch mit einer recht unterschiedlichen Einstellung zum Glauben – zum Christentum über und waren Intellektuelle der ersten Generation, so daß sie bei der Abfassung ihrer Testamente die gleichen Probleme zu lösen hatten. Auch wenn sie mit diesen Problemen auf eine jeweils eigene Art und Weise fertig zu werden versuchten, ist eine gemeinsame Besprechung ihrer Testamente wohl gerechtfertigt.

Aus dem familiären Umkreis von Ludwig Börne (1786-1837) sind zwei Testamente überliefert; zwei im Wortlaut identische Abschriften von Börnes eigenen letztwilligen Verfügungen vom 24. August 1830 sowie eine Abschrift des Testaments seines Vaters, des Frankfurter Bankiers Jacob Baruch (1763-1827), vom 17. Juni 1825, mit einem Kodizill vom 10. Januar 1827. Alle drei Handschriften werden in Börnes Nachlaß in der Handschriften- und Inkunabelabteilung der Stadt- und Universitätsbibliothek zu Frankfurt am Main aufbewahrt und sind bis jetzt vermutlich unveröffentlicht.[313] Daher sollen sie im Anhang vorliegender Arbeit abgedruckt werden.

---

312 Zum Verhältnis von Börne und Heine bzw. zur Behandlung ihres Verhältnisses durch die Literaturgeschichtsschreibung s. Kruse, Joseph A.: „Heinrich Heine über Ludwig Börne". Börne-Bild und Heine-Forschung. – In: „Die Kunst – eine Tochter der Zeit". Neue Studien zu Ludwig Börne. Hg. von Inge Rippmann und Wolfgang Labuhn. – Bielefeld: Aisthesis 1988, S.32-50. Des Weiteren s. dazu insbesondere folgende Schriften beider Autoren: Börne, Ludwig: Briefe aus Paris. 62. Brief. [14. Dezember 1831.] – In: Ders.: Sämtliche Schriften. Hg. von Inge und Peter Rippmann. Bd.3. – Düsseldorf: Melzer 1964, S.390-400, hier insbesondere S.391f.; 109. Brief. [25. Februar 1833.] – Ebd., S.809-815; Ders.: De l'Allemange par Henri Heine. [Réformateur, 30. Mai 1835.] – In: Ders.: Sämtliche Schriften. Hg. von Inge und Peter Rippmann. Bd.2. – Düsseldorf: Melzer 1964, S.885-903; bzw. Heine, Heinrich: Ludwig Börne. Eine Denkschrift. – In: Ders.: Historisch-kritische Gesamtausgabe der Werke. Hg. von Manfred Windfuhr. Bd.11. Bearbeitet von Helmut Koopmann. – Hamburg: Hoffmann und Campe 1978, S.9-132.

313 Handschriftliche, durch Siegel des Stadtgerichts der Freien Stadt Frankfurt beurkundete Abschrift von Ludwig Börnes Testament, mit Beglaubigung und Unterschrift von Johannes Hartmann. [24. August 1830, unveröffentlicht.] – In: Stadt- und Universitätsbibliothek Frankfurt am Main, Handschriften- und Inkunabelabteilung, Nachl. L. Börne E XX, Nr. 40a, Bl.76-82; dasselbe, ohne Siegel, in papierenem Faltumschlag mit Aufschrift von Börne: „Abschrift meines Testaments welches in

Sowohl das Testament des Vaters als auch das des Sohnes Baruch / Börne entsprechen voll und ganz den juristischen Formvorschriften und sind als rechtsgültige Willensmeinungen der Erblasser vollstreckt worden. Es ist mit Sicherheit anzunehmen, daß beide Testatoren beim Aufsetzen ihres letzten Willens rechtskundigen Beistand in Anspruch nahmen. Im Falle des Sohnes kommt als rechtskundiger Berater allen voran der Frankfurter Advokat und einstmalige Börne-Biograph Dr. Maximilian Reinganum in Frage, der nicht nur langjähriger Vertrauter und Rechtsanwalt des Erblassers war, sondern auch zum Testamentsvollstrecker eingesetzt und mit einem großzügigen Legat bedacht wurde.

Aus der Quellenlage ergibt sich die nicht gerade uninteressante Möglichkeit, die letztwilligen Verfügungen des Vaters, eines reichen Geschäftsmannes aus der Frankfurter Judengasse, mit denen des Sohnes, eines führenden deutschen Intellektuellen seiner Zeit, zu vergleichen. Der erste Unterschied liegt freilich auf der Hand. Während nämlich das Testament des Vaters ausschließlich Verfügungen über den Erbgang des materiellen Vermögens beinhaltet, geht es im letzten Willen des Sohnes hauptsächlich um seinen literarischen Nachlaß. Die zwei Testamente zeugen jedenfalls von einem gegenseitigen Mißtrauen; das des Vaters vom stillschweigenden Mißtrauen des erfolgreichen Geschäftsmannes gegenüber dem schriftstellernden Sohn; das des Sohnes vom Mißtrauen des Publizisten und Intellektuellen gegenüber den literarisch offenbar uninteressierten Familienmitgliedern. Bei der Analyse der beiden Testamente soll im Folgenden daher der Versuch unternommen werden, den Spuren dieses stillschweigenden, doch grundlegenden Mißtrauens nachzugehen.

Wie bereits erwähnt, gehörte Jakob Baruch, Börnes Vater, zu den führenden jüdischen Finanziers und Geschäftsleuten Frankfurts, er trat sogar als Gesandter beim Wiener Kongreß im Interesse der Frankfurter Judenschaft auf. Doch schon Börnes Großvater, Simon Baruch (1716-1802), hatte es zum Hoffaktor gebracht und erfreute sich der besonderen Gunst der Kaiserin Maria Theresia.[314] Sein

---

Frankfurt beim Stadtgericht liegt". [24. August 1830, unveröffentlicht.] – In: Stadt- und Universitätsbibliothek Frankfurt am Main, Handschriften- und Inkunabelabteilung, Nachl. L. Börne E XX, Nr. 40b, Bl.83-86; Handschriftliche Abschrift von unbekannt von Jacob Baruchs Testament [17. Juni 1825], und vom ergänzenden Nachtrag [10. Januar 1827]. [Unveröffentlicht.] – In: Stadt- und Universitätsbibliothek Frankfurt am Main, Handschriften- und Inkunabelabteilung, Nachl. L. Börne E XX, Nr. 35, Bl.63-68. Zitate aus den letztwilligen Verfügungen von Börne und dessen Vater werden im laufenden Text mit den Seitenzahlen der Handschriften ausgewiesen; die Seitenzahlen im Falle von Börnes Testament beziehen sich auf die als erste angeführte Abschrift.

314 Zu Jakob Baruch s. Bock, Helmut: Ludwig Börne. Vom Gettojuden zum Nationalschriftsteller. – Berlin: Rütten & Loening 1962, S.39f.

Testament hat Jakob Baruch zwei Jahre vor seinem Tod, im Lebensalter von zweiundsechzig Jahren, am 17. Juni 1825 gemacht und in seinem Todesjahr, am 10. Januar 1827, noch durch ein Kodizill abgeändert. Beide Texte, sowohl die letztwilligen Verfügungen selbst als auch das Kodizill, sind einer Betrachtung wert, denn beide verraten einiges vom problematischen Verhältnis zwischen Vater und Sohn.

Nachdem Jakob Baruch in seinem letzten Willen[315] seine Gattin Gundula Gumperz auf eine recht großzügige Weise versorgt und finanziell sichergestellt hatte, setzte er seine vier Kinder zu seinen Universalerben ein. Doch erstens geschah die Erbeinsetzung nicht zu gleichen Teilen und zweitens enthielt sie merkwürdige Einschränkungen gerade in Bezug auf den Erbteil des einzigen Sohnes, der sich durch seine Berufswahl der Familientradition entfremdet hatte. Daß die bereits verheiratete Tochter Margulis nach der Verfügung des Vaters nur halb so viel wie ihre Brüder erben sollte, wäre freilich noch nichts Außergewöhnliches; doch auch Börne selbst – im Testament noch Juda Loeb Baruch genannt[316] – wurde seinen beiden Brüdern deutlich hintangesetzt, zwar nicht was seinen Erbteil selbst, sondern was dessen Verwaltung betraf. Die einschlägige Stelle in den letztwilligen Verfügungen des Vaters lautet wie folgt: „Nach diesen Vorbemerkungen u[nd]. Verordnungen setze ich folgende meine 4 liebe Kinder, die Gott segnen wolle, nun zu meinen Erben hiermit ein, als nämlich: / 1) meinen lieben Sohn, *Simon Baruch* / 2) meinen lieben Sohn, *Juda Loeb Baruch* / 3) meinen lieben Sohn, *Feist Baruch* / 4) u[nd]. endlich meine liebe Tochter *Margulis Baruch*, verehelichte *Beer Spiro;* jedoch so u[nd]. dergestallt, daß zwar meine Söhne, *Simon* u[nd]. *Feist Baruch*, jeder einen ganzen männlichen Erbtheil, das ist, ein jeder zwei Siebentheile meines gesammten Nachlasses *pure*, das heißt, ohne alle Einschränkung empfängt, meinen lieben Sohn *Juda Loeb Baruch* hingegen zwar in gleicher Erbportion von zwei Siebentheil, jedoch nur unter der Bedingung eingesetzt seyn solle, daß er sich der, weiter unten angeordneten Administration der auf ihn fallenden Erbportion, unterwirft, widrigenfalls derselbe ausdrücklich auf den Pflichttheil *reducirt*, u[nd]. nur in diesen hiermit erblich instituirt wird." (sic!, S.3f., Herv. im Original.)

---

315 Jakob Baruchs Testament beginnt übrigens mit einer Einleitungsformel, die in komprimierter Form viel Traditionelles enthält: „Die Gewißheit des Todes und Ungewißheit der Stunde desselben haben mich bewogen, bei Gottlob noch vollkommenen Geistes- u[nd]. Seelenkräften in Zeiten mein Haus zu bestellen..." (S.1.)

316 Börne trat 1818 zum Protestantismus über und änderte seinen ursprünglichen Namen Juda Löw Baruch in Ludwig Börne.

Ob nun die unter den drei Söhnen allein Börne auferlegte Einschränkung als Mißtrauen oder als wohlbegründete väterliche Vorsicht auszulegen ist, sei dahingestellt. Fest steht allerdings, daß das Testament Jakob Baruchs etwas weiter unten auch die Begründung für sie liefert. Die Begründung bezeugt auf unmißverständliche Weise, daß der Vater als erfahrener Geschäftsmann dem schriftstellernden Sohn nicht zugetraut hatte, mit Geld vernünftig umgehen zu können: „Was nun [...] / die Erbportion meines l[ieben]. Sohnes *Juda Loeb Baruch* betrifft, so will ich, weil er sich nie mit Vermögens-Umschlag, Anlag u[nd]. Verwaltung befaßt, sondern nur dem Wissenschaftlichen sich gewidmet hat, daß seine Erbportion, sie bestehe nun in Geld u[nd]. Geldeswerth, oder in Grundstücken, er möge sich verehelichen, oder nicht, unter der Administration meines Freundes *Jonas Rothschild*, oder in dessen Verhinderung vom *Chef* des *Rothschildischen* Handlungshauses u[nd]. meinen beiden *Söhnen, Simon* u[nd]. *Feist Baruch,* verbleiben, und er selbst nur die Zinsen lebenslänglich beziehen, auch falls er ohne eheliche Leibeserben verstürbe, das gesammte administrirte Vermögen, auf seine 3. Geschwister, oder wenn ein oder das andere vor ihm verstürbe, auf deren Kinder stammweise [...] erblich heimfalle, inmaßen ich dann diese so eben genannt[e]n. Personen in die Erbportion meines Sohnes, J. Loeb, auf den Fall seines kinderlosen Ablebens, hierdurch *fideicommissarisch substituiere,* während wenn sich derselbe der angeordneten Vermögens-Administration und dieser *fideicommisarischen* Substitution nicht fügen wollte, er auf den Pflichttheil, wie bereits gedacht worden, reducirt bleibt." (sic!, S.4f., Herv. im Original.)

Was bedeuten nun die einschränkenden Verfügungen im letzten Willen des Vaters in Bezug auf den unter seinen Söhnen, der „nur dem Wissenschaftlichen sich gewidmet hat", die – wenn auch ungewollt – etwas offenbar Demütigendes an sich haben? Einerseits wohl das Mißtrauen der instrumentellen Vernunft gegenüber dem Intellekt, der keine materiellen oder geschäftlichen Zwecke verfolgt. Doch darüber hinaus und konkreter auch, daß die Auslösung von Intellektuellen der ersten Generation aus ihren gutbürgerlichen Familien beinahe zwangsläufig zu Reibungen und Spannungen führen mußte. Denn Börne ist ein zwar auffallendes, jedoch keinesfalls vereinzeltes Beispiel dafür, daß gerade in der Geschichte von wohlhabenden oder gar reichen – und nicht nur jüdischen – Familien fast notwendigerweise der Fall eintrat, daß die Söhne der zweiten oder dritten Generation sich intellektuellen Berufen oder sogar der Literatur und der Kunst zuwandten, nachdem die Väter und Großväter sich durch Geschäfte bereichert hatten. Und selbst wenn diese Loslösung von Familientraditionen auf beiden Seiten akzeptiert, mit Wohlwollen zur Kenntnis genommen und sogar gefördert wurde, muß sie andererseits gerade im Fall von jüdischen Intellektuellen als besonders schmerzhaft empfunden worden sein.

Börne hat bekanntlich – auf Wunsch seines Vaters – Medizin studiert, doch ohne Ernst und ohne eigenes Interesse,[317] so daß er 1808 schließlich statt zum Doktor der Medizin zum Doktor der Philosophie an der Universität Gießen promoviert hatte und anschließend den Versuch unternahm, sich als freier Schriftsteller auf dem Literaturmarkt zu behaupten. Daß der gutbürgerliche Vater den unsteten Lebenswandel und die Schriftstellerei des Sohnes zeitlebens mit einem gewissen Unbehagen und Mißtrauen verfolgte, bezeugen zahlreiche Stellen in ihrem Briefwechsel. Ein anschauliches Beispiel für die Differenzen bietet ein Fall aus dem Jahre 1822, als dem Vater aus Wiener Hofkreisen zugesichert wurde, man werde seinen schreibgewandten und mittlerweile weit und breit bekannten Sohn protegieren, falls er sich nach Wien begeben und in den österreichischen Staatsdienst treten wolle.[318] Daß es sich dabei lediglich um einen schlauen Versuch handelte, den nunmehr gefährlich gewordenen liberalen Publizisten Börne unschädlich zu machen, war dem Vater offenbar entgangen. Auf jeden Fall richtete er in einem Brief vom 2. Dezember 1822 folgende, sicherlich wohlmeinenden Mahnungen und väterlichen Ratschläge an seinen in Paris weilenden Sohn: „Lieber Louis, ich bitte Dich, lese diesen Brief mit der nämlichen Aufmerksamkeit, wie ich den Deinigen vom 25. v. M. gelesen habe... Deine so hochgepriesene Unabhängigkeit – glaub' mir – ist prekär; wird sie oder kann sie immer bleiben? Warum sollst Du nicht endlich einmal auf festes Auskommen denken? Ich hoffe, Dir in Wien eine ehrenvolle Stelle zu verschaffen, die ganz unabhängig ist. Und glaube ja nicht, daß man von Dir Sachen fordern wird, die gegen Deine Ansicht sind, dies würde weder nützen noch frommen – und was verlierst Du dabei, wenn Du hörst, was man will, und wenn es Dir nicht gefällt, so kannst Du immer zurückkehren. Ich fasse Dich nicht, denkst Du denn nicht auf morgen? Und worin besteht Deine jetzige Glückseligkeit? Doch nicht in den 500 Francs? Also um Dein Glück willen, entschließe Dich, auf meine Kosten eine Reise nach Wien zu machen, wohin ich künftige Woche gehe. Ich beschwöre Dich, Dein Glück nicht zu verscherzen... denn es wäre gegründet. Antworte mir nicht gleich, nehme Dir einige Tage Zeit zu überlegen, und einst wirst Du es mir danken, Dich von Deiner

---

317 Medizin gehörte zur Zeit zu den wenigen Universitätsfächern, zu denen auch Juden zugelassen wurden. Zu Börnes Lehrern und Mentoren zählte u.a. Marcus Herz, einer der herausragenden Schüler Kants und Gatte der berühmten Henriette Herz.

318 Dazu s. Bock: Ludwig Börne, S.150.

Idee – denn Du stehst allein – geheilt zu haben. Leb' wohl und antworte mir vernünftig."[319]

Die Ahnungslosigkeit des Vaters in Bezug auf seinen Sohn und dessen politische Rolle ist mehr als offensichtlich. Daß an den Spannungen zwischen Vater und Sohn auch politische Differenzen einen erheblichen Anteil hatten, geht ebenfalls unzweideutig aus Börnes Worten hervor, mit denen er in einem Brief an die Gefährtin Jeanette Wohl vom 24. Dezember 1822 den Vorschlag des Vaters quittierte. Das besonders Peinliche der Situation bestand aus der Sicht des Sohnes offenbar darin, daß er sich nicht einmal imstande sah, dem Vater die Differenzen in ihren politischen Positionen begreiflich zu machen: „Liebe Freundin, was soll ich machen? Sie sind schon einmal ungeduldig geworden über diese Zweifel; Sie werden wieder sagen, nehmen Sie keinen Dienst an, oder gehen Sie gar nicht nach Wien. Das ist eben, was mir Kummer macht. Mein Vater will mein Glück begründen, er ist auch ehrgeizig, und es liegt so viel Rührendes darin, wenn ein Vater sich in seinem Sohne geehrt fühlt, daß ich ohne Schmerz nicht daran denken kann, ihm diesen Genuß versagen zu müssen. Ich habe meinem Vater schon so viel Verdruß gemacht, nicht durch Bösartigkeit, aber durch meine eigentümliche Weise zu denken und zu handeln, daß ich mich glücklich schätzen würde, ihm etwas zu Wunsche zu tun. Aber hierin könnte ich ihm nicht nachgeben. Vergebens aber wären alle meine Vorstellungen, er verstünde mich so wenig als er das Bellen eines Hundes versteht. Eine vorteilhafte Anstellung auszuschlagen! – er würde mich für wahnsinnig oder für einen schlechten leichtsinnigen Menschen halten. Mein Vater ist ein Hofmann, hat von seiner Kindheit an unter Hofleuten gelebt, mit Fürsten verkehrt. Er ist so verstockt wie ein Minister. Wenn ich mich auch aller ihm schwärmerisch dünkenden Äußerungen von Freiheit, Redlichkeit, Unabhängigkeit gegen ihn enthalten wollte, wenn ich auch, um in *seiner* Art zu reden, ihm sagte, *es sei nicht klug*, es jetzt mit den Höfen zu halten, man müsse mit den Wölfen heulen, und die Wölfe wären heute die Liberalen: er würde lachen, aber mit Ingrimm lachen. Er glaubt so fest an die Fortdauer der jetzt bestehenden Dinge, wie er an Gott glaubt."[320]

Ein Unterschied der Generationen, der Gegensatz von Geld und Intellekt sowie die politische Differenz von Untertanengesinnung und selbstbewußtem Liberalismus machten also selbst die Kommunikation zwischen Vater und Sohn unmög-

319 Zit. nach Bock: Ludwig Börne, S.430f.

320 Börne, Ludwig: Sämtliche Schriften. Hg. von Inge und Peter Rippmann. Bd.4. Briefe I. – Düsseldorf: Melzer 1968, S.510f, Herv. im Original.

lich, führten zu Reibungen und Spannungen ganz über das subjektive Wohlwollen der beiden Beteiligten hinaus.

Hegte der Vater Jakob Baruch als biederer Geschäftsmann und Untertan, wie es aus seinem letzten Willen unzweideutig hervorgeht, stillschweigende Vorbehalte gegenüber seinem schriftstellernden Sohn, so ist Börnes Testament wiederum durch nicht geringere Vorbehalte gegenüber der an Literatur offenbar uninteressierten Familie geprägt. Obwohl der Vater im Kodizill vom 10. Januar 1827, also kurz vor seinem Tode, die demütigenden Beschränkungen seiner letztwilligen Verfügungen in Bezug auf die Verwaltung des seinem Sohn Dr. Börne zufallenden Erbteils schließlich doch noch aufgehoben hatte,[321] setzte Börne, der unverheiratet und kinderlos geblieben war, in seinem Testament vom 24. August 1830, das er kurz vor seinem abermaligen Aufbruch nach Paris in seiner Vaterstadt aufsetzte,[322] im Sinne des letzten Willens seines Vaters seine Mutter und seine drei Geschwister zu Universalerben seines materiellen Vermögens ein. Doch merkwürdigerweise bildet die Erbeinsetzung in Bezug auf das materielle Vermögen nicht das Herzstück von Börnes letztwilligen Verfügungen, deren grundlegendes Anliegen gerade eine strikte Trennung zwischen materiellem und geistigem Besitz – also literarischem Nachlaß – ist.

Nicht nur, daß dem literarischen Nachlaß in Börnes Testament relativ viel Raum und eingehende Verfügungen gewidmet wurden, sondern der Erblasser war auch offensichtlich bemüht, seinen literarischen Nachlaß eventuellen Zugriffen seiner Familienmitglieder gänzlich zu entziehen und als Ganzes einer Person in die Hände zu legen, die sein uneingeschränktes Vertrauen genoß und schon beim Entstehen seiner Hauptwerke eine maßgebliche Rolle gespielt hatte. Die einzige, die dabei in Frage kam, war Börnes langjährige Gefährtin Jeanette Wohl,[323] die der

321 Im Kodizill vom 10. Januar 1827 heißt es: „5) zu A) der hauptsächlichen Verordnungen des Testaments meinen Sohn *J.L. Baruch*, jetzt *Dr. Börne* genennt, nehme ich alles zurück, was ich vorhin im Testament über die Verwaltung u[nd]. die dereinstige Beerbung seines Erbtheils verordnet habe, als welcher völlig frei seyn solle... [...] 6) zu *B)* der hauptsächlichen Verordnungen des Testaments auch diesen ganzen Absatz *B)* nehme ich zurück, u[nd]. soll des Sohnes *Juda Löb Baruch* Erbtheil völlig frei seyn." (S.9f., Herv. im Original.)

322 Am 16. September 1830 traf Börne schon in Paris ein. Den Antritt der Reise kann man somit als Anlaß zur Abfassung seines Testaments betrachten.

323 Zu Jeanette Wohl und ihrer Bedeutung für Börne und dessen Werk s. Bock: Ludwig Börne, S.153f.; Altenhofer, Norbert: Henriette Herz und Louis Baruch – Jeanette Wohl und Ludwig Börne. – In: Ludwig Börne 1786-1837. Bearbeitet von Alfred Estermann. – Frankfurt am Main: Buchhändler-Vereinigung 1986, S.211-221.

Testator auch materiell sicherzustellen und auf jede erdenkliche Weise gegen eventuelle Anfechtungen durch seine Erben im Voraus in Schutz zu nehmen versuchte. Jeanette Wohl, Börnes langjähriger Muse, Briefpartnerin und Mitarbeiterin, wurde also in Paragraph 4 des Testaments die Sorge um den literarischen Nachlaß als Ganzes übertragen: „Hiernächst [...] 3.) sollen unmittelbar nach meinem Tode alle meine Correspondenzen, Briefschaften, Litteralien und Manuscripte ohne Unterschied, desgleichen alle in meinem Nachlasse sich vorfindende an mich gerichtete Briefe, an die gedachte Frau *Jeannette Wohl,* welcher ich das vollkommene und unbeschränkte Eigenthum dieser sämmtlichen Gegenstände gebe, zu ihrer beliebigen und freien Verfügung ausgefolgt und überliefert werden; und zu gleichmäßigem Eigenthum vermache ich derselben auch alle mir zustehende Verlagsrechte an meinen bereits herausgegebenen sowohl, als noch nicht edirten Schriften, Werken und Aufsätzen." (S.4f., Herv. im Original.) Die Familienmitglieder als Erben seines materiellen Vermögens sollten nach Börnes Wunsch nicht einmal befugt sein, seines eventuellen materiellen Wertes wegen Zugriff auf den literarischen Nachlaß zu beanspruchen. Daher die weitere Verfügung: „Insoweit einzelne der unter *No. 3* dieses vierten Artikels erwähnten Objecte zu einem Geldanschlage und einer Werthesschätzung geeignet erscheinen sollten, und von Seiten meiner Erben verlangt werden würde, daß ein solcher Werthanschlag bei Aufnahme des Nachlaßbestandes mit berücksichtigt werden möge: so ist mein ausdrücklicher Wille, daß der Pflichttheil meiner Frau Mutter unter Hinzurechnung ihrer Werthanschläge ausgerechnet und ermittelt, dann aber der Betrag dieses Pflichttheils aus dem vorhandenen sonstigen und liquiden Vermögen berichtiget und an meine Frau Mutter ausbezahlt werde, so daß das Vermächtnis jener Objecte, welche der Frau Jeannette Wohl verehelicht gewesenen *Otten* als ihr Eigenthum zufallen, von den Erbtheilen meiner Geschwister oder deren Substituirten getragen wird." (S.5f., Herv. im Original.)

Auf diese Weise veranschaulichen die letztwilligen Verfügungen des jüdischen Geschäftsmannes Jakob Baruch und seines Sohnes Ludwig Börne, des repräsentativen deutschen Publizisten des Vormärz, die Spannungen und das gegenseitige Mißtrauen, die fast zwangsläufig bei der Loslösung von Intellektuellen der ersten Generation aus lang bewährten bürgerlichen Familientraditionen entstehen.

Daß Heinrich Heine (1797-1856)[324] eine an sich schon erstaunliche Vielzahl an Testamenten und Testamentsentwürfen hinterlassen hat, ist nicht, wie es auf den

324 Aus der reichhaltigen biographischen Literatur zu Heine sind folgende Werke konsultiert worden: Strodtmann, Adolf: H. Heine's Leben und Werke. 2 Bde. – Berlin: Franz Duncker 1867, 1869; Hauschild, Jan-Christoph / Michael Werner: „Der Zweck des Lebens ist das Leben selbst". Heinrich

ersten Blick vielleicht scheinen möchte, einer ausgefallenen Passion oder einer morbiden Leidenschaft des Dichters für das Testamentschreiben zu verdanken. Vielmehr war Heine in den letzten Jahren seines Lebens durch sein gespanntes Verhältnis zu seiner gutbürgerlichen und steinreichen Hamburger Verwandtschaft immer wieder gezwungen, seine letztwilligen Verfügungen aus taktischen Gründen neu zu formulieren, falls er die Erfüllung seiner wichtigsten Anliegen nach seinem Tode auch nur halbwegs gesichert wissen wollte. Den biographischen Hintergrund von Heines immer wieder neu gefaßten Testamenten bildete namentlich der sogenannte Erbschaftsstreit, der nach dem Tode seines Oheims Salomon am 23. Dezember 1844 zwischen dessen Sohn und Universalerben Karl Heine und dem Dichter ausgebrochen war und auch noch nach der Versöhnung Spannungen hinterließ. In concreto handelte es sich dabei um Heines Enttäuschung über den letzten Willen des Onkels, der ihn nur mit einem relativ geringen Legat bedachte, bzw. um die Weiterzahlung oder Verweigerung einer Pension von 4000 – bzw. seit Heines Eheschließung im August 1841 4800 – Francs, die der Onkel Salomon dem Dichter seit 1839, wenn auch nur mündlich, für dessen Lebenszeit zugesichert hatte. Da diese Pension zu den wichtigsten Einnahmeposten im Budget des in Paris lebenden Dichters gehörte, war er entschlossen, seinen millionenschweren Vetter Karl – übrigens seinen Jugendfreund – mit allen ihm zu Gebote stehenden Mitteln zu deren Weiterzahlung zu zwingen.[325]

Will man jedoch das gespannte Verhältnis des Dichters zu seiner gutbürgerlichen Hamburger Verwandtschaft in weiteren sozial- und literaturgeschichtlichen Zusammenhängen betrachten, so handelt es sich hierbei ebenfalls um den Loslösungsprozeß von bürgerlichen Familientraditionen, im Laufe dessen fast zwangsläufig die Differenz, ja sogar Unverträglichkeit von Geld und Intellekt zutage treten mußten. Das Problem, das ebenso auch das Verhältnis Börnes zu seinem biederen und politisch ahnungslosen Vater schon belastete, erscheint in Heines Testamenten und Testamentsentwürfen sogar zugespitzt und wird ausgiebig reflektiert. Heine war also allem Anschein zum Trotz kein notorischer Testamentschreiber. Die ungewöhnliche Vielzahl seiner Testamente und Testamentsentwürfe erklärt sich aus der Notwendigkeit, durch taktisch geschickte Formulierungen und

---

Heine. Eine Biographie. 2. Auflage. – Köln: Kiepenhauer & Witsch 1997; Raddatz, Fritz J.: Taubenherz und Geierschnabel. Heinrich Heine. Eine Biographie. 2. Auflage. – Weinheim, Berlin: Beltz Quadriga 1997.

325 Zum Erbschaftsstreit s. Strodtmann: Heine's Leben und Werke, Bd.2, S.495-519; Hauschild / Werner: „Der Zweck des Lebens ist das Leben selbst", S.380-384; Raddatz: Taubenherz und Geierschnabel, S.258-267.

wiederholte Neuformulierungen gerade eine Situation mit den Mitteln des Schriftstellers zu meistern, in der der Geist allem Anschein nach dem Geld unterlegen ist. Heine selbst stellte den Erbschaftsstreit schon in diesen Zusammenhang, indem er in einem Brief an Varnhagen vom 3. Januar 1846 mit etwas übertriebener Bitterkeit bemerkte: „Der Verrath der im Schooße der Familie, wo ich waffenlos und vertrauend war, an mir verübt wurde, hat mich wie ein Blitz aus heiterer Luft getroffen und fast tödlich beschädigt; wer die Umstände erwägt, wird hierin einen Meuchelmordsversuch sehen; die schleichende Mittelmäßigkeit, die zwanzig Jahre lang harrte, ingrimmig neidisch gegen den Genius, hatte endlich ihre Siegesstunde erreicht. Im Grunde ist auch das eine alte Geschichte, die sich immer erneut."[326]

Heine hat (mindestens)[327] vier Testamente gemacht. Sie sind abgedruckt in der historisch-kritischen Gesamtausgabe seiner Werke, die zugleich auch über ihre Entstehung und Überlieferung informiert. Von den vier letztwilligen Verfügungen des Dichters sind die ersten zwei in deutscher, die letzten zwei in französischer Sprache verfaßt:

1) [Dieses ist mein Testament...], 7. März 1843;
2) [Dieses ist mein Testament, wie ich...], 27. September 1846 [mit einer Nachschrift vom 26. Februar 1847];
3) [Ceci est mon testament...], 10. Juni 1848 [in Französisch];
4) [Par devant Maître Ferdinand Ducloux...], 13. November 1851 [in Französisch, rechtsgültige Fassung].

Außer den vier letztwilligen Verfügungen bzw. in ihrem Umkreis sind noch eine Reihe von Entwürfen zur rechtsgültigen Fassung (teils in deutscher, teils in französischer Sprache) überliefert und ebenfalls in der historisch-kritischen Gesamtausgabe abgedruckt.[328]

---

326 Heine, Heinrich: Säkularausgabe. Werke, Briefwechsel, Lebenszeugnisse. Bd.22. Briefe 1842-1849. Hg. von den Nationalen Forschungs- und Gedenkstätten der klassischen deutschen Literatur in Weimar und dem Centre National de la Recherche Scientifique in Paris. – Berlin / Paris: Akademie-Verlag / Editions du CNRS 1972, S.181. Unter derselben Perspektive sprach Heine im berühmten Brief an Ferdinand Lassalle vom 27. Februar 1846 vom „Kampf des Genius mit dem Geldsak" (ebd., S.208).

327 Strodtmanns Heine-Biographie erwähnt noch weitere, anscheinend nicht überlieferte Testamente und Testamentsentwürfe.

328 Heine, Heinrich: [Testamente.] – In: Ders.: Historisch-kritische Gesamtausgabe der Werke. Hg. von Manfred Windfuhr. Bd.15. Geständnisse, Memoiren und kleinere Autobiographische Schriften. Bearb. von Gerd Heinemann. – Hamburg: Hoffmann und Campe 1982, S.204-219. Zitate aus Heines Testamenten und Testamentsentwürfen sind dieser Ausgabe entnommen und werden im laufenden Text mit den Seitenzahlen ausgewiesen.

In Heines sämtlichen Testamenten und Testamentsentwürfen erscheint der Tod als rein praktisches Problem. Was all die einschlägigen Texte miteinander verbindet, ist einerseits der jeweilige unmittelbare Anlaß ihrer Abfassung, d.i. der sich stets und unaufhaltsam verschlimmernde Gesundheitszustand des Dichters; eine Krankheit, deren Ausbrechen er unumwunden – ob mit Recht oder Unrecht, sei dahingestellt – aus dem Erbschaftsstreit erklärte;[329] andererseits die stets unveränderte Wirkungsintention. Durch geschicktes Manövrieren und vielfältige Selbststilisierungen wollte der Dichter offenbar (erstens) seine Frau Mathilde Crescence Mirat, mit der er schon seit 1835 in Paris zusammenlebte, für die Zeit nach seinem Ableben materiell sicherstellen; außerdem wollte er (zweitens) für seinen literarischen Nachlaß testamentarisch Sorge tragen. Diese zwei thematischen Schwerpunkte werden in den einzelnen Testamenten und Testamentsentwürfen Heines immer wieder neu umkreist, in eine ganze Reihe von Teilaspekten aufgefächert bzw. gelegentlich – in Abhängigkeit vom jeweiligen Stand der Dinge – durch neue Details ergänzt.

Charakteristisch für das gesamte Material ist indessen ein stilistisches Gefälle, das die einzelnen Texte in auffallender Weise voneinander unterscheidet. Es ist damit freilich nicht allein der an sich triviale Unterschied von deutschen und französischen Texten gemeint, sondern ein sofort ins Auge fallender stilistischer Unterschied zwischen den ersten, noch eigenhändig geschriebenen, anscheinend eher spontan verfaßten letztwilligen Verfügungen bzw. den Entwürfen einerseits und der letzten, rechtsgültigen Fassung des Testaments andererseits. Während nämlich die end- und rechtsgültige Fassung von Heines Testament vom 13. November 1851 als *testamentum nuncupativum* unter strengster Beobachtung sämtlicher Formvorschriften des geltenden französischen Rechts als Notariatsinstrument in französischer Sprache aufgesetzt wurde, sind die früheren, eher spontan entstandenen letztwilligen Verfügungen und Entwürfe des Dichters, was

---

329 Das Motiv der Krankheit spielt, wie noch gezeigt werden soll, auch in den Testamenten bzw. Testamentsentwürfen eine nicht unbeachtliche Rolle, obwohl Heine seinen trostlosen Gesundheitszustand dort nur implizite mit dem Erbschaftsstreit in Verbindung brachte. Um so klarer äußerte er sich hingegen u.a. in einem Brief an Campe vom 1. September 1846: „Gott verzeihe meiner Familie die Versündigung die sie an mir verschuldet. Wahrlich nicht die Geldsache, sondern die moralische Entrüstung, daß mein intimster Jugendfreund und Blutsverwandter das Wort seines Vaters nicht in Ehren gehalten hat, das hat mir die Knochen im Herzen gebrochen und ich sterbe an diesem Bruch. – Wie ich höre hat meine falsche Todesnachricht meinen Vetter sehr erschreckt; er hatte wahrlich erschreckende Gründe." (Heine: Säkularausgabe, Bd.22, S.224.) Über Heines Krankheit ist seit eh und je viel herumgerätselt worden. Dazu s. neuerdings Montanus, Henner: Der kranke Heine. – Stuttgart, Weimar: Metzler 1995.

ihre Stilqualitäten betrifft, durch ein eigentümliches Changieren zwischen Gebrauchstext und Poesie gekennzeichnet. Ihre offenbar auf handfeste lebensweltliche Zwecke gerichtete Wirkungsintention steht dabei in einem auffallenden Widerspruch zu ihrem oft ohne Abstriche als 'poetisch' oder sogar als verspielt zu bezeichnenden Stil. Dieser für 'gewöhnliche' Testamente höchst ungewöhnliche und individuell geprägte Stil diente Heine offenbar dazu, sein Dichterrecht gegenüber seiner gutbürgerlichen Verwandtschaft sogar noch hier, sogar noch auf diese zwar relativ unauffällige, jedoch um so ersprießlichere Weise geltend zu machen.

Als anschauliches Beispiel für das erwähnte stilistische Gefälle zwischen den einzelnen Texten bietet sich ein Satz aus einem der Entwürfe an, der dann erst in stark modifizierter Form in die rechtsgültige Fassung von Heines Testament übernommen wurde. Im Entwurf heißt es noch in einprägsamer Metaphorik: „Unter diesen Umständen mußte ich aus jedem Holze Pfeile schnitzen und mancher Baum mußte umgehaun werden, der noch meinem armen Weibe Früchte oder Schatten bieten konnte." (S.214) Im französischen Text der rechtsgültigen Fassung wird die grelle Metaphorik wesentlich abgedämpft. Dort heißt es nur noch: „Depuis, ma position s'est empirée, et ma maladie a fait tarir bien des ressources que j'aurais pu laisser à ma femme." (S.209)[330]

Um die Übersicht in der relativ großen Textmenge nicht zu verlieren, werde ich bei der Analyse von Heines Testamenten und Testamentsentwürfen folgendermaßen verfahren. Den Ausgangspunkt der Untersuchung wird das erste Testament des Dichters vom 7. März 1843 bilden, da es, noch vor dem Tode des Onkels Salomon, d.h. noch vor dem Erbschaftsstreit entstanden, sich schon aus diesem Grunde von der übrigen Textmenge abhebt, doch gleichzeitig schon die wichtigsten, auch später immer wieder aufgegriffenen Anliegen des Testators Heine enthält. Als Nächstes werde ich dann die während dem Erbschaftsstreit entstandenen Testamente und Testamentsentwürfe auf ihre thematischen Schwerpunkte und argumentativen Techniken hin untersuchen, wobei ich die einschlägigen Texte als eine Gesamtheit behandle und auf diese Weise Heines Argumentationslogik und Rhetorik zu rekonstruieren versuche. Zum Schluß werde ich dann die rechts-

330 In seiner Heine-Biographie hat Strodtmann die rechtsgültige Fassung der letztwilligen Verfügungen des Dichters in deutscher Übersetzung veröffentlicht. (Vgl. Strodtmann: Heine's Leben und Werke, Bd.2, S.604-608.) In seiner Übersetzung lautet die Stelle wie folgt: „Seitdem hat sich meine Lage verschlimmert und meine Krankheit hat viele Hilfsquellen versiegen machen, die ich meiner Frau hätte hinterlassen können." (Strodtmann: Heine's Leben und Werke, Bd.2, S.606.) Zitate aus Heines rechtsgültigem Testament erscheinen in den Fußnoten auch des Weiteren in Strodtmanns Übersetzung.

gültige Fassung von Heines Testament vom 13. November 1851 ins Auge fassen, um nachzuprüfen, ob und in welcher Form die in den Entwürfen durchgespielten Argumentationsmuster in die Endfassung Eingang gefunden haben.

Wie schon erwähnt, enthält bereits Heines erstes, informelles, wohl spontan, noch vor dem Erbschaftsstreit und zwar vermutlich infolge einer schlagartigen Verschlechterung des Gesundheitszustandes verfaßtes, eigenhändig und ohne rechtskundigen Beistand geschriebenes Testament vom 7. März 1843 die zwei grundlegenden Anliegen des Dichters, die auch seine späteren letztwilligen Verfügungen immer wieder neu aufgreifen: die materielle Versorgung seiner Gattin für die Zeit nach seinem Ableben und die Sorge des Dichters um den literarischen Nachlaß.

Auf zweifache Weise versuchte Heine schon in seinen ersten letztwilligen Verfügungen – wie auch in den späteren – für seine Ehefrau Sorge zu tragen. Erstens indem er sie zur Universalerbin seines gesamten Vermögens einsetzte; zweitens indem er sie der Fürsorge seiner reichen Verwandtschaft anvertraute und diese gleichzeitig durch rhetorische Taschenspielerkünste dazu zu bewegen suchte, die Sorge für seine Frau auch wirklich auf sich zu nehmen. Die einschlägige Stelle, gleich am Anfang des ersten Testaments, lautet wie folgt: „Alles was ich auf dieser Welt besitze, meine Mobilien, mein literarisches Eigenthum, Alles worauf ich nach Recht und Billigkeit Ansprüche habe überlasse ich meiner geliebten Ehefrau Mathilde Crescentia Heine, geborene Mira[t], mit welcher ich seit acht Lebensjahren in Freud und Leid verbunden gewesen. Leider sind die Güter, die ich ihr solchermaßen hinterlasse, nicht sehr beträchtlich und ich hoffe daß die edlen Herzen, die mich selber während meiner Lebenszeit so großmüthig unterstützten, auf meine Wittwe ihre Liebe übertragen werden; das ist das eigentlich bedeutendere Erbtheil, das ich meinem armen Weibe nach meinem Tode anweise: namentlich auf die Großmuth meines Oheims Salomon Heine rechnend, sterbe ich ruhig." (S.204) Die Absicht des Dichters, die Verwandten und insbesondere den reichen Onkel Salomon, den Heine ansonsten unumwunden als „furchtbare[n] Tyrann"[331] bezeichnete, durch hohe, wenn auch hohle Worte zu rühren, ist bereits hier so offenkundig, daß sie kaum der Erwähnung bedarf.

Gleich nach der Sorge um die geliebte Ehefrau folgt – an zweiter Stelle in Heines erstem Testament – die Sorge um den literarischen Nachlaß; ein Problem, das der

---

[331] So in einem Brief an Campe vom 4. (?) Februar 1845. S. Heine: Säkularausgabe, Bd.22, S.161. Zum ambivalenten Verhältnis Heines zu seinem Oheim Salomon s. Raddatz: Taubenherz und Geierschnabel, S.106-117.

Dichter auch in seinen späteren letztwilligen Verfügungen immer wieder neu zu lösen versuchte. Im ersten Testament betraute er seinen Bruder Maximilian damit, für seinen literarischen Nachlaß Sorge zu tragen und als zweiten Nachlaßverwalter brachte er hier noch dessen Freund und Studienkollegen Johann Hermann Detmold in Vorschlag, offensichtlich, weil er davon ausgegangen war, daß die beiden gemeinschaftlich und ohne Reibereien die ihnen zufallende Aufgabe besorgen werden: „Meinen Bruder Maximilian Heine, den ich immer unaussprechlich innig geliebt habe, beauftrage ich mit der Ordnung meines literarischen Eigenthums, und kann er, örtlicher Stellung wegen, sich nicht selbst damit befassen, so möge er sichere Freunde wählen, in deren Händen weder die Ehre meines Namens noch die Erwerbrechte meiner Wittwe gefährdet werden; zunächst bringe ich in dieser Beziehung unseren alten Freund den Doktor Detmold zu Hannover in Vorschlag." (Ebd.) Das Problem seines literarischen Nachlasses beschäftigte Heine offenbar in zweierlei Hinsicht; erstens als das Fundament seines wohlverdienten Dichterruhms und zweitens als Erwerbsquelle.[332] Wie die zitierte Passage unmißverständlich bezeugt, wollte er seinen literarischen Nachlaß Händen anvertrauen, die in beiderlei Hinsicht als sicher und verläßlich gelten konnten.

Vom zweiten Testament an wurde dann das Problem des literarischen Nachlasses von Heine konkretisiert und in zwei Bereiche aufgeteilt. Es kam nämlich zu einer Trennung des 'privaten' Nachlasses von der Herausgeberfrage der bei Campe geplanten Gesamtausgabe der Werke, wobei der Dichter beiden Bereichen besondere Vorsicht und Aufmerksamkeit widmete. Der 'private' Nachlaß mußte nämlich, wie noch ausgeführt werden soll, wegen der nach wie vor bestehenden Spannungen zwischen Heine und seiner Verwandtschaft besonders vertraulich gehandhabt werden; was hingegen das Problem der Gesamtausgabe besonders akut machte, war der Umstand, daß der Dichter mit der Zeit immer mehr davon ausgehen mußte, daß er sie nicht mehr selbst wird besorgen können. Daher hatte er in den späteren Testamenten und Entwürfen nach dem jeweiligen Stand seiner persönlichen Beziehungen immer wieder neue Nachlaßverwalter und Herausgeber auserkoren.

Im Folgenden wenden wir uns nun Heines Testamenten und Testamentsentwürfen zu, die vor der end- und rechtsgültigen Fassung vom 13. November 1851, doch schon nach dem Tode des Onkels Salomon, also in der Zeit des Erbschaftsstreites und danach entstanden sind. Die einschlägigen Texte werden dabei, wie schon erwähnt, als eine Gesamtheit betrachtet, was einerseits sicherlich eine gewisse

332 Zu Heines Verhältnis zum „literarischen Eigentum" s. Hauschild / Werner: „Der Zweck des Lebens ist das Leben selbst", S.456-465.

Vereinheitlichung zur Folge haben wird, doch andererseits – da die Entwürfe ja ohne Ausnahme Fragment geblieben sind, d.h. jeweils nur Teilaspekte der den Testator Heine beschäftigenden Problemkreise behandeln – überhaupt erst die Rekonstruktion der Logik und der Rhetorik von Heines Argumentation möglich macht.

Um Heines Argumentation nachvollziehen zu können, muß man sich vor allem vergegenwärtigen, daß der Dichter sich in der Zeit des Erbschaftsstreites einer wahrlich mißlichen Situation gegenübergestellt sah. Tatsache ist, daß Heine ein wohlhabender, wenn vielleicht auch nicht gerade reicher Mann war, und daß er in Paris einen aufwendigen, äußerst kostspieligen Lebensstil pflegte.[333] Tatsache ist auch, daß die ärztliche Behandlung seiner Krankheit ihm recht teuer zu stehen kam. Und nun stand die durch den Oheim Salomon gewährte Pension, eine seiner derzeit wichtigsten Einnahmequellen auf dem Spiel. Daß sein nicht gerade spießbürgerlich zu nennender Lebenswandel, seine unaufhörlichen Sticheleien und seine wiederholten Erpressungsversuche mit den gefürchteten, doch in Wirklichkeit vermutlich nie geschriebenen Memoiren[334] seiner reichen Verwandtschaft ein Dorn im Auge waren, ist leicht zu verstehen. Daher umkreisen Heines Testamente und Testamentsentwürfe in unzähligen Variationen und in leicht durchschaubarer Selbststilisierung immer wieder dieselben zwei Fragen: Wer trägt die Schuld am – allerdings nur erdichteten – Bankrott des Dichters? Und: Wer sorgt nach dessen Tode für seine Ehefrau? Diesen zwei Grundfragen entsprechend bezeugen die einschlägigen Texte eine zweifache Wirkungsintention: Der Testator Heine versuchte sich (erstens) vor seinen gutbürgerlichen Verwandten als zwar verarmten, doch – auch in ihrem Sinne – vernünftigen und ehrlichen Mann zu rechtfertigen, weil er (zweitens) seine Ehefrau eben der Fürsorge dieser gerade erst befehdeten reichen und gutbürgerlichen Verwandtschaft anzuempfehlen gedachte.

Was die Sache also zusätzlich erschwerte, war wohl der Umstand, daß die gerade erst noch befehdete reiche Verwandtschaft für die vorgesehene Fürsorge für die nachmalige Witwe des Dichters zunächst einmal gewonnen werden mußte. Dies ging aber offenbar nicht anders als dadurch, daß Heine sich eine Rolle aufzwang, d.h. sich anschickte, seine Zerknirschung und seine Reue wegen seinem „unsinnigen" Verhalten im Erbschaftsstreit geradezu plakativ zur Schau zu tragen. Um

---

333 Zu Heines Vermögensverhältnissen bzw. zu seinem Verhältnis zum Geld s. Raddatz: Taubenherz und Geierschnabel, S.106-117. Exakte Angaben und Nachrechnungen zu Heines Lebensstil und Budget s. bei Hauschild / Werner: „Der Zweck des Lebens ist das Leben selbst", S.203-215.

334 Zum Mythos von Heines Memoiren s. Hauschild / Werner: „Der Zweck des Lebens ist das Leben selbst", S.592-598.

sich zu rechtfertigen, berief er sich also in einem der Testamentsentwürfe, der bezeichnenderweise mit den Worten „Es ist nicht meine Schuld..." (S.214) beginnt, darauf, daß der Onkel Salomon ihm einstmals wiederholt eine reiche und glänzende Zukunft prophezeit habe, so daß das relativ geringe Legat von 8000 Mark banco, mit dem er ihn in seinen letztwilligen Verfügungen tatsächlich bedachte, ihm geradezu wie ein Rätsel vorkommen mußte. Dieses „Rätsel" sollte nun die plausible psychologische Erklärung für sein Verhalten im Erbschaftsstreit liefern und dieses „unwürdige" Verhalten gegenüber seinen „edlen" und stets „liebreichen" Verwandten zugleich als einen gleichsam im tobsüchtigen Zustande begangenen „Fehler" entschuldigen: „Der Lösung dieses Räthsels nachgrübelnd und immer wieder vergebens nachgrübelnd, mußte ich auf die tenebrösesten Gedanken gerathen, meinen Unmuth selbstquälerisch steigern bis zur Unsinnigkeit, und in diesem Gemüthszustande konnte es wohl geschehen, daß ich diejenigen, die es am wenigsten verdienten, am härtesten anließ, und mit eben so thörigten wie unwürdigen Worten, beleidigte ich den edelsten und liebreichsten der Menschen, den Freund meiner Jugend. Ich habe diesen Fehler durch langjährige Leiden sattsam abgebüßt, und kann dennoch die Welt nicht verlassen, ohne feyerlich meine Reue darüber auszusprechen." (S.215)

Als ebenfalls demütig dargebrachten Beweis der Reue und Zerknirschung sollte die Verwandtschaft offenbar auch die rührend-pathetische Darstellung der Versöhnungsszene zwischen dem Dichter und seinem Vetter Karl Heine hinnehmen; eine Versöhnung, die am 25. Februar 1847 beim Besuch Karls in Paris stattgefunden hat. Gleich am Tag darauf fügte Heine nämlich seinem zweiten Testament vom 27. September 1846 schon eine Nachschrift zu, die eine in ihrer übertriebenen Theatralität fast ins Lächerliche umschlagende Darstellung der Versöhnungsszene enthält: „Seitdem ich dieses Testament schrieb, hat eine Aussöhnung zwischen mir und meinem Vetter Carl Heine statt gefunden und die Ausdrücke womit ich ihm oben meine überlebende Gattin empfahl sind heute nicht mehr die geziemenden; denn als ich ihn *gestern* in dieser Beziehung sprach, beschämte er mich fast durch den Vorwurf wie ich nur im mindesten daran zweifeln konnte, daß er nicht für meine Wittwe hinlänglich sorgen würde, und mit der liebreichsten Bereitwilligkeit übernahm er die Verpflichtung meiner Frau nach meinem Tode die Hälfte meiner Pension lebenslänglich auszuzahlen; – ja er verrieth hier wieder sein ganzes edles Gemüth, seine ganze Liebe, und als er mir zum Pfande seines feyerlichen Versprechens die Hand reichte, drückte ich sie an meine Lippen, so tief war ich erschüttert und so sehr glich er in diesem Momente seinem seligen Vater, meinem armen Oheim, dem ich so oft wie ein Kind die Hand küßte wenn er mir eine Güte erwies!" (S.206, Herv. im Original)

Die rührselige Darstellung der Versöhnungsszene mit dem demütigen Handkuß geistert in verschiedenen Fassungen durch Heines Testamente und Testamentsentwürfe; sie geht, wenn auch in etwas abgemilderter Form, sogar noch in die end- und rechtsgültige Fassung der letztwilligen Verfügungen ein. Doch die Darstellung hat gleich zwei Haken. Erstens ist die Wirkungsabsicht, die Verwandten durch die Demonstration der Unterwürfigkeit zu Tränen zu rühren, dermaßen offensichtlich und derart zynisch kalkuliert, daß sie beinahe schon in ihr Gegenteil umzuschlagen droht. Denn Heine muß seine Hamburger Verwandten als wahrlich einfältige Tölpel und gleichzeitig als rührselige Weichlinge betrachtet haben, wenn er meinte, sie durch derart billige Theatralität erweichen zu können. Außerdem verschleiert die rührselige Darstellung der Versöhnungsszene ein wenig die Tatbestände. Der Vetter Karl erklärte sich nämlich bei seinem Besuch bei Heine zwar bereit, die Pension weiter auszuzahlen und deren Hälfte nach dem Ableben des Dichters auf dessen Witwe zu übertragen, „jedoch unter der ausdrücklichen Bedingung, daß weder bei Lebzeiten, noch nach dem Tode H. Heine's irgend ein Schriftstück Desselben publiciert würde, dessen Veröffentlichung im Mindesten kränkend für die Familie Karl Heine's oder für die Verwandten seiner Frau [...] sei. [...] Er äußerte die bestimmte Drohung, der Wittwe Desselben jegliche Unterstützung entziehen zu wollen, so bald irgend ein derartiges Schriftstück, geschehe es selbst wider Willen des Verfassers und lange nach seinem Tode, das Licht der Welt erblicke."[335] Dies war wohl die adäquate Antwort auf Heines wiederholte Erpressungsversuche; eine Sprache, die anscheinend auch der Dichter gut verstand. Daher seine bereits erwähnte Sorgsamkeit in Bezug auf seinen 'privaten' Nachlaß, der von nun an als etwas besonders Heikles und Vertrauliches angesehen und daher in den späteren letztwilligen Verfügungen vom 'öffentlichen' literarischen Nachlaß getrennt werden mußte. Der Dichter war gezwungen, sich in Bezug auf Familienangelegenheiten die strengste Selbstzensur aufzuerlegen: „Heinrich Heine war daher ängstlich besorgt, in seinen Papieren jedes herbe Wort über seinen Vetter und Dessen Familie auszumerzen, im Gespräche mit Freunden und Bekannten jede Äußerung der Klage und des Unmuths über Karl Heine zu vermeiden, und Demselben sogar eine Art öffentlicher Ehrenerklärung zu geben, als im Jahre 1849 das irrige Gerücht einer gänzlichen Vernachlässigung des Kranken von Seiten seiner reichen Verwandten die Presse durchlief."[336]

---

335 Strodtmann: Heine's Leben und Werke, Bd.2, S.515.

336 Strodtmann: Heine's Leben und Werke, Bd.2, S.515.

Wer trägt nun aber die Schuld am angeblichen Ruin des Dichters? Bei der Beantwortung dieser Kardinalfrage spielte Heine in seinen Testamenten und Testamentsentwürfen die verschiedensten Möglichkeiten durch, wobei er allerdings stets bemüht war, jegliche Schuld von sich selbst abzuwälzen und, so gut es ging, alles Personen oder Instanzen in die Schuhe zu schieben, mit denen weder er selbst noch seine Verwandten das Geringste zu tun hatten. Auf diese Weise stilisierte Heine sich selbst nicht bloß zum armen Mann, sondern auch zum unschuldigen Opfer und sein Leben zu einer ununterbrochenen Kette von Unglücksfällen, für die weder er noch seine Verwandten etwas konnten. Durch diese wohlkalkulierte Darstellung versuchte er jedoch nicht nur sein 'Publikum' zu rühren, sondern sich gleichzeitig als – auch im Wortverstand seiner gutbürgerlichen Verwandtschaft – vernünftigen, ehrlichen und höchst vertrauenswürdigen Mann auszuweisen.

Bei all dem legte Heine großen Wert darauf, daß die Schuld am angeblichen Bankrott ihm nicht einmal indirekt – etwa unter Berufung auf sein Dichtertum – aufgebürdet werden konnte. Daher artete der Anfang des bereits erwähnten Entwurfs „Es ist nicht meine Schuld..." zu einem regelrechten Traktat darüber aus, daß Dichtertum und Geschäftssinn – im Wortverstand seiner Verwandten also gesunder Menschenverstand – sich durchaus vertragen, sogar in ein und derselben Person vereinigt sein können. Dabei drehte Heine sogar den Spieß um und baute die Polemik gegen das romantische Dichterbild unter der Hand zu einem Statement gegen die Spießbürgerlichkeit aus: „Es ist nicht meine Schuld, wenn der Gesammtbetrag alles dessen was ich hinterlasse, nur gering ist, und ich in einem Zustande, der an Dürftigkeit grenzt, mein Leben beschließe. Auch die deutsche Muse ist nicht schuld daran, und ich bemerke solches ausdrücklich, um nicht jener Meinung Vorschub zu leisten, als sey die Poesie eine fatale Gabe, die ihren Besitzer zum Erwerb und zur Verwaltung unfähig mache, als sey der Poet von Natur unpraktisch und deßhalb hienieden zu Armuth und Elend verdammt. Die Mittelmäßigkeit hat diese Meinung ausgeheckt, um der Welt einzureden, ihre eigene poetische Inkapazität sey eine Bürgschaft ihrer Geschicklichkeit in Verwaltung häuslicher oder öffentlicher Geschäfte. [...] Nein, der wahre Dichter kann auch ein guter Geschäftsmann seyn, wie die großen Italiener der Renaissance und in unserer Zeit Wolfgang Goethe gezeigt haben..." (S.214) Die Polemik gegen das romantische Bild des brotlosen Dichters, der in der 'harten' bürgerlichen Lebenswelt nicht zurechtkommt, mag durchaus berechtigt sein – Heine führte sie ja auch sonst in seinen Werken. Doch daß der Dichter sich je in der Gefahr befand, sein Leben „in einem Zustande, der an Dürftigkeit grenzt", zu beschließen, ist eine – gelinde gesagt – etwas zu starke Selbststilisierung, die beinahe an eine glatte Lüge grenzt.

Wie dem auch sei, Heine schilderte seine Situation im selben Entwurf in offensichtlicher Analogie zu der des biblischen Hiob: „Nur Du, o Gott! bist der wahre Urheber meines Untergangs [...]. O Gott! Du wolltest, daß ich zu Grunde ging, und ich ging zu Grunde. Gelobt sey der Herr! Er hat mich herabgestürzt von dem Postamente meines Stolzes, und ich, der ich in meinem dialektischen Dünkel mich selber für einen Gott hielt, und Gefühle hegte und Tugenden übte, die nur einem Gotte ziemten – ich liege jetzt am Boden, arm und elend, und krümme mich wie ein Wurm. Gelobt sey der Herr! Ich trage mit Ergebung meine Qualen, und ich leere den Kelch der Erniedrigungen ohne mit den Lippen zu zucken, bis zum letzten Tropfen. Weiß ich doch, daß ich aus dieser Erniedrigung auferstehe, gerechtfertigt, geheiligt und gefeyert." (S.215f.)

In der Passage, deren wahrlich biblisches Pathos allerdings nicht ganz authentisch aus dem Munde des Ironikers und Spötters Heine ertönt, ist der erste und Hauptschuldige am – wie gesagt, bloß erdichteten – Ruin des Dichters benannt: Gott selber. Die Schuldzuweisung ist jedoch dermaßen allgemein gehalten und so stark literarisch vorgeprägt, daß sie ihre Glaubwürdigkeit schon dadurch in hohem Grade einbüßt. Auf jeden Fall klingt hier gleichzeitig auch Heines aufsehenerregende Bekehrung zum christlichen Glauben gegen Ende seines Lebens an, die zahlreiche Zeitgenossen ihm sofort zugute hielten.[337] Mag diese vielgerühmte Bekehrung noch so zweideutig gewesen sein,[338] hier hat ihre Herauskehrung

---

[337] Dazu s. u.a. den *Schluß* von Eichendorffs *Geschichte der poetischen Literatur Deutschlands* [1857], wo es heißt: „Viele der neueren Schauspiele, und bei weitem die meisten unserer sozialen Romane, sind offenbare Studien zu diesem Simonismus der Sinnlichkeit. Vorzüglich aber ist dieses menschenfreundliche Evangelium in alle Welt ausgefahren durch unsere modernste Lyrik, die in der Tat bereits ihre Saturnalien feiert und das goldene Kalb des Materialismus jauchzend umtanzt. Einige Melancholiker unter ihnen spielen zwar nebenbei auch noch die Zerrissenen, und haben Byron's finstere Maske angetan. Allein Byron war wirklich zerrissen, was immerhin einen tragischen Effekt macht; diese Poeten dagegen zerreißen kindisch sich selbst, oder lassen sich vielmehr von ihren imaginären Bestien zerreißen, um wie römische Gladiatoren in der Arena zum Ergötzen des erstaunten Publikums in malerischen Stellungen zu verbluten. Der maitre de plaisir aber auf diesem Karneval ist Heinrich Heine; und es dürfte die Schar seiner Nachtänzer billig entrüsten, daß er, wie es heißt, in seinem Testament sich herabgelassen hat, wieder Gott einzusetzen und die Unsterblichkeit der Seele zu dekretieren." (Eichendorff, Joseph von: Geschichte der poetischen Literatur Deutschlands. – In: Ders.: Werke in sechs Bänden. Bd.6. Geschichte der Poesie. Schriften zur Literaturgeschichte. Hg. von Hartwig Schultz. – Frankfurt am Main: Deutscher Klassiker Verlag 1990, S.805-1074; hier S.1071.)

[338] Es fehlte ja nicht an ironisch-zynischen Kommentaren, mit denen Heine seine eigene Bekehrung begleitete. Zu Alfred Meißner sagte er z.B. im Januar 1849: „In der That, es ist seit einiger Zeit eine religiöse Reaktion bei mir eingetreten. Weiß Gott, ob Das mit der Morphine, ob mit den Kataplasmen zusammenhängt. Es ist so. Ich glaube wieder an den persönlichen Gott. Dahin kömmt man, wenn man krank ist, todkrank und gebrochen! Machen Sie mir kein Verbrechen

offenbar die Funktion, die Biederkeit und Glaubwürdigkeit des Testators, der mit seiner gotteslästerlichen Vergangenheit nunmehr abgerechnet habe, in den Augen seines 'Publikums' zu steigern.

An anderer Stelle konnte Heine jedoch nicht umhin, die eigene Schuld am angeblichen Bankrott wenigstens bis zu einem gewissen Grade doch einzugestehen. Verschuldet habe er den Ruin allerdings nicht durch die Schlechtigkeit, sondern – ganz im Gegenteil – durch die Vorzüglichkeit, Festigkeit und Aufrichtigkeit seines Charakters. In einer stark rhetorisch-rhythmisch stilisierten Passage am Anfang des zweiten Testaments vom 27. September 1846 heißt es: „Obgleich ich von der Natur und vom Glücke mehr als andre Menschen begünstigt ward; obgleich es mir zur Ausbeutung meiner Geistesgaben weder an Verstand noch an Gelegenheit gebrach; obgleich ich, aufs engste befreundet mit den Reichsten und Mächtigsten dieser Erde, nur zuzugreifen brauchte um Geld und Aemter zu erlangen: so sterbe ich dennoch ohne Vermögen und Würden, im Exil und Arm. Mein Herz hat es so gewollt, denn ich liebte immer die Wahrheit und verabscheute die Lüge." (S.205) Also doch ein aufrichtiger und vertrauenswürdiger Mann, der sein ganzes Unglück einzig und allein seinem festen und erhabenen Charakter zu verdanken hat.

Freilich gab es noch weitere Personen und Instanzen, die jeweils das Ihrige dazu beigetragen haben sollen, den ehrlichen, aber arglosen Mann unverdienterweise in den Abgrund zu stürzen. Sein Onkel Salomon habe ihn durch seine wiederholten Versprechungen einer reichen und glänzenden Zukunft lange Zeit hindurch davon abgehalten, ernsthaft an Gelderwerb zu denken; und gerade in dem Moment, als er sich endlich anschicken wollte, selbst Geld zu erwerben, brach seine fatale Krankheit aus, die all seine Pläne vollends vereitelte. Im Entwurf „Meine Hinterlassenschaft ist sehr gringfügig..." schildert Heine den unheilvollen Zusammenhang der Dinge wie folgt: „Ich glaubte damals, einer wohlhabenden Zukunft entgegen zu gehen; hatte mir doch mein Oheim, in liebreichen Stunden, wiederholentlich prophezeit daß ich einst ein reicher Mann würde; – und er war großmüthig und geistreich und geldreich genug um diese Prophez[ey]ung in Erfüllung bringen zu können. [...] Die Todten können nicht sprechen können sich nicht vertheidigen, und ich habe nie bestimmt ermittelt warum mein Oheim durch keine testamentarischen Verfügungen etwas ernsthaftes für meine Vermögensumstände

---

daraus! Acceptiert doch das deutsche Volk in seiner Noth den König von Preußen, warum soll ich nicht den persönlichen Gott acceptieren?" (Zit. nach Strodtmann: Heine's Leben und Werke, Bd.2, S.545.) Zu Heines Bekehrung s. auch Hauschild / Werner: „Der Zweck des Lebens ist das Leben selbst", S.530-533; Raddatz: Taubenherz und Geierschnabel, S.286-292.

gethan. Es wäre mir leicht gewesen dieselben durch Ausbeutung meiner Talente zu fördern, ich dachte jetzt, zum erst[en] mal in meinem Leben, an Erwerb, aber es war zu spät, denn zu derselben Zeit fühlte ich mich ergriffen von der fatale[n] Krankheit, woran ich sterbe, und die mir alle große Anstrengung unmöglich [machte]." (S.213) Heine kam also doch nicht umhin, die Schuld des Onkels Salomon – trotz persönlicher Vorzüge wie Großmut und Geist – an seinem angeblichen Bankrott sowie den Zusammenhang seiner Krankheit mit dem Erbschaftsstreit wenigstens anzudeuten. Daß der Erbschaftsstreit wiederum durch mysteriöse „Feinde" geschürt worden war, die den „Fehler" des Testators erst provozierten, um ihn dann auszubeuten, und zwar „mit einer Grausamkeit, die alle Begriffe übersteigt" (S.215), versteht sich ja nach all dem beinahe von selbst.

Indessen sollte der sonst großmütige und geistreiche Oheim auch noch die Schuld daran tragen, daß der Dichter sein literarisches Eigentum vergeudet habe und einem gewissenlosen Verleger in die Hände gefallen sei. Die Fadenscheinigkeit dieser Schuldzuweisung erhellt sich freilich allein schon aus dem Umstand, daß der Testator trotz allem nicht im Geringsten daran zu denken schien, etwas am Vertrag mit seinem „Freund" und Verleger Campe zu ändern. Um so einleuchtender muß die Darstellung dieser Beziehung jedoch für die gutbürgerlichen Verwandten gewesen sein. Handelte es sich ja im Falle des Verlegers Campe schließlich auch nur um einen Hamburger Geschäftsmann, so daß nichts selbstverständlicher schien, als daß er versucht haben muß, seinen ahnungslosen Autor zu prellen.[339] In einem der letzten Entwürfe, „Ich bitte meine Frau...", heißt es: „Da mein Freund Julius Campe in Hamburg sich bey mir beklagt hat, daß Personen meiner nächsten Anverwandtschaft sich dahin geäußert hätten, als könnten sie nach meinem Absterben meinen Contrakt mit seiner Buchhandlung rechtsmäßig umstoßen, so erkläre ich ausdrücklich daß diesem Contrakt im buchstäblichen Sinne seine Rechtsgültigkeit verbleiben solle, wenn gleich es wahr ist, daß ich denselben unter irrigen Voraussetzungen zu einer Zeit abschloß, wo ich entfernt von [dem] deutschen Büchermarkt lebend, über den merkantilischen Werth meiner Werke

339 Am 13. April 1837 schloß Heine zwar in der Tat einen nicht gerade vorteilhaften Vertrag mit Campe, indem er ihm die Rechte an einer Gesamtausgabe für 20.000 Francs für eine Dauer von elf Jahren verkaufte. Doch dieser Vertrag wurde am 5. Dezember 1843 revidiert, so daß Heine bzw. seiner Witwe als Honorar für die Rechte an der Gesamtausgabe von nun an eine Pension von 1200 Mark banco jährlich zugesichert war. Es ist wohl kein Zufall, daß in den Testamenten und Entwürfen Heines nirgends von dieser Pension die Rede ist. Im übrigen behandelte der Dichter seinen Verleger mit derselben Unverfrorenheit wie auch seine Verwandten, so daß dieser zwischen 1848 und 1851 den Briefverkehr mit seinem Autor gänzlich eingestellt hatte.

nicht genau unterrichtet seyn konnte und ich auch durch die letztwilligen Verfügungen meines Oheims Salomon Heine in Hamburg einer sorglosen Zukunft sicher zu seyn glaubte. Es war hier nicht eigentlich der bekannte Leichtsinn der Dichter im Spiele, als ich damals meine literarischen Eigenthumsrechte zu höchst nachteiligen Bedingungen veralienirte, sondern ich wollte sehr verwickelten Controversen durch ein Opfer gänzlich entgehen und zugleich auch meinem erwähnten Oheim, den die bloße Idee eines Prozesses zwischen mir und meinem Verleger in Hamburg inquietirte, das Schauspiel eines solchen Scandals ersparen." (S.217) Die Passage enthält ein eigentümliches, allerdings nicht ganz haltlos erscheinendes Gewebe aus Dichtung und Wahrheit. Einerseits spielt Heine nämlich auf die – übrigens von ihm selbst angezettelten – recht gehässigen Auftritte seines Bruders Gustav bei Campe im Sommer 1852 an,[340] andererseits handelt es sich im Falle des Prozesses Heine contra Campe in der Tat um eine „bloße Idee", nämlich eine Idee, die Heine erst bei der Niederschrift der Testamentsentwürfe erdichtet hatte.

Doch damit immer noch nicht genug des unverschuldeten Unglücks. Es mußte auch noch die 48er Revolution in Paris ausbrechen, um den „braven Mann", der den letzten Rest seines kleinen Vermögens wohlgemerkt in den solidesten Aktien angelegt hatte, vollends zu ruinieren. Im Entwurf „Meine Hinterlassenschaft ist sehr gringfügig..." heißt es: „Seitdem [seit der Aussöhnung mit Karl Heine, I.K.] sind noch trübere Tage über mich gekommen und der 24 Februar 1848 hat wie so manchen andern braven Mann auch mich zu Grunde gerichtet. Der arme Nothpfennig, den ich damals noch besaß und in den solidesten Effekten, nam[en]tlich in Akzionen der Gouinschen Bank, bestand, ging gänzlich verloren und es blieb mir nur eine Last von Verpflichtungen." (S.213f.) Daß Heine in Wirklichkeit bis in die letzten Tage seines Lebens waghalsige Börsenspekulationen tätigte, bei denen er gelegentlich empfindliche Verluste erlitt, war indessen kein Geheimnis.[341]

Fassen wir also zusammen: Dichtertum und Geschäftssinn widersprechen sich nicht im Geringsten; es tragen vielmehr Gott selbst, der ansonsten großmütige und geistreiche Onkel Salomon, die Krankheit, die mysteriösen Feinde, der gewissenlose Verleger Campe und die 48er Revolution die volle Schuld am angeblichen Bankrott des ehrlichen, biederen und vertrauenswürdigen Dichters.

Im Folgenden wollen wir nun prüfen, ob und in welcher Weise diese oft fadenscheinige Selbststilisierung, dieses kunstvolle Gewebe von Fiktion und Wirklich-

340 Dazu s. Strodtmann: Heine's Leben und Werke, Bd.2, S.568f.

341 Dazu s. u.a. Hauschild / Werner: „Der Zweck des Lebens ist das Leben selbst", S.513-516.

keit in die end- und rechtsgültige Fassung von Heines letztwilligen Verfügungen Eingang fand.

Sein end- und rechtsgültiges Testament machte Heine, wie schon erwähnt, am 13. November 1851 in seiner derzeitigen Pariser Wohnung, Nr. 50 der rue d'Amsterdam, vor zwei Notaren und zwei Zeugen als Notariatsinstrument nach geltendem französischem Recht und in französischer Sprache. Wie schon sein erstes Testament, ist die rechtsgültige Fassung des Testaments des Dichters immer noch von zwei grundwichtigen Anliegen geprägt; er versuchte darin, so gut es ging, für seine Ehefrau und für seinen literarischen Nachlaß Sorge zu tragen. Daher setzte er seine Gattin gleich in Paragraph 1 wieder zu seiner Universalerbin ein, während die gerade erst rekonstruierten stark selbststilisierenden Überlegungen und Argumente der früheren Fassungen und der Entwürfe in den Paragraphen 2 des rechtsgültigen letzten Willens eingeflossen sind. Er lautet wie folgt: „A une époque où je me croyais un avenir opulent, j'ai aliéné toute ma propriété littéraire à des conditions très-modestes; des événements malencontreux ont plus tard englouti le petit pécule que je possédais, et ma maladie ne me permet pas de refaire un peu ma fortune au profit de ma femme. La pension que je tiens de feu mon oncle Salomon Heine, et qui était toujours la base de mon budget, n'est assurée à ma femme qu'en partie; c'est moi-même qui l'avais voulu ainsi. Je ressens à présent les plus grands regrets de n'avoir pas mieux établi l'aisance de ma femme après ma mort. La susdite pension de mon oncle représantait dans le principe la rente d'une somme que ce bienfaiteur paternel ne se souciait pas de mettre entre mes mains de poëte inhabile aux affaires, pour mieux m'en assurer une jouissance durable. Je comptais sur cette dotation lorsque j'unis à mon sort une personne que mon oncle distinguait beaucoup et à laquelle il donnait maint témoignage d'affection. Bien qu'il n'ait rien fait pour elle d'une manière officielle dans ses dispositions testamentaires, il n'en est pas moins à présumer que cet oubli est du à un hasard fatal plutôt qu'aux sentimens du défunt; lui, dont la munificence a enrichi et doté tant de personnes étrangères à sa famille et à son cœur, ne peut pas être accusé d'une lésinerie mesquine, où il s'agissait du sort de l'épouse d'un neveu qui illustrait son nom. Les moindres gestes et paroles d'un homme qui était la générosité même, doivent être interprétés comme généreux. Fils digne de son père, mon cousin Charles Heine s'est rencontré avec moi dans ces sentimens, et c'est avec un noble empressement qu'il a obtempéré à ma demande, lorsque je l'ai prié de prendre l'engagement formel de payer après mon décès à ma femme, comme rente viagère, la moitié de la pension qui datait de feu son père. Cette stipulation a eu lieu le vingt cinq février mil huit cent quarante sept, et je suis encore ému du souvenir des nobles reproches, que mon cousin, malgré nos dissentimens d'alors, me fit au sujet de mon peu de confiance en ses intentions à l'égard de ma femme; lorsqu'il me tendit la main comme gage de sa promesse, je le pressai contre mes pauvres yeux malades, et la mouillai de larmes. Depuis, ma position s'est empirée, et ma maladie a fait tarir bien des ressources que j'aurais pu laisser à ma femme. Ces vicissitudes imprévues et d'autres raisons graves me forcent d'avoir de nouveau recours aux sentimens dignes et justes de mon cousin: je l'engage à ne pas amoindrir de la moitié ma susdite pension, en la reportant sur ma femme après ma mort, et à la lui payer intégralement, telle que je la touchais pendant la vie de mon oncle. Je dis exprès: 'telle que je la touchais pendant la vie de mon oncle', parce que depuis presque cinq ans que ma maladie a augmenté de gravité, mon cousin Charles Heine a, de fait, plus que doublé la somme de ma pension, attention généreuse pour laquelle je lui porte une grande gratitude. Il est plus que probable que je n'aurais pas eu besoin de faire cet appel à la libéraltié de mon cousin; car je suis persuadé qu'avec la première pelletée de terre qu'il jettera sur ma tombe, selon son droit comme mon plus proche parent, s'il se trouve à Paris lors de mon trépas, il oubliera tous ces vilains griefs que j'ai tant regrettés et expiés par une longue agonie; il ne se souviendra certainement alors que de notre bonne amitié d'autrefois, de cette affinité et conformité de sentimens qui nous unissaient dès notre tendre jeunesse, et il vouera une protection toute fraternelle à la veuve de son ami; mais il n'est pas inutile pour le repos des uns et des autres, que les vivans sachent ce que leur demandent les morts." (S.208f.)[342]

---

342 In Strodtmanns deutscher Übersetzung: „Zu einer Epoche, wo ich an eine begüterte Zukunft für mich glaubte, habe ich mich meines ganzen literarischen Eigenthums unter sehr mäßigen Bedingungen entäußert; unglückliche Ereignisse haben später das kleine Vermögen, welches ich besaß, verschlungen, und meine Krankheit gestattet mir nicht, meine Vermögensverhältnisse zu Gunsten meiner Frau etwas zu verbessern. Die Pension, welche ich von meinem verstorbenen Oheim Salomon Heine inne habe, und welche immer die Grundlage meines Budgets war, ist meiner Frau nur theilweise zugesichert; ich selbst hatte es so gewollt. Ich empfinde gegenwärtig das tiefste Bedauern, nicht besser für das gute Auskommen meiner Frau nach meinem Tode gesorgt zu haben. Die oben erwähnte Pension meines Oheims repräsentierte im Prinzip die Rente eines Kapitals, welches dieser väterliche Wohltäter nicht gern in meine geschäftsunkundigen Poetenhände legen wollte, um mir besser den dauernden Genuß davon zu sichern. Ich rechnete auf dies mir zugewiesene Einkommen, als ich eine Person an mein Schicksal knüpfte, die mein Oheim sehr schätzte, und der er manches Zeichen liebevoller Zuneigung gab. Obwohl er in seinen testamentarischen Verfügungen Nichts in officieller Weise für sie gethan hat, so ist doch nichtsdestoweniger anzunehmen, daß solches Vergessen vielmehr einem unseligen Zufalle als den Gefühlen des Verstorbenen beizumessen ist; er, dessen Freigebigkeit so viele Personen bereichert hat, die seiner Familie und seinem Herzen fremd waren, darf nicht einer kärglichen Knauserei beschuldigt werden, wo es sich um das Schicksal der Gemahlin eines Neffen handelte, der seinen

Dieser Paragraph 2, der selbst rein umfangsmäßig schon einen wesentlichen Teil des rechtsgültigen letzten Willens von Heine ausmacht, ist ohne Abstriche als wahre Meisterleistung der Rhetorik und der Selbststilisierung zu bezeichnen. Der Testator-Dichter bot darin ein ganzes Arsenal von Mitteln der Überredung auf, um seinen Zweck, nach seinem Ableben die Übertragung der vollen Pension auf seine Witwe bei dem Vetter Karl zu erwirken. Da die Aufforderung an den Vetter indessen eines Rechtsgrundes entbehrte, war Heine gezwungen, alles daran zu setzen, eine möglichst starke emotionale Wirkung zu erzielen.

Vor allem stellte er sich daher – wie schon in den Entwürfen – als armen Mann und als unschuldiges Opfer von unverdienten Schicksalsschlägen dar, wobei die allzu direkten und oft krassen Schuldzuweisungen der Entwürfe wohlweislich unterdrückt wurden oder nur noch in wesentlich abgemilderter Form erschienen.

Namen berühmt machte. Die geringsten Winke und Worte eines Mannes, der die Großmuth selber war, müssen als großmüthig ausgelegt werden. Mein Vetter Karl Heine, der würdige Sohn seines Vaters, ist sich mit mir in diesen Gefühlen begegnet, und mit edler Bereitwilligkeit ist er meiner Bitte nachgekommen, als ich ihn ersuchte, die förmliche Verpflichtung zu übernehmen, nach meinem Ableben meiner Frau als lebenslängliche Rente die Hälfte der Pension zu zahlen, welche von seinem seligen Vater herrührte. Diese Übereinkunft hat am 25. Februar 1847 stattgefunden, und noch rührt mich die Erinnerung an die edlen Vorwürfe, welche mein Vetter, trotz unserer damaligen Zwistigkeiten, mir über mein geringes Vertrauen in seine Absichten Betreffs meiner Frau machte; als er mir die Hand als Unterpfand seines Versprechens reichte, drückte ich sie an meine armen kranken Augen und benetzte sie mit Thränen. Seitdem hat sich meine Lage verschlimmert und meine Krankheit hat viele Hilfsquellen versiegen machen, die ich meiner Frau hätte hinterlassen können. Diese unvorhergesehenen Wechselfälle und andere gewichtige Gründe zwingen mich, von Neuem mich an die würdigen und rechtlichen Gefühle meines Vetters zu wenden: ich fordere ihn dringend auf, meine oben erwähnte Pension nicht um die Hälfte zu schmälern, indem er sie nach meinem Tode auf meine Frau überträgt, sondern ihr dieselbe unverkürzt auszuzahlen, wie ich sie bei Lebzeiten meines Oheims bezog. Ich sage ausdrücklich: 'Wie ich sie bei Lebzeiten meines Oheims bezog', weil mein Vetter Karl Heine seit nahezu fünf Jahren, seit meine Krankheit sich stark verschlimmert hat, die Summe meiner Pension thatsächlich mehr als verdoppelte, für welche edelmüthige Aufmerksamkeit ich ihm großen Dank schulde. Es ist mehr als wahrscheinlich, daß ich nicht nöthig gehabt hätte, diesen Appell an die Freigebigkeit meines Vetters zu richten; denn ich bin überzeugt, daß er mit der ersten Schaufel Erde, die er, nach seinem Rechte als mein nächster Anverwandter, auf mein Grab werfen wird, wenn er sich zur Zeit meines Abscheidens in Paris befindet, all' jene peinlichen Beklagnisse vergessen wird, die ich so sehr bedauert und durch ein langwieriges Sterbelager gesühnt habe; er wird sich dann gewiß nur unserer einstmaligen herzlichen Freundschaft erinnern, jener Verwandtschaft und Übereinstimmung der Gefühle, die uns seit unserer zarten Jugend verband, und er wird der Wittwe seines Freundes einen echt väterlichen Schutz angedeihen lassen; aber es ist für die Ruhe der Einen wie der Andern nicht unnütz, daß die Lebenden wissen, was die Toten von ihnen begehren." (Strodtmann: Heine's Leben und Werke, Bd.2, S.605f.)

Insbesondere blieb der Oheim Salomon nunmehr von jeglichem Vorwurf verschont. Statt dessen wurde er als erhabener und in jeder Hinsicht makelloser Charakter, als freigebiger und edelmütiger väterlicher Wohltäter des Testators gepriesen, dem nun ein ebenso edler, würdiger, rechtschaffener und freigebiger Sohn nacheifere. Im Verhältnis zu diesen beiden stellte sich der Testator Heine nun als zwar ebenso erhabener („ich selbst hatte es so gewollt"), doch gleichzeitig bescheidener („Ich sage ausdrücklich: 'Wie ich sie bei Lebzeiten meines Oheims bezog'") Mann dar, wie es einem – also doch – von Natur aus „geschäftsunkundigen" Poeten, einem armen Bittsteller gegenüber reichen und erfolgreichen Geschäftsleuten nun einmal geziemt. Daß edle und erhabene Charaktere, wie es sich von selbst versteht, edle und erhabene Handlungen verrichten, sollte dabei im Voraus als Garantie für die Gewährung der Bitte gelten.

Als nachdrücklichen Beweis seiner Zähmung und Unterwürfigkeit übernahm Heine darüber hinaus die bereits besprochene rührselige Darstellung der Versöhnungsszene selbst in die rechtsgültige Fassung seiner letztwilligen Verfügungen, obschon – nach der gerade aktuellen Version – der Erblasser die Hand des Wohltäters Karl bei der Versöhnung nicht mehr an die Lippen, sondern nur noch an seine „armen kranken Augen" gedrückt und dabei mit Tränen benetzt haben soll.[343] Doch Reue und Sühne wurden nicht bloß implizit, sondern auch explizit beschworen: selbst die Krankheit des Testators sollte noch als Sühne für die Erbsünde Erbschaftsstreit ausgelegt werden. Daher die Rede von „jene[n] peinlichen Beklagnisse[n] [...], die ich so sehr bedauert und durch ein langwieriges Sterbelager gesühnt habe".

Doch die letzte und größte Sühneleistung des Erblassers und Bittstellers stand im Moment der Testamentsabfassung noch bevor, obzwar sie im Text schon mehrfach vorweggenommen wurde. Der Testator spricht hier nämlich als ein bereits Toter – ein konstitutives Merkmal von letztwilligen Verfügungen, das Heine auf geschickte Weise zu funktionalisieren verstand: „es ist für die Ruhe der Einen wie

343 Als den Übergang vom Handkuß zu den tränenden Augen kann man die Darstellung der Versöhnungsszene im Entwurf „Meine Hinterlassenschaft ist sehr gringfügig..." betrachten: „Obgleich ich damals noch mit meinem Vetter in bitterem Zwiste stand, so fand ich dennoch bey ihm eine Bereitwilligkeit, die mich fast beschämte, er verwieß mir wie ich nur im gringsten daran zweifeln konnte daß er sich nicht als der natürliche Beschützer meiner Witwe betragen würde; Blick und Stimme verriethen dabey so viel Seele, so viel rührenden Edelsinn, mahnten mich wieder an die Blütentage unserer Jugendfreundschaft, an die verlorenen Lieben, so daß ich tief erschüttert wurde und als er mir zum Handschlage seines Versprechens die Hand reichte, drückte ich sie an meine thränenden Augen und meine armen gelähmten Lippen." (S.213)

der Andern nicht unnütz, daß die Lebenden wissen, was die Toten von ihnen begehren". Da nun der Testator Heine aus der endgültig ausgelieferten Position eines Toten zum überlegenen, weil ihn überlebenden Vetter spricht, fügt sich der sentimentale Hinweis auf sein Begräbnis nahtlos in den Zusammenhang. Es ist allerdings wiederum kein Zufall, daß der nunmehr tote Bittsteller gerade den Höhe- und Scheitelpunkt jedes Begräbnisses ansprach, den Moment, wo sein Vetter als sein „nächster Anverwandter" die erste Handvoll Erde in seinen Grab werfen wird.

Um so rührender sollte nach all dem offenbar der Appell auf die verwandtschaftlichen Bande, und zwar nicht bloß auf die des Blutes, sondern auch auf die des Gemüts – die einstige „Übereinstimmung der Gefühle" – empfunden werden, zumal dieser mit dem Hinweis auf einen endgültigen und unersetzbaren Verlust verbunden ist: mit dem Hinweis auf die gemeinsam verbrachte „zarte" Jugendzeit.

Auf diese Weise schloß also der Dichter und Intellektuelle Heine in seinem end- und rechtsgültigen Testament vom 13. November 1851 seinen zweideutigen Geheim- und Scheinfrieden mit dem Geld und der verstockten Spießbürgerlichkeit. Doch in der Tat ein zweideutiger Scheinfrieden nur, denn während Heine als angeblich mittelloser Dichter und Intellektueller Geld und Spießbürgerlichkeit allem Anschein nach unterlegen und ausgeliefert war, so daß er sich in seinen letztwilligen Verfügungen als nunmehr gezähmten und unterwürfigen Bittsteller aufführen mußte, suchte er diese doch gleichzeitig durch die ihm als Dichter und Intellektuellen zu Gebote stehenden Mittel – rhetorische Taschenspielerkünste – zu überlisten und vor seinen Wagen zu spannen. Ironie des Schicksals: Der enorme Aufwand an rhetorischen Mitteln und an Selbststilisierung erwies sich als verlorene Mühe. Karl Heine zahlte nach dem Tod des Dichters nur die Hälfte der Pension an dessen Witwe weiter; erst in seinen letztwilligen Verfügungen im Jahre 1865 erhöhte er die Pension auf 5000 Francs.[344]

Den zweiten thematischen Schwerpunkt von Heines end- und rechtsgültigem Testament vom 13. November 1851 bildet die Sorge um den literarischen Nachlaß. Dabei behandelte der Dichter – wie schon erläutert, aus ihm aufgezwungenen familiären Rücksichten – seine privaten „Papiere" und Briefe getrennt von der Herausgeberschaft der Gesammelten Werke bei Campe. Zum Verwalter seines Privatnachlasses – ein besonders vertraulicher Posten – ernannte er in der letzten Fassung seiner letztwilligen Verfügungen den Sohn seiner Schwester, Ludwig von Embden, wobei er sich noch vorbehielt, ihm über seine Aufgaben als Nachlaß-

344 S. Raddatz: Taubenherz und Geierschnabel, S.264f.

verwalter weitere Instruktionen zu hinterlassen. Zum Herausgeber der Gesammelten Werke hingegen ernannte er einen anderen Vertrauten und Verwandten, Rudolf Christiani, doch so, daß er seinem Verleger Campe weitgehende Rechte in Bezug auf die Gestaltung und Einrichtung der Ausgabe einräumte. Doch welch großen Wert Heine in seinem rechtsgültigen Testament auf seinen makellosen Dichterruhm legte, verraten folgende Verfügungen in Bezug auf die Gesamtausgabe: „La chose principale, c'est qu'il ne soit intercalé dans mes écrits aucune ligne que je n'aie pas destinée expressément à la publicité, ou qui ait été imprimée sans la signature de mon nom en toutes lettres; un chiffre de convention ne suffit pas pour m'attribuer un écrit publié par quelque journal, attendu que l'indication de l'auteur par un chiffre dépendait toujours des rédacteurs en chef, qui ne se sont jamais intredit non plus l'habitude de faire des changemens de fond ou de forme dans un article signé seulement par un chiffre. Je fais défense expresse que, sous aucun prétexte, quelqu'écrit d'un autre, si petit qu'il soit, soit annexé à mes ouvrages, à moins que ce ne soit une notice biographique émanée de la plume d'un de mes anciens amis, à qui j'aurai demandé expressément un tel travail." (S.209f.)[345] Oder handelte es sich hierbei wieder einfach nur um die aufgezwungene Selbstzensur, also um die Vorsicht des Dichters, selbst nach seinem Tode nichts ans Tageslicht kommen zu lassen, was seine Verwandten als kränkend hätten empfinden können und was somit die Weiterzahlung der Pension an seine Witwe gefährden konnte?

Wie dem auch sei, das letzte große Thema von Heines rechtsgültigem Testament ist die Sorge um das Begräbnis, eine Frage, die der Testator in eine ganze Reihe von Teilaspekten auffächerte. Vor allem wünschte er sich ein Begräbnis auf dem Friedhof von Montmartre, jedoch ohne Pomp und schlicht wie das eines einfachen Bürgersmannes. Auch zu Testamentszeugen wählte Heine – wohl aus Gründen der Imagepflege – zwei französische Kleinbürger aus seiner Nachbarschaft.

---

345 In Strodtmanns Übersetzung: „Die Hauptsache ist, daß in meinen Schriften keine Zeile eingeschaltet werde, die ich nicht ausdrücklich zur Veröffentlichung bestimmt habe, oder die ohne die Unterschrift meines vollständigen Namens gedruckt worden ist; eine angenommene Chiffre genügt nicht, um mir ein Schriftstück zuzuschreiben, das in irgend einem Journal veröffentlicht worden, da die Bezeichnung des Autors durch eine Chiffre immer von den Chefredakteuren abhing, die sich niemals die Gewohnheit versagten, in einem bloß mit einer Chiffre bezeichneten Artikel Änderungen am Inhalt oder der Form vorzunehmen. Ich verbiete ausdrücklich, daß unter irgendwelchem Vorwande irgend ein Schriftstück eines Andern, sei es so klein wie es wolle, meinen Werken angehängt werde, falls es nicht eine biographische Notiz aus der Feder eines meiner alten Freunde wäre, den ich ausdrücklich mit einer solchen Arbeit betraut hätte." (Strodtmann: Heine's Leben und Werke, Bd.2, S.607.)

Die Verfügungen über sein Begräbnis boten dem Erblasser aber auch die Gelegenheit, ein Glaubensbekenntnis abzulegen, jedoch so, daß er sich dabei gleichzeitig von jeder Konfession und jeder Form von kirchlich institutionalisierter Religiosität distanzierte, indem er auf priesterliche Amtshandlungen jedweder Konfession bei seiner Totenfeier ausdrücklich verzichtete: „Quoique par acte de baptême j'appartienne à la confession luthérienne, je ne désire pas que le clergé de cette Eglise soit convié à mon enterrement, je renonce même au ministère de tout autre sacerdoce pour célébrer mes funérailles. Ce désir n'est pas dicté par quelque velléité d'esprit fort: depuis quatre ans j'ai abdiqué tout orgueil philosophique, et je suis revenu aux idées et aux sentimens religieux: Je meurs croyant en Un Dieu Un et Eternel, Créateur du monde, et dont j'implore la miséricorde pour mon âme immortelle. Je regrette d'avoir dans mes écrits quelquefois parlé de choses saintes sans le respect qui leur est dû, mais j'étais plutôt entrainé par l'esprit de mon époque que par mes propres propensions. Si j'ai, à mon insu, offensé les bonnes mœurs et la morale qui est la vraie essence de toutes les croyances monothéistes, j'en demande pardon à Dieu et aux hommes." (S.210)[346] Daß die Bekehrung des Dichters kurz vor seinem Tode nicht ganz frei von Zweideutigkeit war, wurde bereits erwähnt. Doch gerade beim Testator Heine, bei dem man es vielleicht am wenigsten vermutet hätte, lebt also das Glaubensbekenntnis – hier sogar mit Abbitte –, ein bis zum 19. Jahrhundert längst verschwundener Bestandteil alter Testamente, wieder auf.

Mag Heine in seinem rechtsgültigen Testament auch seinen Separatfrieden mit dem Geld und mit Gott gemacht haben, so zeigte er sich Deutschland gegenüber selbst am Ende seines Lebens noch minder versöhnlich. Er verbat es sich nicht nur – wie er betonte, aus Abscheu vor „politischen Possenspielen" –, daß an seinem

[346] Deutsch bei Strodtmann: „Obschon ich durch den Taufakt der lutherischen Konfession angehöre, wünsche ich nicht, daß die Geistlichkeit dieser Kirche zu meinem Begräbnisse eingeladen werde; ebenso verzichte ich auf die Amtshandlung jeder andern Priesterschaft, um mein Leichenbegängnis zu feiern. Dieser Wunsch entspringt aus keiner freigeistigen Anwandlung. Seit vier Jahren habe ich allem philosophischen Stolze entsagt, und bin zu religiösen Ideen und Gefühlen zurückgekehrt; ich sterbe im Glauben an einen einzigen Gott, den ewigen Schöpfer der Welt, dessen Erbarmen ich anflehe für meine unsterbliche Seele. Ich bedauere, in meinen Schriften zuweilen von heiligen Dingen ohne die ihnen schuldige Ehrfurcht gesprochen zu haben, aber ich wurde mehr durch den Geist meines Zeitalters als durch meine eigenen Neigungen fortgerissen. Wenn ich unwissentlich die guten Sitten und die Moral beleidigt habe, welche das wahre Wesen aller monotheistischen Glaubenslehren ist, so bitte ich Gott und die Menschen um Verzeihung." (Strodtmann: Heine's Leben und Werke, Bd.2, S.608.)

Grabe Reden – sei es deutsch oder französisch – gehalten werden, sondern auch, daß seine Asche jemals nach Deutschland überführt werde: „Je défends qu'aucun discours, ou allemand ou français, soit tenu sur ma tombe. En même tems j'énonce le désir que mes compatriotes, quelqu'heureuses que puissent devenir les destinées de notre pays, s'abtiennent de transférer mes cendres en Allemagne, je n'ai jamais aimé à prêter ma personne à des momeries politiques." (S.210)[347] Daß der Testator mit einem lebhaften und lang anhaltenden öffentlichen Interesse für seine Person selbst noch nach seinem Tode gerechnet haben muß, liegt demnach auf der Hand.

Doch gerade die Betonung seiner geistigen und politischen Unabhängigkeit bot dem Testator Heine die Gelegenheit, noch einmal – wie schon in seinem ersten Testament,[348] doch diesmal wesentlich selbstbewußter und ausführlicher – sein Lebensprogramm in aller Kürze als ethisch-politisches Vermächtnis zu formulieren. So beschloß der Dichter das Wesentliche seines rechtsgültigen Testaments mit einem Statement für das „herzliche Einverständnis zwischen Deutschland und Frankreich": „La grande affaire de ma vie était de travailler à l'entente cordiale entre l'Allemagne et la France, et à déjouer les artifices des ennemis de la démocratie qui exploitent à leur profit les préjugés et les animosités internationaux. Je crois avoir bien mérité autant de mes compatriotes que des Français, et les titres que j'ai à leur gratitude sont sans doute le plus précieux legs que j'aie à conférer à ma légataire universelle." (S.210)[349]

---

347 In Strodtmanns Übersetzung: „Ich verbiete, daß irgend eine Rede, deutsch oder französisch, an meinem Grabe gehalten werde. Gleichzeitig spreche ich den Wunsch aus, daß meine Landsleute, wie glücklich sich auch die Geschicke unsrer Heimat gestalten mögen, es vermeiden, meine Asche nach Deutschland hinüber zu führen; ich habe es nie geliebt, meine Person zu politischen Possenspielen herzugeben." (Strodtmann: Heine's Leben und Werke, Bd.2, S.608.)

348 Am Ende des ersten Testaments hieß es lediglich: „Nach den theuren Verwandten deren ich erwähnt [...] habe ich auf dieser Welt nichts so sehr geliebt wie das französische Volk, das theure Frankreich." (S.204) Statements dieser Art finden sich in allen letztwilligen Verfügungen Heines.

349 Deutsch bei Strodtmann: „Es war die große Aufgabe meines Lebens, an dem herzlichen Einverständnisse zwischen Deutschland und Frankreich zu arbeiten, und die Ränke der Feinde der Demokratie zu vereiteln, welche die internationalen Vorurtheile und Animositäten zu ihrem Nutzen ausbeuten. Ich glaube mich sowohl um meine Landsleute wie um die Franzosen wohlverdient gemacht zu haben, und die Ansprüche, welche ich auf ihren Dank besitze, sind ohne Zweifel das werthvollste Vermächtnis, das ich meiner Universalerbin zuwenden kann." (Strodtmann: Heine's Leben und Werke, Bd.2, S.608.)

4. Literarischer Exkurs: Heines testamentarische Wortmagie

Da Dichter schon immer von ihrem Recht, Gebrauchstexte zu fiktionalisieren oder zu poetisieren, Gebrauch gemacht haben, stehen auch Heines Testament-Gedichte in der jahrhundertealten literarischen Tradition des poetisch-satirischen Dichtertestaments. Ihr wichtigstes Vorbild dürfte Villon mit seinem *Grand Testament* von 1461/62 gewesen sein, das Heine wohl durch die Vermittlung Théophile Gauthiers Anfang der 30er Jahre in Paris kennengelernt hat.[350]

Heine hat zwei Testament-Gedichte geschrieben. Sie sind in verschiedenen Lebensphasen und -situationen entstanden, so daß sie ihren grundlegenden – zum Teil auf der Hand liegenden – Ähnlichkeiten zum Trotz in ihrer Gesamtheit doch recht unterschiedlich ausfallen. Im folgenden literarischen Exkurs sollen die beiden Gedichte – *Testament* bzw. *Vermächtniß* betitelt – besprochen werden.

Heines erstes poetisch-satirisches Dichtertestament ist wahrscheinlich 1837, d.h. etwa sechs Jahre vor dem ersten 'wirklichen' Testament des Dichters entstanden.[351] Das elf Strophen umfassende Gedicht, das schlicht und einfach *Testament*[352] überschrieben ist, ist zu Lebzeiten des Dichters nie veröffentlicht worden.[353] Daraus dürfte es sich erklären, daß der Text – trotz seiner gut proportionierten und leicht nachvollziehbaren thematischen Gliederung – in mehrerer Hinsicht den Eindruck des Unfertigen und Unvollendeten erweckt, als hätte der Dichter aus irgendeinem Grunde versäumt, ihm den letzten Feinschliff zu geben.

Einen widersprüchlichen Eindruck hinterlassen im verwöhnten Heine-Leser vor allem die Reime des Gedichts, die auch in diesem Fall offenbar eines der grundlegenden Wirkungselemente ausmachen sollen. Gerade diese tragen nämlich in erster Linie den unverwechselbar Heineschen, kecken und spöttischen Ton. Doch Volltreffern wie „Badische Kammer" auf „Katzenjammer" (6. Strophe) oder „Liebe, Glaube, Hoffnung" auf „Sangesverstopfung" (10. Strophe) – Letzteres nicht bloß ein an sich schon komischer Okkasionalismus, sondern auch eine leichte Blasphemie –, stehen gelegentlich recht blasse Reime gegenüber oder gar Stellen wie die 7. Strophe, wo sich in den ersten zwei Versen „Kreid'" und „Zeit"

---

350 Dazu s. den Kommentarteil in Heine, Heinrich: Neue Gedichte. Historisch-kritische Gesamtausgabe der Werke. Hg. von Manfred Windfuhr. Bd.2. – Hamburg: Hoffmann und Campe 1983, S.869f. (Im Weiteren zitiert als HKGA.)

351 Vgl. HKGA, Bd.2, S.868.

352 Heine, Heinrich: Testament. – In: HKGA, Bd.2, S.184f. Zitate aus dem Gedicht sind dieser Ausgabe entnommen.

353 Vgl. HKGA, Bd.2, S.868.

aufeinander reimen, was man zwar mit einer gewissen Nachsicht vielleicht noch durchgehen lassen mag, wohingegen die Kadenz der letzten beiden Verse – „Römer" auf „geredet" – selbst bei größtem Wohlwollen ganz und gar inakzeptabel bleibt.

Das Gedicht ist in seiner Gesamtheit eine poetische Umfunktionierung der Textsorte Testament. Die erste Strophe stellt eine Art allgemeine Einleitung dar, in der die Redesituation abgesteckt wird: „Ich mache jetzt mein Testament, / Es geht nun bald mit mir zu End." – also die gewöhnliche Redesituation bei lebensweltlichen Testamentserrichtungen. Die letzte Strophe hingegen ist ein Kodizill, ein Nachtrag also, der gleichzeitig offenbar die Schlußpointe ausmachen soll. Die insgesamt neun Binnenstrophen beinhalten – nach dem Villonschen Muster – je ein Legat an je einen Empfänger, wobei die einzelnen Legate den drei wichtigsten Lebensbereichen Heines zugeordnet werden können, so daß das lyrische Ich des Gedichtes in diesem Fall als stark autobiographisch geprägt betrachtet werden darf. Den einzelnen Lebensbereichen sind je drei Strophen gewidmet. Der erste ist die Privatsphäre (Liebe, Freundschaft und Religion; Strophe 2-4); der zweite die Politik (Strophe 5-7), der dritte die Literatur bzw. der Literaturbetrieb (Strophe 8-10). Die einzelnen Vermächtnisse des Erblassers an seine Freunde und Feinde sind stark ironisch-satirisch geprägt und charakterisieren sowohl den Testator selbst als auch die Legatarien.

Legiert werden in den ersten drei, der Privatsphäre gewidmeten Strophen u.a. alte Wäsche mitsamt Flöhen und Flüchen an die einstmalige Geliebte (Strophe 2) und lapidar-unflätige Ratschläge an einen näher nicht bezeichneten, doch offenbar nichtsnützigen Freund: „Nimm eine Kuh und zeuge Kälber." (3. Strophe) Etwas verwickelter steht es aber schon mit der Religion des Erblassers (Strophe 4). Diese jemandem zu vermachen, stellt an sich schon eine merkwürdige Verdinglichung des Abstraktums dar:

„Wem geb' ich meine Religion,
Den Glauben an Vater, Geist und Sohn?
Der Kaiser von China, der Rabbi von Posen,
Sie sollen beide darum losen."

Das Legat ist – wegen der Verdinglichung des Abstraktums, aber genauso wegen der vorgesehenen Empfänger – dermaßen unsinnig und absurd, daß man sich die Frage stellen muß, wie es wohl mit dem legierten 'Ding' und seinem 'Inhaber' bestellt sein mag...

Im zweiten Lebensbereich, dem der Politik (Strophe 5-7), wird – wie man es bei Heine auch ansonsten gewohnt ist – wahrlich keiner verschont; sowohl die Reaktion als auch die Liberalen bekommen das Ihrige ab:

„Den deutschen Freyheits- und Gleichheitstraum,
Die Seifenblasen vom besten Schaum,
Vermach ich dem Censor der Stadt Krähwinkel;
Nahrhafter freylich ist Pumpernickel.

Die Thaten, die ich noch nicht gethan,
Den ganzen Vaterlandsrettungsplan,
Nebst einem Rezept gegen Katzenjammer,
Vermach ich den Helden der Badischen Kammer."

Doch verspottet werden hier nicht bloß offensichtliche Feinde und mutmaßliche Gesinnungsfreunde, politische Zensoren und nur noch mit Ironie behandelte „Helden"; das lyrische Ich verschont auch sich selber nicht. Verdacht erwecken muß im Leser allein schon das Wort „Vaterlandsrettungsplan", ein Okkasionalismus mit unvergleichlich häßlichem Knattern im Klang. Doch ganz offenbar wird die Selbstironie des lyrischen Ich, wenn der „Freyheits- und Gleichheitstraum" ihm nur noch als „Seifenblasen vom besten Schaum" gilt, noch dazu weniger nahrhaft als Pumpernickel; und wenn zum „Vaterlandsrettungsplan" gleich ein Mittel gegen Katzenjammer verordnet werden soll.

Weit weniger gelungen scheint hingegen die 7. Strophe, die in ihrem recht kläglichen Zustand anscheinend bloß die Funktion hat, das Gleichgewicht der drei Lebensbereiche mit je drei Strophen im Gedicht aufrecht zu erhalten und kaum mehr ist als eine intim-persönliche Stichelei gegen Rudolf Christiani, einen Verwandten Heines, den der Dichter übrigens später in seinem rechtsgültigen letzten Willen vom 13. November 1851, wie bereits erwähnt, zum Herausgeber seiner Gesammelten Werke bestimmte:

„Und eine Schlafmütz, weiß wie Kreid',
Vermach ich dem Vetter, der zur Zeit
Für die Heidschnuckenrechte so kühn geredet;
Jetzt schweigt er wie ein ächter Römer."

Die satirischen Legate im dritten Lebensbereich, in dem der Literatur, gelten hingegen den namhaftesten Feinden und Konkurrenten: Wolfgang Menzel, Gustav Schwab bzw. der schwäbischen Schule und Ludwig Uhland.

Menzel als „Sittenwart" und „Glaubensvogt zu Stuttegard" (8. Strophe) wird mit einem Paar Pistolen – „doch nicht geladen" – erledigt. Das Vermächtnis spielt auf die Feigheit des Kritikers an, der sich weder Gutzkow noch Heine zu stellen wagte, die ihn nach seiner Wally-Rezension 1835 beide zum Duell auf Pistolen gefordert hatten:

„Und ich vermache dem Sittenwart
Und Glaubensvogt zu Stuttegard
Ein paar Pistolen, (doch nicht geladen.)
Kann seiner Frau damit Furcht einjagen."

In den beiden letzten Strophen, deren Legate immer noch den literarischen Feinden und Rivalen gelten (Strophe 9 und 10), wird die Literatur dann – oder etwas vorsichtiger: der Literaturbetrieb – in auffälliger Weise mit dem Anal- und Fäkalbereich assoziiert. Die 9. Strophe spielt auf die *Musenalmanach*-Affäre an,[354] die 10. nimmt die nunmehr verstopften Quellen der poetischen Schöpferkraft Uhlands aufs Korn, indem der Sprecher ihm testamentarisch ein starkes Abführmittel verordnet:

„Ein treues Abbild von meinem Steiß
Vermach ich der schwäbischen Schule; ich weiß,
Ihr wolltet mein Gesicht nicht haben,
Nun könnt Ihr am Gegentheil Euch laben.

Zwölf Krüge Seidlitzer Wasser vermach
Ich dem edlen Dichtergemüth, das ach!
Seit Jahren leidet an Sangesverstopfung;
Ihn tröstete Liebe, Glaube, Hoffnung."

Soweit die spöttisch-satirischen Legate. Die letzte Strophe mit dem Kodizill sollte offenbar die Schlußpointe des Gedichtes ausmachen, sie mutet jedoch eher wie eine nur halbwegs ausgereifte Notlösung an:

„Und dieses ist ein Codizill:
Für den Fall, daß Keiner annehmen will
Die erwähnten Legate, so sollen sie alle
Der römisch-katholischen Kirche verfallen."

Die provokative Absicht, sich zu guter Letzt an besonders exponierter Stelle, am Ende des Gedichtes auch noch einen Ausfall auf die Institution katholische Kirche zu leisten, ist freilich ohne Weiteres nachvollziehbar. Äußerst unbefriedigend ist jedoch die praktisch-poetische Umsetzung. Die Schlußstrophe des

---

354 Um den Sinn des recht derben Vermächtnisses der 9. Strophe nachvollziehen zu können, muß man sich Folgendes vergegenwärtigen: Gustav Schwab und die Dichter der schwäbischen Schule zogen sich 1836 von der Mitarbeit am *Deutschen Musenalmanach* zurück, weil dem Jahrgang 1837 ein Porträt Heines vorangestellt werden sollte. (Dazu s. HKGA, Bd.2, S.871.)

Gedichtes leidet nämlich nicht allein daran, daß ihre logische Verbindung mit dem Vorangegangenen nicht nachvollziehbar ist, daß sie also gleichsam in einem Gewaltakt den übrigen Strophen angehängt worden zu sein scheint, sondern auch noch an der recht mangelhaften Form: Heine scheint sich hier entgegen seiner Gewohnheit um die Reime und den Rhythmus nicht weiter gekümmert zu haben.

In seiner Gesamtheit ergibt Heines erstes poetisch-satirisches Testament also ein recht widersprüchliches Bild. Hauptmerkmal des Gedichtes ist ein übermütig-kecker Ton, der sich gelegentlich bis hin zu einprägsam-verspielten Okkasionalismen und brillant-bravourösen Reimen versteigt. Nicht weniger charakteristisch ist jedoch eine auffallende Unbekümmertheit des Dichters sowohl in Bezug auf die befriedigende Lösung einzelner Formprobleme wie auch in Bezug auf die gedanklich-thematische Komposition. Hinzu kommt, daß der Text derbe satirische Ausfälle auf mächtige politische und literarische Feinde und (Schein-)Freunde von zweifellos öffentlichem Interesse mit eher privaten und höchstens für Insider nachvollziehbaren Sticheleien vermengt.

Gegenüber dem keck-übermütigen, verspielt-spöttischen, doch insgesamt eher harmlosen Ton des ersten *Testament*-Gedichtes von der Mitte der 30er Jahre nimmt sich Heines *Vermächtniß*[355] – jeder thematischen und formalen Ähnlichkeit zum Trotz – recht düster aus. Der Grund der Verdüsterung ist freilich dem Text selbst abzulesen. Sein zweites poetisches Dichtertestament verfaßte Heine nämlich vermutlich Anfang 1850[356], in einer Lebenssituation, die grundsätzlich schon durch qualvolle Krankheit und politische Enttäuschung bestimmt war, so daß das lyrische Ich des Gedichtes in diesem Fall wieder als in hohem Grade autobiographisch geprägt betrachtet werden darf. Der Dichter nahm das Gedicht dann in den Zyklus *Lamentazionen* seines *Romanzero*-Bandes auf, worauf die zeitgenössische Kritik mit beinahe einhelliger religiös-moralischer Entrüstung reagierte.[357]

---

355 Heine, Heinrich: Vermächtniß. – In: Ders.: Romanzero. Gedichte 1853 und 1854. Lyrischer Nachlaß. Historisch-kritische Gesamtausgabe der Werke. Hg. von Manfred Windfuhr. Bd.3/1. Text. – Hamburg: Hoffmann und Campe 1992, S.120f. Zitate aus dem Gedicht sind dieser Ausgabe entnommen. Eine umfassende Interpretation des Gedichtes s. bei Anglade, René: Heines zweifache Kontrafaktur. „Vermächtnis". Versuch einer Interpretation. – In: Heinrich Heine. Neue Wege der Forschung. Hg. von Christian Liedtke. – Darmstadt: Wissenschaftliche Buchgesellschaft 2000, S.90-117. [Erstdruck in: Zeitschrift für deutsche Philologie 107 (1988), S.161-188.] Anglades Interpretation hinterläßt im Leser einen widersprüchlichen Eindruck. Seine Hinweise auf intertextuelle Bezüge (Goethe, Milton) scheinen eher fragwürdig, wohingegen das, was er sonst zum Gedicht sagt, überzeugend und stichhaltig ist.

356 Vgl. Heine, Heinrich: Romanzero. Gedichte 1853 und 1854. Lyrischer Nachlaß. Historisch-kritische Gesamtausgabe der Werke. Hg. von Manfred Windfuhr. Bd.3/2. Apparat. – Hamburg: Hoffmann und Campe 1992, S.851.

Beim Vergleich der beiden poetischen Dichtertestamente Heines sticht sofort der Unterschied in ihren formalen Qualitäten ins Auge. Haben wir bei der Analyse des früheren *Testament*-Gedichtes eine gewisse Uneinheitlichkeit im Ton, ein Gefälle vom Brillant-Bravourösen bis hin zum offenbar Nachlässigen feststellen müssen, so besticht das *Vermächtniß* durch seine ausgereifte und ausgewogene formale Meisterschaft. Doch Heine brilliert hier nicht. Er arbeitet mit eher unscheinbaren, doch umso wirkungsvolleren Mitteln; vor allem setzt er auf die Monotonie der Reime. Wie schon René Anglade beobachtet hat, „[haben] alle Verse des Gedichts mit Ausnahme von zwei in der ersten und zwei in der letzten Strophe [...] zweisilbige, klingende Reime mit der bemerkenswerten Besonderheit, daß diese Zeilen alle die beharrlich wiederholte, dumpfe Endsilbe 'en' aufweisen".[358] Außerdem ist das *Vermächtniß* – wiederum im auffallenden Gegensatz zum *Testament* – auch gedanklich-thematisch stringent durchkomponiert, was um so mehr überraschen muß, da es sich diesmal anscheinend um den Gefühlsausbruch eines Verzweifelten handelt, der die denkbar schlimmsten Verwünschungen gegen seine Feinde ausstößt. Die emotionale Entladung erfolgt also im Gedicht keinesfalls unkontrolliert – ganz im Gegenteil: die sich entladende emotionale Energie wird in einer Komposition gebannt, die durch einen Höchstgrad an artistischer Perfektion gekennzeichnet ist.

Bei all den formalen und qualitativen Unterschieden sind beide poetischen Dichtertestamente Heines durch eine ebenfalls auffallende Ähnlichkeit in ihrer thematischen Struktur verbunden. Auch im *Vermächtniß* bildet die 1. Strophe – wie schon im *Testament* – eine Art allgemeine Einleitung mit der Festlegung der Redesituation; und die letzte – diesmal die 5. – Strophe vom *Vermächtniß* ist auch wieder ein Kodizill. Dabei variiert die 1. Strophe des *Vermächtniß* sogar im Wortlaut die 1. Strophe des früheren *Testament*-Gedichtes:

„Nun mein Leben geht zu End',
Mach' ich auch mein Testament;
Christlich will ich drin bedenken
Meine Feinde mit Geschenken."

Nachdem die 1. Strophe derart die Redesituation abgesteckt hat, enthalten die folgenden – insgesamt drei – Binnenstrophen des Gedichtes die hier versprochenen Legate. Die 2. Strophe ist dabei eher noch summarisch gehalten, eine Art Erbeinsetzung. Die Aufzählung der einzelnen – insgesamt sieben – konkreten Vermächtnisse erfolgt dann in den Strophen 3 und 4:

---

357 Vgl. HKGA, Bd.3/2, S.852.

358 Anglade: Heines zweifache Kontrafaktur, S.106.

„Diese würd'gen, tugendfesten
Widersacher sollen erben
All mein Siechtum und Verderben,
Meine sämmtlichen Gebresten.

Ich vermach' Euch die Coliken,
Die den Bauch wie Zangen zwicken,
Harnbeschwerden, die perfiden
Preußischen Hämorrhoiden.

Meine Krämpfe sollt Ihr haben,
Speichelfluß und Gliederzucken,
Knochendarre in dem Rucken,
Lauter schöne Gottesgaben."

Der erbitterte Testator vermacht also seinen Feinden seine gesamten Qualen, seine sieben Krankheiten – „Coliken", „Harnbeschwerden", „Hämorrhoiden", „Krämpfe", „Speichelfluß", „Gliederzucken" und „Knochendarre" – gleichsam als sieben Plagen, was sich im Vergleich zu den noch eher verspielt-spöttischen, harmlosen Legaten des früheren *Testament*-Gedichtes als recht drastisch ausnimmt. Doch damit immer noch nicht genug. In der letzten Strophe, die, wie bereits erwähnt, auch in diesem Fall ein Kodizill sein soll, kulminiert der exzessive Racheakt des Erblassers in einer Verwünschung. Er schleudert den schlimmsten aller jiddischen Flüche, die „Blume der Verwünschung"[359] gegen seine Feinde:

„Codizill zu dem Vermächtniß:
In Vergessenheit versenken
Soll der Herr Eu'r Angedenken,
Er vertilge Eu'r Gedächtniß."

Ich glaube, selbst der heutige Leser steht noch vor Heines Gedicht *Vermächtniß* – wenigstens nach der ersten Lektüre – beinahe genauso fassungslos und erstarrt wie die zeitgenössische Kritik. Denn schockierend genug ist allein schon die Aufzählung der körperlichen Qualen, die nichts verharmlost und nichts verhüllt.[360]

359 So in einem Gedicht aus Heines lyrischem Nachlaß („Nicht gedacht soll seiner werden..."), HKGA, Bd.3/1, S.346. Zur Verwünschungsformel selbst vgl. HKGA, Bd.3/2, S.854 und S.1501f.

360 Der im Gedicht aufgestellte Katalog von qualvollen Krankheitssymptomen entspricht übrigens weitgehend dem trostlosen Zustand Heines. Dazu s. HKGA, Bd.2/3, S.852f.

Darüber hinaus fühlt sich aber der Leser auch peinlich berührt und beschämt, da er, indem er das Gedicht las, gleichsam aus der Position eines Voyeurs einen emotionalen Ausbruch, den Akt der exzessivsten Rache beobachten mußte, den ein durch seine physischen Qualen offenbar moralisch Zerrütteter, ein Verzweifelter und Ausgelieferter in seiner Ohnmacht an seinen Feinden durch testamentarische Wortmagie zu üben suchte – nicht weniger demütigend für den Erblasser selbst als für die Legatarien. Oder hat Heines *Vermächtniß* vielleicht doch noch einen Sinn, der über das rein Private und die verletzende Drastik der Krankheitsdarstellung hinausgeht? Wer sind denn eigentlich die Feinde, die im *Vermächtniß* „christlich", mit „lauter schöne[n] Gottesgaben" bedacht werden?

Daß Heines *Vermächtniß* allerdings einen über das rein Private hinausgehenden Sinn haben muß, legt indessen allein schon der Umstand nahe, daß der exzessive Gefühlsausbruch des lyrischen Ich im Gedicht, wie bereits nachgewiesen, einer – sogar perfektionistischen – ästhetisch-poetischen Kontorolle unterstellt ist. Denn wie Adorno in seiner *Rede über Lyrik und Gesellschaft* gezeigt hat, gewinnt lyrische Subjektivität zunächst „gerade vermöge der Spezifikation ihres ästhetischen Geformtseins [...] Anteil am Allgemeinen".[361] Doch Heine hat in den Text auch zwar unauffällige, doch nichtsdestoweniger unmißverständliche Indizien dafür eingestreut, daß er sein Leiden, seine Krankheit zum Tode in überpersönlicher, weltanschaulicher und historisch-politischer Perspektive verstanden wissen wollte. In diesen Zusammenhang gehört die gleich am Anfang des Gedichtes geäußerte Absicht des Sprechers, seine „würd'gen, tugendfesten" – und nicht tugendhaften! – Widersacher in seinem letzten Willen „christlich" zu bedenken; in diesen Zusammenhang gehört auch, daß der Erblasser seine Krankheiten, seine körperlichen Qualen als „lauter schöne Gottesgaben" bezeichnet. Dies alles ist offenbar in ironischer Verkehrung gesprochen und hat den Sinn, die göttliche Gerechtigkeit, die Sinnhaftigkeit der göttlichen Schöpfung aus der Perspektive des ausgelieferten und leidenden Menschen radikal in Frage zu stellen.

Denn welchen Sinn sollte die göttliche Weltordnung überhaupt noch haben können, wenn sie unverdientes Leid zuläßt, wenn nicht die Tugendhaftigkeit, sondern die bloße Tugendfestigkeit mit „schönen Gottesgaben" belohnt wird? Angesichts der radikalen Absage, die der Vorstellung einer göttlich-transzendenten Gerechtigkeit erteilt wird, bleibt dem leidenden Menschen jedoch in der Tat nichts anderes übrig, als den Kampf um seine Rechte, um seine Würde und um seine

---

361 Adorno, Theodor W.: Rede über Lyrik und Gesellschaft. – In: Ders.: Noten zur Literatur I. – Frankfurt am Main: Suhrkamp 1958, S.73-104; hier S.74.

Lebensinteressen selbst zu Ende zu führen, sei es auch nur mit den äußerst zweifelhaften – literarischen – Mitteln der testamentarischen Wortmagie.

Heines *Vermächtniß* mündet also ganz folgerichtig in die politische Kampfansage: nicht von ungefähr ist in der 3. Strophe von „perfiden / Preußischen Hämmorrhoiden" die Rede. Anglade bemerkt dazu: „Wenn Heine 'die perfiden / Preußischen Hämorrhoiden' in die Liste seiner Gebresten aufnimmt – und die unerwartete Formulierung durch Alliteration und durch Zeilensprung vor 'preußisch' doppelt unterstreicht –, ist es nicht die physische Misere, die hier im Vordergrund steht, sondern eben deren wahrhaftig unerwartete nähere Bestimmung. Nichts anderes will Heine an sich selbst als preußisch anerkennen als seine Hämorrhoiden. Aber die Bedeutung geht über die einer persönlichen Ablehnung Preußens hinaus. 'Preußisch' wird wiederholt von Heine als politisch stigmatisierende Bezeichnung verwendet..."[362]

Daher also – wie erst jetzt, im Nachhinein verständlich wird – die verletzende Drastik, das beinahe Ekelhafte in der Aufzählung der körperlichen Qualen. Die Hoffnung auf transzendente Vertröstungen ist dahin. Was übrig blieb, ist die diesseitige Realität in ihrem nackten und trostlosen Sosein, die nicht mehr verhüllt, nicht mehr verschönt, nicht mehr idealisiert werden darf – eine an sich sinnlose Welt, in der Körper unaufhörlich leiden. Und um diesem sonst völlig sinnlosen menschlichen Leid ein Ende zu bereiten, bietet sich als einziges und letztes Mittel der radikale politische Kampf – auch im und durch das Gedicht – an.

Heines zweites poetisches Dichtertestament betont paradoxerweise gerade in seinem schonungslosen Naturalismus, in seinem ungezähmten Rachedurst, in seiner geradezu zur Schau getragenen Ekelhaftigkeit die unantastbare Würde des Menschen.

5. Grillparzer und Hebbel. Was soll verbrannt werden?

Im vorliegenden Kapitel sollen die letztwilligen Verfügungen der zwei herausragenden Dramatiker deutscher Sprache in der Mitte des 19. Jahrhunderts, Franz Grillparzer und Friedrich Hebbel, betrachtet werden. Den Grund der Behandlung der Testamente beider Schriftsteller zusammen in einem Kapitel bietet diesmal nicht so sehr die Gemeinsamkeit in der sozial- und literaturgeschichtlichen Stellung der Testatoren, obschon beide seit Mitte der 40er Jahre bis zu Hebbels Tod 1863

---

362 Anglade: Heines zweifache Kontrafaktur, S.107f.

in unmittelbarer Nähe zueinander in Wien lebten und gelegentlich auch persönlichen Umgang miteinander hatten.[363] Denn sowohl Grillparzer als auch Hebbel, die sich im Übrigen offenbar gegenseitig als Konkurrenten empfanden, waren unter individualpsychologischer Perspektive äußerst problematische Naturen mit eher untypischen Lebensläufen. Vielmehr handelt es sich diesmal um eine auf den ersten Blick eher unscheinbar erscheinende motivische Gemeinsamkeit, die die letztwilligen Verfügungen beider Dramatiker zahlreicher Unterschiede zum Trotz nahe aneinanderrückt und dadurch ihre gemeinsame Behandlung rechtfertigt. Dieser motivischen Gemeinsamkeit gilt es u.a. im Folgenden nachzugehen.

Franz Grillparzer (1791-1872),[364] studierter Jurist und lange Zeit hindurch als Verwaltungsbeamter im österreichischen Staatsdienst tätig, verfaßte in verschiedenen Phasen seines Lebens insgesamt drei eigenhändig geschriebene Testamente. Die letztwilligen Verfügungen des Dramatikers, die sich zum Vergleich untereinander geradezu anbieten, sind abgedruckt in der von August Sauer betreuten historisch-kritischen Gesamtausgabe:

1) „Mein letzter Wille" [7. Oktober 1848];[365]
2) „Mein Testament" [29. Mai 1863];[366] und schließlich
3) [Testament; rechtsgültige Fassung; 26. Mai 1866].[367]

Bei Grillparzers berüchtigt hypochondrischer Natur, bei seinem Hang zu Grübeleien und Selbstquälereien, bei seiner insgesamt depressiven Anlage braucht man sich bei dem jeweiligen Anlaß der Testamentsabfassungen anscheinend nicht lange aufzuhalten. Aus den äußerst problematischen familiären und verwickelten persönlichen Beziehungen des Dichters erklärt sich ebenfalls zwanglos die Notwendigkeit, seine letztwilligen Verfügungen von Zeit zu Zeit dem jeweiligen Stand der Dinge anzupassen.[368] Und gleichwohl ist es gerade der Zeitpunkt und

363 Zum nicht ganz unproblematischen persönlichen Verhältnis von Grillparzer und Hebbel s. u.a. Nadler, Josef: Franz Grillparzer. – Vaduz: Liechtenstein Verlag 1948, S.366-375.

364 Zu Grillparzers Biographie ist – außer Nadlers Darstellung – folgendes Werk konsultiert worden: Müller, Joachim: Franz Grillparzer. – Stuttgart: Metzler 1963.

365 In: Grillparzer, Franz: Sämtliche Werke. Historisch-kritische Gesamtausgabe. Hg. von August Sauer. Abt.3, Bd.3. Briefe und Dokumente. 3. Teil. – Wien: Anton Schroll 1930, S.41f. (Im Weiteren zitiert als GSW.)

366 In: GSW, Abt.3, Bd.4. Briefe und Dokumente. 4. Teil. – Wien: Anton Schroll 1972 (1935), S.101f.

367 In: GSW, Abt.3, Bd.4, S.256. Zitate aus Grillparzers Testamenten sind dieser Ausgabe entnommen und werden im laufenden Text mit den Seitenzahlen des jeweiligen Bandes ausgewiesen.

der Anlaß ihrer Niederschrift, die die erste Fassung von Grillparzers Testament besonders interessant machen.

Im Vorangegangenen wurde schon die These aufgestellt, daß die 48er Revolution bei der Betrachtung der kulturhistorisch interessanten Testamente sich als bewußtseinsgeschichtliche Zäsur für Deutschland erweist. Dieses Ereignis bildete nämlich den historischen Einschnitt, von dem an das Politische explizit Eingang in die letztwilligen Verfügungen von Testatoren fand, die sich selbst als Personen von öffentlichem Interesse begriffen. In den letztwilligen Verfügungen dieser Personen verdrängte das Politische von nun an zunehmend – als eine Art Surrogat – die früheren Bezugnahmen transzendenter, religiöser Art. Diese These wurde bisher an den letztwilligen Verfügungen Schopenhauers aus dem Jahre 1852 ausgeführt, die schon von den Zeitgenossen als politisches Statement gegen die Revolution betrachtet worden waren;[369] doch auch die Testamente Heines sind, wie gezeigt wurde, von politisch-weltanschaulichen Stellungnahmen und Verlautbarungen durchsetzt.[370] An Grillparzers erstem Testament kann nun die oben aufgestellte These weiter erhärtet werden.

Wie bereits erwähnt, hat Grillparzer sein erstes Testament am 7. Oktober 1848 in Wien niedergeschrieben – ein Zeitpunkt, der an sich schon politische Implikationen vermuten läßt, da erst am vorangegangenen Tag, am 6. Oktober, in der österreichischen Hauptstadt erneut revolutionäre Unruhen ausgebrochen waren. Diese hatten u.a. zur Folge, daß der kaiserliche Hof die Stadt prompt verließ. Wien wurde auch bald darauf durch Truppen belagert und bombardiert. Auf die aktuelle, äußerst zugespitzte politische Situation nimmt gleich der erste Absatz von Grillparzers letztwilligen Verfügungen Bezug, wobei das gänzliche Fehlen von religiös-transzendenten Aspekten – übrigens in sämtlichen Testamenten des Dichters – nicht bloß auf Grund der Entstehungssituation, sondern auch schon auf Grund der josephinisch geprägten Familientraditionen des Erblassers verständlich ist. Grillparzers erstes Testament beginnt mit folgenden Worten der Erbeinsetzung: „Da im gegenwärtigen Augenblicke Niemand, vor allem kein ehrlicher Mann,

---

368 Zu Grillparzers familiären Beziehungen s. Sauer, August: Studien zur Familiengeschichte Grillparzers. – In: Ders.: Franz Grillparzer. – Stuttgart: Metzler 1941, S.200-223; Nadler: Franz Grillparzer, insbesondere S.33-42. Auf einzelne Verfügungen und deren Abänderungen in Grillparzers Testamenten zu Gunsten von Brüdern, Verwandten und Familienmitgliedern soll im Weiteren nicht näher eingegangen werden, da sie rein Persönliches enthalten und in Kenntnis des Schicksals der einzelnen Personen und ihrer Beziehungen problemlos nachvollziehbar sind.

369 S.o., Kap.III.iii.6.

370 S.o., Kap.III.iv.3.

sicher ist gewaltsam zu Grunde zu gehen, oder wenn ich auch sonst natürlichen Todes verbleichen sollte, so seze ich zu Erben meiner Hinterlassenschaft meine beiden Brüder Karl und Kamillo Grillparzer zu gleichen Theilen ein." (S.41)

Die durch die revolutionären Unruhen in Wien verursachte existenzielle Unsicherheit bewegte also Grillparzer unmittelbar dazu, seine letztwilligen Verfügungen niederzuschreiben, wobei er politisch offensichtlich gegen die Revolution Partei ergriffen hatte. Die Ablehnung der Revolution erfolgte im ersten Testament des Dichters auf moralischer Ebene: „Da [...] Niemand, vor allem kein ehrlicher Mann, sicher ist gewaltsam zu Grunde zu gehen..." Unüberhörbar ist dabei der Schrecken des Schriftstellers und Intellektuellen vor der konkreten, unschönen Wirklichkeit der Revolution, an deren Vorbereitung übrigens auch er selbst nicht ganz unbeteiligt war. Andernorts versuchte Grillparzer dann seine Skepsis bzw. seine ablehnende Haltung gegenüber der Revolution, den abrupten Wandel seiner politischen Anschauungen im Frühjahr 1848 auch im Rahmen einer politischen Argumentation zu begründen bzw. nachvollziehbar zu machen.[371]

Grillparzer setzte also gleich im ersten Absatz seines ersten Testaments seine zwei zur Zeit der Testamentsabfassung noch lebenden Brüder Karl und Kamillo Grillparzer zu den Universalerben seines Vermögens ein.[372] Doch auch der Dramatiker wollte seinen literarischen Nachlaß vom materiellen Vermögen getrennt behandelt wissen und in sichere, vertraute Hände niederlegen. Die einzige, die bei der äußerst problematischen Natur Grillparzers dafür in Frage kam, war wohl seine langjährige Gefährtin und einstmalige Verlobte Katharina Fröhlich: „Hiervon [von der Erbeinsetzung, I.K.] nehme ich jedoch meinen schriftstellerischen Nachlaß, d.h. alle meine Papiere und Schriften, bereits dem Druck übergebene und ungedruckte aus. Diese mit dem Rechte sie zum ersten male drucken oder wieder drucken zu lassen und mit dem Honorar zu eigenem Vortheil zu disponiren, ver-

371 Dazu s. vor allem das Fragment *Meine Erinnerungen aus dem Revolutionsjahr* 1848 vom September/Oktober 1850. – In: GSW, Bd.16. Prosaschriften IV. – Wien: Anton Schroll 1925, S.38-55. Eine Passage mit politischen Implikationen enthält auch noch das zweite Testament des Dichters vom 29. Mai 1863: „Von den Geschenken und Kunstgegenständen nehme ich nur aus: / 1tens den silbernen und vergoldeten Becher, den mir die italienische Armee im Jahre 1849 oder 50 zum Geschenk gemacht hat, soll wieder an die Armee zurückgelangen und, wenn man's der Mühe werth findet, nach Bestimmung des hohen Armee-Oberkommandos, irgendwo, nicht zur Erinnerung an mich, sondern an jenes glorreiche Kriegsjahr, allenfalls im Arsenale zu Wien aufgestellt werden." (S.102) Zur Geschichte des Pokals s. Nadler: Franz Grillparzer, S.352. Die Passage bezeugt allerdings auch, daß Grillparzer der öffentliche Charakter seiner Person durchaus bewußt war.

372 Adolf Grillparzer, der jüngste Bruder des Dichters, beging 1817, im Alter von 17 Jahren, Selbstmord.

mache ich dem Fräulein Katharina Fröhlich, Schwester der Gesanglehrerin am Wiener Konservatorium der Musik. Nach ihrem Tode soll jedoch dieses Druck- und Verlagsrecht an meine obengenannten Brüder oder ihre Nachkommen ebenfalls zu gleichen Theilen (nach Stämmen) zurückfallen." (S.41f.)[373] Um die Bedeutung dieser Verfügung zu Gunsten Katharina Fröhlichs nachvollziehen zu können, die abermals das besondere Vertrauen Grillparzers zu ihr bezeugt, sei daran erinnert, daß das Problem des literarischen Nachlasses im Fall Grillparzers, der sich bekanntlich schon gegen Ende der 30er Jahre gänzlich vom Theater und von der Öffentlichkeit zurückgezogen hatte und daher eine ganze Reihe unveröffentlichter Arbeiten besaß, besonders heikel war.

Gerade diesen, zur Zeit der Niederschrift noch unveröffentlichten Arbeiten gelten daher die folgenden Verfügungen des ersten Testaments, die ein recht hartes, im engsten Sinne des Wortes vernichtendes Urteil des Dichters über die eigene dramatische Produktion aussprechen: „Von den ungedruckten Schriften will ich jedoch, daß die beiden, dem Scheine nach vollendeten Trauerspiele: Kaiser Rudolf II und Libussa nicht gedruckt, sondern ohne Durchsicht vernichtet werden. Ich habe sie in den Zeiten des härtesten Geistesdruckes, in langen Zwischenräumen, mehr um mich zu beschäftigen, als mit eigentlicher Hingebung und Begeisterung geschrieben. Sie sollten mir mehr den Gedankengang im allgemeinen feststellen, indeß ich die Ausarbeitung auf beßere Zeiten verschob. Diese beßern Zeiten sind nicht gekommen und ich will nicht, daß mein Name durch derlei leblose und ungenügende Skizzen geschändet werde." (S.42)[374]

Die Passage bezeugt in unmißverständlicher Weise die Skepsis und Unsicherheit des Dramatikers in der Beurteilung der eigenen literarischen Produktion. Dieser Eindruck des Schwankens verhärtet sich indessen noch mehr, wenn man in Betracht zieht, daß eine Verfügung dieser Art im zweiten, fünfzehn Jahre später niedergeschriebenen letzten Willen Grillparzers gänzlich fehlt. Statt dessen äußert der Dichter dort den Wunsch, daß die Verwalter seines literarischen Nachlasses eine „anständige Gesammtausgabe" seiner Werke veranstalten mögen; ein Projekt, das Grillparzer selbst nie unter Dach und Fach zu bringen vermochte, weil er selbst die besten Angebote – u.a. den von Gustav Heckenast aus Pest – immer wieder

373 Zur Person von Katharina Fröhlich (1800-1879) bzw. zu ihren Beziehungen zu Grillparzer s. Sauer, August: Grillparzers Kathy. – In: Ders.: Franz Grillparzer. – Stuttgart: Metzler 1941, S.224-229; Nadler: Franz Grillparzer, insbesondere S.114-117.

374 Das Trauerspiel, das hier *Kaiser Rudolf II* genannt wird, ist selbstverständlich der *Bruderzwist in Habsburg*. Das Stück wurde nach wiederholten Überarbeitungen, die bis in die 50er Jahre reichten, schließlich erst aus Grillparzers Nachlaß publiziert.

mit fadenscheinigen Begründungen zurückwies[375] – abermals eine Äußerung seiner recht problematischen Natur.

Der gleich auf die neue, dem aktuellen Stand der Dinge angepaßte Erbeinsetzung folgende Absatz in Grillparzers zweitem Testament vom 29. Mai 1863,[376] der die Verfügungen über den literarischen Nachlaß enthält und über jeden Selbstzweifel hinaus doch das gesteigerte Selbstbewußtsein des Dramatikers in Bezug auf den Wert der eigenen literarischen Produktion belegt, lautet wie folgt: „Meine literarischen Arbeiten, gedruckte und ungedruckte wie überhaupt alles was in obgenannte Kategorieen [die vorangegangene Erbeinsetzung in Bezug auf den materiellen Besitz, I.K.] nicht fällt, also Kunstgegenstände, Geschenke, Sachen zu meinem persönlichen Gebrauche u.s.w. vermache ich den drei Schwestern Anna, Katharina und Josepha Fröhlich, erstere und letztere Gesanglehrerinnen in Wien, zum Dank für die Liebe und Treue, die sie mir im Leben erwiesen haben, so daß das zu erzielende Honorar ihr volles Eigenthum sey. Meine Absicht ist, daß sie mit Beirath ihrer Freunde eine anständige Gesammtausgabe meiner Werke veranstalten und ich weiß, daß ich in ihnen, da ihnen jeder Eigennutz fremd ist, eine Art Providenz für meine obgedachten nächsten Verwandten aufstelle." (S.101f.)[377]

Wie ist nun aber schließlich die offenbare Unsicherheit, das auffallende Schwanken des Dichters in der Beurteilung des Wertes der eigenen literarischen Produktion zu verstehen? Woher das radikale Verdikt, das gnadenlose Vernichtungsurteil – „ohne Durchsicht" sollten ja *Libussa* und der *Bruderzwist* „vernichtet werden" –, das Grillparzer in seinen ersten letztwilligen Verfügungen über eigene literarische Produkte fällte; Dramen, die die kanonisierende Nachwelt übrigens zu seinen besten zählt?

Tatsache ist, daß derart radikale Vernichtungsurteile in keinem der bisher besprochenen letzten Willen anzutreffen waren. Noch zu Anfang des 19. Jahrhunderts waren Schriftsteller und Denker offenbar nicht vom Wunsch der Vernichtung, sondern vielmehr von dem der Erhaltung und der bestmöglichen

375 Dazu s. u.a. Nadler: Franz Grillparzer, S.355-357 bzw. S.365. Die erste Gesamtausgabe der Werke Grillparzers kam schließlich 1872 in zehn Bänden bei Cotta unter der tätigen Mitwirkung von Heinrich Laube heraus.

376 Grillparzer begann sein zweites Testament damit, daß er das erste ausdrücklich widerrief: „Ich widerrufe hiermit mein im Jahre 1848 gestelltes Testament und bestimme es vielmehr auf folgende, allein giltige Art genauer." (S.101)

377 Daß im zweiten Testament des Dramatikers die drei Fröhlich-Schwestern gemeinschaftlich zu Erben und Verwaltern des literarischen Nachlasses eingesetzt wurden, erklärt sich aus dem Umstand, daß Grillparzer schon seit 1849 in einem Haushalt mit ihnen in der Wiener Spiegelgasse lebte.

Sicherung ihres literarischen Nachlasses erfüllt; die Beispiele sind so zahlreich, daß sie sich erübrigen. Und auch wenn Kant z.B., wie seine Testamentsentwürfe Zeugnis davon ablegen,[378] sich eine Zeit lang mit dem Gedanken herumtrug, die Vernichtung eines Teiles seines handschriftlichen philosophischen Nachlasses anzuordnen, so erlaubte er seinem vorgesehenen Nachlaßverwalter doch – auch ganz abgesehen davon, daß das Vernichtungsverdikt in seinem end- und rechtsgültigen letzten Willen gänzlich fehlt – in den diesbezüglichen Entwürfen allenfalls noch die Durchsicht seiner „litterarische[n] Papiere", und zwar „so lange es ihm [dem Nachlaßverwalter, I.K.] gefällt". Darüber hinaus handelte es sich bei Kant ja nicht um „dem Scheine nach vollendete" Werke, sondern lediglich um Vorlesungsmanuskripte sowie um mit Randbemerkungen voll beschriebene Handbücher, die „niemand nutzen können und wegen ihrer Unleserlichkeit nur misverstanden werden dürften".[379] Und auch wenn Jacob Grimm in seinen letztwilligen Verfügungen vom 7. Februar 1837 den Wunsch aussprach, daß Teile seines literarischen Nachlasses verbrannt werden sollten, so handelte es sich in seinem Fall wiederum bloß um offenbar ungeordnete und daher als unbrauchbar eingeschätzte Kollektaneen. „Was von kundigen händen vielleicht gebraucht werden" konnte, sollte hingegen auf jeden Fall erhalten bleiben. In Jacob Grimms letztwilligen Verfügungen heißt es: „auch will ich, dasz meine sämtlichen literarischen collectaneen verbrannt werden. ausgenommen sind die samlung von weisthümern so wie alles in gebundenen büchern niedergeschriebene, was von kundigen händen vielleicht gebraucht werden kann."[380]

Es wäre allzu bequem, Grillparzers offensichtliche Unsicherheiten, sein Schwanken in der Beurteilung der eigenen literarischen Produktion – vom gnadenlosen Vernichtungsverdikt im ersten Testament bis hin zum Wunsch einer „anständigen" postumen Gesamtausgabe im zweiten – rein individualpsychologisch erklären zu wollen. Denn die individualpsychologische Erklärung drängt sich freilich gerade in diesem Fall, wie bereits mehrmals erwähnt, geradezu auf. Doch Grillparzers offenkundige Schriftsteller-Komplexe lassen sich ihrerseits wiederum als Folgen und Symptome einer grundlegenden literatursoziologischen Wandlung begreifen, die im Laufe der 1. Hälfte des 19. Jahrhunderts in der Stellung des Schriftstellers in Deutschland und Österreich eingetreten war. Diese Wandlung

---

378 S.o., Kap.III.iii.4.

379 Die Zitatnachweise s. ebenfalls oben, Kap.III.iii.4.

380 Grimm, Jacob: Letztwillige Verfügungen. [7. Februar 1837.] – In: Ders.: Kleine Schriften. Bd.VIII. Vorreden, Zeitgeschichtliches und Persönliches. – Hildesheim: Georg Olms 1966, S.463.

war im Grunde durch zwei Faktoren bestimmt: durch die Entwicklung und Ausdehnung des Literaturmarktes einerseits und durch die politische Literatur- und Theaterzensur der Restaurationsperiode andererseits.[381]

Wie das berühmte Beispiel Lessings lehrt, grenzte es in der 2. Hälfte des 18. Jahrhunderts noch ans Unmögliche, sich in Deutschland als freier Schriftsteller zu behaupten. In der 1. Hälfte des 19. Jahrhunderts sahen sich deutsche und österreichische Autoren jedoch schon in zunehmendem Maße den Einflüssen eines anonymen und aus ihrer Sicht oft unberechenbaren Literaturmarktes ausgesetzt, auf dem sie sich mit ihren 'Produkten' zu behaupten hatten. Die Kontaktaufnahme zum Publikum erfolgte, wenn überhaupt, nur noch über eine mehrfache Vermittlung durch dazwischengeschaltete Institutionen wie Verlage, Theater, Zeitschriften sowie Literatur- und Theaterkritik, die ihrerseits ebenfalls einen maßgeblichen Einfluß auf die Literaturproduktion ausübten, wobei sie keinesfalls frei von kommerziellen Aspekten und politischen Einflüssen funktionierten. Der Autor war derart in der Beurteilung gerade der ästhetischen Qualität – nicht aber des Marktwertes – seiner Produktion schließlich einzig und allein auf sich selbst zurückgeworfen. Hinzu kam zur Wende vom 18. zum 19. Jahrhundert als binnenliterarischer Faktor der Niedergang der im 18. Jahrhundert noch weitgehend als verbindlich anerkannten Regelpoetik, das Ungültigwerden der bisher als vorbildlich betrachteten klassischen Muster und die seit dem Sturm und Drang sich durchsetzende forcierte Forderung nach Originalität als grundlegendes Wertkriterium des Literaturwerkes. Daß die Folge all dieser Faktoren gerade im Fall von psychisch labilen Autoren eine zunehmende Verunsicherung sein mußte, ist unschwer zu begreifen.

Was aber die Situation noch weiter verschlimmert hat, war die politisch gelenkte Literatur- und Theaterzensur der Restaurationsperiode, die sich gerade im Fall eines stets loyalen Autors wie Grillparzer besonders nachteilig auswirken mußte. Repräsentative Schriftsteller und Publizisten der Opposition wie beispielsweise Börne oder Heine kalkulierten Zensurverbote freilich von Anfang an in ihre

---

381 Dazu s. Hansers Sozialgeschichte der deutschen Literatur vom 16. Jahrhundert bis zur Gegenwart. Bd.5. Zwischen Restauration und Revolution. Hg. von Gert Sautermeister und Ulrich Schmied. – München: Hanser 1998. [Darin insbesondere Goetzinger, Germaine: Die Situation der Autorinnen und Autoren, S.38-59; Schmid, Ulrich: Buchmarkt und Literaturvermittlung, S.60-93.]; sowie Hansers Sozialgeschichte der deutschen Literatur vom 16. Jahrhundert bis zur Gegenwart. Bd.6. Bürgerlicher Realismus und Gründerzeit 1848-1890. Hg. von Edward McInnes und Gerhard Plumpe. – München: Hanser 1996. [Darin insbesondere Becker, Eva D.: Literaturverbreitung, S.108-143.]

Produktion ein. Entweder sie nahmen den Kampf gegen die Zensur mit den verschiedensten Mitteln auf oder sie weigerten sich immer wieder und immer mehr, ihre Produktion der politischen Vorzensur auszuliefern. Börne und Heine als in Paris lebenden politischen Emigranten konnte die deutsche Zensur seit Anfang der 30er Jahre ohnehin nicht viel anhaben. Anders war es bei Grillparzer, der schon als Staatsbeamter danach strebte, sich Österreich und der Habsburg-Dynastie gegenüber stets loyal zu verhalten; nicht aus politischem Opportunismus, sondern aus ehrlicher Gesinnung und weltanschaulicher Überzeugung. Daß die Schikanen durch eine oft willkürlich und eigenmächtig, schließlich also gänzlich unberechenbar handelnde politische Zensur ihn besonders kränken, verbittern und verunsichern mußten, ist bei all dem leicht zu verstehen.[382]

So lassen sich die testamentarisch bezeugten Unsicherheiten Grillparzers in Bezug auf die Beurteilung der eigenen literarischen Produktion über das rein Individualpsychologische hinaus und in letzter Instanz als psychische Folgen der in mehrerer Hinsicht problematischen und heiklen literatursoziologischen und politischen Position des österreichischen Dramatikers begreifen.

Für all seine Probleme und Zweifel – die familiären sowohl wie die literarischen – fand Grillparzer in seinem dritten, end- und rechtsgültigen Testament vom 26. Mai 1866 allerdings eine recht großartige Lösung, und zwar im Ethischen. Als Ausweg aus seinen unbewältigten Zerrissenheiten und Schriftstellerkomplexen, aus seinen verworrenen familiären und menschlichen Beziehungen bot sich das nunmehr offenbar uneingeschränkte persönliche Vertrauen zu seiner langjährigen Gefährtin Katharina Fröhlich an, die der Dichter nun zur Universalerbin seiner gesamten Hinterlassenschaft einsetzte. Der kurze und schlichte Text von Grill-

---

382 Zum Schaden, den eine unberechenbar handelnde Zensurbehörde oft angerichtet hatte, s. in anekdotisch-witziger Form u.a. eine Stelle in Grillparzers *Selbstbiographie*, wo folgende Zensuranekdote erzählt wird: „Ich kam [bei einer Reise mit der Postkutsche von Hietzing nach Wien, I.K.] neben einen Hofrat der Censurhofstelle zu sitzen, der mir schon früher als Polizeidirektor in Venedig während meines dortigen Aufenthaltes alle Freundlichkeiten erwiesen hatte und mir bis auf diesen Augenblick immer zugetan geblieben ist. Er begann das Gespräch mit der damals in Wien stereotypen Frage: warum ich denn gar so wenig schriebe? Ich erwiderte ihm: er, als Beamter der Censur, müsse den Grund wohl am besten wissen. Ja, versetzte er, so seid ihr Herrn! Ihr denkt euch immer die Censur als gegen euch verschworen. Als Ihr Ottokar zwei Jahre liegen blieb, glaubten Sie wahrscheinlich, ein erbitterter Feind verhindere die Aufführung. Wissen Sie, wer es zurückgehalten hat? Ich, der ich, weiß Gott, Ihr Feind nicht bin. Aber, Herr Hofrat, versetzte ich, was haben Sie denn an dem Stücke Gefährliches gefunden? Gar nichts, sagte er, aber ich dachte mir: man kann doch nicht wissen –!" (Grillparzer, Franz: Selbstbiographie. – In: GSW, Bd.16. Prosaschriften IV. – Wien: Anton Schroll 1925, S.61-231; hier S.179f.)

parzers drittem, end- und rechtsgültigem Testament wurde damit Dokument und Denkmal einer persönlichen Beziehung, die über das rein Persönliche hinaus jedoch auch literaturgeschichtlich und -soziologisch bedeutsam war. Der rechtsgültige letzte Wille des Dramatikers vom 26. Mai 1866 lautet wie folgt: „Zur alleinigen Erbin meines gesammten Nachlasses, mit Einschluß meiner schriftstellerischen Arbeiten, bereits gedruckten und noch nicht veröffentlichten, ernenne ich Fräulein Katharina Fröhlich, jüngere Schwester der vormaligen Gesanglehrerin am Wiener Conservatorium. In ihrer treuen Anhänglichkeit, ihren vortrefflichen Charakter-Eigenschaften habe ich, besonders in der letzten Zeit, meinen einzigen Anhaltspunkt in all dem Kummer gefunden, den mir meine Anverwandten von Bruderseite so reichlich und unabläßig bereitet haben. Zugleich bin ich überzeugt, daß sie – *ohne sie zu verpflichten* – und blos nach ihrem eigenen Ermessen und Gutdünken, auch meine Stelle bei denjenigen meiner Anverwandten vertreten wird, die einer Unterstützung bedürftig und würdig sein sollten. / Wien am 26. Mai 1866. / Franz Grillparzer / k.k. Hofrath" (S.256, Herv. im Original.)

Katharina Fröhlich hat sich des Vertrauens von Grillparzer in jeder Hinsicht als würdig erwiesen. Sie unterstützte in der Tat nicht bloß die Anverwandten des Dichters nach dessen Tode, sondern initiierte auch die Gesamtausgabe seiner Werke. Den literarischen Nachlaß Grillparzers schenkte sie nach ihrem Tode dem Gemeinderat Wien.[383]

Was die ebenfalls in Wien, am 26. Mai 1856 eigenhändig niedergeschriebenen und ausdrücklich „dem bürgerlichen Gesetzbuch des Kaiserthums Österreich" (S.76)[384] unterstellten letztwilligen Verfügungen Friedrich Hebbels (1813-1863)[385] mit Grillparzers erstem Testament verbindet, ist nicht bloß die geographische und chronologische Nähe, sondern zunächst und vor allem eine auffallende motivische Gemeinsamkeit. Auch in Hebbels Testament wird nämlich der Wunsch einer Verbrennung ausgesprochen, obschon der Norddeutsche nicht, wie Grillparzer, seine Werke, sondern 'nur' seinen Körper nach dem Tode dem Feuer übergeben

383 Vgl. u.a. Müller: Franz Grillparzer, S.1.

384 Hebbel, Friedrich: Mein letzter Wille. [26. Mai 1856.] – In: Hebbel-Briefe. Neue und ergänzte Briefe von und an Friedrich Hebbel nebst Register und Regesten der bisher gedruckten Briefe. Hg. von Arthur Tilo Alt. – Berlin: Erich Schmidt 1989, S.75f. Zitate aus Hebbels Testament sind dieser Ausgabe entnommen und werden im laufenden Text mit den Seitenzahlen ausgewiesen.

385 An biographischer Literatur zu Hebbel sind folgende Werke konsultiert worden: Kuh, Emil: Biographie Friedrich Hebbels. 2 Bde. 2., unveränderte Auflage. – Wien, Leipzig: Wilhelm Braumüller 1907; Werner, Richard Maria: Hebbel. Sein Leben und Wirken. – Berlin: Hofmann o.J. [1913]; Meetz, Anni: Friedrich Hebbel. 3., durchgesehene und ergänzte Auflage. – Stuttgart: Metzler 1973.

wissen wollte. Doch dazu später. Denn die vordergründige motivische Gemeinsamkeit beider letztwilliger Verfügungen deutet auf eine eher verborgene Nähe, doch auf eine von grundsätzlicher Art. In Hebbels Testament spricht sich nämlich wiederum dieselbe Unsicherheit in Bezug auf die Beurteilung des Wertes der eigenen Person – wenn auch in ganz anderer Art und Weise – aus, die auch Grillparzers letztwillige Verfügungen prägte.

Hebbel sprach seine Unsicherheiten und Zweifel zwar nicht explizit aus. Doch diese sind unübersehbar und unüberhörbar im Gesamtgestus seines Testaments, der insgesamt als eine in Untertreibung verkehrte Übertreibung charakterisiert werden kann: als beinahe krampfhafte Selbstinszenierung eines Mannes, der gerade seine Unsicherheiten mit lautstarkem Pathos zu übertönen sucht. Man geht nicht zu weit, wenn man die penetrant pathetische Theatralität, durch die Hebbels Testament in seiner Gesamtheit geprägt ist, als Berufskrankheit des Dramatikers betrachtet, der sich durch eigene Kraft und eigenes Verdienst aus einer mehrfach benachteiligten und geographisch wie sozial peripheren Stellung zum erfolgreichen, weit und breit anerkannten Autor hinaufgearbeitet hat.

Dabei beginnen Hebbels letztwillige Verfügungen mit einem Absatz, der in seiner schlichten Formelhaftigkeit viel Überkommenes in prägnant-gedrängter Form in sich faßt: „'Der Tod ist gewiß, die Stunde aber ungewiß', sagt ein schöner alter Spruch. Ich habe mich daher, obgleich ich mich voller Gesundheit und des Gebrauchs aller meiner Kräfte erfreue, am heutigen Tage entschlossen, mein Haus zu bestellen und meinen letzten Willen zu Papier zu bringen." (S.75)[386]

Merkwürdig erscheint hingegen selbst schon die Tatsache, daß der Dramatiker seine letztwilligen Verfügungen an seinem zehnten Hochzeitstag niederschrieb, und diesen Umstand in der Datierung sogar ausdrücklich vermerkte: „Niedergeschrieben an unserm zehnten Hochzeitstage, Wien d 26sten May 1856." (S.76) Es bedarf nicht allzu vieler Phantasie, sich die Szene auszumalen, wie der Dichter seine gerade erst niedergeschriebenen letztwilligen Verfügungen seiner Gattin und nunmehr eingesetzten Universalerbin, der Burgschauspielerin Christine Enghaus als Hochzeitsgeschenk überreichte.[387] Selbst wenn man gutmütig genug ist, dies als reine Geste der innigen Liebe, der Dankbarkeit und der Verehrung gelten zu

---

386 Der durch Hebbel zitierte „schöne alte Spruch" findet sich in der Tat bereits in den Testamenten Jakob Fuggers des Reichen (s.o. Kap.III.ii.1). Außerdem enthält der einleitende Absatz von Hebbels letztwilligen Verfügungen die traditionellen Beweise der Testierfähigkeit: „obgleich ich mich voller Gesundheit und des Gebrauchs aller meiner Kräfte erfreue".

387 Zur Person von Christine Enghaus (geb. 1817, am Wiener Burgtheater seit 1840) s. Kuh: Biographie Friedrich Hebbels, Bd.2, S.165-174 und S.269-274.

lassen, so kann man das auf morbide Weise Theatralische des Vorganges doch immer noch nicht ganz ableugnen: das Testament als Geschenk für den Hochzeitstag. Man kann es um so weniger, da Hebbel selbst in seinen letztwilligen Verfügungen seine Gattin mit hohen Worten als seine Retterin und Wohltäterin, und seine Eheschließung als den Wendepunkt seines persönlichen Schicksals feierte: „Zur Universalerbin meines ganzen Nachlasses, bestehe er nun aus liegenden Gründen und in baarem Vermögen oder in literairischen Werken und daher entspringenden Rechten und Forderungen, setze ich meine theure Gattin Christine, geborene Engehausen ein. Es ist dieß nur ein kleiner Dank für ihre große Liebe, denn unendlich bin ich ihr verschuldet, und sage nicht zu viel, wenn ich die Ueberzeugung ausspreche, daß ich ohne sie längst Staub und Asche sein würde." (S.75) In merkwürdigem Widerspruch zu dieser demütigen Darstellung der Gattin als Retterin und Wohltäterin des Dramatikers steht allerdings die prahlerisch-überhebliche Mahnung in der Fortsetzung des Absatzes, wo der Erblasser den Wunsch ausspricht, seine Universalerbin möge nach seinem Ableben bei eventuell nötig werdenden Unterstützungen ihre gemeinsame Tochter Christine Elisabeth Adolphine insofern mehr als den Sohn Carl berücksichtigen, „als die Lebens-Situation eines Mädchens schwerer ist, wie die eines Mannes, der sich viel eher selbst helfen kann." (S.76)[388] Spricht hier also ein Demütiger und Dankbar-Bescheidener, durch seine Gattin erst Geretteter, oder ein Selfmademan mit gut ausgeprägtem und wohl begründetem Selbstbewußtsein? Oder – schließlich – ein Gespaltener und Zerrissener?

Wie man sieht, ist Hebbels Fall unter individualpsychologischer Perspektive nicht weniger verwickelt als der Fall Grillparzers, was, wenn man sich seinen Lebenslauf vergegenwärtigt, durchaus kein Wunder ist. Zu Ehren des Dramatikers sei allerdings festgehalten, daß er seine niedere Herkunft in seinen letztwilligen Verfügungen keinesfalls verleugnete. Er richtete an seine Gattin und Universalerbin Christine Enghaus nämlich auch den Wunsch, daß sie seinen „unvermögenden Bruder Johann Heinrich Hebbel in Holstein, der sich mit seiner Familie durch Arbeit und treuen Fleiß durchhilft, [...] in Zeiten der Noth nicht ganz vergessen möge" (S.76), was er dann auch noch seinen Kindern ausdrücklich ans Herz legte.

---

388 Im Text stand in Bezug auf Carl zuerst das Wort „Adoptivsohn", wie es den Tatsachen entsprach. Er war nämlich das uneheliche Sohn von Christine, den Hebbel später adoptierte. Doch offenbar, um dem Verdacht zu entgehen, er wolle einfach die gemeinsame Tochter dem Adoptivsohn vorziehen, strich Hebbel nachträglich den verdächtig klingenden Teil des Wortes und änderte es einfach in „Sohn" um.

Vollends widersprüchlich sind aber die Verfügungen des Dichters über sein Begräbnis, die daher in ihrem vollen Wortlaut zitiert werden sollen: „Was zunächst mich selbst betrifft, so wünsche ich, auf die möglichst einfachste Weise zur Erde bestattet zu werden. Meinen theuren Hinterbliebenen überlasse ich mit Ruhe die Sorge, mich gegen die Gefahren sicher zu sehen, die sich an den Scheintod knüpfen. Am liebsten wäre es mir, wenn mein Leichnam den Flammen übergeben würde, wie es bei den Alten geschah; denn von Jugend auf habe ich vor dem Wurm geschaudert, und mein Wunsch steht mit dem Grund-Princip der christlichen Religion in keinem Widerspruch. Kann dieß jedoch nicht geschehen, ohne den stillsten Act zu einem lauten zu machen, so muß es davon sein Abkommen haben. Nur in jedem Falle keine Todes-Anzeige, keine Trauerzettel, kein Leichen-Gefolge und keine Rede am Sarge." (S.75)

Der Testator Hebbel sprach also vor allem den Wunsch aus, schlicht, „auf die möglichst einfachste Weise zur Erde bestattet zu werden", wobei er die – wie bereits erwähnt, zeittypischen[389] – Vorkehrungen gegen die Gefahr des Scheintodes der intimen Sorge der Hinterbliebenen überließ. Dem zuerst geäußerten Wunsch des Erblassers nach Schlichtheit widerspricht allerdings gleich schon sein nächster, seinen Leichnam dem Feuer zu übergeben. Das Pathetisch-Hochfahrende steckt hier im beim ersten Blick vielleicht unscheinbaren Zusatz „wie es bei den Alten geschah": Römerschwärmerei pur, was ein gutes Jahrhundert früher, beim jungen Preußenkönig Friedrich sich noch etwas weniger peinlich ausnahm.[390] Doch auch der pathetische Wunsch nach der Verbrennung des einst toten Körpers wird gleich wieder zurückgenommen und im Namen der eingangs geforderten, sich hier schon betont christlich gebärdenden Schlichtheit aufgeopfert: „Kann dieß jedoch nicht geschehen, ohne den stillsten Act zu einem lauten zu machen, so muß es davon sein Abkommen haben." Dabei bleibt es dann zuletzt auch: „Nur in jedem Falle keine Todes-Anzeige, keine Trauerzettel, kein Leichen-Gefolge und keine Rede am Sarge." Doch die detaillierte Aufzählung dessen, was Hebbel sich nach seinem Tode nicht wünschte, ist gerade das paradigmatische Beispiel dafür, was ich vorhin als in Untertreibung verkehrte Übertreibung bezeichnet habe. Denn wer so nachdrücklich auf Pomp und Pathos verzichtet, und was er nicht will, so eingehend aufzählt, verrät paradoxerweise gerade dadurch, daß er Pomp und Pathos durchaus als etwas seiner Stellung Angemessenes und seiner Dichterwürde, seiner literarischen und Geistesgröße Zukommendes empfindet. Seine letztwilligen Ver-

---

389 S.o., Kap.III.iii.6.

390 S.o., Kap.III.iii.2.

fügungen zeigen Hebbel also als Pathetiker, der den Bescheidenen spielt, weil er sich selbst als groß genug betrachtet, um sich auch mal Schlichtheit leisten zu können.

Zum Schluß sei noch einmal betont, daß die letztwilligen Verfügungen Grillparzers und Hebbels nicht wegen ihrer individualpsychologischen Problematik interpretationswürdig sind. Dies würde sie höchstens interessant machen für diejenigen, die die Jagd nach intimen Geheimnissen und vermeintlichen Gebrechen in den Biographien von Dichtern und sonstigen Geistesgrößen immer noch nicht langweilig genug finden. Vielmehr läßt sich gerade das Unsichere und Widersprüchliche, das sich in den letztwilligen Verfügungen beider Dramatiker – Männer mit in der Tat untypischen Lebensläufen – äußert, erst als Folge und Symptom literatursoziologischer Entwicklungen in der 1. Hälfte des 19. Jahrhunderts adäquat und in seiner ganzen Tragweite begreifen.

6. Exkurs: Extreme Vernichtungsphantasien: Kafka

Der Prozeß der Verunsicherung bei psychisch labilen Autoren infolge der Ausbreitung des Literaturmarktes seit Mitte des 19. Jahrhunderts, der im vorangegangenen Kapitel beschrieben und am Beispiel von Grillparzer und Hebbel dargestellt worden war, kulminierte in den letztwilligen Verfügungen Franz Kafkas (1883-1924) in extremen Vernichtungsphantasien. In Kafkas Nachlaß fanden sich bekanntlich zwei undatierte Brieftestamente an Max Brod, die beide ausschließlich das Problem des literarischen Nachlasses umkreisen und in unerhört radikaler Weise dessen (beinahe) gänzliche Vernichtung anordnen. Brod selbst, als Freund und Vertrauter Kafkas und später als Betreuer seines literarischen Nachlasses, sah sich zwar durch die beiden Brieftestamente in einen „schweren Gewissenskonflikt gestürzt"[391], doch er hat sich letztlich entschlossen, die letztwilligen Verfügungen Kafkas zu ignorieren. Statt dessen veröffentlichte er selbst noch die beiden Brieftestamente seines verblichenen Freundes in seinem Nachwort zur Erstausgabe des *Prozess*-Romans, so daß Kafka zu den bekanntesten und spektakulärsten Fällen in der Geschichte des 'literarischen' Testaments in Deutschland zählt.

---

391 Brod, Max: Nachwort zur ersten Ausgabe. – In: Franz Kafka: Der Prozess. Roman. (= Ders.: Gesammelte Werke. Hg. von Max Brod.) – New York, Frankfurt am Main: S. Fischer 1950, S.319.

Das ältere, vermutlich um 1920 verfaßte Brieftestament Kafkas an Brod hat folgenden Wortlaut:[392] „Liebster Max, meine letzte Bitte: Alles, was sich in meinem Nachlaß [...] an Tagebüchern, Manuskripten, Briefen, fremden und eigenen, Gezeichnetem und so weiter findet, restlos und ungelesen zu verbrennen, ebenso alles Geschriebene oder Gezeichnete, das Du oder andre, die Du in meinem Namen darum bitten sollst, haben. Briefe, die man Dir nicht übergeben will, soll man wenigstens selbst zu verbrennen sich verpflichten. / Dein Franz Kafka." (S.316f.) Wie man sieht, spricht der schlichte Text ein pauschales Verdammungsurteil über das gesamte literarische Werk und ebenso über den handschriftlichen Nachlaß Kafkas aus. Man gewinnt den Eindruck, daß der Testator jede Erinnerung an das, was er je geschrieben hat, in Angesicht des Todes mit einer unvergleichlich radikalen Geste auslöschen wollte.

Das zweite, einige Jahre später, vermutlich im Winter 1922/23 niedergeschriebene letztgültige Brieftestament Kafkas formulierte das Verdammungsurteil in Bezug auf alles von ihm Geschriebene nicht minder radikal, obschon es manche Ausnahmen zuließ. Dieses Brieftestament ist wieder an Brod gerichtet und lautet wie folgt: „Lieber Max, vielleicht stehe ich diesmal doch nicht mehr auf, das Kommen der Lungenentzündung ist nach dem Monat Lungenfieber genug wahrscheinlich, und nicht einmal, daß ich es niederschreibe, wird sie abwehren, trotzdem es eine gewisse Macht hat. / Für diesen Fall also mein letzter Wille hinsichtlich alles von mir Geschriebenen: / Von allem, was ich geschrieben habe, gelten nur die Bücher: Urteil, Heizer, Verwandlung, Strafkolonie, Landarzt und die Erzählung: Hungerkünstler. (Die paar Exemplare der 'Betrachtung' mögen bleiben, ich will niemandem die Mühe des Einstampfens machen, aber neu gedruckt darf nichts daraus werden.) Wenn ich sage, daß jene fünf Bücher und die Erzählung gelten, so meine ich damit nicht, daß ich den Wunsch habe, sie mögen neu gedruckt und künftigen Zeiten überliefert werden, im Gegenteil, sollten sie ganz verlorengehn, entspricht dieses meinem eigentlichen Wunsch. Nur hindere ich, da sie schon einmal da sind, niemanden daran, sie zu erhalten, wenn er dazu Lust hat. / Dagegen ist alles, was sonst an Geschriebenem von mir vorliegt (in Zeitschriften Gedrucktes, im Manuskript oder in Briefen) ausnahmslos, soweit es erreichbar oder durch

---

392 Zur Frage der Datierung der beiden Brieftestamente Kafkas sowie zum Anlaß ihrer Niederschrift s. Kafka-Handbuch. Hg. von Hartmut Binder. Bd.2. – Stuttgart: Kröner 1979, S.3; sowie Binder, Hartmut: Kafka in neuer Sicht. Mimik, Gestik und Personengefüge als Darstellungsformen des Autobiographischen. – Stuttgart: Metzler 1976, S.546f. Kafkas Brieftestamente werden auf Grund folgender Ausgabe zitiert: Brod: Nachwort zur ersten Ausgabe, S.316f., bzw. 317f. Zitate im laufenden Text werden mit den Seitenzahlen dieser Ausgabe ausgewiesen.

Bitten von den Adressaten zu erhalten ist [...] – alles dieses ist ausnahmslos, am liebsten ungelesen (doch wehre ich Dir nicht hineinzuschaun, am liebsten wäre es mir allerdings, wenn Du es nicht tust, jedenfalls aber darf niemand andrer hineinschauen) – alles dieses ist ausnahmslos zu verbrennen, und dies möglichst bald zu tun bitte ich Dich / Franz." (S.317f.)

Bei allem Respekt gegen Kafka und dessen offenbar verzweifelte Geste drängt sich gerade in Anbetracht des unvergleichlich radikalen und kaum differenzierten Verdammungsurteils in Bezug auf beinahe das gesamte literarische Werk und den gesamten handschriftlichen Nachlaß die Frage auf, ob es sich im Fall der beiden Brieftestamente um wohl überlegte, unwiderrufliche Entschlüsse des Testators oder mehr um bloße Vernichtungsphantasien handelt, deren Vollstreckung selbst Kafka nicht ernsthaft gewünscht haben kann. Würde Letzteres der Fall sein, so näherte dieser Umstand Kafkas Brieftestamente wiederum der fiktionalen Literatur an, insofern daß in ihnen in der Phantasie durchgespielte Möglichkeiten des Ausgangs einer 'Geschichte', der persönlichen Lebensgeschichte des Schriftsteller-Testators, aufs Papier gebracht worden sein würden. Daß dem allerdings in der Tat so ist, darauf führt schon die einfachste Besinnung.

Bereits Brod, der als Testamentsvollstrecker die letztwilligen Verfügungen seines Freundes schlichtweg ignorierte und ihm dadurch als Verwalter seines Nachlasses zum literarischen Weltruhm verhalf, war darum bemüht, seinen Entschluß zu begründen, indem er seine Zweifel an der Ernsthaftigkeit und Unwiderruflichkeit von Kafkas testamentarischen Verfügungen anmeldete. In seinem Nachwort zur Erstausgabe des *Prozess* heißt es: „Ich bin ihm nicht dankbar, mich in diesen schweren Gewissenskonflikt gestürzt zu haben, den er voraussehen mußte, denn er kannte die fanatische Verehrung, die ich jedem seiner Worte entgegenbrachte, und die mich in den zweiundzwanzig Jahren unsrer niemals getrübten Freundschaft [...] veranlaßte, auch nicht das kleinste Zettelchen, keine Ansichtskarte, die von ihm kam, wegzuwerfen."[393] Außerdem erwähnt Brod auch noch ein Gespräch mit Kafka über ihre letztwilligen Verfügungen. Das Gespräch soll im Jahre 1921, nachdem Brod seinen eigenen letzten Willen niedergeschrieben hatte, stattgefunden haben. Damals schon, so Brod, eröffnete Kafka ihm den Inhalt seiner letztwilligen Verfügungen, so daß er die Gelegenheit hatte, ihm sofort zu signalisieren, daß er als vorgesehener Testamentsvollstrecker keinesfalls bereit sei, dem testamentarischen Wunsch des Freundes in Bezug auf die Vertilgung seines literarischen Werkes und Nachlasses nachzukommen. Seine Konklusion lautet: „Von dem Ernst

393 Brod: Nachwort zur ersten Ausgabe, S.319.

meiner Ablehnung überzeugt, hätte Franz einen anderen Testamentsexekutor bestimmen müssen, wenn ihm seine eigne Verfügung unbedingter und letzter Ernst gewesen wäre."[394] Mit anderen Worten: War Kafkas testamentarischer Wunsch in Bezug auf die Zurücknahme seines literarischen Werkes und die Vernichtung seines handschriftlichen Nachlasses in der Tat ernst gemeint, so hat er selber am besten wissen müssen, daß er die denkbar schlechteste Wahl in Bezug auf den Testamentsvollstrecker getroffen hat.

Dazu kommt des Weiteren noch der Umstand, daß der Testator das Vernichtungsurteil an seiner literarischen Produktion auch selber, noch zu Lebzeiten, problemlos hätte vollstrecken können, wäre es tatsächlich sein Ernst gewesen. Hätte er die Manuskripte, Tagebücher und Briefe selber verbrannt, deren Überlieferung ihm aus irgendeinem Grunde unerwünscht war, so wäre er immer noch kein Einzelfall in der jahrhundertelangen Geschichte der Literatur gewesen. Doch wie Brod ebenfalls erwähnt, sind „die Order des Bleistiftblatts" – d.h. des zweiten Brieftestaments – selbst von Kafka nicht streng befolgt worden, „denn er hat später ausdrücklich die Erlaubnis gegeben, daß Teile der 'Betrachtung' in einer Zeitung nachgedruckt, und daß drei weitere Novellen veröffentlicht würden, die er selbst mit dem 'Hungerkünstler' vereinigt und dem Verlag 'Die Schmiede' übergeben hat".[395]

Nach all dem scheint es mir allerdings offensichtlich genug, daß die letztwilligen Verfügungen von Schriftstellern, die testamentarisch die Ungültigkeit ihres Werkes proklamieren und die pauschale Vernichtung ihres Nachlasses anordnen, in der Regel allem Respekt zum Trotz kaum ernst zu nehmen sind. Wie Kafkas extremes Beispiel zeigt, handelt es sich dabei vielmehr um Spiele der Phantasie, die diese Texte der fiktionalen Literatur annähern, wobei ihre Niederschrift andererseits wohl die Unsicherheit des Testators in Bezug auf den Wert der eigenen Person und damit verbunden in Bezug auf den Wert der eigenen literarischen Produktion signalisiert. Die Gründe für Unsicherheiten dieser Art wären allerdings, wie dies schon an den Beispielen von Grillparzer und Hebbel dargelegt wurde, nicht im psychischen allein, sondern letztlich in der problematisch gewordenen Situation des Schriftstellers infolge der Ausdehnung des Literaturmarktes seit Mitte des 19. Jahrhunderts zu suchen.

---

394 Brod: Nachwort zur ersten Ausgabe, S.318f.

395 Brod: Nachwort zur ersten Ausgabe, S.319.

7. Stifter. Die Testamente eines Biedermannes?

Die zwei überlieferten, eigenhändig geschriebenen Testamente Adalbert Stifters (1805-1868) vom 21. September 1845 bzw. vom 24. November 1858 (mit einem Nachtrag vom selben Tag), die im XXV. Band der *Sämtlichen Werke* abgedruckt sind, fallen durch ihre extreme Kürze und Schlichtheit auf.[396] Allem Anschein nach handelt es sich dabei um Lebenszeugnisse eines Biedermannes, der sich über Materielles verschämt ausschwieg und von Geschäftlichem so gut wie gar keine Ahnung hatte. Transzendente, religiöse oder gar literarische Bezugnahmen fehlen ebenfalls ganz; Geschwister und Verwandte werden nicht bedacht und nicht einmal erwähnt. Der Erblasser beschränkte sich in beiden Testamenten strikt darauf, seine 1837 geehelichte Gattin Amalie Mohaupt zur Universalerbin seines Vermögens einzusetzen.

Das erste Testament Stifters vom 21. September 1845 umfaßt insgesamt wenige Zeilen und hat folgenden Wortlaut: „In dieser mit meiner eigenen Handschrift geschriebenen und mit meiner Unterschrift versehenen letztwilligen Anordnung erkläre ich meine Gattin Amalie Stifter, geb. Mohaupt, zu meiner Erbin. / Linz, am 21. September 1845. / Adalbert Stifter / vom Haus Nr. 21 zu Oberplan in Böhmen gebürtig, Herrschaft Krumau, Kreis Budweis." (S.344)

Dem ahnungslosen Leser, dem die nötigen Vorinformationen nicht zur Verfügung stehen, sagt Stifters schlichter letzter Wille so gut wie gar nichts. Nichts über den Menschen, der ihn niederschrieb, und nichts über die Epoche, in der er zu Papier gebracht wurde. Man könnte höchstens die auffallende Wortkargheit – beinahe Verschämtheit – des Testaments als etwas 'Biedermeierliches' bezeichnen.[397] Doch dem Kenner von Stifters Biographie, seinen Lebenszeugnissen und literarischem Werk tut sich hinter dem anspruchslosen Text eine regelrechte Kluft auf. In Anbetracht der Umstände vermutet man sofort, ob man dies will oder nicht, auch hier denselben beinahe beneidenswerten Verdrängungsmechanismus am Werke, der Stifters Biographie so spannend und seine literarischen Arbeiten

---

396 Stifter, Adalbert: [Testament; 21. September 1845.]; Letztwillige Anordnung. [24. November 1858.] – In: Ders.: Sämtliche Werke. Bd.XXV. Erzählungen, 3.Teil. Gedichte und Biographisches. Hg. von Klaus Zelewitz. – Hildesheim: Gerstenberg 1979, S.344f. Zitate aus Stifters Testamenten und den angrenzenden Dokumenten sind dieser Ausgabe entnommen und werden im laufenden Text mit den Seitenzahlen ausgewiesen.

397 Zum Begriff 'Biedermeier' s. vor allem: Sengle, Friedrich: Biedermeierzeit. Deutsche Literatur im Spannungsfeld zwischen Restauration und Revolution 1815-1848. 3 Bde. – Stuttgart: Metzler 1971ff.

für manche Leser so reizend macht. Es ist freilich unmöglich, hier die gesamte Stifter-Biographie als Interpretationshilfe für die letztwilligen Verfügungen einzuschalten;[398] auch der Blick auf die Werke soll einem anderen Kapitel vorbehalten bleiben. Es erhebt sich daher die Frage, wie man Stifters lakonische Testamente zum Sprechen bringen kann.

Das Problem ist indessen auch noch um so schwieriger, da der unmittelbare Anlaß zur Niederschrift der beiden letztwilligen Verfügungen Stifters unbekannt ist. Was das erste Testament betrifft, es ist im Laufe eines längeren Erholungsaufenthalts in Oberösterreich niedergeschrieben worden. Mitte der 40er Jahre, als er sein erstes Testament aufsetzte, war Stifter bereits ein erfolgreicher und anständig honorierter Autor, er befaßte sich gerade mit der Umarbeitung seiner Novellen für die *Studien* und war dem äußeren Anschein nach glücklich verheiratet.[399] Sollte bei all dem einfach das Herannahen des vierzigsten Geburtstags des Dichters am 23. Oktober 1845 der Anlaß zum Testamentschreiben gewesen sein, das ja an sich schon eine – wenn auch noch so oberflächliche – Beschäftigung mit dem Gedanken des Todes voraussetzt?

Wie dem auch sei, eine Möglichkeit, Stifters verschwiegene letztwillige Verfügungen zum Sprechen zu bringen, wäre es, sie zunächst einmal im Kontext anderer biographischer Dokumente zu betrachten. Und im Fall des ersten Testaments bietet sich zu diesem Zweck geradezu ein Brief an, den Stifter am Tag seiner Testamentsabfassung, am 21. September 1845, an seinen Freund und Verleger in Pest, Gustav Heckenast schrieb.[400]

Der Brief beginnt – nach den gehörigen Formalitäten – mit der Darlegung von Arbeitsproblemen, die zu dieser Zeit offensichtlich noch die Hauptsache zwischen dem Autor und seinem Verleger ausmachten. Vor allem entschuldigt sich Stifter wegen seinem verspäteten Beitrag zur *Iris*, dem renommierten literarischen Jahrbuch in Heckenasts Verlag und somit eine seiner wichtigsten Publikationsmöglichkeiten, und verspricht zugleich, in der Zukunft Redaktionsschluß-Termine pünkt-

398 Aus der umfangreichen biographischen Literatur zu Stifter sei hier nur auf eine hervorragende Leistung hingewiesen, auf die interpretierende Biographie von Matz, Wolfgang: Adalbert Stifter oder Diese fürchterliche Wendung der Dinge. Biographie. – München, Wien: Hanser 1995.

399 Zum biographischen Hintergrund des ersten Testaments s. Matz: Adalbert Stifter, insbes. S.230-237.

400 An Gustav Heckenast, Linz, 21. September 1845. – In: Stifter, Adalbert: Sämtliche Werke. Bd.XVII. Briefwechsel, Bd.1. Hg. von Gustav Wilhelm. 2. Auflage. – Hildesheim: Gerstenberg 1972, S.149-151. Zitate aus dem Brief werden im laufenden Text mit den Seitenzahlen dieser Ausgabe ausgewiesen.

lich zu beachten. Dann spricht der Dichter von der Umarbeitung seiner Novellen für die *Studien,* wobei der Blick auf eine künftige Gesamtausgabe schon das gefestigte Selbstvertrauen des erfolgreichen Autors bezeugt: „Ich ändere so viel, wie nichts [...]. Radikale Änderungen behalte ich mir vor, wenn einmal 'meine Gesammtwerke' erscheinen, wozu Sie, wenn Gott und das Publicum günstig bleibt, eine rechte Eleganz und einen erlesenen Geschmack entfalten mögen." (S.149)

Das zweite große Thema des Briefes ist Stifters kurzer Besuch in seinem böhmischen Geburtsort Oberplan, übrigens der erste seit langen Jahren. Dies gibt dem Briefschreiber die Gelegenheit, das unverschuldete Elend seiner Mutter und seiner Geschwister in eindringlicher Weise auszumalen. Die ausführliche Darstellung der ländlichen Armut scheint zunächst fehl am Platze zu sein. Ihre Funktion wird erst nachträglich klar, da an sie die in Stifters Briefen an seinen Verleger so gewöhnliche Klage über Geldmangel und die beinahe regelmäßige Bitte des Autors um 'Vorschuß' – diesmal 300 oder wenigstens 200 Gulden – angeschlossen ist, mit der Begründung, er habe nicht umhin gekonnt, alles herzugeben, was er hatte, um seiner Familie auszuhelfen. Der Absatz, der jenseits jeglicher leicht durchschaubarer Selbststilisierung bezeugt, daß es Stifter seiner literarischen Erfolge und anständigen Honorare zum Trotz keinesfalls gelungen war, sein Haushaltsbudget ins Gleichgewicht zu bringen, schließt dann mit den merkwürdigsten Versprechungen und Beteuerungen: „Zürnen Sie Ihrem Freunde nicht, daß er verschenkt, was er selber braucht, aber kenneten Sie die unerschöpfliche Herrlichkeit meiner Mutter, Sie würden mich eher segnen. Ich werde ein sparsames Leben führen, und weil ich wahrscheinlich kinderlos sterbe, die Güte meiner Mutter in ihren Enkeln, den Kindern meiner Schwester lohnen, denen ich Alles hinterlassen werde, wenn nemlich Gott seinen Segen gibt." (S.150)

In der kurzen Passage klingen gleich mehrere wichtige Lebensprobleme Stifters an. So die unbewältigte Bindung an seine Mutter, die er nachträglich beinahe zur Heiligen stilisierte; seine oft und bitter beklagte Kinderlosigkeit, eine Klage, die bei Stifter im Laufe der Jahre beinahe zur fixen Idee wurde und die Wolfgang Matz zufolge lediglich die Misere seiner unglücklichen Ehe und seines gescheiterten Lebens – nicht zuletzt auch vor dem eigenen Blick – verdecken sollte.[401] Am merkwürdigsten erscheint allerdings die Beteuerung des Briefschreibers, einst „alles" den Kindern seiner Schwester hinterlassen zu wollen; hat er ja in seinem am selben Tag niedergeschriebenen letzten Willen gerade erst seine Frau zur Universalerbin

401 Dazu s. Matz: Adalbert Stifter, insbes. S.251-254.

seines gesamten Vermögens bestimmt, ohne eine andere Person aus seiner Familie und Verwandtschaft auch nur einer Erwähnung zu würdigen.

Glatte Lüge oder verzeihliche, leicht durchschaubare Selbststilisierung, wie sie auch sonst unzählige Male in Stifters 'Lebenszeugnissen' vorkommt, da er ja selbst seine Privatbriefe nachweislich im Hinblick auf eine postume Veröffentlichung, gleichsam zum Zweck der Imagepflege schrieb? Wichtiger in unserem Zusammenhang ist, daß Stifters Testament gerade erst vom am selben Tag verfaßten Brief an Heckenast her betrachtet die Fixierung des Erblassers an seine Frau, an die Realität einer gescheiterten, doch nach außen hin mit aller Gewalt zum höchsten Erdenglück stilisierten Ehe verrät.[402]

---

402 Um das Ausmaß der Fixierung und gleichzeitig der Verdrängung zu belegen, sei hier noch auf einen beinahe zwei Jahrzehnte später geschriebenen Brief Stifters an seine Gattin hingewiesen. Ende Juni 1863 unternahm der 1850 zum Schulrat für Oberösterreich ernannte Dichter eine kurze Dienstreise aus Linz nach Steyr. In den paar Tagen, die er getrennt von seiner Frau verlebte, schickte er vier ausführliche Briefe an diese ab, die außer umständlich erzählten Nichtigkeiten des Tages immer wieder mit lautstarkem Pathos vorgetragene Beteuerungen des ehelichen Glücks und der Treue enthalten. In den Brief vom 4. Juli 1863, der hauptsächlich von Dienstangelegenheiten, Visiten, Inspektionen, Geldausgaben und -wünschen, vom Wetter sowie von Speise und Trank handelt, ist ganz unvermittelt folgende Passage eingeschaltet, in der Stifter von – freilich nie erfüllten – Versprechungen über letztwillige Verfügungen sich bis hin zur hausbackenen Theologie versteigt: „Ja unsere eheliche Liebe unsere eheliche Eintracht und unser durch unsere Herzen in ihrem langen Zusammenleben gegründetes Sichzugehören ist unser größtes Glück auf dieser Erde, es ist mein Glück, es ist dein Glück. Möge uns es der Himmel nicht zu frühe zerreißen; doch wie Gott will. Solltest du vor mir sterben, so wird die Erinnerung an dich mein einziges Glück auf der Welt sein; alles andere wird sich öde und leer vor mir hinbreiten, und ich werde mich dem Tage entgegen sehnen, der mich an deine Seite bringt; denn an deiner Seite muß ich begraben werden, so wird es mein Testament verordnen. Sterbe ich vor dir, so wirst du gewiß mir ein treues Andenken bewahren, du wirst meine Fehler vergessen, wirst dich auf meine Tugenden erinnern, und wirst denken: er hat mich doch geliebt, und hat ein gutes Herz für mich gehabt. Und vielleicht legst auch du dich nach deinem Tode an meiner Seite nieder. Und wenn es ein Jenseits gibt, und wenn dann für selige Menschen Gott anschauen das Höchste ist, und wenn Gott anschauen nichts anders sein kann, als ihn immer mehr in seinen Werken erkennen (denn ganz ergründen können wir ihn nicht; weil wir dann er selber sein müßten) und wenn für Menschen das höchste Werk Gottes wieder das menschliche Herz ist, so ist für mich wieder sein höchstes Werk dein Herz, das ich am besten kenne, es ist auch dort wieder mein höchstes Glück, und im Himmel wird unsere zum Schönsten gereinigte und geläuterte Liebe unser Himmel sein. Wie es ist, und wie es ist, so sei es, und Gott wird es schon am besten gemacht haben, er hat uns einander gegeben, dafür danken wir ihm, und wie lange es dauert, dafür danken wir ihm auch. Bewahre mir nur dein liebes treues Herz, ich will auch suchen, stets besser zu werden, und dich zu beglücken, und so lasse uns, was unzweifelhaft unser ist, auch unser sein. Ich bin durch das Lesen deines theuren Briefes, in dem du sagst, daß ich dir das Liebste und Theuerste dieser Welt bin, daß du mich liebst, und nur für mich zu leben wünschest, damit wir noch einige kleine Freuden mit einander genießen mögen,

Recht merkwürdig ist dann auch der Schluß des Briefes an Heckenast, wo Stifter den Plan einer in dieser Form allerdings nie verwirklichten Italienreise entfaltet: „Ich hätte einen Plan. Nur die Skizze: Ich würde nach 2 Jahren oder nach einem Jahre Italien besuchen. In Rom 2 Jahre bleiben, in Neapel eines, um recht viel Geschichte, Landschaft, Meer, Himmel und Leute zu sehen und zu verarbeiten. Bestreiten Sie mir hiezu nur das Reisen (die Bewegung) das Bleiben an jedem Orte trage ich selber. Die Früchte erscheinen in Ihrem Verlage. Schaden dürften Sie keinen haben, das versteht sich. Denken Sie ein Jahr über das Ding nach, ich will auch ein Jahr nachdenken und mich sehnen. Wenn ich etwa so Meer-Novellen, oder italienische machen könnte, wie jetzt Hochgebirgsleben? Oder ein Drama? – Völker, Länder, Massen sollte ich sehen." (S.150f.)

Merkwürdig ist nicht, daß Stifter selbst für seine Träume schon einen Unkostenbeitrag von Heckenast erbittet – seine in den Briefen oft geäußerten Geldwünsche streifen auch sonst manchmal die Grenze zur Bettelei; merkwürdig ist auch nicht nur, daß der hier so kühn entwickelte Plan nie verwirklicht wurde – es kam ja auch nicht einmal zu einem ernsthaften Versuch. Viel merkwürdiger ist noch die Ambivalenz des Briefschreibers, der einerseits ganz genau gewußt zu haben scheint, was ihm not tat, andererseits aber die Ausführung des Reiseplanes gleich im Moment der Planung schon in eine ungewisse und ferne Zukunft hinausschob. Wonach Stifter sich sehnte, war anscheinend nicht so sehr Italien, sondern vielmehr die Sehnsucht selbst, die ihm eine im Grunde unerträgliche Realität trotz allem zu ertragen half: „ich will auch ein Jahr nachdenken und mich sehnen".

Finanzielle Sorgen, eine unerfüllte, jedoch krampfhaft zum höchsten Erdenglück stilisierte Ehe, Fernweh – so lautete also das unausgesprochene Fazit des

---

und durch das, was ich jetzt geschrieben habe, so bewegt geworden, daß mir die Tropfen über die Wange herab rannen." (An Amalia Stifter, Steyr, 4. Juli 1863. – In: Stifter, Adalbert: Sämtliche Werke. Bd.XX. Briefwechsel, Bd.4. Hg. von Gustav Wilhelm. – Hildesheim: Gerstenberg 1972, S.135f.) Daß es sich auch hier um wohl kalkulierte Imagepflege handelt, ist unzweifelhaft; selbst die intendierte Reaktion des künftigen Lesers nimmt der Briefschreiber im letzten Satz, wo er sich gleichzeitig als Briefleser darstellt, vorweg. Der Wunsch, im gleichen Grab bestattet zu werden, wurde allerdings nicht in Stifters Testament, sondern erst in dem seiner Frau ausgesprochen. Daß Amalie Mohaupt aber nicht zuletzt aus einem unbeholfenen Repräsentationsbedürfnis hinaus das Grab mit ihrem verblichenen Gatten zu teilen wünschte, verrät gleich der erste Absatz des Entwurfs ihres letzten Willens von 1874, insbesondere der letzte Satz, der nachträglich gestrichen wurde: „[...] mein Leichnam ist in dem Grabe meines seligen Mannes zu bestatten und das Grab von den Interessen eines hiemit zu diesem Ende bestimmten Betrages von Zweihundert Gulden herzuhalten. [Auch wünsche ich, daß in einem Steine neben dem Sockel des Monumentes meines Mannes für mich eine Inschrift angebracht werde.]" (In: Stifter: Sämtliche Werke. Bd.XXV, S.406.)

erfolgreichen Autors Mitte der 40er Jahre, als sein vierzigster Geburtstag herannahte. Vor diesem Hintergrund kann man aber nicht umhin, Stifters unscheinbaren letzten Willen als Anerkennung und Bestätigung des *status quo*, des Standes der Dinge drinnen und draußen zu lesen.

Stifters zweites, etwa dreizehn Jahre nach dem ersten, am 24. November 1858 niedergeschriebenes Testament ist kaum mehr als die beinahe wortwörtliche Wiederholung des ersten. Da der unmittelbare Anlaß zur Niederschrift auch in diesem Fall unbekannt ist, ist der Sinn dieser Wiederholung auch schwer nachzuvollziehen. Es sei denn, der Erblasser legte nun schon großen Wert auf die konventionelle Eingangsformel „Im Namen Gottes" bzw. auf das Adjektiv „geliebte" Gattin, oder – wahrscheinlicher – er hat das erste Testament schlichtweg vergessen. Der letzte Wille umfaßt wieder nicht mehr als einige Zeilen und lautet wie folgt: „Letztwillige Anordnung. / Im Namen Gottes, des Allmächtigen, erkläre ich mit dieser meiner eigenhändigen Schrift und meiner eigenhändigen Unterschrift meine geliebte Gattin Amalie Stifter, geborene Mohaupt, zu meiner Erbin. / Linz, am 24ten Nobvemer [sic!] 1858. / Adalbert Stifter. / k.k. Schulrath für Oberösterreich." (S.344f.)[403]

Doch auch hinter diesem zweiten schlichten Text, der sich – wie auch schon der erste – sowohl über materiellen als auch über geistigen Besitz, und insbesondere über den Zusammenhang der beiden so gründlich ausschweigt, tut sich eine Kluft auf, sobald man ihn erst im Kontext liest. Tatsache ist, daß es dem Ehepaar Stifter im Laufe ihres Zusammenlebens nie gelang, aus den Schulden herauszukommen. Vor der Misere ihrer Ehe flüchteten sich die Eheleute in Repräsentation und in leibliche Genüsse – Speise und Trank bis hin zur Schlemmerei, teures Mobiliar, ausgesuchte Kleidung, gute Zigarren... Auch entfaltete der Dichter im Laufe der Jahre eine regelrechte Sammlerwut in Bezug auf Antiquitäten, wie dies – wenn auch in veredelter und abgemilderter Form – manchen Figuren seiner literarischen Werke eigen ist. Wenn Matz all dies als „libidinöse Ersatzbefriedigung"[404] interpretiert, mag er durchaus recht haben. Daß und in welchem Ausmaß Stifter auf Kosten seines Verlegers Heckenast auf nie beglichene 'Vorschüsse' lebte, bezeugt nicht nur der Briefwechsel der beiden Männer, sondern erhellen auch Heckenasts Bemerkungen zu Stifters Konto, die er kurz nach dem Tod seines Autors, am 14.

---

403 Zum Testament gehört noch ein „Nachtrag" vom selben Tag, in dem Stifter anordnete, „das Abzeichen des [ihm] von Seiner Majestät verliehenen Franz Josef-Ordens [...] nach [s]einem Tode in die k.k. Ordenskanzlei einzuschiken". (S.345)

404 Matz: Adalbert Stifter, S.354.

März 1868 zu Papier gebracht hat. Sie sind ein Beweis dafür, daß der Verleger seinem wichtigsten Autor und Freund gelegentlichen Differenzen zum Trotz stets mit takt- und verständnisvoller menschlicher Zuwendung und Großzügigkeit begegnet war.[405] Tatsache ist, daß Stifter zur Zeit seines Todes trotz soliden Beamtengehalts und anständiger Honorare bis zum Hals verschuldet war. Das bei Heckenast geführte Konto des Autors zeigte ein Passivum von fast 19000 Gulden, so daß die Witwe Amalie Mohaupt gezwungen war, das uneingeschränkte Verlagsrecht am gesamten literarischen Nachlaß ihres gerade erst verstorbenen Gatten bereits Anfang April 1868 dem Verlag Heckenast als Ausgleich der Schulden zu überlassen. Heckenast war allerdings nach wie vor großzügig genug, der Witwe seines verstorbenen Autors eine lebenslängliche Leibrente von 400 Gulden vertraglich zuzusichern.[406]

Einige Jahre später, im Juli 1873, überließ die Witwe dann auch noch das Verlagsrecht an 134 an sie gerichteten Briefen ihres verstorbenen Gatten dem Verlag Heckenast in Pest – waren diese Briefe ja, wie bereits erwähnt, von Anfang an mit der Absicht der postumen Veröffentlichung niedergeschrieben worden. Die Witwe kassierte diesmal die Summe von 800 Gulden und bedingte sich aus, daß eine Veröffentlichung der Briefe erst nach ihrem Ableben, jedoch „in beliebigen Auflagen und *Exemplaren*" (S.405, Herv. im Original) erfolgen darf.[407]

Daß Stifter indessen allem Anschein zum Trotz recht wohl um den Zusammenhang von Materiellem und Geistigem wußte und daß er sogar den Marktwert des Letzteren genau einzuschätzen imstande war, bezeugt ein eigenhändig erstelltes Verzeichnis vom 19. Januar 1864, in dem der Dichter seine Schriften aufgelistet hatte, „welche noch sein Eigenthum sind, und die er seiner Gattin vermöge Testaments, das sie in den Händen hat, übergibt und hier anmerkt, wo sie zu finden sind".[408] Die ersten elf Posten der Liste erwähnen erzählende Texte und Aufsätze, von denen Stifter dann bemerkt: „Diese von 1-11 angeführten Schriften dürften 3 bis 4 Bände geben, und könnten um 6000 f. bis 8000 fl. Ö.W. in das Eigenthum

---

405 Heckenasts Bemerkungen zu Stifters Konto. [14. März 1868.] – In: Stifter: Sämtliche Werke. Bd.XXV, S.399-401.

406 Dazu s. den Vertrag Heckenasts mit Amalia Stifter betreffs des *Witiko* und des literarischen Nachlasses Stifters. – In: Stifter: Sämtliche Werke. Bd.XXV, S.403f.

407 Urkunde betreffs der Überlassung der 134 von Stifter an seine Gattin gerichteten Briefe an Gustav Heckenast. – In: Stifter: Sämtliche Werke. Bd.XXV, S.405.

408 Verzeichniß von Schriften von Adalbert Stifter, welche noch sein Eigenthum sind, und die er seiner Gattin vermöge Testaments, das sie in den Händen hat, übergibt und hier anmerkt, wo sie zu finden sind. – In: Stifter: Sämtliche Werke. Bd.XXV, S.333f.

eines Verlegers (am liebsten Heckenasts) übergehen." (S.333) Doch gleich danach, unter Punkt 12 werden auch schon Privatbriefe an verschiedene Empfänger anvisiert, wieder mit der ausdrücklichen Bemerkung: „Diese Briefe dürfen nur mit meiner Genehmigung gegen ein Honorar an meine Wittwe von 4000-5000 fl. Ö.W. gedruckt werden." (S.334)

Wie peinlich genau es Stifter mit der Verwertung seines literarischen Nachlasses nahm, bezeugt schließlich der Punkt 13, unter dem es schlicht und einfach heißt: „Einige Gedichte. Man möge über den Preis übereinkommen. (Es wird sich Manches als Handschrift finden.)" (Ebd.)

Daß Verfügungen über den geistigen Besitz aus Stifters Testamenten verbannt sind, daß das Materielle in ihnen überhaupt nur leise gestreift, gleichsam bloß angedeutet wird und daß die zwei schlichten Texte sich insbesondere über den Zusammenhang von Geistigem und Materiellem äußerst verschämt ausschweigen, um den Anschein der reinen Idealität einer gescheiterten Ehe und eines längst vermarkteten literarischen Werkes aufrecht zu erhalten, erweist sich nach all dem als purer Gewaltakt der Selbststilisierung und als beinahe beneidenswerte Verdrängungsleistung. Diese Aspekte in Stifters literarischem Werk weiter zu verfolgen, wird das Anliegen des nächsten Kapitels sein.

8. Literarischer Exkurs: Et in Arcadia ego: *Der Nachsommer*

Für jeden Kenner von Stifters Biographie liegt es auf der Hand, daß seine Erzählungen oft den Charakter einer imaginären Wunscherfüllung haben. In ihnen geht auf mehr oder weniger unerwartete – manchmal sogar märchen- oder geradezu operettenhafte – Weise all das in Erfüllung, was dem Dichter in seinem Leben versagt blieb: Reichtum und Liebesglück, schließlich ein nicht bloß sorgenfreies, sondern abgeklärtes und erfülltes Dasein. Mag die Frage nach dem eigentümlichen Zusammenhang von Leben und Werk für die moderne Literaturwissenschaft auch als illegitim erscheinen, so ist es gleichwohl kaum zu leugnen, daß Stifters Erzählungen einen zusätzlichen Reiz gewinnen für den, der sie vor ihrem biographischen Hintergrund und im historischen Kontext ihrer Entstehungszeit liest. So ist es wohl auch kein Zufall, daß das Testament- bzw. Erbschaftsmotiv in den fiktiven Welten von Stifters Erzählungen eine nicht gerade unbeträchtliche Rolle spielt.

Schon in den Novellen der *Studien* taucht das Testament-Motiv mehrmals auf. Die wichtigste Rolle spielt sie indessen in einer Erzählung des ersten Bandes, der *Narrenburg*[409], deren humoristischer Vorspann die weit in der Vergangenheit vor der Erzählgegenwart zurückliegenden Voraussetzungen für die Geschichte einer unerwarteten reichen Erbschaft referiert. Der Schloßherr Hanns von Scharnast, heißt es dort, stiftete einst ein „lächerliches Fideicommiß" (S.321) und hatte „das Unglück, das schnurgerade Gegentheil von dem zu erreichen, was er erzielen wollte". (S.322) Er ruinierte nämlich mit seinem recht sonderbaren Fideikommiß – wenn auch etwas langsamer und auf andere Weise – genauso seine Nachkommen, wie auch Hoffmanns Majoratsstifter es schon tat.[410] Um diese von Torheit und Unsitte abzuschrecken, bürdete der Ahnherr ihnen die ganze unerträgliche Last einer tollen und unsittlichen Vergangenheit auf, indem er eine wahrlich lächerliche Verfügung traf: „Jeder nämlich, dem die Burg als Erbschaft zufiel, mußte, ehe sie ihm ausgeantwortet würde, zweierlei Dinge leisten: *erstens* mußte er schwören, daß er getreu und ohne geringsten Abbruch der Wahrheit seine Lebensgeschichte aufschreiben wolle, und zwar von der Zeit seiner ersten Erinnerung an bis zu jener, da er nur noch die Feder zu halten im Stande war. Diese Lebensbeschreibung solle er dann Heft für Heft, wie sie fertig wird, in dem feuerfesten Gemache hinterlegen, das zu diesem Zwecke in den rothen Marmorfels gehauen war, der sich innerhalb der Burg erhebt; – *zweitens* mußte er schwören, daß er sämmtliche bereits in dem rothen Steine befindlichen Lebensbeschreibungen lesen wolle, wobei es ihm aber nicht gestattet ist, irgend eine von dem Gemache ihrer Aufbewahrung wegzutragen." (S.321, Herv. im Original.) Unter der Last der unerlösten Vergangenheit brach das Geschlecht nach und nach zusammen, so daß die verödete und herrenlos gewordene Erbschaft zur Zeit der Erzählgegenwart nur noch – wie es zunächst scheint: vergeblich – auf den würdigen Anwärter wartet. Der erscheint zu guter Letzt jedoch in der Figur des jungen, zwar etwas närrischen, doch von Grund aus redlichen und unverdorbenen Naturforschers und Naturaliensammlers Heinrich – als entfernter und längst vergessener Anverwandter der Scharnasts eine zweifellos autobiographisch gefärbte Wunschfigur –, der wegen der ungetrübten Reinheit seines Wesens imstande ist, das unglückselige Geschlecht endlich vom Fluch der Vergangenheit zu erlösen.

Der Wunschtraum einer brachliegenden reichen Erbschaft taucht etwas später dann auch noch in einer Erzählung der *Bunten Steine* auf. Diesmal handelt es sich

---

409 Stifter, Adalbert: Die Narrenburg. – In: Ders.: Werke und Briefe. Historisch-kritische Gesamtausgabe. Hg. von Alfred Doppler und Wolfgang Frühwald. Bd.1,4. Studien. Buchfassungen, Bd.1. – Stuttgart, Berlin, Köln, Mainz: Kohlhammer 1980, S.319-436. (Im Weiteren zitiert als SWB.) Zitate aus der *Narrenburg* sind dieser Ausgabe entnommen und werden im laufenden Text mit den Seitenzahlen ausgewiesen. Zur Entstehung, Veröffentlichungen und Aufnahme der *Narrenburg* vgl. SWB, Bd.1,9. Studien. Kommentar, S.201-204.

410 S.o., Kap.III.iii.3.

bezeichnenderweise um ein 'blindes' Motiv, das in der Handlung zwar völlig folgenlos bleibt, doch gerade deshalb mit einem gewissen Recht als höchstpersönliche Wunschphantasie des Verfassers zu betrachten ist. Die Erzählung *Bergmilch*[411] – eine vaterländische Kriegsgeschichte ohne Krieg und mit operettenhaftem Schluß – beginnt nämlich mit der Suche nach dem rechtmäßigen und würdigen Erben des Wasserschlosses Ar, dessen etwas sonderbarer Besitzer, unverehelicht, ohne Nachkommen und Verwandte, zwar „der gesezlichen Erbfolge zugethan bleiben" (S.323) wollte, doch er hatte die Absicht, dem, „der ihm, wenn er ohne Testament stürbe, gesezlich folgen würde, auch testamentlich seine Nachlassenschaft zu[zu]wenden, nur wollte er den Erben vorher kennen lernen, ob er der Erbschaft auch würdig wäre". (Ebd.) Daher nahm der Schloßherr in seiner Gewissenhaftigkeit viel Mühe auf sich, scheute weder Zeit noch Kosten, schlug zuerst im Ahnenbuch nach, begab sich dann auf Reisen, annoncierte zuletzt sogar, doch all dies erwies sich als vergebliche Mühe: „[...] alle Linien, die von allen Stufen, sie mögen wie hoch immer sein, hinab liefen, rießen ab, ihr Abriß war beurkundet, und er kam endlich dort an, wo nichts mehr zu wissen ist, und wo keine Abstammung mehr erhellt, oder erweislich ist. Nachdem er so viele Reisen gemacht, nachdem er einen Theil seines Lebens damit zugebracht, nachdem er sogar in den Zeitungen einen Aufruf hatte ergehen lassen, wer mit ihm verwandt sei, möge sich melden, und nachdem manche gekommen waren, aber keinen Beweis hatten beibringen können, gelangte er zu der traurigen Entdekung, daß er ganz und gar keinen Erben besize." (Ebd.) So resignierte er schließlich, und vermachte sein Schloß – allerdings nur vorläufig, wie der weitere Gang der Handlung erweist – „aus Vaterlandsliebe" (S.324) testamentarisch dem Kaiser.

Besonders aussagekräftig wird das Motiv einer reichen Erbschaft, nach der man bloß die Hand auszustrecken braucht, hier, wie bereits erwähnt, gerade durch seine offensichtliche 'Blindheit'.

In ganz anderer Weise und in ganz anderer Funktion begegnet dem Leser das Testament-Motiv am Ende der Erzählung vom armen Pfarrer im Steinkar. Im *Kalkstein*[412] bildet das Testament des unscheinbaren Pfarrers den für alle Figuren

---

411 Stifter, Adalbert: Bergmilch. – In: SWB, Bd.2,2. Bunte Steine. Buchfassungen, S.317-351. Zitate aus der *Bergmilch* sind dieser Ausgabe entnommen und werden im laufenden Text mit den Seitenzahlen ausgewiesen. Zur Entstehung, Veröffentlichungen und Aufnahme der *Bergmilch* vgl. SWB, Bd.2,4. Bunte Steine. Ein Festgeschenk. Apparat. Kommentar. Teil II, S.218-222.

412 Stifter, Adalbert: Kalkstein. – In: SWB, Bd.2,2, S.61-132. Zitate aus dem *Kalkstein* sind dieser Ausgabe entnommen und werden im laufenden Text mit den Seitenzahlen ausgewiesen. Zur Entstehung, Veröffentlichungen und Aufnahme des *Kalkstein* vgl. SWB, Bd.2,3. Bunte Steine. Ein Festgeschenk. Apparat. Kommentar. Teil I, S.367-375.

sowohl wie für den Leser unerwarteten, gleichsam krönenden Abschluß eines – wie es sich erst nachträglich, zum Schluß der Geschichte, bei der Verlesung des letzten Willens herausstellt – vorbildlichen, in sittlicher Vollkommenheit zugebrachten Lebens. Der Überraschungseffekt des Testaments, das erst nachträglich das sonderbare, bis zum Schluß der Geschichte höchstens etwas kauzig anmutende Leben der Pfarrerfigur als ein aufopferndes, sittlich vorbildliches ausweist, ist dabei nicht bloß als wohl kalkulierte literarische Spannungsmache wichtig, sondern es gehört auch wesentlich mit zur sittlichen Vollkommenheit der Figur, bei Lebzeiten erst im Verborgenen Gutes zu wirken und die sittliche Vollkommenheit seines Lebenswandels erst nach dem Tode bekannt werden zu lassen.

Der Pfarrer des Steinkar hat sein ganzes Leben in äußerster Mäßigung, Genügsamkeit und Sparsamkeit zugebracht – man hat ihn daher sogar für einen Geizhals gehalten –, um testamentarisch – seine etwas naiven, unbeholfen und umständlich formulierten letztwilligen Verfügungen werden ausgiebig zitiert – seinen Mitmenschen, wenn auch nur im Kleinen, doch gerade den Kleinsten und den am meisten Schutzbedürftigen, nämlich den Kindern, Gutes erweisen zu können. „Wie ein jeder Mensch – so hieß es im letzten Willen – außer seinem Amte und seinem Berufe noch etwas findet, oder suchen soll, das er zu verrichten hat, damit er alles thue, was er in seinem Leben zu thun hat, so habe auch ich etwas gefunden, was ich neben meiner Seelsorge verrichten muß: ich muß die Gefahr der Kinder der Steinhäuser und Karhäuser aufheben." (S.127f.) Die Vorbildfunktion der bescheidenen Pfarrerfigur und somit die moraldidaktische Funktion des Testament-Motivs liegt hier auf der Hand. Überraschend dabei ist höchstens nur, daß Stifter anscheinend immer noch den aufklärerischen Glauben hegt, fiktiv-literarische Vorbilder vermöchten das reale lebensweltliche Verhalten von Menschen pädagogisch zu beeinflussen. Die moraldidaktische Funktion des Testament-Motivs zeigt sich nicht zuletzt auch darin, daß – wie der weitere Verlauf der Handlung nach dem Tode des Pfarrers und nach der Eröffnung des Testaments belegt – die gute Tat fortwirkt und das Gute, einmal in die Welt gesetzt, sich stets weiter fortpflanzt, so daß die Erzählung gleichsam auch schon die als wünschenswert erachtete Reaktion des Lesers – milde Wohltätigkeit – vorwegnimmt. Denn die Hinterlassenschaft des Pfarrers, „der die Weltdinge nicht verstand, und dreimal beraubt werden mußte, bis er das ersparte Geld auf Zinsen anlegte" (S.131), reicht zwar bei weitem nicht aus, um die im Testament gesetzten Ziele – Bau eines neuen Schulhauses an geeigneter Stelle, damit die Kinder der Umgebung ohne Gefahr die Schule besuchen können, bzw. Bezahlung eines Lehrers aus den Zinsen eines Teils der Nachlassenschaft – zu verwirklichen. Doch schon bei der testamentarisch verordneten Versteigerung der wenigen hinterlassenen Habseligkeiten des Pfarrers „trugen sich auffallende Begebenheiten [...] zu" (S.130): „Ein Pfarrer kaufte einen unter den Kleidern des Verstorbenen gefundenen Rok, der das Schlechteste war, was man unter nicht zerrissenen Kleidern finden kann, um einen ansehnlichen Kaufschilling. Die Gemeinde des Kar erstand die Bibel, um sie in ihre Kirche zu stiften. Selbst die hölzerne Bank, die man nicht einmal eingesperrt hatte, fand einen Käufer." (S.130f.) Also wirkt das gute Beispiel – wenigstens in der relativ unproblematischen Welt der Fiktion – immer fort und fort. Fragwürdig bleibt nur, ob und wie der Transfer aus der Fiktion in die Lebenswelt funktionieren soll.

Zu guter Letzt wird dann die recht einfältige Moral der Geschichte am Schluß noch einmal auch explizit vom jungen Ich-Erzähler in ungebrochenem Vertrauen auf die sittliche Weltordnung formuliert. Denn das Gute, sei es auch noch so gering, bilde einen wesentlichen Bestandteil im göttlichen Schöpfungsplan, wohingegen das Böse stets wirkungslos und unterlegen sei: „Aber wie das Böse stets in sich selber zweklos ist, und im Weltplane keine Wirkung hat, das Gute aber Früchte trägt, wenn es auch mit mangelhaften Mitteln begonnen wird, so war es auch hier: 'Gott bedurfte zur Krönung dieses Werkes des Pfarrers nicht.' Als die Sache mit dem Testamente und dessen Unzulänglichkeit bekannt wurde, traten gleich die Wohlhabenden und Reichen in dem Umkreise zusammen, und unterschrieben in Kurzem eine Summe, die hinlänglich schien, alle Absichten des Pfarrers vollziehen zu können. Und sollte noch etwas nöthig sein, so erklärte jeder, daß er eine Nachzahlung leisten würde. Ich habe auch mein Scherflein dazu beigetragen." (S.131f.) Also wirkt die Güte des armen Pfarrers selbst im jungen und im Steinkar fremden Ich-Erzähler noch fort.

Doch all das bisher Besprochene war eigentlich bloß Vorspiel. Das Buch Stifters, an dem die Geister sich scheiden, ist *Der Nachsommer*[413], vom Autor im Untertitel mit geheuchelter Bescheidenheit zwar „Eine Erzählung" genannt, doch in Wirklichkeit ein monumentaler Epochenroman in drei Bänden, der – obwohl im nachrevolutionären Jahrzehnt entstanden – Stifters subjektive Bilanz der 'Restaurationsperiode' zieht. Das ist also, wie gesagt, das Buch Stifters, das offenbar keinen kalt läßt. Fast ohnmächtige Verehrung auf der einen Seite; lauter Spott und Hohn auf der anderen. Doch gerade der Grad der Aufregung in beiden Lagern zeigt am deutlichsten, daß es sich hierbei um etwas durch und durch Bedeutendes handelt.

413 Stifter, Adalbert: Der Nachsommer. Eine Erzählung. – In: SWB, Bd.4,1-4,3. Zitate aus dem Roman sind dieser Ausgabe entnommen und werden im laufenden Text mit den Band- und Seitenzahlen ausgewiesen.

Der Roman geht indessen offenbar nicht allein Literaturwissenschaftlern, sondern auch anderen Lesern – darunter auch professionellen – nahe. Als Extremposition und stellvertretend für andere Stimmen sei Arno Schmidts Essay aus dem Jahre 1958 *Der sanfte Unmensch. Einhundert Jahre „Nachsommer"*[414] erwähnt. Schmidt tut den Roman in nicht gerade sanftem Ton kurzweg als „Tiefpunkt im Schaffen Stifters"[415], sogar als „ein Evangelium gepflegten Stumpfsinns"[416] ab; er bescheinigt dem Autor „Eskapismus"[417], das „Sekretieren und Unterdrücken unangenehmer Fakten"[418], „Verkapseln und Verdrängen"[419], ein „Blindekuhspiel mit der Realität"[420], insgesamt also „eine Ahnungslosigkeit in sozialen, menschlichen, politischen Dingen, wie sie in so betrüblichem Grade wohl eben nur ein Hauslehrer des Fürsten Metternich fertig bringen konnte".[421]

Könnte man dem bitterbösen Verriß Schmidts zustimmen, so würde sich jedes weitere Wort über den *Nachsommer* erübrigen. Doch dies kann man nicht, oder wenigstens nicht ohne Vorbehalt. Zwar nicht aus dem Grund, den Friedrich Sengle vorgebracht hat, der im Stifter-Kapitel des dritten Bandes seiner Biedermeier-Monographie gegen Schmidts Kritik lediglich geltend zu machen versucht, daß es unangebracht sei, Stifters Roman vom Paradigma der gleichzeitig entstandenen realistischen Erzählliteratur her zu lesen.[422] Denn gerade den wesentlichsten – und wohl nicht zufällig gerade von einem Schriftsteller formulierten – Punkt von Schmidts Kritik kann er damit keinesfalls entkräften: die mit einer ganzen Reihe höchst amüsanter Textbeispiele belegte Feststellung, im *Nachsommer* sei es Stifter gelungen, „der deutschen Sprache ein Optimum an Eintönigkeit abzugewinnen"[423], wobei er schlichtweg Gespreiztheit, Weitschweifigkeit und Abgeschmacktheit mit Klassizität verwechselt habe.

---

414 Schmidt, Arno: Der sanfte Unmensch. Einhundert Jahre „Nachsommer". – In: Ders.: Das essayistische Werk zur deutschen Literatur in 4 Bänden. Sämtliche Nachtprogramme und Aufsätze. Bd.3. – Bargfeld: Arno Schmidt Stiftung 1988, S.162-185.

415 Schmidt: Der sanfte Unmensch, S.184.

416 Schmidt: Der sanfte Unmensch, S.171.

417 Schmidt: Der sanfte Unmensch, S.176.

418 Schmidt: Der sanfte Unmensch, S.175.

419 Schmidt: Der sanfte Unmensch, S.175.

420 Schmidt: Der sanfte Unmensch, S.176f.

421 Schmidt: Der sanfte Unmensch, S.175.

422 Sengle, Friedrich: Adalbert Stifter (1805-1868). – In: Ders.: Biedermeierzeit. Deutsche Literatur im Spannungsfeld zwischen Restauration und Revolution 1815-1848. Bd.III. Die Dichter. – Stuttgart: Metzler 1980, S.952-1019; hier S.999.

423 Schmidt: Der sanfte Unmensch, S.182.

Solch radikaler Verriß wie der von Schmidt verkennt indessen tatsächlich den literaturhistorischen Standort von Stifters Roman, der – wie Walter Rehm schon nachdrücklich darauf hingewiesen hat – allein von den idyllischen Traditionen der europäischen und der deutschen Literatur her sachgerecht zu betrachten ist.[424] In diesem Punkt sind die meisten Interpreten im Wesentlichen auch einig, ob sie nun das Idyllische und Utopische des *Nachsommer* positiv oder negativ bewerten.

Horst Albert Glaser, der dem Roman eine höchst differenzierte und korrekt abwägende soziologische Analyse im Geiste der Kritischen Theorie gewidmet hat, spricht beispielsweise von „rückwärtsgewandter" oder „restaurativer" Utopie,[425] von „Kapitalismus-Utopie ohne Kapitalismus"[426] oder gelegentlich etwas abschätziger von „Rentnerutopie".[427] Gleichwohl ist Glaser auch nicht entgangen, daß das Utopische des Romans gleichsam in einer *tour de force* erzwungen ist, und daß der Autor die „Despotie der Idylle"[428] erst mit „tyrannischem Willen zur Versöhnung"[429] durchzusetzen vermochte. Doch am wichtigsten im gegenwärtigen Zusammenhang ist für uns die vorzügliche Analyse der sozialen Sphäre des Romans, die Glaser im dritten Kapitel seines Buches geliefert hat und deren Ergebnisse an Hand der Untersuchung des Testament- bzw. Erbschaftsmotivs vielleicht noch um Einiges ergänzt werden können. Betont sei jedoch auch diesmal, daß das Ziel gegenwärtigen Beitrages keine umfassende Interpretation von Stifters *Nachsommer* ist – sie wäre im gegebenen Rahmen ohnehin nicht zu leisten. Es handelt sich lediglich darum, durch die Betrachtung eines Einzelaspektes zum Verständnis des Ganzen beizutragen.

Bei der Analyse der sozialen Sphäre des Romans betont Glaser immer wieder, daß die ländlich-agrarische Utopie des *Nachsommer*, der Auszug der Protagonisten aus der Stadt und damit aus der beginnenden Moderne – übrigens ein „Auszug derjenigen, die ihn sich leisten können"[430] –, immer schon, wenn auch nur in scheinbarer Negation, bürgerlich-kapitalistische Produktionsverhältnisse voraussetzt und diese, wenn auch uneingestanden, zur Grundlage hat: „Die Nachsommer-

---

424 Rehm, Walter: Nachsommer. Zur Deutung von Stifters Dichtung. – München: Leo Lehnen 1951; insbes. S.83-87.

425 Glaser, Horst Albert: Die Restauration des Schönen. Stifters „Nachsommer". – Stuttgart: Metzler 1965, S.1f.

426 Glaser: Die Restauration des Schönen, S.2.

427 Glaser: Die Restauration des Schönen, S.2.

428 Glaser: Die Restauration des Schönen, S.53.

429 Glaser: Die Restauration des Schönen, S.25.

430 Glaser: Die Restauration des Schönen, S.55.

welt vermag nur dann die richtige zu sein, wenn ihr Glück kein erschlichenes, sondern redlich erworbenes ist. Bezahlt ist Glück und Gut in Handelskapital; seine Grundlage ist Besitz. Vorausgesetztes Privateigentum aber läßt die Nachsommerwelt mit der Einrichtung jener Welt harmonieren, in der es akkumuliert wurde. Städtische Profitgesellschaft wird genau in ihrem Recht bestätigt, obgleich immanent der Auszug aus ihr gegen das gerichtet ist, was Menschen dort ein Dasein war."[431] Bei aller Zustimmung wäre der Feststellung Glasers doch vielleicht noch eines hinzuzufügen. Stifter tat alles, um den Zusammenhang der ländlich-agrarischen Idylle auf dem Asperhof und dem Sternenhof mit ihren Grundlagen in der modernen kapitalistischen Wirtschaft zu verschleiern. Dies mußte er sogar tun, damit das Utopische möglichst ungetrübt im klassischen Licht aufzuscheinen vermochte. Auch Glaser selbst scheint darauf hindeuten zu wollen, wenn er bemerkt: „Daß Profithandel und Rente Grundlage dieser bürgerlichen Existenz im Roman sind, scheint in deren relativer Ferne zur Sphäre der Produktion begründet zu sein. Als aus dem kapitalistischen Produktionsprozeß isolierte Momente scheinen sie von dessen Schuldbefflecktheit losgesprochen zu sein: Waren und Geldkapital scheinen selber produktiv."[432]

Stifters Problem war also gerade die „Schuldbefflecktheit" der utopischen Existenz, deren Utopisches sich sofort verflüchtigte, die sich sogar als eine bloß parasitäre entpuppte, könnte man erst nachweisen, daß sie Ausbeutung und entfremdete Arbeit anderer zu ihrer Grundlage hat. An Hand der Analyse der mehrfachen und durchaus konsequenten Einsetzung des Testament- bzw. Erbschaftsmotivs im Roman läßt sich indessen zeigen, daß der Autor tatsächlich alles getan hat, um die materiellen Grundlagen der utopischen Existenz seiner Auserwählten auf dem Lande so weit wie möglich wohltuend zu verschleiern.

Denn die geistig-sittliche Autonomie der auf dem Asperhof und dem Sternenhof vereinigten Auserlesenen beruht tatsächlich darauf, daß sie Besitzende oder sogar Reiche sind. Doch gerade mit der konsequenten Einsetzung des Testament- bzw. Erbschaftsmotivs gelang es dem Autor, den Ursprung ihrer Reichtümer so weit zu verschleiern, daß ihrer schönen utopisch-kontemplativen Existenz fast jeder Makel genommen wurde. Und überhaupt: In der vornehm-ländlichen Gesellschaft der Gutshöfe scheint es gleichsam zum guten Ton zu gehören, seinen Reichtum geerbt zu haben. Daß nicht durch entfremdete Arbeit erworbener, sondern ererbter Besitz immerhin etwas Aristokratisches an sich hat, belegt auf amüsante Weise

---

431 Glaser: Die Restauration des Schönen, S.56.

432 Glaser: Die Restauration des Schönen, S.56.

eine kurze Passage aus dem Kapitel *Das Fest*, deren offenbar unfreiwillige Komik beinahe unüberhörbar ist. Indem der angehende Landschaftsmaler Roland dem Neuankömmling Heinrich die Anwesenden beim „Fest" auf dem Sternenhof der Reihe nach vorstellt, kommt er auf eine etwas ältere Dame zu sprechen: „Die ältliche Frau, welche wir bei unserem Eintritte in das Gesellschaftszimmer neben Mathilden sizen gesehen hatten, war die Besizerin eines großen Anwesens etwa eine halbe Tagereise von dem Sternenhofe entfernt. Ihr Name war Tillburg, wie auch ihr Schloß hieß. Sie hatte sich mit allen Annehmlichkeiten und mit allem, was prächtig war, umringt. Ihre Gewächshäuser waren die schönsten im Lande, ihr Garten enthielt alles, was in der Zeit als vorzüglich auftauchte, und wurde von zwei Gärtnern und einem Obergärtner nebst vielen Gehilfen besorgt, ihre Zimmer wiesen Geräthe und Stoffe von allen Hauptstädten der Welt auf, und ihre Wägen waren das Bequemste und Zierlichste, was man in dieser Art hatte. Gemälde Bücher Zeitschriften kleine Spielereien waren in ihren Wohnzimmern zerstreut. Sie machte Besuche in der Umgegend, und empfing auch solche gerne. Im Winter ist sie selten in ihrem Schlosse und immer nur auf kurze Zeit, sie macht gerne Reisen, und hält sich besonders oft in südlichen Gegenden auf, von denen sie Merkwürdigkeiten zurückbringt. Sie war die einzige Tochter und Erbin ihrer Eltern, ein Bruder, den sie hatte, war in der zartesten Jugend gestorben. Der Mann mit dem freundlichen Angesichte, welcher Mathilden aus dem Saale geführt hatte, war ihr Gatte. Er war ebenfalls das einzige Kind reicher Eltern, die Verbindung hatte sich ergeben, und so waren die zwei großen Vermögen in eins zusammen gekommen." (Bd.2, S.213) Wohlgemerkt: Nicht zwei große Menschen also, vielmehr zwei große Vermögen kamen hier zusammen, denn gleich und gleich gesellt sich gern. Das Ergebnis der ehelichen Verbindung der zwei Vermögen ist aber ein kaum noch zu überbietendes aristokratisches mit „Geräthen und Stoffen von allen Hauptstädten der Welt". Und dabei sind, wie aus Rolands Bericht etwas später noch hervorgeht, beileibe nicht die beiden Ehegatten die einzigen im Saale, die reiche Erbschaften gemacht hatten...

Faßt man nun die Vermögensverhältnisse der Hauptfiguren des Romans etwas näher ins Auge, ihren Besitz, der ihnen ein Leben in schöner Ruhe, Beschaulichkeit und Bildung ermöglicht, so kommt man zu folgendem – es sei gleich vorausgeschickt: beinahe erschreckend eintönigem – Befund.

Heinrich Drendorf, als Ich-Erzähler und Objekt der pädagogischen Maßnahmen offenbar der 'Held' des Romans, ist bereits „in der zartesten Jugend" ein perfekter Rentner. Er finanziert seine Alpenwanderungen, seine autodidaktischen Studien und sonstigen Liebhabereien aus den Zinsen einer reichen Erbschaft, die ihm noch in den Kinderjahren von einem Großoheim mütterlicherseits zugefallen war.

Dieses Vermögen gewährt ihm also die Muße, und diese wiederum ermöglicht es ihm, sich einzig und allein der geistig-sittlichen Vervollkommnung der eigenen Person zu widmen, sich autodidaktisch „zu einem Wissenschaftler im Allgemeinen" (Bd.1, S.17) auszubilden, ohne aus purer Not und aus nacktem Zwang des Broterwerbs einem schnöden bürgerlichen Beruf nachgehen zu müssen.

Stifters Sorgfalt erstreckt sich bei all dem sogar noch darauf, daß die Erbschaft und der Erbe sich gegenseitig legitimieren. Als Vormund setzt nämlich Vater Drendorf die reiche Erbschaft des Sohnes zu pädagogischen Zwecken ein, indem Heinrich selber mit den monatlich verabfolgten Zinsen wirtschaften und derart zum vernünftigen Umgang mit dem Geld angehalten werden soll. Der Erbe ehrt die Erbschaft, indem er sich als ihr durchaus würdig, weil als vernünftig und maßvoll erweist, und die wohlverdiente Erbschaft ehrt den vernünftigen und maßvollen Erben. Vernünftige Menschen – und diese allein – verdienen es also, reich zu werden, da sie mit dem Reichtum zweckmäßig umzugehen wissen.[433]

Was Heinrichs Gastfreund, väterlichen Wohltäter und Erzieher, den alten Freiherrn von Risach betrifft, er erzählt die Geschichte seines Lebens selbst erst im vorletzten, *Der Rückblick* betitelten Kapitel des Romans. Der Freiherr von Risach ist nicht allein Besitzer des zierlich und mit auserlesenem Geschmack eingerichteten und vorbildlich bewirtschafteten Asperhofes, sondern auch der einer bedeutenden Sammlung von wertvollen Kunstwerken und Büchern. Da er sich aus niedrigen bürgerlichen – beinahe bäuerlichen – Verhältnissen selbst emporgearbeitet hatte, da er im Staatsdienst Karriere machte, da er wegen eigener Verdienste geadelt und zu guter Letzt „beinahe" (Bd.3, S.214) ein Freund des Kaisers wurde, scheint Risach als Selfmademan vorerst eine Ausnahme unter den Hauptfiguren des Romans zu sein. Allem Anschein nach muß er ja seinen Besitz selbst, durch eigene Leistung – den Asperhof und seine Kunstschätze sogar durch Ankauf – erworben haben. Doch weit gefehlt. Der Makel des Ursprungs ist sogar vom Reichtum des Freiherrn von Risach getilgt. Erstens hat er nämlich reich geheiratet und seine früh verstorbene Gattin beerbt; zweitens hat er dann auch noch eine andere reiche Erbschaft gemacht. In seinem Rückblick auf das eigene Leben heißt es: „Man sagte,

433 Da Stifter selbst zeit seines Lebens mit keiner reichen Erbschaft rechnen konnte, hoffte er doch auf ähnliche Weise für sich darauf, daß „der Zufall Vernunft annimmt" und ihm einmal das große Los in der Lotterie zufällt. Dazu s. Matz: Adalbert Stifter, S.321. Wie jedoch 'vernünftige' Kleinbürger wirtschaften, wenn ihr Traum vom großen Los in der Lotterie in Erfüllung geht, weiß jeder Leser von Nestroys *Lumpazivagabundus*.

ich hätte reich geheiratet, weil mein Hauswesen ein ansehnliches war; allein die Sache verhielt sich nicht so. Meine Gattin hatte mir eine namhafte Mitgift gebracht, aber ich hätte eine größere Gabe hinzulegen können. Da ich in meinem mäßigen Leben beinahe nichts brauchte, so hatte ich, besonders da ich einmal in höherer Stellung war, bedeutende Ersparungen gemacht. Diese legte ich in den damaligen Staatspapieren nieder, und da dieselben nach Beendigung des Krieges ansehnlich stiegen, so war ich beinahe ein reicher Mann." (Bd.3, S.215f.) Doch zum eigentlichen Reichtum kommt Risach erst etwas später: „Ein Jahr nach dem Tode Juliens [der Gattin, I.K.] starb mein Oheim, und sezte mich zu dem Erben seines beträchtlichen Vermögens ein." (Bd.3, S.216) Daß diese Erbschaft in der Tat die „größere Habe" (Bd.2, S.83) Risachs ausmachte, weiß man indessen schon aus dem Kapitel *Die Annäherung*, wo der Freiherr Heinrich die Geschichte des Erwerbs der antiken Marmorstatue aus Cumae erzählt und als Voraussetzung, die hohe Kaufsumme hinlegen zu können, zuerst eben die reiche Erbschaft erwähnt.

Mathilde, die einstige Jugendliebe des Freiherrn und seine jetzige Gefährtin, mit der er seinen „Nachsommer ohne vorhergegangenen Sommer" (Bd.3, S.224) verlebt, ist ihrerseits, wie ebenfalls aus Risachs Lebensrückblick hervorgeht, die einzige Tochter wohlhabender oder sogar reicher Eltern. Genau dies war ja auch der Umstand, an dem die Jugendliebe der beiden mittlerweile gealterten Menschen einst gescheitert war. Der Ursprung des elterlichen Vermögens bleibt zwar unklar, ersichtlich ist jedoch, daß Mathildes Eltern neben ihrem Landgut auch noch eine geräumige Wohnung in der Hauptstadt besaßen, wo sie, offenbar zur besseren Gesellschaft gehörend, jeweils den Winter verbrachten. Aus der Lebensweise der Eltern war außerdem jeder Zwang zum Broterwerb verbannt. Der Vater führte ein Leben in Beschaulichkeit, das dem nachsommerlichen Wandel Risachs nicht unähnlich war. Mathilde hatte zwar einen Bruder, doch Alfred, einst Zögling des damals noch jungen Hauslehrers Risach, ist früh verstorben, so daß das ganze Vermögen der Eltern der einzigen Tochter als Erbschaft zugefallen war. Dann heiratete auch Mathilde reich und beerbte ihren Gatten Tarona, einen ehemaligen Geschäftsfreund von Heinrichs Vater. Insgesamt läßt sich also feststellen, daß auch das Vermögen von Mathilde durch Erbschaften zustande kam. Ihr jetziges Landgut, den Sternenhof, hat sie zwar gekauft. Doch gerade das prächtigste und wichtigste Kunstwerk im Sternenhof, die weiße Marmorstatue der Brunnennymphe, an der die lange Zeit hindurch stumme Liebe von Heinrich und Natalie endlich ihre Worte findet und die daher und auch wegen ihrer klassischen Schönheit gleichsam den einen Mittelpunkt der Romanhandlung markiert, ist wiederum als eine Art Familienerbschaft ausgewiesen. Nicht zufällig wird wohl die äußerst komplizierte Geschichte ihres Erwerbs so eingehend berichtet.[434]

Daß Natalie nach all dem ebenfalls durch eine reiche Erbschaft ausgestattet wird, versteht sich nun beinahe von selbst. Bei ihrer Eheschließung mit Heinrich steht es ja bereits fest, daß sie gleichsam als Adoptivtochter des Freiherrn einst Erbin des Asperhofes werden soll.

Es sei noch einmal festgehalten: Sämtliche bisher untersuchte Vermögen im Roman kamen – wenigstens zu größeren Teilen – durch Erbschaften zustande. Die Hauptfiguren, Besitzende ohne den Schandfleck des Broterwerbs, sind sich auch in dieser Hinsicht beinahe erschreckend gleich. In der exklusiven Gesellschaft der fröhlich erbenden Müßiggänger scheint jedoch Heinrichs Vater, der ältere Drendorf, zunächst ein Fremdling zu sein. Auch ihm ist es im Laufe der Handlung einmal vergönnt, seine Lebensgeschichte in einem Rückblick – wenn auch wesentlich knapper als der Freiherr von Risach – selbst zu erzählen. Auch er stammt aus niedrigen, bäuerlichen Verhältnissen, auch er hat sich durch eigene Leistung und eigenes Verdienst emporgearbeitet, auch er hat Karriere gemacht. Doch nicht im Staatsdienst, wie Risach, sondern in der kapitalistischen Wirtschaft, wo er es aus eigenen Kräften und durch ausgesprochen bürgerliche Tugenden aus dem Nichts zum selbständigen Großkaufmann gebracht hat. Noch dazu lebt er in der Hauptstadt und scheint ein eingefleischter Städter geworden zu sein. Auch ist er, wie noch gezeigt werden soll, nicht bereit, seine Bürgerlichkeit zu verleugnen.

Kein Wunder wäre es also, wenn schon das bloße Dasein dieses strengen und korrekten Bürgersmannes von der utopisch-kontemplativen Existenz her betrachtet als dunkle Bedrohung empfunden werden würde. Daß er sein bürgerliches Geschäft auf recht vorbildliche Weise betreibt, daß er beinahe schon leidenschaftlich seinem Brotberuf nachgeht und dabei auf unverschämte Weise auch noch Profit macht, dürfte an sich schon als stiller Vorwurf gegenüber seinem Sohn gelten. Doch dies gilt nicht im Geringsten. Der Vater gönnt dem Sohn die größtmögliche Freiheit und Selbständigkeit, er fördert ihn auf recht großzügige Weise in all seinen Studien und sonstigen Bestrebungen. Und was den Sohn betrifft, er bedauert am strengen, doch großzügigen und gerechten Vater lediglich, daß die Zwänge und die Einseitigkeit des bürgerlichen Geschäftslebens die Persönlichkeit deformieren und verkümmern lassen und ihre allseitige und harmonische geistig-sittliche Entfaltung verunmöglichen. Doch je mehr Heinrich heranwächst, je reifer und verständiger er selber wird, je mehr er dem Vater im Laufe der Jahre in übereinstimmenden Interessen begegnet, um so mehr Ehrfurcht empfindet er vor ihm. Nach der gemeinsamen Besichtigung der Kunstsammlungen des Vaters, wobei dieser sich sogar als

---

434 S. im Kapitel *Das Fest;* Bd.2, S.229f.

Kenner und Liebhaber erweist, macht der Sohn einmal die Bemerkung: „Hatte ich früher schon oft Gelegenheit gehabt, ihn hoch zu achten, und hatte ich zu verschiedenen Zeiten entdeckt, daß er bedeutendere Eigenschaften besize, als ich geahnt hatte, so war ich doch nie in der Lage, ihn beurtheilen zu können, wie ich ihn jezt beurtheile. In Geschäfte der eintönigsten Art gezwungen, oder vielleicht selber und freiwillig in diese Geschäfte gegangen – denn er führte sie mit einer Ordnung mit einer Rechtlichkeit mit einer Ausdauer mit einer Anhänglichkeit an sie, daß man staunen mußte – hatte er, der unscheinbar seinen bürgerlichen Obliegenheiten nachkam, und von dem viele nur glauben mochten, daß er in seinem Hause einige Spielereien von alten Geräthen Bildern und Büchern habe, vielleicht einen tieferen und einsameren Kreis um sich gezogen, als ich jezt noch erkennen konnte, und hatte ohne Anspruch an diesem Kreise fort gebaut. Ich empfand Ehrfurcht vor ihm..." (Bd.2, S.160)

Der ältere Drendorf entpuppt sich also, dem Freiherrn von Risach durch und durch ähnlich und ebenbürtig, als nicht weniger musterhafter Erzieher als jener. Er erweist sich auch als Liebhaber der schönen Künste wie der andere Alte, als passionierter Kunstsammler, dessen Sammlungen von Gemälden der besten alten Meister und von geschnittenen Steinen aus der Antike den wertvollen Kunstschätzen des Freiherrn durchaus an die Seite gestellt zu werden verdienen. Zu all dem gibt sich Vater Drendorf auch noch als Literaturfreund, als Autodidakt mit enormer Belesenheit in der antiken Literatur und solider klassischer Bildung zu erkennen. Gerade in seiner schlichten und strengen Bürgerlichkeit scheint der ältere Drendorf demnach geradezu dazu erschaffen, die Sphäre des Utopisch-Idyllischen mit der ihrer materiellen und wirtschaftlichen Grundlagen – dem kapitalistischen Geschäftsleben – zu vermitteln und zu versöhnen, da er nämlich in beiden Sphären heimisch ist und in beiden mit gleicher Leichtigkeit und Sachkenntnis verkehrt. Und zuletzt kauft er sich ja auch noch ein Landgut zwischen Asperhof und Sternenhof...

Daß jedoch selbst die bloße Tatsache der Bürgerlichkeit in der abgeklärt-kontemplativen Sphäre der Utopie noch als unerwünschter Störfaktor und als untilgbarer Makel gelten dürfte, belegt die merkwürdige „Bitte" vom älteren Drendorf, die er bei der Verlobung von Heinrich und Natalie an den Freiherrn von Risach richtet und die sich beinahe wie eine verschämte Selbstrechtfertigung anhört: „Und nun habe ich noch eine Bitte an Euch, Freiherr von Risach, nehmt mich alten Mann und meine alte Gattin nebst unsrer Tochter nicht ungerne in euren Familienkreis auf. Wir sind bürgerliche Leute, und haben als solche einfach gelebt; aber in jedem Verhältnisse unsere Ehre und unsern guten Namen aufrecht zu erhalten gesucht." (Bd.3, S.245f.) Dies klingt beinahe schon wie eine Entschuldigung, als ob Bürgerlichkeit an sich schon ein Schandfleck wäre. Freilich bietet die „Bitte" Drendorfs dem Freiherrn wiederum die Gelegenheit, sich seinerseits ebenfalls zur Bürgerlichkeit zu bekennen: „Was die Bürgerlichkeit anlangt, so gehörte ich zu diesem Stande. Vergängliche Handlungen, die man Verdienst nannte, haben mich auf eine Zeit aus ihm gerückt, ich kehre durch meine angenommene Tochter wieder zu ihm zurück, der mir allein gebührt." (Ebd.) Daß es sich bei diesem Ausgleich jedoch um eine abgeklärte, utopische Bürgerlichkeit handelt, aus dem alles bloß Materielle und Zweckmäßige, alles Wirtschaftlich-Kapitalistische und daher Makelhafte verbannt ist, dürfte nach all dem Gesagten auf der Hand liegen.[435]

Wie man sieht, setzte Stifter das Testament- bzw. Erbschaftsmotiv im *Nachsommer* mit beinahe eiserner Konsequenz dazu ein, den makelhaften Ursprung von Vermögen und Besitz in der kapitalistischen Wirtschaft zu verschleiern. Aus dem Bild der utopischen Gemeinschaft auf dem Lande mußte alles Störende und Unschöne eliminiert werden, damit es im reinen Licht erstrahlen konnte. Den Preis, der dafür zu entrichten war, erblickt man darin, daß die derart gestellten Bedingungen es nur fröhlich erbenden Müßiggängern erlauben, an der utopisch-idyllischen Gemeinschaft teilzuhaben. Freiheit, Muße und geistig-sittliche Entfaltung der Persönlichkeit haben ja alle ihren hohen Preis, den irgendjemand zuletzt doch noch zu bezahlen hat.

Die verschämte Verschleierung des unschönen Ursprungs von Reichtum und Vermögen erhält ihren vollen Sinn schließlich im Kontext des gemäßigt antimodernistischen Diskurses der Romanfiguren, die der Autor nur allzu oft und allzu offensichtlich zum Sprachrohr eigenen Raisonnements macht. Dies sei mit einem kurzen Abschnitt aus einem Dialog zwischen Heinrich und Risach vom Ende des Kapitels *Die Beherbergung* belegt, der gerade den zentralen Punkt, den ideologisch aufgeputzten Gegensatz von Stadt und Land thematisiert. Der Freiherr bemerkt dort, indem er das stille Landleben anpreist: „In der Stadt kommen die Veränderungen, welche die Künste und die Gewerbe bewirkt haben, zur Erscheinung: auf dem Lande die, welche naheliegendes Bedürfniß oder Einwirken der Naturgegenstände auf einander hervorgebracht haben. Beide vertragen sich nicht,

---

[435] Das bürgerliche Selbstbewußtsein des älteren Drendorf äußert sich noch einmal, und zwar viel bestimmter. Bei der Eheschließung überläßt der Vater dem Sohn einen beträchtlichen Anteil an seinem Vermögen. Als Heinrich seine Überraschung über die Größe der Geldsumme zum Ausdruck bringt, belehrt ihn der Vater eines Besseren: „Du kannst darüber ganz ruhig sein; ich thue mir und Klotilden keinen Abbruch. Ich habe auch meine heimlichen Freuden und meine Leidenschaften gehabt. Das geben verachtete bürgerliche Gewerbe eben bürgerlich und schlicht betrieben. Was unscheinbar ist, hat auch seinen Stolz und seine Größe." (Bd.3, S.279)

und hat man das Erste hinter sich, so erscheint das Zweite fast wie ein Bleibendes, und dann ruht vor dem Sinne ein schönes Bestehendes, und zeigt sich dem Nachdenken ein schönes Vergangenes, das sich in menschlichen Wandlungen und in Wandlungen von Naturdingen in eine Unendlichkeit zurückzieht." (Bd.1, S.129f.)

Zur Rettung Stifters und des Romans sei zum Schluß eine längere Passage aus der Flaubert-Studie von Pierre Bourdieu zitiert: „Der Charme des literarischen Werkes liegt sicher zu einem Großteil darin begründet, daß es die Wahrheit sagen kann, ohne sie wirklich zu sagen, ohne zu verlangen, daß es – im Unterschied zur Wissenschaft laut Searle – *vollkommen ernst genommen wird.* Die Sicht des Romans simuliert das Reale und verschleiert es; nimmt es in der Bewegung des Darbietens auch schon wieder zurück. Weil sie die Dinge auf eine Weise sagt, daß sie sie nicht sagt, *verleugnet* (im Sinne Freuds), kann sie unendlich viel mehr dann sagen, wenn [...] die um des Wissens wegen zu behebenden Schwierigkeiten weniger intellektueller Art sind als willentliche Widerstände. Die soziologische Lektüre bricht den Charme durch die brutale Entschleierung der Struktur, die der literarische Text nur aufdeckte, indem er sie verbarg. So ist es ganz natürlich, wenn sie häufig feindliche Reaktionen hervorruft. Statt sich darüber zu entrüsten [...], hat der Soziologe deren Grundlage zu verstehen: es ist die der genuin literarischen Ausdruckweise inhärente, weil dem Faktum der Formung und Formulierung zugrunde liegende Verleugnung, die die Äußerung einer Wahrheit erlaubt, die anders gesagt untragbar wäre."[436]

Das vom Testament- bzw. Erbschaftsmotiv in Stifters Werken bisher Gesagte sei zum Schluß am Extrembeispiel einer Erzählung aus dem dritten Band der *Studien, Zwei Schwestern*[437], noch einmal erhärtet.

Der junge Ich-Erzähler der Novelle bekennt in einem Rückblick auf sein bisheriges Leben, daß er nach einer unplanmäßigen Erziehung und nach dem frühen Tod seiner Eltern das ihm von ihnen als Erbschaft zugefallene Vermögen durch Leichtsinn und unsteten Lebenswandel bald schon verschleudert hat. Da er jedoch im kapitalistischen Wirtschaftsleben gut bewandert war, faßte er den Plan, durch näher nicht bezeichnete Spekulationen möglichst rasch ein neues Vermögen zu

436 Bourdieu, Pierre: Flaubert. Einführung in die Sozioanalyse. – In: Texte zur Literaturtheorie der Gegenwart. Hg. von Dorothee Kimmich, Rolf Günter Renner und Bernd Stiegler. – Stuttgart: Reclam 1996, S.98-111; hier S.111.

437 Stifter, Adalbert: Zwei Schwestern. – In: SWB, Bd.1,6. Studien. Buchfassungen. Bd.3, S.215-378. Zitate aus den *Zwei Schwestern* sind dieser Ausgabe entnommen und werden im laufenden Text mit den Seitenzahlen ausgewiesen. Zur Entstehung, Veröffentlichungen und Aufnahme der *Zwei Schwestern* vgl. SWB, Bd.1,9. Studien. Kommentar, S.375-381.

erwerben, um sich ein Landgut zu kaufen und „wieder träumen zu können" – man begegnet schon hier, bei dem jungen Manne derselben Stadtflucht, derselben Sehnsucht nach dem stillen Landleben, die genauso die Figuren des *Nachsommer* antrieb: „Nun fing ich sofort an, durch außerordentliche Thätigkeit und durch sehr geschikte Berechnungen, welch beides ich von meinem Oheime gelernt hatte, mir im Handel ein Vermögen zu erwerben. Ich hatte den Plan, mir mit demselben, wenn es einmal groß genug wäre, ein recht nettes Häuschen mit einer Landwirtschaft zu meinem künftigen Lebensunterhalte anzuschaffen, freilich, um wieder träumen zu können." (S.238) Der Plan ging auf. Durch offenbar waghalsige Spekulationen kam der junge Mann tatsächlich bald in den Stand, den er erreichen wollte: „Ich kaufte das Häuschen, und da ich es eingerichtet hatte, da um das ganze Besizthum eine Einfriedigung lief, da ich die Bearbeitung meiner Grundstücke begann: machte ich eine Erbschaft, in welcher das alles viel reicher und schöner vorhanden war, als ich es mir hätte einbilden können." (S.239) Die unerwartete Erbschaft rührt von einer reichen und etwas sonderbaren Tante her – in ihrer Sonderbarkeit hat sie nebenbei eine entfernte Ähnlichkeit mit dem Pfarrer aus dem Steinkar –, was an sich noch nichts Besonderes wäre. Merkwürdig ist jedoch, daß die Erbschaft ausgerechnet ein Gutshof ist, eben nur in der Tat „viel reicher und schöner" als derjenige, den der Ich-Erzähler gerade erst durch Spekulation erworben hatte. Also: „Ich reisete, als mir diese Dinge durch die Gerichte bekannt gemacht wurden, nach meinem neuen Eigenthume, fand es unendlich herrlicher, als mein altes, verkaufte daher alles, was ich mir mit so vieler Mühe und so vielem Fleiße zusammen gerichtet hatte, und übersiedelte mich in meine neue Wohnstätte." (S.240)

Daß der durch glücklichen Zufall und ohne jegliche Anstrengung erworbene prächtige Gutshof – Treulust genannt – dem jungen Ich-Erzähler in der Tat Lust und Freude macht, ist unschwer nachvollziehbar. Der Leser fragt sich indessen verzweifelt nach dem Sinn der Episode, die ja so gar keine Folgen im weiteren Verlauf der Handlung hat und somit – schon wieder – ein ganz und gar 'blindes' Motiv bleibt. Da die Episode jedoch, obschon sie ganz und gar entbehrlich wäre, relativ breit und mit offensichtlicher Genüßlichkeit ausgemalt ist, kann man nicht umhin, nach ihrer Bedeutung zu fragen; es sei denn, man schiebt das Ganze auf die Rechnung von Stifters Geschwätzigkeit.

Der Sinn der Episode, wenn sie denn überhaupt einen haben muß, kann indessen gar kein anderer sein als genau derjenige, den das Testament- bzw. Erbschaftsmotiv auch im *Nachsommer* hat. Der mit einem Makel behaftete Ursprung des Reichtums in der kapitalistischen Wirtschaft – in dem Fall des Ich-Erzählers der *Zwei Schwestern* handelt es sich ja sogar um waghalsige Spekulationen, d.h. um etwas höchst Unseriöses, – soll verwischt und vertilgt werden, bevor der endlich reich Gewordene völlig und nunmehr ganz ungestört in der ländlichen Idylle untertauchen kann. Daher also die auf den ersten Blick so sinnlos erscheinende Verdopplung der Gutshöfe. Denn, so lehrt es Stifter, erst ein nachgewiesener Maßen unbefleckter Ursprung seines Vermögens – am besten wohl eine reiche Erbschaft oder das große Los in der Lotterie – setzt den Menschen in den Stand, seine Habe voll und ganz, ohne Gewissensbisse genießen zu können.

9. Wissenschaftsgeschichtlicher Exkurs: Mörike oder Dichtertestament und Kanonisation

1905, genau drei Jahrzehnte nach dem Tod des Dichters, ist die eigenhändig geschriebene *Letzte Willensverordnung* Eduard Mörikes (1804-1875) zum ersten Mal veröffentlicht worden.[438] Mörike verfaßte sein Testament kurz vor seinem Tode, am 4. Mai 1875. Der Gesundheitszustand des Siebzigjährigen war im Frühjahr 1875 höchst bedenklich geworden. Er wurde bettlägerig und bedurfte ständiger Pflege, so daß der Anlaß der Testamentsabfassung diesmal keiner näheren Erörterung bedarf. Mörikes letzter Wille wurde in unmittelbarer Todesnähe festgelegt.

Die sachliche Klarheit und die juristisch-fachliche Korrektheit von Mörikes letztwilligen Verfügungen lassen rechtskundigen Beistand vermuten, obschon die Person des Beraters unbekannt ist. Das Testament ist ja auch umstandslos als rechtsgültig anerkannt und vollstreckt worden; die Erbteilung erfolgte bereits zwei Wochen nach dem Tode des Dichters.

Mörikes letztwillige Verfügungen sachlich und in ihrer Intention nachzuvollziehen, dürfte einem, der sich in der Biographie des Dichters einigermaßen auskennt, auch keine Schwierigkeiten bereiten.[439] Nach einem Vorspann, in dem die „häuslichen Umstände" des Testators, d.h. vor allem die „unglückliche[n] Zerwürf-

---

438 Mörike, Eduard: Letzte Willensverordnung. [4. Mai 1875.] – In: Beilage zur [Augsburger] Allgemeinen Zeitung, Nr. 228, 3. Oktober 1905, S.12. Zitate aus Mörikes Testament sind dieser Veröffentlichung entnommen. Mörikes letzter Wille erschien, worauf noch eingegangen werden soll, eingebettet in einen Artikel (ebd., S.11-13). Der Artikel trägt die Überschrift *Mörikes Testament* und ist mit dem Namen Dr. Maier-Pfullingen unterzeichnet. Zitate aus dem Artikel werden im laufenden Text mit den Seitenzahlen ausgewiesen.

439 Zu Mörikes Biographie s. u.a. Maync, Harry: Eduard Mörike. 5., überarbeitete und vermehrte Auflage. – Stuttgart: Cotta 1944. [Erstaufl. 1901]; sowie Meyer, Herbert: Eduard Mörike. 3., verbesserte und ergänzte Auflage. – Stuttgart: Metzler 1969.

nisse", die die Ehegatten Mörike einst dazu bewogen, sich „auf unbestimmte Zeit" zu trennen bzw. die vermögensrechtlichen Folgen der einige Jahre zuvor erfolgten Trennung erläutert worden waren, ordnete Mörike eine Vierteilung seines nicht allzu beträchtlichen materiellen Nachlasses an. Die Schwester Klara Mörike sollte als vierte neben die drei gesetzlichen Erben – Mörikes Gattin Margarethe von Speeth und die zwei gemeinsamen Töchter – treten und als Vermächtnis „den *vierten Teil*" (Herv. im Original) all dessen erhalten, „was meiner Familie teils etwa von seiten einer wohltätigen Stiftung oder durch die Gnade des Königs und anderer Gönner in Rücksicht auf mich, teils durch die Verwertung meiner Schriften zufließen wird". Auffallend bei all dem ist vor allem der Gerechtigkeitssinn, die Rechtschaffenheit und Großzügigkeit des Erblassers, der die häuslichen Zwistigkeiten seiner getrennt lebenden Gattin in keiner Weise nachtrug – eine Versöhnung der Ehegatten erfolgte erst nach der Testamentsabfassung, einige Tage vor Mörikes Tode –, doch gleichzeitig versuchte, für die Schwester Klara, seine langjährige Pflegerin und Hausgefährtin, Sorge zu tragen. Offensichtlich ist auch das Bestreben Mörikes, durch seine letztwilligen Verfügungen die weiblichen Mitglieder seiner Familie miteinander auszusöhnen. Der testamentarische Appell an den Gerechtigkeitssinn, die beiderseitige Großzügigkeit und Friedfertigkeit der Erbinnen hat nicht zuletzt wohl eine ethisch-pädagogische Funktion: „Von meiner Familie hoffe und erwarte ich, daß sie nicht nur diesen meinen letzten Willen und alles, was ich in diesem Aufsatze niedergelegt habe, anerkennen und ehren, sondern auch meiner Schwester dasjenige, *was sie sonst zu ihrer Subsistenz nötig hat*, gewähren wird." (Herv. im Original) Eine testamentarisch ausgesprochene Hoffnung, die ausnahmsweise sogar in Erfüllung gegangen ist.

Das Merkwürdigste am Fall Mörike ist jedoch nicht das schlichte und unscheinbare Testament selbst, sondern vielmehr der Artikel, in den eingebettet die *Letzte Willensverordnung* des Dichters am 3. Oktober 1905 in der *Augsburger Allgemeinen Zeitung* zum ersten Mal veröffentlicht wurde. Vor der Analyse des – Mörikes letztwillige Verfügungen mit eingerechnet – etwa zwei Kolumnen umfassenden, mit dem Namen Dr. Maier-Pfullingen unterzeichneten Artikels seien gleich noch zwei wichtige Umstände festgehalten. Erstens, daß der Artikel nicht etwa in einer literaturwissenschaftlichen Fachzeitschrift, sondern in einem für die breitere Öffentlichkeit gedachten Presseorgan erschien; zweitens, daß der Verfasser kein Literaturwissenschaftler, ja nicht einmal ein Prominenter im engeren Sinne war. Man vernimmt hier also gleichsam eine halbwegs anonyme Stimme aus dem Umkreis des gehobenen Bildungsbürgertums, für das der Artikel offenbar auch geschrieben war und dessen Konsens von Dichtertum und Literatur der Text in der Tat widerspiegelt.

Die Stimme, die im Artikel vernehmbar wird, ist tatsächlich dermaßen anonym, daß es gar nicht so leicht war, den Verfasser zu identifizieren. Der Name Maier-Pfullingen steht in keinem der gängigen biographischen Nachschlagewerke. Nur die um die Jahrhundertwende erschienenen Bände von *Kürschners Deutschem Literatur-Kalender* verzeichnen einen gewissen Gottfried Maier, der den Titel eines Dr. phil. innehatte und als Stadtpfarrer bzw. Bezirksschulinspektor in Pfullingen tätig war. Außerdem trat er als Herausgeber von verschiedenen, in erster Linie pädagogischen Schriften hervor, so daß er auf Grund all dessen mit großer Wahrscheinlichkeit als der Verfasser des Artikels über *Mörikes Testament* betrachtet werden darf. Als um so charakteristischer für die bildungsbürgerlichen Vorstellungen von Dichtertum und Literatur kann daher die Intention von Maier-Pfullingen gelten, ein bereits bestehendes kanonisches Mörike-Bild an Hand der letztwilligen Verfügungen des Dichters weiter festzuschreiben. Daß die mit Recht oder Unrecht als Vermächtnis betrachteten 'letzten Worte' von Dichtern und sonstigen Geistesgrößen gelegentlich eine nicht gerade unerhebliche Rolle bei ihrer Kanonisation spielen können, dürfte auf der Hand liegen, schon wenn man sich nur die kuriosen Streitigkeiten beispielsweise um Goethes letzte Worte vergegenwärtigt.[440] Daß letztwillige Verfügungen sich ihrerseits wiederum unschwer in die Kategorie der 'letzten Worte' einreihen lassen, dürfte ebenfalls unzweifelhaft sein.

Daß die Intention Dr. Maier-Pfullingens tatsächlich darin bestand, ein bereits bestehendes kanonisches, durch und durch den bildungsbürgerlichen Vorstellungen von Dichtertum und Literatur angepaßtes Mörike-Bild nun auch auf Grund des Testaments als eines wegen seiner chronologisch finalen Stellung vermeintlich besonders aussagekräftigen Lebenszeugnisses weiter festzuschreiben, wird gleich im ersten Absatz des Artikels klar. Daher apelliert der Verfasser dort wohl an die „Freunde und Verehrer des Dichters" (S.11) und knüpft gleich zum Eingang an Friedrich Theodor Vischers Grabrede auf Mörike an, indem er feststellt: „Goldene Fäden hat der Dichter Eduard Mörike um die kahle Wirklichkeit gesponnen, rühmte Vischer in seinem Nachruf. Gold, lauteres Gold hat er uns geschenkt, und er selbst lebte ein so stilles, bescheidenes, armes Leben. Es war ihm nicht gegeben, glücklich zu werden, nicht einmal von dem, was des Lebens äußere Notdurft verlangt, empfing er ein vollgerüttelt Maß, das alte Los des Poeten, zu dem Zeus

440 Als scharfsinnige und zugleich grotesk-amüsante Analyse u.a. auch dieses Umstandes in einem literarischen Text sei hier auf Thomas Bernhards kurze Erzählung *Behauptung* hingewiesen. – In: Bernhard, Thomas: Der Stimmenimitator. – Frankfurt am Main: Suhrkamp 1978, S.58.

spricht: Die Welt ist weggegeben... Willst du mit mir in meinem Himmel leben, So oft du kommst, er soll dir offen sein." (Ebd.)

Die vorsichtigerweise an der Autorität Vischer abgestützte Grundthese Maier-Pfullingens besagt also, daß Dichtertum und die „kahle Wirklichkeit" – etwa die Wirklichkeit des bürgerlichen Alltags in der anbrechenden Moderne – miteinander im Grunde unverträglich und unvereinbar seien. Statt nach den Gründen dieser Unvereinbarkeit zu fragen, wird sie jedoch sofort ins Mythische stilisiert – „das alte Los des Poeten, zu dem Zeus spricht: Die Welt ist weggegeben..." – und als weiter nicht hinterfragbare Gegebenheit einfach hingenommen. Dichtung – offenbar als eine Art Reservat klassisch-humanistischer Werte verstanden – halte sich also rein, fern von der unschönen bürgerlichen Realität der Moderne. Gerade dadurch manövriert sie sich freilich auch hoffnungslos ins Abseits, da sie nach und nach den Bezug zur Gegenwart verliert und völlig anachronistisch wird. Und indem die Dichtung sich in ihrem Elfenbeinturm einkapselt, berührt sie die unschöne bürgerliche Realität der Moderne höchstens nur, um sie durch idealisierende Veredelung zu verdecken: „Goldene Fäden hat der Dichter Eduard Mörike um die kahle Wirklichkeit gesponnen". Daß Dichtung bei all dem kurzweg zur Sphäre des Heiligen gerechnet wird, versteht sich beinahe von selbst – das Ästhetische als Religionsersatz. Doch dieses Heilige ist für die bürgerliche Lebenswelt der Moderne aller scheinbaren Verehrung zum Trotz eigentlich wertlos: es wird als unbrauchbar befunden und daher mit Mißtrauen betrachtet. So erscheint das Ästhetische aus dem Blickwinkel der unschönen bürgerlichen Realität zu guter Letzt nur noch als bloßes – mehr oder weniger entbehrliches – Dekorum, mit dem man im Grunde nicht viel anzufangen weiß.

Doch Maier-Pfullingen ist, wie bereits erwähnt, weit davon entfernt, die derart festgestellte Idiosynkrasie von Dichtung und bürgerlicher Wirklichkeit zu hinterfragen, deuten zu wollen oder die offensichtliche Wirklichkeitsferne von Mörikes Dichtung etwa als Flucht aus einer unerträglich gewordenen, drückenden bürgerlichen Realität zu interpretieren.[441] Statt dessen wird die konstatierte Unvereinbarkeit von Dichtung und bürgerlicher Realität als reine Fatalität zur Kenntnis genommen und an Hand der letztwilligen Verfügungen des Dichters – grotesk

441 Gerade in diesem Sinne interpretierte Adorno in seiner bereits zitierten *Rede über Lyrik und Gesellschaft* das selbst erarbeitete Paradoxon, nach dem gerade das Nicht-Gesellschaftliche das eigentlich Gesellschaftliche an der Lyrik ausmachen soll. Wohl nicht ganz zufällig wählte er in seiner Rede dann auch ausgerechnet ein Mörike-Gedicht *(Auf einer Wanderung)* zum Gegenstand einer Musterinterpretation.

genug – sogar noch urkundlich festgeschrieben. Nicht zufällig beruft sich Maier-Pfullingen nämlich auf das bei der Erbteilung am 16. Juni 1875 erstellte gerichtliche Protokoll, in dem es wieder ohne Umschweife heißt: „Was nun die Vermögensverhältnisse des Erblassers betrifft, so geben die Beteiligten an, es sei dem Erblasser, welcher als Dichter und Gelehrter sich die Schaffung geistiger Schätze angelegen sein ließ, nicht beschieden gewesen, nebenher auch noch materielle Ansammlungen zu machen..." (S.12) So wird die Idiosynkrasie von Dichtertum und „kahler Wirklichkeit" schließlich sogar behördlich beglaubigt und zur Selbstverständlichkeit proklamiert.

Im Weiteren geht es Maier-Pfullingen nun darum, seine Grundthese zu erhärten und das idyllisch-biedermeierliche Mörike-Bild – nämlich das Bild des armen und weltfremden, dennoch zufriedenen, bescheidenen und kindlich-gutmütigen Poeten – auszumalen, das sich ja so naht- und problemlos in die gängigen bildungsbürgerlichen Vorstellungen von Dichtertum und der Funktion von Literatur als bloßes Dekorum und harmlose Spielerei einfügte. Das wohl unfreiwillig Komische an der Sache ist allerdings, daß Maier-Pfullingen sein Geschäft mit positivistischer Gründlichkeit in Angriff nahm. In der zweiten Hälfte des Artikels rechnete er nämlich in fast einer ganzen Kolumne Mörikes Honorare und sonstige Einkünfte über Jahrzehnte hindurch mit peinlicher, beinahe buchhälterischer Genauigkeit zusammen. Er ging akribisch den finanziellen Umständen Mörikes nach, bloß um zu beweisen, daß der Dichter an Finanzen und sonstigen irdischen Gütern nicht im Geringsten interessiert war und der „kahlen Wirklichkeit" des bürgerlichen Lebens völlig ahnungslos gegenüberstand.

Leben und Werk, Dichtungen und Lebenszeugnisse fügen sich in Maier-Pfullingens Darstellung schließlich nahtlos aneinander. Wie Mörikes Dichtungen die unschöne bürgerliche Realität der Moderne idealisierend verklärten oder verdeckten, so sei es dem Dichter als Ausnahmemenschen auch vergönnt gewesen, durch seinen vorbildlich humanen – beinahe kindlichen – Lebenswandel, den u.a. auch seine letztwilligen Verfügungen bezeugen sollen, seine Mitmenschen zu veredeln. Die veredelnde Wirkung, die der Dichter allen voran auf die Mitglieder seiner Familie ausgeübt haben soll, wird an der ausgiebig referierten Geschichte der Erbteilung anschaulich gemacht: „Wenn er seinen eigentlichen Leibeserben etwas entzog, um es seiner Schwester zuzuwenden, so wird die Kritik darin eine Bestätigung der Annahme seiner starken Beeinflussung seitens letzterer im ehelichen Zwiespalt erblicken. Aber wie wohltuend wirkt es zugleich, den Willen des Erblassers nach dessen Tode von der Witwe und den Kindern so fein und vornehm geachtet zu sehen: statt daß, wie bei Alltagsmenschen, eine Verkürzung in solchem Falle entzweit, führte sie hier zur Harmonie, zur inneren Einheit liebevoller gegenseitiger Sorge. Die Leibeserben taten an Klara Mörike, was sie konnten, und dieser ward jedenfalls auch unter ihrer Beihilfe in dem Frauenstift in Neustadt a.d. Linde seit 1877 ein freundlicher Lebensabend bis ins höchste Alter gesichert. Die beiden Frauen sind nicht lange nach einander in das Reich des ewigen Friedens eingegangen, beide hochbetagt." (S.11f.)

Das sei also der beinahe idyllische Ausklang eines beinahe idyllischen Poetenlebens gewesen. Das Veredelnde und Verklärende sei sowohl dem Leben wie auch dem Werk des Dichters eigen. Selbst Mörikes Testament als letztes Lebenszeugnis wird dem harmlos-harmonischen Bild eingefügt, indem alles Störende darin kurzerhand weginterpretiert wird: „Nachdem dreißig Jahre seit dem Tode des Dichters verflossen und die Nächstbeteiligten verstorben sind, dürfen diese beredten letzten Zeugnisse über das Verhältnis des Dichters zu irdischem Hab und Gut wie auch in diesem Stücke zu seinen nächsten Angehörigen aus dem stillen Schoß der Familie hervorgeholt und zur Kenntnis der Freunde und Verehrer des Dichters gebracht werden. Auch sie dienen zu seiner und der Seinen Beurteilung..." (S.11)

Und nicht zuletzt wohl auch dazu, durch ihre Veröffentlichung und Erläuterung zur weiteren Festigung des kanonischen bildungsbürgerlich-biedermeierlichen Mörike-Bildes beizutragen...

v. Testamente aus dem 20. Jahrhundert

1. Vorbemerkung

In den vorangegangenen Kapiteln wurde an zahlreichen Beispielen der Prozeß der Säkularisation der 'literarischen' Testamente im deutschen Sprachraum seit der frühen Neuzeit bis ins 19. Jahrhundert verfolgt. Es konnte gezeigt werden, wie das Sakrale in den letztwilligen Verfügungen sich nach und nach verflüchtigt hatte, und andere, neue Wertvorstellungen – vornehmlich das Politische – die leer gewordene Stelle des Transzendenten eingenommen haben. Parallel mit diesem Säkularisationsprozeß löste sich die traditionelle, in der frühen Neuzeit noch relativ fest gefügte formale und thematische Struktur der Testamente im Laufe der Jahrhunderte mehr und mehr auf.

In den hier folgenden Kapiteln sollen nun zwei vorläufige Endpunkte dieses Säkularisations- und Auflösungsprozesses der 'literarischen' Testamente im 20. Jahrhundert aufgezeigt werden. Analysiert werden die letztwilligen Verfügungen von zwei Dichtern, die in der Entwicklung der deutschsprachigen Lyrik im 20. Jahrhundert eine bestimmende – wenn auch gegensätzliche – Rolle gespielt haben; das Testament von Rilke, weil darin das Ästhetische, und die Testamente von Brecht, weil in ihnen das Politische sich endgültig und restlos durchgesetzt haben.

2. Rilke. Ichbesessenheit oder radikaler Ästhetizismus

Etwa ein Jahr vor seinem Tode, von den ersten schmerzvollen Symptomen seiner ausbrechenden tödlichen Krankheit geängstigt, hat Rainer Maria Rilke (1875-1926)[442] seinen letzten Willen am Abend des 27. Oktober 1925 im Chateau de Muzot niedergeschrieben. Das unformelle, eigenhändig und ohne rechtskundigen Beistand geschriebene Testament ist als Beilage zu einem Brief an Nanny Wunderly-Volkart vom 29. Oktober 1925 überliefert und abgedruckt im einschlägigen Band des Briefwechsels.[443]

---

442 Aus der umfangreichen biographischen Literatur zu Rilke sind folgende Werke konsultiert worden: Salis, J. R. von: Rainer Maria Rilkes Schweizer Jahre. Ein Beitrag zur Biographie von Rilkes Spätzeit. 3., neu bearbeitete Auflage. – Frauenfeld: Huber & Co. 1952; Schnack, Ingeborg: Rainer Maria Rilke. Chronik seines Lebens und seines Werkes. 2., neu durchgesehene und ergänzte Auflage. – Frankfurt am Main: Insel 1996; Rilkes Leben und Werk im Bild. Hg. von Ingeborg Schnack. Mit einem biographischen Essay von J. R. Salis. – Wiesbaden: Insel 1956.

Auffallend schon beim ersten Blick ist an Rilkes Testament nicht allein die Mißachtung juristischer Formvorschriften – allerdings ohne die Rechtsgültigkeit der letztwilligen Verfügungen dadurch zu gefährden –, was man wohl mit Recht als unbedingte Durchsetzung eines stark ausgeprägten subjektiven Geltungswillens interpretieren darf, sondern auch, daß Materielles darin so gut wie gar nicht angesprochen wird. Rilke hatte ja bekanntlich kein Verhältnis zu materiellem Besitz, er besaß nie ein nennenswertes materielles Vermögen, weil er seine Lebensführung stets und ausschließlich nach den Erfordernissen seiner dichterischen „Arbeit" eingerichtet hat.[444] Dieser strengen und im Endeffekt unbürgerlichen Ausrichtung des Lebens einzig und allein auf den dichterischen Auftrag entspricht also der fünfte Absatz des Testaments, in dem es über Materielles lediglich heißt: „Ich halte, unter den Möbeln und Gegenständen auf Muzot, *nichts* für mein eigentliches persönliches Eigenthum; es sei denn, was an Familien-Bildern da ist [...]. Über alles Übrige hätte, soweit es nicht von vornherein zum Hause zugehört, Frau Nanny Wunderly-Volkart [...], im Einklang mit ihrem Vetter, Herrn Werner Reinhart, [...] dem mir freundschaftlich-großmüthigen Eigenthümer von Muzot zu entscheiden." (S.1193, Herv. im Original.)

Charakteristisch für Rilkes letztwillige Verfügungen ist außerdem ein höchst individuell geprägter Stil, den man spontan, schon bei der ersten Lektüre 'dichterisch' oder 'literarisch' nennen möchte und der vom unverwechselbar eigenen Stil der übrigen, im engeren Sinne 'literarischen' Prosa Rilkes kaum absticht. Selbst wo er einen juristischen Gebrauchstext mit lebensweltlicher Wirkungsintention zu verfassen hatte, war der Dichter also offensichtlich keinesfalls bereit, im Sprachlichen die geringsten Konzessionen zu machen, d.h. sich vorgefertigter sprachlicher Schemata und Formeln zu bedienen, die sich ihm ja gerade im Fall eines Testaments schon von einer gewissen pragmatischen Notwendigkeit heraus beinahe von selbst aufgedrängt hätten. Nicht nur, daß Rilke in seinen letztwilligen

---

443 Rilke, Rainer Maria: Einige persönliche Bestimmungen für den Fall einer mich mir mehr oder weniger enteignenden Krankheit. [27. Oktober 1925.] – In: Ders.: Briefe an Nanny Wunderly-Volkart. Bd.II. Hg. von Rätus Luck. – Frankfurt am Main: Insel 1977, S.1192f. Zitate aus Rilkes Testament sind dieser Ausgabe entnommen und werden im laufenden Text mit den Seitenzahlen ausgewiesen.

444 Die Unbekümmertheit Rilkes um materiellen Besitz, seine unbürgerliche Lebenshaltung dokumentiert eindrucksvoll der Brief an seinen Verleger Anton Kippenberg vom 5. Oktober 1915. – In: Rilke, Rainer Maria: Briefwechsel mit Anton Kippenberg 1906 bis 1926. Hg. von Ingeborg Schnack und Renate Scharffenberg. Bd.2. – Frankfurt am Main, Leipzig: Insel 1995, S.30-34. Rilke beklagt in dem Brief, daß er die Verwaltung einer unerwarteten reichen Erbschaft Kippenberg überließ, anstatt die Summe sofort zu verausgaben.

Verfügungen juristische Termini und für die Textsorte Testament charakteristische Formeln gänzlich vermieden hat. Genauso wie in seinen im engeren und eigentlichen Sinne 'literarischen' Texten, suchte er offenbar selbst in seinem Testament noch mit ungebrochenem sprachlichem Spürsinn und Gestaltungswillen nach dem einzig treffenden und präzisen Ausdruck für jeden einzelnen Sachverhalt, was manchen Lesern freilich gelegentlich als unnötige Umständlichkeit oder gar als Preziosität oder Pedanterie erscheinen mag.[445] Als augenfälliges Beispiel für diesen höchst individuell geprägten Stil sei die Überschrift des Textes – eigentlich die Aufschrift auf dem geschlossenen Umschlag, in dem die letztwilligen Verfügungen Rilkes der Freundin Nanny Wunderly-Volkart übersandt wurden – zitiert. Statt der im solchen Fall normalerweise gebräuchlichen Ausdrücke 'Testament', 'letzter Wille', 'letztwillige Verfügungen' oder Ähnliches lautet die Überschrift von Rilkes Testament wie folgt: „Einige persönliche Bestimmungen / für den Fall einer mich mir / mehr oder weniger enteignenden / Krankheit." (S.1192)

Doch der höchst individuell geprägte und 'literarische' Stil von Rilkes letztwilligen Verfügungen, der offensichtliche Wille zur ästhetischen Durchformung des sprachlichen Materials selbst noch im Gebrauchstext, ist kein Selbstzweck und keine narzistische Selbstgefälligkeit. Er entspricht einerseits offenbar der Auffassung des Dichters vom individuellen, 'eigenen' Tode, dessen Würde und Größe es gerade im Moment des drohend herannahenden Sterbens noch einmal und auch durch den individuell geprägten, unverwechselbar eigenen Stil zu bekräftigen galt. Andererseits entspricht er dem Inhalt der letztwilligen Verfügungen, in denen auch sonst das Ästhetische mit unvergleichlicher Radikalität und Ausschließlichkeit an die Stelle des im herkömmlichen Sinne Heiligen und Transzendenten getreten war.

Die thematische Struktur von Rilkes höchst eigenwilligem Testament ergibt sich wie folgt:

1) Die Möglichkeit einer Krankheit, die den Geist des Testators verstören könnte, als Anlaß der Testamentsabfassung; unbedingte Verweigerung jeglichen priesterlichen Beistandes (Abs.1);
2) Bestimmungen über die Grabstätte (Abs.2 und 3);
3) Bestimmungen über den Grabstein (Abs.4);

---

[445] Die Sorgfalt im Sprachlichen, die Rilke bei der Formulierung seines Testaments walten ließ, bezeugt u.a. auch eine scheinbar unbedeutende Streichung in Absatz 3, wo die Wahl der Grabstätte begründet wird: „Seine [des Kirchhofes von Rarogne, I.K.] Einfried[ig]ung gehört zu den ersten Plätzen, von denen aus ich Wind und Licht dieser Landschaft empfangen habe..." (S.1192) Anstelle von „Wind und Licht" schrieb Rilke zuerst „Weite"; die Stelle wurde erst nachträglich umgeändert.

4) Bestimmungen über den persönlichen Besitz wie Familienbilder und Gebrauchsgegenstände (Abs.5);
5) Bestimmungen über die Publikation der Korrespondenz (Abs.6);
6) Erklärung über die Gültigkeit von Bildern (Porträts) (Abs.7).

Bevor einigen Verfügungen in Rilkes letztem Willen eine eingehendere Betrachtung gewidmet wird, sei gleich noch ein merkwürdiger Umstand festgehalten. Im Testament des Dichters fehlen nicht nur, wie schon erwähnt, Verfügungen über materiellen Besitz, den der Erblasser ja so gut wie gar nicht besaß; auch der im engeren Sinne literarische Nachlaß wird in Rilkes letztwilligen Verfügungen in keiner Weise angesprochen. Nicht als ob das Problem des dichterischen Nachruhms Rilke nicht beschäftigt hätte. Die persönliche Korrespondenz wird im Absatz 6 ausdrücklich aufgewertet, ohne Einschränkung zur Veröffentlichung freigegeben und dadurch – wohl nicht erst nachträglich – als Teil des im engeren Sinne 'literarischen' Werkes anerkannt: „Da ich, von gewissen Jahren ab, einen Theil der Ergiebigkeit meiner Natur gelegentlich in Briefe zu leiten pflegte, steht der Veröffentlichung meiner, in Händen der Adressaten etwa erhaltenen, Correspondenzen (falls der Insel-Verlag dergleichen vorschlagen sollte) nichts im Wege." (S.1193)[446] Auch erwähnt der letzte, siebte Absatz die „Bilder" – d.h. wohl Photographien und Porträts – des Erblassers, deren Weiterbestehen Rilke zu beschäftigen und zu beunruhigen scheint: „Von meinen Bildern halte ich kein anderes für wesentlich gültig, als die bei einzelnen Freunden, in Gefühl und Gedächtnis, noch bestehenden, vergänglichen." (Ebd.) Ein schmerzhaft-leidenschaftliches Bekenntnis also zur Vergänglichkeit alles Menschlichen, das jedoch gerade in seiner Entschiedenheit, in seiner kategorischen Endgültigkeit die Hoffnung auf eine gewisse Beständigkeit der Person, letztlich doch wohl das Bedürfnis nach den Tod überdauerndem Ruhm verrät.

Das stillschweigende Übergehen der Frage des literarischen Nachlasses in Rilkes letztwilligen Verfügungen, das beim ersten Blick als etwas befremdend empfunden werden dürfte, erklärt sich indessen wohl gerade aus dem ungebrochenen Selbstbewußtsein des Testators als Dichter, aus dem unerschütterlichen Wissen um den eigenen literarischen Rang und aus seiner Stellung zum Literaturbetrieb. Vom eigenen dichterischen Rang und Auftrag fest überzeugt, hatte es Rilke sich schon seit langer Zeit mehr und mehr versagt, in irgendeiner Weise am Literaturbetrieb

446 Der Satz sollte in erster Linie wohl als Mahnung an die Familie verstanden werden, die Veröffentlichung des Briefwerkes nicht zu hintertreiben. Der Hinweis auf ein eventuelles Angebot des Insel-Verlages, Rilkes Briefwerk zu publizieren, läßt erkennen, daß der Dichter damit gerechnet hat.

teilzunehmen. Er hielt Distanz zum Geschehen des Tages, weil er geschäftig zu sein nicht mehr als nötig und mit seinem dichterischen Rang nicht mehr als vereinbar erachtete. Auch sah er in der Geschäftigkeit des Literaturbetriebes die Gefahr, sich selbst entfremdet und vom eigenen wesentlichen dichterischen Auftrag abgelenkt zu werden. Daß seine letztwilligen Verfügungen den im engeren Sinne literarischen Nachlaß in keiner Weise erwähnen, erklärt sich also vermutlich daraus, daß Rilke seinen literarischen Nachlaß und seinen dichterischen Rang ohnehin als gesichert ansah und außerdem wohl, und zwar mit vollem Recht, seinem seit langen Jahren bewährten Verleger Anton Kippenberg in diesem Punkt, wenn auch nur stillschweigend, sein uneingeschränktes Vertrauen schenkte. Will man die Sachlage unter rein juristischem Aspekt betrachten, so erübrigte sich ein Hinweis auf den literarischen Nachlaß freilich schon dadurch, daß zur Zeit der Testamentsabfassung sämtliche Rechte an Rilkes Werken bereits dem Insel-Verlag gehörten.[447]

Besonders Beachtenswertes außer dem bereits Erwähnten enthalten in Rilkes letztwilligen Verfügungen noch die Absätze 1 und 4. Absatz 1, weil darin die explizite Ersetzung des im herkömmlichen Sinne Heiligen und Religiösen, also Institutionell-Kirchlichen durch das Ästhetische geschieht; Absatz 4, weil darin Rilkes radikaler Ästhetizismus durchbricht.

Der erste Absatz von Rilkes Testament lautet wie folgt: „Sollte ich in eine schwere Krankheit verfallen, die am Ende auch den Geist verstört, so bitte, ja *beschwöre* ich meine Freunde, jeden priesterlichen Beistand, der sich aufdrängen könnte, von mir fernzuhalten. Schlimm genug, daß ich, in den körperlichen Nöthen meiner Natur, den Vermittler und Verhandler, im Arzte, zulassen mußte; der Bewegung meiner Seele, aufs Offene zu, wäre jeder geistliche Zwischenhändler kränkend und zuwider." (S.1192, Herv. im Original.)

Wie man sieht, wurde im ersten Absatz gleich der unmittelbare Anlaß der Testamentsabfassung – die Angst vor einer den Geist verstörenden Krankheit – ausgesprochen, wobei der Testator für diesen Fall „jeden priesterlichen Beistand", d.h. jedwede Form kirchlich institutionalisierter religiöser Rituale kategorisch von sich wies. Etwas problematischer ist jedoch schon die Formulierung, mit der Rilke zu umschreiben versuchte, womit er die herkömmliche Form kirchlich institutionalisierter Heiligtümer ersetzt wissen wollte; die „Bewegung [der] Seele, aufs Offene zu" scheint ein deutungsbedürftiger und schwer interpretierbarer Ausdruck zu sein. Ob die Formulierung ein rein persönliches und subjektives, von sämt-

---

447 Der Plan einer neuen Gesamtausgabe im Insel-Verlag wurde in der Tat kurz vor dem Tode des Dichters mit Kippenberg besprochen und von Rilke genehmigt.

lichen institutionellen Beschränkungen und Zwischenhändlern befreites Verhältnis zu Gott – zum Offenen und Unendlichen –, ob sie die uneingeschränkte Freiheit des reinen Ästhetischen als eine Art neue Transzendenz meint – oder sogar beides in einem zugleich –, bleibe einstweilen dahingestellt.

Wie dem auch sei, der Umstand, daß Rilke in seinen letztwilligen Verfügungen jeglichen „priesterlichen Beistand" kategorisch von sich wies, könnte auch aus seiner eigentümlichen Auffassung über die Einheit von Leben und Tod heraus erklärt werden. In der beinahe anderthalb Jahrzehnte zurückliegenden *Ersten Elegie* hieß es ja bereits: „Aber Lebendige machen / alle den Fehler, daß sie zu stark unterscheiden."[448] Der „priesterliche Beistand" in der schweren Stunde des Todes – in der Form der Beichte oder der letzten Ölung etwa – hätte also für den Testator Rilke offenbar einen allzu starken Einschnitt bedeutet; er hätte in unerwünschter Weise zerschnitten, was nach der Ansicht des Dichters 'organisch' zusammengehörte.

Nach der Wahl seiner Grabstätte in Rarogne und der ausführlichen Begründung der Wahl in den Absätzen 2 und 3, kommt der Testator im Absatz 4 der letztwilligen Verfügungen auf den ihm erwünschten Grabstein zu sprechen: „Nun veraubscheue ich die geometrischen Künste der heutigen Steinmetzen; es wird vielleicht möglich sein, einen *alten* Stein (etwa des Empire) zu erwerben (wie dergleichen, in Wien, für das Grab meines Vetters geschah). Ebnet man die früheren Inschriften ab, so trage dieser dann: das Wappen

(: in der, von meinem Urgroßvater geführten älteren Form, die das kürzlich aus Paris mitgebrachte silberne Petschaft wiederholt),

den Namen

und, in einigem Abstand, die Verszeilen:

Rose, oh reiner Widerspruch, Lust,
Niemandes Schlaf zu sein unter soviel
Lidern." (S.1192, Herv. im Original.)

Auffallend bei all dem ist zunächst einmal die Sorgfalt, die der Testator Rilke der Wahl seiner Grabstätte und der Gestaltung seines Grabsteines widmete; drei von den insgesamt sieben Absätzen der letztwilligen Verfügungen handeln einzig und allein von dieser Sache, während, wie bereits erwähnt, der literarische Nachlaß nicht einmal einer flüchtigen Erwähnung gewürdigt wurde. Unverkennbar ist aber

---

448 Rilke, Rainer Maria: Die erste Elegie. – In: Ders.: Sämtliche Werke. Bd.1. Gedichte. Erster Teil. Hg. vom Rilke-Archiv. – Frankfurt am Main: Insel 1955, S.688.

auch der Umstand, daß Rilke sich bei der Wahl seiner Grabstätte von ästhetischen Überlegungen bestimmen ließ. Die einschlägige Stelle im dritten Absatz zeugt von der Verbundenheit zur malerischen Schweizer Landschaft, deren ästhetische Reize sogar bei der Bewältigung des künstlerischen Auftrags – der *Elegien* – hilfreich gewesen sein sollen: „[...] ich zöge es vor, auf dem hochgelegenen Kirchhof neben der alten Kirche zu Rarogne zur Erde gebracht zu sein. Seine Einfried[ig]ung gehört zu den ersten Plätzen, von denen aus ich Wind und Licht dieser Landschaft empfangen habe, zusammen mit allen Versprechungen, die sie mir, mit und in Muzot, später sollte verwirklichen helfen." (S.1192) Schon an dieser Stelle kann man sich des Eindrucks nicht erwehren, daß Rilkes Überlegungen zum Problem des Todes – einschließlich des eigenen Todes – grundsätzlich durch ästhetische Gesichtspunkte bestimmt waren. Mit anderen Worten: Rilke suchte sich eine Ruhestätte aus, deren ästhetisch-malerische Reize (hochgelegener Kirchhof, alte Kirche, Wind und Licht der Landschaft) denen des literarischen Werkes – zuletzt also seinem dichterischen Rang – würdig und ebenbürtig waren. Im Klartext: Die Verfügungen des Dichters über seine Grabstätte zeugen vom Wunsch, diese als Sehenswürdigkeit mit ästhetischen Reizen einzurichten.

Derselbe Ästhetizismus äußert sich dann – eben nur noch etwas radikaler – im vierten Absatz der letztwilligen Verfügungen, in den Bestimmungen des Testators über die Gestaltung seines Grabsteines. Noch radikaler, weil man meinen sollte, daß der unbedingte Wille zum Ästhetischen gerade an dieser Stelle durch ethische Überlegungen eingeschränkt werde oder wenigstens mit ethischen Überlegungen in Konflikt geriete. Doch Rilkes Testament zeigt von dergleichem nicht einmal die geringste Spur. Würde man daher von einer narzißtischen Ichbesessenheit des Testators Rilke sprechen, so würde man m.E. immer noch nicht zu weit gegangen sein.

Denn was der Testator Rilke sich wünscht, ist bei Licht besehen etwas Unerhörtes und Ungeheuerliches. Einen alten Grabstein wünscht er sich, der „erworben" werden solle und an dem die früheren Inschriften einzuebnen seien, um ihn derart für den Testator wieder – ein zweites Mal – herzurichten und verwendbar zu machen. Das heißt aber im Klartext nichts weniger, als den Namen eines anderen, das Zeichen der Erinnerung an ein anderes menschliches Wesen gnadenlos und endgültig auszulöschen, um sich selbst, dem eigenen Dichterruhm ein 'würdiges' Denkmal setzen zu können. Die Begründung des Wunsches ist in bezeichnender Weise wieder einmal eine ästhetische. Der Testator, heißt es lapidar, „verabscheue [...] die geometrischen Künste der heutigen Steinmetzen". Dem hinzuzufügen wäre vielleicht noch, daß Rilke wohl nicht bloß „die geometrischen Künste" damaliger Steinmetzen, sondern sicherlich nicht minder auch künstlich, im industriellen Verfahren hergestellte Grabsteine verabscheute; daher sein Wunsch nach einem „alten" Stein, bei dem dergleichen nicht zu befürchten war.[449]

Was an dieser Stelle von Rilkes Testament sich kundtut, ist eine beinahe beschämende Gleichgültigkeit gegenüber dem Tod von anderen, gegenüber der Erinnerung an sie, und zwar aus einem rein ästhetischen Antrieb heraus, der mit etwaigen ethischen Überlegungen nur deshalb nicht in Konflikt gerät, weil solche gar nicht erst ins Blickfeld geraten. Daß, wie der Text selber nahelegt, Rilke mit seinem verstörenden Wunsch wohl keinen Ausnahmefall unter seinen Zeitgenossen darstellte („wie dergleichen, in Wien, für das Grab meines Vetters geschah"), daß alte Grabsteine zu kaufen und zu verkaufen offenbar schon damals Gang und Gäbe war, reicht zur Entschuldigung keinesfalls aus.[450]

In dieser Weise läßt sich Rilkes Testament als ein verstörendes Dokument des radikalen Ästhetizismus lesen; eines Ästhetizismus, der so ausschließlich vom Willen zum Ästhetischen besessen ist, daß er sonst gar nichts kennt und vor keinem ethischen Wert halt macht. Der Text ist in mehr als einer Hinsicht einer der vorläufigen – durch und durch modernen – Endpunkte in der Geschichte des 'literarischen' Testaments im deutschen Sprachraum: ein Gebrauchstext, der den unbedingten Willen zum Ästhetischen ausspricht und dabei gleichzeitig auch selber dermaßen ästhetisch durchgestaltet ist, daß die Textsorte Testament darin tatsächlich in 'Literatur' auf- und übergeht. An der anderen Seite der schmalen Grenze zum 'Literarischen' findet sich dann gleich auch noch ein anderer, etwas früher entstandener Rilke-Text, der den Titel *Das Testament* trägt und der, obwohl schon halbwegs fiktional, in vieler Hinsicht die Voraussetzungen für das adäquate Verständnis von Rilkes letztwilligen Verfügungen liefert. Im nun folgenden Exkurs soll dieses andere *Testament* Rilkes ins Auge gefaßt werden.

3. Literarischer Exkurs: Rilke: *Das Testament*. Die paradoxe Begründung des Ästhetizismus

Vom November 1920 bis zum Mai 1921 bewohnte Rilke allein mit einer Haushälterin das Schloß Berg am Irchel in der Schweiz, im Kanton Zürich. Er suchte die Ruhe und Abgeschiedenheit des Ortes, um sich für die Fortsetzung der seit Jahren

---

449 Rilkes testamentarisch ausgesprochener Wunsch ging in Erfüllung. Er ruht in Raron unter einem alten französischen Grabstein.

450 Um nicht als ungerecht zu erscheinen, überlasse ich es dem geneigten Leser, sich über weitere Stellen in dem Absatz – so etwa über das Verb „erwerben" – sich eigene Gedanken zu machen.

Fragment gebliebenen *Elegien* zu sammeln. Zwischen dem 24. und dem 30. April 1921 schrieb er in Berg einen kurzen, etwa zwanzig Druckseiten starken, erst aus dem Nachlaß publizierten Prosatext nieder, der den Titel *Das Testament*[451] trägt und der gewissermaßen die Voraussetzungen zum adäquaten Verständnis von Rilkes letztwilligen Verfügungen vom 27. Oktober 1925 liefert.

Nicht als ob die beiden Texte explizit aufeinander Bezug nähmen. Weder nimmt der frühere den späteren direkt vorweg, noch weist der spätere unmittelbar auf den früheren zurück. Auch der Titel *Testament* ist diesmal nicht in dem Sinne zu verstehen, daß ein fiktionaler oder wenigstens doch 'literarischer' Text mit den bekannten Merkmalen der Textsorte Testament spielte oder diese imitierte. Die Überschrift *Testament* weist in dem Fall vielmehr auf eine Art dichterisches Vermächtnis hin; auf einen der Nachwelt überreichten umfassenden Rechenschaftsbericht über die dichterische „Arbeit" – über Vollbrachtes und über Gescheitertes. Was Rilkes eminent 'literarischen' Prosatext doch zu einem Testament und dadurch die Überschrift nachvollziehbar macht, ist also diesmal nicht die Imitation eines Gebrauchstextes im Formalen oder Sprachlichen, sondern der Gestus des Tradierens von etwas, was vom Testator als ihm Wesentliches empfunden wurde. Es fiele freilich nicht leicht, dieses Weitergereichte kurz und bündig auf den Punkt zu bringen. Vorläufig sei erst soviel festgehalten, daß es im *Testament* – genauso wie in Rilkes 'wirklichen' letztwilligen Verfügungen vom 27. Oktober 1925 – um Ethisches und Ästhetisches geht und daß Werte hier – im Gegensatz zum 'wirklichen' Testament – mit einer Ernsthaftigkeit gegeneinander abgewogen werden, die jedes leichtfertige Urteil verbietet. Vorausgeschickt sei daher nur, daß das *Testament* gleichsam schon eine Art Begründung und Rechtfertigung für den radikalen Ästhetizismus der letztwilligen Verfügungen Rilkes liefert. Ob diese Begründung aber tatsächlich ausreicht, um jeden ethischen Zweifel in Bezug auf die 'wirklichen' letztwilligen Verfügungen aufzuheben, sei erst im Laufe der Lektüre geprüft und entschieden.

Damit wurde aber auch schon gesagt, was im Folgenden geboten werden soll: eine Lektüre des Rilkeschen *Testaments*, und zwar eine sprunghafte und gleichzeitig lineare. Die eingestandene Sprunghaftigkeit der Lektüre erklärt sich daraus, daß,

---

[451] Rilke, Rainer Maria: Das Testament. – In: Ders.: Schriften. Hg. von Horst Nalewski. – Frankfurt am Main: Insel 1966, S.715-734. (= Werke. Kommentierte Ausgabe in vier Bänden. Hg. von Manfred Engel, Ulrich Fülleborn, Horst Nalewski und August Stahl. Bd.4.) Zitate aus dem *Testament* sind dieser Ausgabe entnommen und werden im laufenden Text mit den Seitenzahlen ausgewiesen. Kommentare zur Entstehung, Überlieferung und zu einelnen Textstellen s. in demselben Band, S.1051-1059.

wie schon des öfteren, keine alle Details umfassende Textinterpretation angestrebt wird. Gelesen werden soll Rilkes *Testament* im Hinblick auf die 'wirklichen' letztwilligen Verfügungen, wobei vor allem der Frage nachgegangen werden soll, ob dieser früher entstandene Text deren radikalen Ästhetizismus zu begründen, zu rechtfertigen und über allen ethischen Zweifel erhaben zu machen vermag. Was die Linearität der Lektüre betrifft, so ergibt sie sich notwendigerweise aus der Gestalt des *Testaments*, die in mehrerer Hinsicht problematisch ist; vor allem daraus, daß der Text keine schon fertigen Resultate eines Nachdenkens bietet, sondern vielmehr den Gang einer Besinnung nachzeichnet.

Auffallend ist vor allem, daß das *Testament* aus mehr als zwanzig kürzeren, oft fragmentarischen Textabschnitten zusammengefügt ist. Briefentwürfe sind darin ebenso eingegangen wie tagebuchartige Aufzeichnungen und Reflexionen. Das *Testament* als Ganzes ist trotz dieser Zusammenfügung von anscheinend Heterogenem und oft Fragmentarischem mit äußerster Sorgfalt durchkomponiert, selbst wenn der Zusammenhang der einzelnen Teile bei der ersten Lektüre vielleicht etwas schwer erkennbar ist. Bei genauerer Betrachtung stellt man jedoch fest, daß die Reihenfolge der einzelnen Textabschnitte einer strengen Logik gehorcht; nur ist diese Logik eben keine narrative, sondern eine der Schritt für Schritt sich entfaltenden Gedanken, eine Logik der sich behutsam vorantastenden Reflexion. Daß Rilkes Nachdenken im Wesentlichen nicht in Begriffen, sondern in Bildern und Metaphern sich fortbewegt, oft assoziativ von Bild zu Bild voranschreitet und des öfteren sogar mehrere einprägsame Metaphern zur Verdeutlichung ein und desselben Sachverhalts anbietet, braucht wohl kaum erwähnt zu werden.

Daher darf das *Testament* nicht ohne Vorbehalt als ein diskursiver Text gelesen werden. Doch wohl ebensowenig darf man es vorbehaltlos als einen narrativen Text bezeichnen, obschon Elemente einer Narration wenigstens rudimentär darin vorhanden sind. Man vernimmt die Stimme eines Ich-Erzählers – offenbar ein Mann und ein Künstler –, der mal in der ersten Person, mal distanzierter, in der dritten von sich selber spricht. Trotzdem gibt es im *Testament* kaum etwas, was 'geschieht'. Es werden lediglich die Umrisse einer eher statischen Lebenssituation Zug für Zug ausgearbeitet; es wird über Probleme und Dilemmas der künstlerischen „Arbeit" nachgedacht, wobei das erzählende und reflektierende Ich augenscheinlich darum bemüht ist, seine konkrete und persönlich-einmalige Situation ins Allgemeine und Allgemeingültige zu erheben. Wichtigste Mittel der Abstraktion von der konkret-persönlichen Lebenssituation des Ich sind das stark metaphorische Sprechen sowie die Anlehnung an weit und breit bekannte Mythen des Abendlandes, die – wie bei Rilke des öfteren – durch eigenwillige Interpretationen dekonstruiert werden.

Genau mit diesem Umstand – dem Streben des Sprechers nach größtmöglicher Abstraktion – hängt es wiederum zusammen, daß selbst der Status des Textes ein problematischer ist. Es ist nämlich schwer zu entscheiden, ob und inwiefern man es mit einem biographischen Dokument und ob und inwiefern man es mit einem fiktionalen Text zu tun hat. Denn biographische Bezüge sind in Rilkes *Testament* unschwer zu erkennen. Die Beschreibung des Aufenthaltsortes und der näheren Umgebung entspricht bis ins Detail den bekannten Umständen auf Schloß Berg; auch der Zeitpunkt der Niederschrift – „Im April" (S.715) – ist gleich zu Anfang, wenn auch ohne Jahreszahl, korrekt angegeben. Zur Genüge bekannt ist außerdem auch der im Text ausführlich reflektierte biographische Hintergrund des Aufenthaltes von Rilke auf Schloß Berg: die wie immer problematische Beziehung zu Baladine Klossowska, die Adressatin der Briefentwürfe war,[452] und der Wunsch, die *Elegien* endlich, nach einer mehrjährigen Schaffenspause, die das Gewissen des Dichters mittlerweile quälend belastete, der Fortsetzung oder gar der Vollendung zuzutreiben. Und wäre mit all dem immer noch nicht genug Biographisches da, so erwähnt der Text allgemein bekannte Einzelheiten aus Rilkes Leben wie etwa die Rußlandreise oder die Militärschule.

Wollte man nun behaupten, der Leser von Rilkes *Testament* habe es mit einem schlichten biographischen Dokument zu tun, würde man trotzdem in die Irre gehen. Denn im *Testament* fällt kein einziger Name und auch sonst war Rilke sichtlich bemüht, allzu leicht entschlüsselbare Hinweise auf Konkretes, Lebensweltliches und Biographisches so gut es ging zu eliminieren, um den persönlich erlebten Konflikt, der im Text entfaltet werden sollte, durch reflexive Durchdringung auf das Niveau des Allgemeinen und Allgemeingültigen zu heben. Daher hat man kein Recht, den Ich-Erzähler des *Testaments* umstandslos mit dem biographischen Ich Rilkes gleichzusetzen, obschon eine gewisse Nähe zwischen den beiden unverkennbar besteht. Doch was das *Testament* so wichtig und auch in unserem Zusammenhang so interessant macht, ist gerade dieses unverkennbare Streben nach Objektiviertem und Allgemeingültigem, die Stilisierung und Mystifizierung der eigenen Person jenseits der konkreten Lebenssituation. Auf den Umstand, daß das *Testament* derart als eine Summe von Rilkes Liebes- und Kunstauffassung zu

---

452 Zu Rilkes Beziehung zu Baladine Klossowska s. Mason, Eudo C.: Merline und die besitzlose Liebe. Zu Rilkes Briefwechsel mit Merline. – In: Ders.: Exzentrische Bahnen. Studien zum Dichterbewußtsein der Neuzeit. – Göttingen: Vandenhoeck & Ruprecht 1963, S.265-283. Masons durch und durch kritische Überlegungen zu Rilkes Begriff der 'besitzlosen Liebe' berühren sich in mehreren Punkten mit meinem eigenen Gedankengang.

betrachten ist, hat schon Gertrud Höhler hingewiesen: „Die Texte des 'Testaments' zeigen die ganze Skala des sprachlich und begrifflich in einem Leben größtmöglicher Kontemplation Erreichten. Begriffe, die schillernd auftauchten, geprüft und gewendet, in wechselnden Bedeutungen erprobt wurden nach ihrer Spannweite, haben ihren Platz gefunden. Der Kenner Rilkescher Dichtung findet hier alle Stücke des dichterischen Inventars wieder, das Rilke nach und nach gesammelt und seiner Vorstellung gemäß geordnet hat: die Wörter zu Begriffen, die Begriffe zu Bildern. Das Testament handelt ausschließlich von der Kunst und vom Künstler. Daß sein Instrument gereinigt und zu einer Form der Läuterung gelangt ist, die dem Dichter nun jede Nuance sagbar macht [...], das weiß Rilke sehr genau."[453]

Seinen Anfang nimmt das *Testament* – nach einem französischen Motto von Jean Moréas[454] – mit einem relativ langen Abschnitt. Entworfen werden zunächst mit wenigen wesentlichen Zügen Zeitpunkt (Frühjahr) und Ort (abgelegenes Schloß mit gepflegtem Park) der Rede des Ich. Erwähnt wird auch der Zweck des Aufenthaltes am abgelegenen Ort als „Besinnung" (S.715) und „Einkehr" (ebd.). All dies jedoch von Anfang an in einem resignierten Ton, der schon im Voraus, noch bevor es explizit eingestanden wird, das Scheitern des Vorhabens fühlbar macht. Der Sprecher führt von Anfang an Klage und redet aus der Position eines Gescheiterten, eines Opfers. Wozu „Besinnung" und „Einkehr" eigentlich notwendig gewesen wären, bleibt einstweilen noch ungeklärt. Ersichtlich ist nur, daß das sprechende Ich sein Scheitern vorläufig mit den ungünstigen äußeren Umständen zu erklären sucht; der Frühling sei, heißt es, seiner „Besinnung nie günstig gewesen; seine Kräfte haben nicht die Richtung der Einkehr" (ebd.). Außerdem sei am Ausgange des Parks vor wenigen Tagen ein elektrisches Sägewerk entstanden und in Betrieb genommen worden, dessen Geräusch die Stille des abgelegenen Ortes und die Ruhe des sprechenden Ich, seinen „weite[n] reine[n] Gehörraum" (ebd.) zerstörte: „Die Zeit des Wirkens ist vorüber. Nun spricht die Säge." (Ebd.)

Im Zentrum des „weiten reinen Gehörraums" des Ich habe vor kurzem noch die Fontäne im Schloßhof gestanden.[455] Das aus Rilkes Dichtung auch sonst wohlver-

---

453 Höhler, Gertrud: Niemandes Sohn. Zur Poetologie Rainer Maria Rilkes. – München: Fink 1979, S.88. Besonders aufschlußreiche Überlegungen zum *Testament* finden sich im Kap.6 (*Rilkes 'Narziß'*, S.82-91) und im Kap.8 (*Liebestheorie als Kunsttheorie*, S.100-122).

454 In der deutschen Übertragung von Rolf Ungern-Sternberg lautet das Motto, das die Grundproblematik des Textes vorwegnimmt, wie folgt: „Den aber klag ich an, der an der Straßen Scheide / Sein Ziel verleugnet hat." (S.1055) Die wörtliche Übersetzung der Moréas-Stelle lautet indessen: „Den vor allem klage ich an, der sich gegen den eigenen Willen benimmt." In der wörtlichen Übersetzung ist der Bezug auf die Grundproblematik des *Testaments* wesentlich direkter.

traute Bild der Fontäne – diesmal auch explizit ins Gleichnishafte gewendet – hat indessen die Funktion, die Rede des Ich auf das eigentliche Problem hinzuleiten, auf die Geliebte, von der es bis jetzt lediglich hieß, die Beziehungen zu ihr seien „beruhigt" (ebd.) gewesen: „Und mit einer unwillkürlichen unschuldigen List meines Herzens, damit nichts sei als dies, von dem ich lernen wollte, zu sein, – setzte ich die Fontäne der Geliebten gleich, der fernen, sich verhaltenden, schweigenden." (S.716) Was von der Fontäne zu lernen gewesen wäre, läßt sich indessen wenigstens andeutungsweise einer Apostrophe entnehmen, die das sprechende Ich an diese richtet: „Sprich, du reine Begegnung des Leichten mit dem Schweren, du Leichtsinn des Gewichts, du Spielbaum, du Gleichnis unter den beladenen Mühebäumen, die sich sorgen in ihrer Rinde." (Ebd.) So metaphorisch und schwer deutbar die Apostrophe auch ist, das Bild steht offenbar für einen Gegensatz zwischen der sich verausgabenden Leichtigkeit und Sorglosigkeit des reinen ästhetischen Spiels („Spielbaum") und einem Dasein voll Last und Mühe („Mühebäume") und deutet derart voraus auf eine Problematik, die im weiteren Verlauf der Reflexionen noch erneut aufgegriffen werden soll.

Mit dem einprägsamen, wenn auch etwas schwer deutbaren Gleichnis von der Fontäne ist also der Redefluß des Ich beim zentralen Problem des Textes, bei dem einen Hauptgegenstand der Reflexionen, beim Verhältnis zur Geliebten angelangt, denn, so heißt es, „die Liebe ist das eigentliche Klima des Schicksals" (ebd.). Es ist die Rede von einem mit der Geliebten vereinbarten Schweigen, das dem Sprecher eben die Möglichkeit zur „Besinnung" und „Einkehr" hätte gewähren sollen. Doch das Schweigen wurde gebrochen, wenn auch nicht aus eigener Schuld: „der Mund des Schicksals ging auf und überschüttete uns mit Nachrichten" (ebd.).[456] Klar ersichtlich geworden ist allerdings, daß das Verhältnis des sprechenden Ich zur Geliebten aus welchem Grund auch immer gestört ist und dringend einer Klärung bedarf.

Diese dringend notwendig gewordene Klärung setzt in der Tat sogleich auch ein, und zwar damit, daß der Sprecher die 'gewöhnliche' Art von Liebe als Steigerung von Fähigkeiten der Liebenden – doch vorwiegend aus der Perspektive des Mannes – bzw. als eine Art Rauschmittel beschreibt und gleichzeitig – wenigstens

---

455 Eine Fontäne war im Schloßhof von Berg in der Tat vorhanden. Die Inbetriebnahme eines elektrischen Sägewerks hat Rilke die letzten Wochen des Aufenthalts auf Schloß Berg tatsächlich verdorben.

456 Die Stelle ist wohl eine verschlüsselte biographische Anspielung auf die gemeinsam mit Baladine Klossowska verbrachte Zeit im Januar 1921, zuerst in Genf, dann auf Schloß Berg.

für sich selbst – verwirft: „Immer sieht es so aus, als schwünge die Liebende den Geliebten höher, als er je sich selber zu werfen vermochte. Ihre Lust zu ihm macht ihn schöner und fähiger. Die Erwartung ihrer offenen Arme beschwingt seinen Wettlauf. Seine Leistung klärt sich in dem Kontur des Glücks, wo sie sonst ausfloß ins Trübe der Sehnsüchte hinüber. Nun erst, an ihrem Herzen, ward Arbeit stürmisch und süß für den mühenden Mann – und Ruhe unendlich. Jetzt erst löst sich der Niederschlag seiner Knabennächte, die Angst, jetzt erst sieht er der Nacht auf den Grund. / Und wenn eine Störung ist in seiner Freude, so stammt sie aus Hindernissen, Erschwerungen oder Bedrohungen dieser Vereinigung; alle Not kommt in der einen Sorge zusammen: sich einander zu verlieren; und nirgends ist Zweifel, als in der Eifersucht." (S.716f.)

„Wie aber der, der schon wußte? Der, in dessen Herzen die Einsamkeit der Liebenden zuvorgekommen war?" (S.717) – mit diesen Sätzen setzt die Polemik des sprechenden Ich gegen die 'gewöhnliche' Art zu lieben ein. Es ist die Polemik eines Stigmatisierten, seit frühester Kindheit an von „Einsamkeit" Gezeichneten, der an dieser Stelle plötzlich anfängt, in der dritten Person von sich selber zu sprechen, distanzierend, indem er das eigene Stigmatisiertsein als Schicksal von über das rein Persönliche hinausreichender Bedeutsamkeit darstellt. Die eigentliche Zielrichtung der Polemik ist an dieser Stelle jedoch kaum noch erkennbar, der eigentliche Gegenstand der Kritik wird erst leise angedeutet. Vom Verhältnis des Knaben, der das sprechende Ich einst war, zur Einsamkeit, die zur allegorischen Figur einer Göttin stilisiert erscheint, heißt es: „Seine kleine Hand legte sich still in die ihre, die führte und nie in Besitz nahm." (Ebd.) Dies ist also der eigentliche Gegenstand von Kritik und Polemik des Sprechers: die Liebe als Besitzverhältnis. Es fragt sich freilich, ob eine derart undifferenzierte Gleichsetzung von Lieben und Besitzen, wie sie hier zuerst erfolgt und auch im weiteren Verlauf der Reflexionen stets durchgehalten wird, nicht etwas zu vereinfachend ist, ob Lieben notwendigerweise zum Besitzen oder wenigstens zum Besitzenwollen des anderen verkommen muß; eine Perspektive, die unter Umständen zwar berechtigt sein mag, in ihrer simplifizierenden Ausschließlichkeit jedoch dem Wesen und der Komplexität einer Bindung in der Liebe kaum gerecht wird. Es erhebt sich daher bereits an diesem Punkt der Lektüre unabweisbar die Frage, ob der Sprecher, indem er nämlich 'gewöhnliches' Lieben undifferenziert und ausschließlich als Besitzenwollen denunziert, nicht bloß eine Rationalisierung der eigenen narzißtischen Ichbesessenheit betreibt.[457]

Aus der allegorischen Figur der Göttin Einsamkeit erwächst dem Sprecher sodann eine der zentralen Metaphern des *Testaments:* der Wurfspeer, den die Hand der Göttin spielend aufgreift und ins weite Ziel schleudert: „Heranwachsend gewahrte er [der Sprecher als Knabe, I.K.] nach und nach ihre [der Göttin, I.K.] hohe Gestalt –, damals trat sie zuweilen an ihn heran und prüfte ihn wie einen Wurfspeer. / Und später warf sie ihn." (Ebd.)[458] Die Metapher, die im weiteren Verlauf der Reflexionen noch mehrmals aufgegriffen und in zahlreichen Variationen bald zum „Geworfensein" entfaltet wird, steht für die schicksalhafte „Erwählung" des Künstlers durch den künstlerischen Auftrag, den er ja nicht gesucht und nicht gewollt, sondern lediglich demütig auf sich genommen und erlitten hat: „Ach, womit könnte die Liebende *den* überraschen, dem dies alles zum Bewußtsein ward und zu mehr als Erinnerung: die Erwählung; die Lust des ausholenden Arms, das Geworfensein – oh, und das Zittern im Ziel." (Ebd., Herv. im Original.) Wozu „Besinnung" und „Einkehr" des Ich notwendig gewesen wären, ist mittlerweile auch klar geworden; er hätte sich offenbar für die Bewältigung des künstlerisches Auftrags sammeln sollen.[459]

Der Künstler sei also ein „göttlich Gebrauchte[r]" (ebd.), der nie seinem eigenen Antrieb folgt, sondern stets höheren Mächten gehorcht. Doch gerade aus dem demütig angenommenen, beinahe passiv erlittenen Auftrag erwächst ihm die Sehnsucht nach der Geliebten; das göttliche Gebrauchtsein sei Verzicht. Verzicht und Zwiespalt zugleich, denn die „unendliche Entbehrung" (ebd.) geht mit der „Angst vor dem Geliebtwerden" (S.718) einher: „Gab es jene Liebende, die kein

---

457 Die hier angeschnittene Problematik ist in Rilkes Werk – das Briefwerk mit hinzugerechnet – keinesfalls neu. Sie erscheint am Ende des *Malte*, im Gleichnis vom Verlorenen Sohn; sie erscheint in der *Ersten Elegie*, sie erscheint aber auch schon in einem Brief an Emanuel von Bodman vom 17. August 1901, in dem es unter anderem heißt: „Ein *Miteinander* zweier Menschen ist eine Unmöglichkeit und, wo es doch vorhanden scheint, eine Beschränkung, eine gegenseitige Übereinkunft, welche einen Teil oder beide Teile ihrer vollsten Freiheit und Entwicklung beraubt. Aber, das Bewußtsein vorausgesetzt, daß auch zwischen den *nächsten* Menschen unendliche Fernen bestehen bleiben, kann ihnen ein wundervolles Nebeneinanderwohnen erwachsen, wenn es ihnen gelingt, die Weite zwischen sich zu lieben, die ihnen die Möglichkeit gibt, einander immer in ganzer Gestalt und von einem großen Himmel zu sehen!" (Rilke an Emanuel von Bodman, 17. August 1901. – In: Rilke, Rainer Maria: Briefe. Hg. vom Rilke-Archiv. – Wiesbaden: Insel 1950, S.29, Herv. im Original.)

458 Die *Erste Elegie*, die – wie bereits erwähnt – die Liebesproblematik des *Testaments* vorwegnimmt, nimmt im Bild des Pfeils auch dessen zentrale Wurfspeer-Metapher vorweg. Dort heißt es: „Ist es nicht Zeit, daß wir liebend / uns vom Geliebten befrein und es bebend bestehn: / wie der Pfeil die Sehne besteht, um gesammelt im Absprung / *mehr* zu sein als er selbst. Denn Bleiben ist nirgends." (Rilke: Die erste Elegie, a.a.O., S.687, Herv. im Original.)

459 Biographisch gesehen handelte es sich dabei um die Fortsetzung oder sogar Vollendung der *Elegien*. Zu diesem Zweck hat Rilke sich, wie bereits erwähnt, aufs Schloß Berg begeben.

Hindernis war, die ihn nicht verlangsamte und nicht ablenkte in die Aufenthalte der Liebe? Jene, die begriff, daß er weit über sie hinaus geworfen war, wenn er sie durchdrang? Die Selige, die seinem großen Geworfensein zustimmte, die nicht daran dachte, ihn zu entwenden und zu behalten in Heimlichkeit, und die nicht vorauslief, um wieder und wieder in seiner Bahn zu stehn? Die vielleicht schon Verlassene, die es darauf ankommen ließ, wie oft er noch würde durch sie durch geschleudert sein, in's Ziel, aus der Hand seiner Göttin?" (Ebd.)

In unmißverständlicher Klarheit ausgesprochen wird an dieser Stelle der Konflikt zwischen dem „großen Geworfensein", dem künstlerischen Auftrag und der Bindung in der 'gewöhnlichen' Liebe. Genauer: Dem „göttlich Gebrauchten" sei es erst erlaubt, an einer ganz eigentümlichen Art von Liebe teilzuhaben, die von der Geliebten nicht bloß den Verzicht auf Besitzenwollen, sondern noch mehr, die unbedingte Aufgabe ihres eigenen Selbst erfordert; eine Selbstaufgabe, die beinahe bis in die Selbstauslöschung geht. Was den Leser indessen noch mehr verstören dürfte, ist die latent 'männliche' Aggressivität in der Metaphorik der Passage. Die Geliebte soll ja vom „Wurfspeer" Künstler „durchdrungen" werden; er werde, so heißt es, „durch sie durch geschleudert". An dieser Stelle offenbart sich also die ungeheure Paradoxie in den Forderungen des Sprechers. Denn indem das Ich sich selbst zum Ding, zum willenlosen Spielzeug in der Hand seiner Göttin – zum „Wurfspeer" – degradiert, kommt es nicht umhin, auch die Geliebte noch zum willenlosen Objekt, zu einem bloß zu gebrauchenden Ding zu degradieren, das die Auslöschung seiner Selbst sogar noch jubelnd zu bejahen hätte. Es fragt sich allerdings, was an einer Geliebten, die sich selbst vorbehaltlos ausgelöscht hätte, eigentlich noch zu lieben übrig bliebe. Merkwürdig genug, daß der Sprecher die paradoxen Folgen der geforderten Selbstauslöschung in der und für die Liebe ausschließlich in Bezug auf sich selbst und nicht in Bezug auf die Geliebte erwägt – ein weiteres Indiz für seine narzistische Ichbesessenheit. Im letzten, das *Testament* abschließenden Briefentwurf heißt es: „Ich kann nicht los von mir. Denn, wenn ich alles alles Meinige aufgäbe und, wie ich es manchmal ersehne, blindlings in Deine Arme überginge, mich darin verlöre –, so hieltest Du ja eben einen, der sich aufgegeben hat: nicht mich, nicht mich." (S.734) Was das sprechende Ich als eine Zumutung von sich weist, mutet er also gleichwohl der Geliebten zu.

Doch der Sprecher scheint sich über die Ungeheuerlichkeit und die Paradoxie seiner Forderungen ohnehin im Klaren zu sein, wie auch darüber, daß die geforderte eigentümlich paradoxe Art von Liebe in der Lebenspraxis kaum je verwirklicht werden kann. Daß aber selbst das Unwahrscheinliche und Unerwartete manchmal wie durch ein Wunder zu geschehen vermag, wird am Beispiel der Rußlandreise vorgeführt, die das sprechende Ich einst auf einen Schlag, in beinahe wunderbarer

Weise mit der ebenfalls gänzlich unvermuteten Erfahrung von Brüderlichkeit beschenkt habe.

Solange jedoch das Wunder noch nicht geschehen war, löse die Liebe im sprechenden Ich eine Angst, den „Schreck einer Abtrünnigkeit" (S.719) gegenüber dem dichterischen Auftrag aus. Dieser Schreck verursache schließlich sogar eine Spaltung im Ich selber, eine Entfremdung von sich selbst, einen Zwiespalt, der unerträglich und unzumutbar sei: „es ist der Schreck einer Abtrünnigkeit, der mich immer wieder rüttelt, mir vorhaltend gleichsam, es stünde mir nicht zu, über meine Neigung zu verfügen: so als wäre das Vermögen meines Gefühls aufgeteilt [wohl zwischen der Geliebten und der „Arbeit", I.K.] und ich arm; als entzöge ich, geliebt und liebend, die längst vergebenen Anteile unbekannten, schon davon zehrenden Erben. Irgendwo in den Weiten meines Gefühlsraums entsteht ein Beunruhigtsein, ein Unwillen; Klagen, die ich nicht verstehe, wehen herüber, Drohungen erheben sich in meinem Wesen: ich bin nicht mehr einig mit mir." (Ebd.) Dem Künstler stehe es also nicht zu, über seine „Arbeit", sein demütig erlittenes göttliches Gebrauchtsein hinaus noch andere Bindungen einzugehen. Was ihn daran hindert, sei merkwürdigerweise gerade eine ethische Verpflichtung – jedoch nicht in Bezug auf ein konkretes menschliches Gegenüber. Ganz im Gegenteil. Die ethische Verpflichtung in Bezug auf mysteriöse „unbekannte [...] Erben" wird ausgespielt, um sich der kreatürlichen Solidarität um so leichter zu entledigen.

Die Konklusion von all den Überlegungen nimmt schon die nächste Phase der Besinnung vorweg, auf die noch eingegangen werden soll. Sie lautet lapidar: „Mein Leben ist eine besondere Art Liebe, und sie ist schon getan." (Ebd.)

Bevor das sprechende Ich jedoch zur nächsten Phase seiner Überlegungen schreitet, faßt es am ersten Kulminationspunkt des Textes – am Ende des ersten langen Abschnitts – das bisher Geleistete im einprägsamen, in Rilkes Werk öfters gestalteten mythischen Bild des Heiligen Georg zusammen; ein Bild, das metaphorisch und in verbindlicher Weise objektivierend für die eigene Situation, den Konflikt zwischen „Arbeit" und Liebe steht: „Gleichwie das Lieben des heiligen Georg das Drachentöten ist, eine währende Handlung, die die Zeiten ausfüllt bis ans Ende, so sind auch die Aufwände meines Herzens schon verwendet und verwandelt in ein endgültiges Geschehn. In der Mitte werd ich manchmal hineingehoben: ein Bild des Vollzugs. / (Der Platz der Prinzessin aber ist abseits. Sie betet, daß es gelänge. Sie kniet.)" (Ebd.) Die entworfene Ikonographie spricht für sich selbst; die Verteilung der Rollen könnte kaum eindeutiger sein. Im Zentrum des Bildes der Künstler als Heiliger Georg, der derart ins Heldenhafte stilisiert seine Arbeit der Liebe verrichtet; abseits und unten, also doppelt an der Peripherie die Prinzessin, kaum beachtet: sie betet und kniet...

Der zweite Textabschnitt greift die Metapher des Wurfspeers wieder auf, um durch ihre Entfaltung weiter über Probleme und Schwierigkeiten der künstlerischen „Arbeit" nachzudenken. Es sei jedoch noch einmal betont, daß der Gedankengang des Sprechers stets 'im Bilde bleibt'; die gedankliche Reflexion ist von der Metapher nicht abgelöst und in keiner Weise von ihr abzulösen. Die Passage gibt daher ein paradigmatisches Beispiel für die enorme kognitive Leistungsfähigkeit der Rilkeschen Metaphorik. Darüber hinaus hat metaphorisches Sprechen im Vergleich zum begrifflichen und rein diskursiven offenbar auch noch den Vorteil, daß es durch seine ästhetischen Reize ein weniger kontrollierbares emotionales Potential im Rezipienten mobilisiert und dadurch wesentlich der Wirkungsintention des Sprechers entgegenkommt, die ja darin besteht, den Adressaten von der – sei es auch nur subjektiven – Wahrheit des Gesagten zu überzeugen.

Die Prüfung des Künstlers, so heißt es also hier, sei nicht in der Arbeit, diese muß ihm zur Natur geworden sein, so daß er gar nicht anders könne. Seine Prüfung bestehe vielmehr darin, daß er nicht immer gebraucht, nicht immer geworfen wird, in der oft wiederkehrenden Zeit des Ungebrauchtseins – der Schaffenspausen und -krisen also –, die notwendigerweise „die Zeit der Versuchungen" (S.720) ist: „Denn, wenn du nicht schwer daliegst, üben sich die Zerstreuungen an dir und versuchen, wie du anders zu verwenden sein möchtest. Als Stab eines Blinden, als eine unter den Stangen eines Gitters, oder als der Gleichgewichtsstock eines Seiltänzers. Oder sie sind imstand und pflanzen dich ein im Erdreich des Schicksals, daß dir das Wunder der Jahreszeiten geschähe und du treibst vielleicht kleine grüne Blätter des Glücks..." (Ebd.)

Die Metaphorik der Passage ist, wie bereits erwähnt, nicht nur ästhetisch reizvoll, sondern auch im Gedanklichen haarscharf und äußerst präzis. Dem „Wurfspeer" Künstler drohe gerade in den immer wiederkehrenden Schaffenspausen die Gefahr, zum Stab eines Blinden, zur Stange unter anderen Stangen in einem Gitter, zum Gleichgewichtsstock eines Seiltänzers gemacht oder gar eingepflanzt zu werden, damit er Blätter treibe und fruchtbar werde. Es mag zwar unangebracht scheinen, die verführerische Metaphorik der Passage im Einzelnen begrifflich aufschlüsseln zu wollen, doch ich bin der Versuchung erlegen.

Auffallend beim ersten Blick ist das Gemeinsame in den vier dem Künstler drohenden Gefahren, die im Bild heraufbeschworen werden. Alle vier meinen nämlich eine Art der Funktionalisierung des an sich vermeintlich zweckfreien Ästhetischen zu lebensweltlichen Zwecken, eine Funktionalisierung auch der Person, des Künstlers, der sonst Bewohner eines „weiten reinen Gehörraumes" war und sich zu nichts Praktischem in der bürgerlichen Lebenswelt gebrauchen ließ. Daß die vier Gefährdungen und Versuchungen so dringend heraufbeschworen werden, legt indessen den Schluß nahe, daß der Sprecher diese als tatsächlich akut betrachtet und daß er die Sphäre des Ästhetischen sämtlichen lebensweltlichen Zweckhaftigkeiten gegenüber streng abgedichtet wissen will – ein Gegensatz, der bereits zum Eingang des *Testaments* einmal im Bild der sich spielend verausgabenden Fontäne („Spielbaum") und der besorgt-beladenen „Mühebäume" angeklungen war.[460] Wollte man die Metaphern, in denen die Gefährdungen heraufbeschworen werden, weiter aufschlüsseln, so könnte man behaupten, der Stab des Blinden meint Kunst als Lebenshilfe, die Gitterstange unter anderen Gitterstangen Kunst als wie auch immer geartete politische Propaganda und der Gleichgewichtsstock des Seiltänzers Kunst als Showbusiness bzw. als Unterhaltungsindustrie. All dem könnte man aus der Position eines l'art pour l'art noch ohne weiteres zustimmen. Die vierte Metapher indessen – „im Erdreich des Schicksals" eingepflanzt zu werden –, kann gar nichts anderes als die Liebe meinen; gerade sie sei ja, hieß es schon einmal, „das eigentliche Klima des Schicksals". Es fragt sich demnach, ob es nicht doch etwas unangebracht sei, Liebe – was man auch immer darunter verstehen mag – mit Funktionalisierungen der Kunst und des Künstlers zu rein lebensweltlichen, 'bürgerlichen' und dem Ästhetischen vermeintlich fremden Zwecken in einem Atemzug zu erwähnen...

Was im zweiten Textabschnitt erst metaphorisch gedacht war, wird im dritten dann auch begrifflich auf den Punkt gebracht: „Der Künstler gehört zu denen, die mit einer einzigen, unzurücknehmlichen Zustimmung auf Gewinn und Verlust verzichtet haben: denn beide giebt es nicht mehr im Gesetz, im Gebiete des reinen Gehorsams." (Ebd.) – eine unmißverständliche, nunmehr auf den Begriff gebrachte Wiederholung des Statements über die gänzliche Freiheit und Reinheit des Ästhetischen von lebensweltlichen Zwecken. Die Kunst, die der Sprecher hier fordert, und die sich von lebensweltlichen Zweckmäßigkeiten gänzlich frei zu halten habe, stelle aber keinesfalls bloß das Schöne dar; sie sei nicht weniger als das „endgültige freie Jasagen zur Welt" (ebd.) bzw. „die Leidenschaft zum Ganzen" (S.721). „Ihr Ergebnis: Gleichmut und Gleichgewicht des Vollzähligen." (Ebd.)

Die eigentliche Bedeutung der wiederholt und mit Nachdruck formulierten Bekenntnisse des sprechenden Ich zur Zweckfreiheit des Ästhetischen, dessen Spielzeug der Künstler sei, wird indessen erst im Kontext völlig klar. Die nächste,

---

460 Stellt man sich die „beladenen Mühebäume" als Obstbäume vor, was sehr wohl möglich ist, so wird ein neuer Aspekt im metaphorischen Gegensatz sichtbar: die Metapher 'verrät' – ob gegen Rilkes Intention, bleibe dahingestellt –, daß der „Spielbaum" unfruchtbar und steril ist – ein Merkmal und Preis des reinen ästhetischen Spiels.

vierte Passage handelt nämlich wieder vom problematischen Verhältnis des Ich zur Geliebten und formuliert die schon einmal erhobene Forderung nach deren Selbstauslöschung in einer neuen einprägsamen Metapher: „Daß sie mir Fenster sei in den erweiterten Weltraum des Daseins... (nicht Spiegel.)" (Ebd.) Die selbtgewählte Metapher präsentiert den Sprecher als neuen, radikaleren Narziß. Er braucht nicht einmal mehr den Spiegel, da er in ihm zuletzt vielleicht doch noch den eigenen Narzismus mit erblicken könnte. Daß die Chiffre Narziß bei Rilke indessen für den Künstler steht und an sich schon paradox ist, führte Höhler aus: „Rilke bietet tatsächlich eine Deutung des Narziß, die dem Bild des Künstlers, das er im Übrigen entwickelt, entspricht. Der in sich selbst Verstrickte wird von Rilke scheinbar als der Selbstentäußerte interpretiert. Daß die Selbstvergeudung aber nur eine Maske der Selbstfixierung ist, dies wird bei genauerer Beobachtung des Narziß-Portraits ebenso deutlich wie in seinen Künstlerbildnissen. Überwältigt von der eigenen Hingabe, ist dieser Narziß im Grunde nur von sich selbst überwältigt; das teilnahmslose Element kann nichts als ihn reflektieren: so ohne Zutat und ohne Anspruch gelingt die Spiegelung im menschlichen Gegenüber nie."[461]

Die vorangegangenen Bekenntnisse des Sprechers zur Zweckfreiheit des Ästhetischen wären also rückblickend noch einmal unter diesem Blickwinkel zu betrachten und auch in ihren impliziten, unausgesprochenen Konsequenzen in Bezug auf das Verhältnis des Ich zur Geliebten neu zu bedenken. Nämlich: Da Künstlertum das „endgültige freie Jasagen zur Welt" und „die Leidenschaft zum Ganzen" bedeute, fordere es vom Künstler offenbar den Verzicht auf die Liebe zur Kreatur, zu einem einzelnen menschlichen Wesen, das ja in der gerade erst zitierten narzißtischen Fenster-Metapher im engsten Sinne des Wortes aus dem Blickfeld geriet. Doch mag der Gedankengang des Sprechers noch so bestechend plausibel scheinen, man darf sich wohl trotzdem die Frage stellen, wieso das „endgültige freie Jasagen zur Welt" und die Liebe zum anderen Menschen, sogar eine Bindung zum anderen in der Liebe, sich ausschließen und miteinander unvereinbar sein sollen. Ist es nicht vielmehr so, daß Beteuerungen einer wohl abstrakten und im Konkreten letztlich zu nichts verpflichtenden „Leidenschaft zum Ganzen" – mag dieses „Ganze" sogar die Einheit von Leben und Tod bedeuten[462] – nur allzu leicht als Vorwand dazu dienen können, sich den jeweils konkreten und dringend aktuellen Verpflichtungen gegenüber dem anderen Menschen – unter pathetischer Berufung auf den künstlerischen Auftrag – zu entledigen? Der mit großer Geschicklichkeit

461 Höhler: Niemandes Sohn, S.82.

462 Höhler bemerkt lapidar: „'Das Ganze' als Begriff bleibt unklar." (Höhler: Niemandes Sohn, S.89.)

konstruierte Gegensatz gibt also aller Pathetik zum Trotz den Blick auf seine Funktion frei. Diese besteht aber, so unangenehm dies nun auch klingen mag, im bloß allzumenschlichen Bedürfnis des sprechenden Ich, seine Bindungsunfähigkeit hinter dem Konstrukt einer pathetischen Ideologie des reinen und zweckfreien Ästhetischen zu verbergen, dem der Künstler ja als göttlich gebrauchtes Spielzeug sich bedingungslos und endgültig zu unterwerfen habe. Mit anderen Worten: Indem der Sprecher scheinbar kompromißlos und radikal auf der Reinheit und Zweckfreiheit des Ästhetischen besteht, betreibt gerade er in paradoxer Weise gleichzeitig die Funktionalisierung des Ästhetischen zum leicht durchschaubaren 'ethischen' Zweck, sich jeglicher Verpflichtung gegenüber dem Mitmenschen zu entledigen. Problematisch ist also nicht die Forderung des reinen und zweckfreien Ästhetischen an sich, sondern die sich selbst widersprechende stillschweigende Funktionalisierung dieser Forderung, da sie das gerade erst lautstark Geforderte wieder zum bloßen Alibi macht.

In den nun folgenden etwas kürzeren Textabschnitten wird das bisher Erdachte in wieder neuen reizvollen Metaphern – unter anderem die Geliebte als „Tal, zu dem alles abfließt" (S.722) – durchgespielt, bzw. es werden mögliche Auswege aus dem Dilemma „Arbeit" oder Liebe erwogen und verworfen. Der nächstliegende Ausweg wäre die „Askese", doch sie komme gerade für den dem Sinnlichen verpflichteten Künstler nicht in Frage, weil sie das Werk, auf das ja alles ankommt, entstellen und verfälschen würde: „[...] zum Schlusse rächte sie sich im Kontur seines Werks, als Härte, als Dürre, als Unzugiebigkeit, als Feigheit der Frucht." (S.721) Höhler bemerkt: „Die Stilisierung ist in dieser Konstruktion nicht zu übersehen. Anziehungen, Verführbarkeiten werden, da sie sich als unbesiegbar erwiesen haben, und da ihr befruchtender Charakter für die Kunstproduktion für den Künstler selbst außer Zweifel steht, in den 'Verpflichtungs-Zusammenhang' der gestalterischen Hingabe an die Erde eingepaßt. Rilkes Bedürfnis, ein sinngefülltes Dasein vorzuleben, steht dahinter; seine Bedrängnis, sich bei den stets vernachlässigten Liebenden zu rechtfertigen, wenn sie, völlig entflammt, alleinbleiben, wirkt mit an diesem Begründungsnetz."[463]

Die nächste Phase der Besinnung setzt dann eigentlich erst mit dem zehnten, wieder etwas längeren Textabschnitt ein und zwar bezeichnenderweise wieder damit, daß – wie schon am Anfang des *Testaments* – die Zerstörung der „heile[n] Umgebung" (S.723) durch das Sägewerk beklagt wird: „Die Säge schafft seit frühem Morgen. Mein Schauen, überlebend gleichsam, umfaßt noch, wehmütig,

---

463 Höhler: Niemandes Sohn, S.112f.

diese im Anschein heile Umgebung, deren Abbruch fortwährend im Gehör geschieht." (Ebd.) Fragt man nach dem eigentlichen Grund der laut geführten Klage, so sieht man sich auf den gerade erst erarbeiteten Gegensatz zwischen der reinen, zweckfreien Sphäre des Ästhetischen und der anderen, dem Künstler offenbar als minderwertig erscheinenden Sphäre der lebensweltlichen Zweckhaftigkeiten zurückverwiesen. Was das sprechende Ich so intensiv beklagt, ist eben nichts anderes als der Einbruch handfester lebensweltlicher Zweckhaftigkeit in die bisher ihm selbst reservierte ruhige und „heile" Sphäre des rein Ästhetischen. Die Frage, was von einer Kunst zu halten sei, die sich derart hermetisch gegen die Lebenswelt abzuschotten sucht und diese nur mehr als unerwünschte Störung wahrzunehmen vermag, wage ich jedoch gar nicht mehr zu stellen.

Wie dem auch sei, für den Sprecher scheint nun die Zeit gekommen, das Scheitern seines Vorhabens, sich in der „heilen Umgebung" zur Erfüllung seines künstlerischen Auftrages zu sammeln, einzugestehen. Eingestanden wird jedoch zugleich auch, daß das Vorhaben nicht an den äußeren Umständen gescheitert war: „Ohne das Eingreifen des Sägewerks da drüben, hätte ich diesem Allem hier bis zuletzt angehangen, ohne ihm doch jenen Ertrag abzuringen, für den es zu spät war." (Ebd.) Das Vorhaben scheiterte vielmehr am Konflikt zwischen Arbeit und Liebe, den durchzuhalten der Sprecher nicht mehr imstande war. Das eingestandene Scheitern erfordert von ihm also mindestens eine Neuinterpretation jenes Konflikts, die auch sogleich erfolgt. Wenn Höhler die Passage etwas ironisch als „Umdeutungskunstgriff"[464] bezeichnet, mag sie durchaus recht haben. Es heißt: „Und auch dies ist vielleicht für einen Fortschritt zu halten (als könnt ich mich nur mit 'Fort-Schritten' entfernen vom Schauplatz des Verlusts!), auch dies, daß ich den Zwiespalt nicht länger einen zwischen Arbeit und Liebe aufgesprungenen nenne, er klafft *in* meiner Liebe selbst, da ja, wie ich nun ein für alle Mal erfuhr, meine Arbeit Liebe ist." (S.723f., Herv. im Original.) Und damit ist das Los auch endgültig gefallen – zu Gunsten des reinen und vermeintlich zweckfreien Ästhetischen, dem von nun an das ganze Dasein des Künstlers ungeteilt gehören soll. Denn wenn seine Arbeit auch in der Tat Liebe ist, so ist sie Liebe nicht zum jeweils konkreten anderen, nicht zur Kreatur, sondern Liebe und Leidenschaft zum abstrakten Ganzen, die ja im Konkreten zu gar nichts verpflichtet. Indem er das Mitgefühl und die Anteilnahme am Leiden des Mitmenschen, indem er die ethische Pflicht der kreatürlichen Solidarität von sich weist, verspricht der Künstler also gleichsam als Kompensation seine „Arbeit", das Werk. Es ist jedoch

---

[464] Höhler: Niemandes Sohn, S.113.

schwer einzusehen, wie aus einer derart vorbehaltlosen und radikalen Verleugnung der elementaren ethischen Pflicht der kreatürlichen Solidarität ein bedeutendes künstlerisches Werk hervorgehen sollte.

Im folgenden Textabschnitt, der mit der Erinnerung an die Militärschule einsetzt, wird dann der Entschluß zum reinen und zweckfreien Ästhetischen neu bekräftigt, indem er als ein aus der Natur des Sprechers geflossener, gleichsam schicksalhafter dargestellt und gleichzeitig ins Heroische stilisiert wird. Das sprechende Ich betet hier beinahe darum, daß ihm, wie jeder Kreatur, sein eigenes Schweres geschehe, was infolge der Verwirrung im Menschlichen nicht mehr selbstverständlich sei: „(Wann wäre dem Schwan eine der Prüfungen des Löwen zugemutet? Wie geriete ein Stück Fischschicksal in die Fassung der Fledermaus –, oder der Schrecken eines Pferds an die verdauende Schlange?) / Ich glaube deshalb, daß ich, schon als Kind, nie um etwas anderes gebetet habe, als um *mein* Schweres, daß mir das meine geschähe, nicht, aus Versehen, das des Tischlers oder des Lohnkutschers oder des Soldaten, denn in meinem Schwersten will ich mich erkennen. / Nur infolge der Verwirrung im unabgegrenzten, nach allen Seiten neugierigen Menschlichen, die es mit sich brachte, daß jedem *alles* zustoßen konnte, war es möglich, daß der Untergang in Verruf geriet. Wie vertraulich ist es, wenn man ihm im Eigenen, im leidenschaftlich Gekonnten begegnet!" (S.724, Herv. im Original.) Im Leser dürfte indessen trotz der Plausibilität und der Schönheit der Passage etwas Mißstimmung aufkommen, wenn er bedenkt, daß der Sprecher eigentlich bloß seine Ichbesessenheit zur Selbstverausgabung und zum heroischen Untergang stilisiert.

Der folgende, wieder etwas längere Textabschnitt liefert dann gleichsam die Probe aufs Exempel. Dokumentiert werden sollen die Folgen einer „schweren 'fremden' Heimsuchung" (ebd.); Blätter aus einem nunmehr verbrannten Notizbuch mit aufgekritzelten Wörtern ohne Sinn und Zusammenhang. Das Fazit: Der Sprecher ist einem ihm fremden Schweren offenbar nicht gewachsen, dieses ist ihm eine unzumutbare Gefährdung, weil es ihm den Geist zerrüttet.

Nachdem im nächsten Textabschnitt – in einem Briefentwurf – das bisher Erdachte auf den konkreten Fall – das aktuelle Verhältnis des Sprechers zur Geliebten – angewendet wurde, treibt im übernächsten das sprechende Ich seine paradoxen Liebesforderungen noch einmal auf die Spitze. Gefordert wird wieder einmal die „unbedingte" Liebe, „ohne daß Hoffnungen, Erwartungen, Ansprüche jenes Herzens sie belüden" (S.728). Die Forderungen sind hier schon unverkennbar die eines narzißtisch Ichbesessenen. Ohne die Paradoxie in seinen Ansprüchen im Mindesten gewahr zu werden, fordert der Sprecher nämlich, daß nichts von ihm gefordert werde.

Und eben zum Beweise dessen, daß in der Liebe, die nicht „Arbeit" ist, nichts von ihm gefordert werden darf, stellt das sprechende Ich sogleich einen Vergleich zwischen seiner „Arbeit", dem schöpferischen Akt und dem Liebeserlebnis an. Um den Vergleich im Einzelnen kommentieren zu können, sei der Abschnitt zunächst in vollem Umfang zitiert: „Das Prinzip meiner Arbeit ist eine leidenschaftliche Unterwerfung unter den Gegenstand, der mich beschäftigt, dem, mit anderen Worten, meine Liebe gehört. / Die Umkehr dieser Unterwerfung geschieht schließlich, mir selber unerwartet, in dem plötzlich in mir aufkommenden schöpferischen Akt, in dem ich ebenso schuldlos handelnd und überwindend bin, wie ich in jener vorhergehenden Phase rein und unschuldig unterworfen war. / Vielleicht wird für ein in solchen Verhältnissen sich leistendes Herz das Geliebtwerden immer zum Verhängnis. Es unterwirft sich, seiner Übung nach, auch unter den Liebenden, den es ja nicht zu gestalten hat, den es aber nun, durch seine unendliche Nachgebung, zu immer neuen Bemächtigungen verlockt. Und die Umkehr, die in diesem Falle einfach die Liebe zum Liebenden wäre – fast möchte man sagen, wider ihn – kann sich nie ganz auswirken gegen sein Überhandnehmen... / So erscheint das Liebeserlebnis als eine gleichsam verkümmerte, unfähige Nebenform der schöpferischen Erfahrung, als ihre Herabsetzung, – und bleibt ungekonnt, unbeherrscht und, an der höheren Ordnung jenes Gelingens gemessen, unerlaubt." (S.728f.)

Nach all dem Vorangegangenen überrascht es einen kaum noch, daß das Liebeserlebnis dem Sprecher als „verkümmerte, unfähige Nebenform der schöpferischen Erfahrung" oder gar als deren „Herabsetzung" erscheint und ihm, dem Künstler, daher letztlich „unerlaubt" sei. Neu und verräterisch hingegen sind die Formulierungen, die darauf schließen lassen, daß das sprechende Ich seine Beziehungen zu welchem Gegenüber auch immer – Liebe schlechthin – ausschließlich in den Kategorien von Unterwerfung vs. Überwindung denken kann. Daß heißt: Entweder man beherrscht das Gegenüber, das Objekt, oder man unterwirft sich ihm und läßt sich von ihm beherrschen. Dies sind die zwei Alternativen, in denen der Sprecher sich ausschließlich bewegt. Die Möglichkeit einer Beziehung zwischen Gleichberechtigten, einander gegenseitig Achtenden und nicht beherrschen Wollenden liegt offenbar außerhalb des Bereichs seiner Vorstellungen. In einem Punkt allerdings muß man dem Sprecher unbedingt zustimmen: als Liebeserfahrung ist all dies in der Tat „verkümmert" und „ungekonnt".[465]

---

465 Daß Rilkes Unterwerfungs-Konzept Nietzsches Begriff des Übermenschen aufgreift und radikalisiert, hat Höhler gezeigt. Dazu s. Höhler: Niemandes Sohn, S.115f.

In der Passage wird also vollends klar, was der Sprecher an der Liebe und an der Geliebten eigentlich auszusetzen hat. Die Geliebte ist nämlich ein Mensch und kein „Gegenstand", kein Objekt, das im schöpferischen Akt nach Belieben und nach rein ästhetischen Prinzipien gestaltet und umgestaltet werden kann. Das narzißtisch besessene Ich stößt sich eigentlich an der Freiheit des anderen; eine Freiheit, die der Sprecher für sich selber zwar beansprucht, die er beim anderen jedoch nicht akzeptieren kann, weil er sein Gegenüber auf Analogie des ästhetisch zu formenden Gegenstandes zum willenlosen und widerstandslosen Objekt degradieren möchte. Daß all dies jedoch, aller scheinbaren Radikalität und Entschlossenheit zum Trotz, nicht ganz ohne Gewissensbisse zugeht, zeigt sich darin, daß der Sprecher allein in der kurzen Passage zweimal auf seine „Schuldlosigkeit" bzw. „Unschuld" insistiert. Gerade das offenbar dringende Rechtfertigungsbedürfnis bezeugt indessen, daß die Rechnung des sprechenden Ich nicht aufgeht.

Auf die eingehende Betrachtung der nun noch folgenden Textabschnitte kann man getrost verzichten. Was noch folgt, ist gleichsam nur noch ein Nachspiel; neue Bekräftigungen des pathetischen Entschlusses zum reinen und zweckfreien Ästhetischen oder Fluchtphantasien, die zu guter Letzt jedoch unterdrückt oder überwunden werden. Der Sprecher beharrt auf dem Entschluß, „daß Helle und Dunkelheit in [s]einem Inneren nicht durch eines Menschen überwiegenden Einfluß bestimmt werden dürfen, sondern allein durch ein Namenloses" (S.732). Abgeschlossen wird das *Testament* dann durch einen Briefentwurf, in dem der Ertrag und die Konsequenzen der Besinnung der Geliebten mitgeteilt werden. Der Sprecher sei entschlossen, sich nicht in der Lebenswelt 'bürgerlicher' Zweckhaftigkeiten, auch nicht in der Liebe zum menschlichen Gegenüber, zur Kreatur – ein scheußliches Wort – „verbrauchen" zu lassen: „Ich kann mich nicht verstellen und nicht ändern. Genau wie in meiner Kindheit vor der gewaltsamen Liebe meines Vaters, so knie ich auch jetzt in der Welt und bitte die, die mich lieben, um Schonung. Ja, daß sie mich schonen! Daß sie mich nicht verbrauchen für ihr Glück, sondern mir beistehen, jenes tiefste einsame Glück in mir zu entfalten, ohne dessen große Beweise sie mich doch am Ende nicht würden geliebt haben." (S.734)

Ein ohne Zweifel meisterhaftes Prosastück ist Rilkes *Testament* in seinem scheinbar zwingenden und bestechend plausiblen, wenn auch oft erst assoziativ nachvollziehbaren Gedankengang, in seiner reich entfalteten, reizvoll-eindringlichen und verführerischen Metaphorik. Daß dem sprechenden Ich, das jedoch – wie bereits erwähnt – nicht umstandslos mit dem biographischen Ich Rilkes gleichgesetzt werden darf, damit auch schon gelungen sei, die ethischen Zweifel in Bezug auf den radikalen Ästhetizismus der letztwilligen Verfügungen Rilkes vom 27. Oktober 1925 oder gar in Bezug auf die ästhetizistische Lebenshaltung generell, die im *Testament* ja begründet und gerechtfertigt werden sollte, aufzuheben, muß jedoch bezweifelt werden. Der Versuch scheitert gleich an mehreren Paradoxien; am Paradox der Forderung einer „besitzlosen" Liebe, vor allem aber daran, daß das sprechende Ich zwar explizit auf der Reinheit und Zweckfreiheit des Ästhetischen besteht, doch gleichzeitig selber das Ästhetische zum fragwürdigen 'ethischen' Zweck – sich der Pflicht der kreatürlichen Solidarität zu entledigen – funktionalisiert. Das *Testament* liest sich daher – Rilkes 'wirklichen' letztwilligen Verfügungen ganz ähnlich – seinem pathetisch-heroisch zur Schau getragenen und in einem scheinbar zwingenden Gedankengang gerechtfertigten Ästhetizismus zum Trotz als das unfreiwillige Bekenntnis eines narzißtisch Ichbesessenen, eines – wohl nicht aus eigener Schuld – Bindungsunfähigen, der bloß nicht einzugestehen wagt, daß er einfach nicht anders könne. Erbracht wird im *Testament* eine enorme Rationalisierungsleistung, aufgeboten wird eine geradezu bewundernswerte Meisterschaft im Sprachlichen und Gedanklichen, lediglich um die Unzulänglichkeit im Menschlichen nicht eingestehen zu müssen. Doch dies wäre ja schließlich auch eine Möglichkeit gewesen.

Höhler bilanziert: „Rilkes Liebestheorie bildet die sorgsam auf Glanz gepflegte Vorderseite eines Problems, für das Rilke nur ab und zu ungeschminkte Worte fand. Diese weniger attraktive Rückseite des Themas entbehrt des Interessanten und Respektgebietenden; hier werden nicht positive Umkehrungen eines Notstandes, Beschönigungen eines Versagens gesucht, sondern Tatbestände schonungslos beim Namen genannt. 'Wenn ich mich nach Menschen umsehe', schreibt Rilke an seine Vertraute Lou, vor der er keine Maske braucht, 'das treibt mich nur noch weiter ins Trübere und bringt mich in Schuld; sie können ja nicht wissen, wie wenig Müh, im Grunde, ich mir mit ihnen gebe, und welcher Rücksichtslosigkeit ich fähig bin.'"[466]

4. Brecht. Ein hochpolitischer Geschäftsmann im Staatssozialismus

Bertolt Brecht (1898-1956)[467], ein „besessener Literaturunternehmer",[468] ein „Selbstdarsteller und Verkaufsgenie",[469] ein „Marktstratege erster Güte und eine

466 Höhler: Niemandes Sohn, S.109.

Ein-Mann-Werbeagentur",[470] wie ihn sein Biograph John Fuegi charakterisierte, hat eine geradezu verwirrend große Anzahl an Schriftstücken einander oft widersprechenden Inhalts hinterlassen, die auf irgendeine Weise letztwillige Verfügungen enthalten. Vorhanden sind:

1) ein Testament Brechts vom 15. Mai 1955;[471]
2) ein Brief mit letztwilligen Verfügungen Brechts an die Akademie der Künste ebenfalls vom 15. Mai 1955;[472]
3) ein Zettel mit letztwilligen Verfügungen in englischer Sprache vom 14. August 1956, den Helene Weigel Brecht in Gegenwart der Ärzte auf dessen Sterbebett unterzeichnen ließ;[473]
4) letztwillige Verfügungen, die Brecht am 14. August 1956 ebenfalls auf dem Sterbebett seinem Jugendfreund Dr. Otto Müllereisert diktierte (das sog. 'Müllereisert-Testament');[474]
5) ein Zettel mit Verfügungen über das Begräbnis, den Helene Weigel nach dessen Tod unter Brechts Papieren fand.[475]

---

467 Aus der umfangreichen biographischen Literatur zu Brecht sind folgende Werke konsultiert worden: Bertolt Brecht. Sein Leben in Bildern und Texten. Hg. von Werner Hecht. – Frankfurt am Main: Suhrkamp 1978; Hecht, Werner: Brecht-Chronik. 1898-1956. – Frankfurt am Main: Suhrkamp 1997; Fuegi, John: Brecht & Co. Biographie. Autorisierte, erweiterte und berichtigte deutsche Fassung von Sebastian Wohlfeil. – Hamburg: Europäische Verlagsanstalt / Rotbuch Verlag 1997; Mittenzwei, Werner: Das Leben des Bertolt Brecht oder Der Umgang mit den Welträtseln. 2 Bde. – Frankfurt am Main: Suhrkamp 1987. Besonders hervorgehoben sei die Leistung Fuegis, der bei der Erstellung seiner umfangreichen Brecht-Biographie kaum auf ältere Darstellungen zurückgriff. Statt dessen leistete er eine enorme Archivarbeit und führte eine Reihe von Interviews mit den noch lebenden Mitgliedern des Brecht-Kreises. Das Ergebnis seiner Nachforschungen ist genauso überraschend wie verstörend. Es ist ihm gelungen, den Nachweis dafür zu erbringen, daß Brecht seine – in der Regel weiblichen – Mitarbeiter zeitlebens systematisch ausgebeutet hat, daß also die Stücke, die unter seinem Namen bekannt wurden und bis heute noch bekannt sind, zu erheblichen Teilen von seinen Mitarbeitern verfaßt worden waren. Da Fuegi Brechts persönliche und geschäftliche Verhältnisse bis ins Detail genau erforscht hat, soll im Laufe dieses Kapitels des öfteren auf seine Ergebnisse zurückgegriffen werden.

468 Fuegi: Brecht & Co, S.16.

469 Fuegi: Brecht & Co, S.307.

470 Fuegi: Brecht & Co, S.313.

471 Brecht, Bertolt: Testament. [15. Mai 1955.] – In: Fuegi: Brecht & Co, S.828f.

472 Brecht, Bertolt: An die Akademie der Künste, zu Händen R. Engels. [Brief vom 15. Mai 1955. Fotokopie.] – In: Bertolt Brecht. Sein Leben in Bildern und Texten, S.308.

473 Brecht, Bertolt: Notiz. [14. August 1956.] – In: Fuegi: Brecht & Co, S.867.

474 Brecht, Bertolt: Letztwillige Verfügung. [14. August 1956.] – In: Fuegi: Brecht & Co, S.867f.

475 In vollem Umfang ist der Zettel zwar nicht veröffentlicht worden, doch auf seinen Inhalt finden sich Hinweise bei Mittenzwei: Das Leben des Bertolt Brecht (Bd.2, S.664) und Fuegi: Brecht &

Nach all dem erscheint der Dichter und Dramatiker Brecht als notorischer Testamentschreiber, was sich jedoch mit einer gewissen Notwendigkeit wohl aus der Verworrenheit seiner persönlichen und geschäftlichen Beziehungen und aus seiner höchst prekären politischen Situation in der DDR ergab. Auffallend ist, daß selbst die letztwilligen Verfügungen des Dichters, die unmittelbar nacheinander, in einer Zeitspanne von nur wenigen Stunden oder gar Minuten und noch dazu auf dem Sterbebett getroffen wurden, einander widersprechen. Dieser merkwürdige Umstand dürfte seine Erklärung darin finden, daß Brecht sowohl sein Privatleben als auch seine ausgedehnten geschäftlichen Beziehungen wie auch seine Stellung im Politischen grundsätzlich auf den unlösbaren Widerspruch aufgebaut hat. Er spielte stets, bis in den Tod hinein, den Jasager und den Neinsager zugleich. Nicht von ungefähr trägt das Kapitel, in dem Fuegi die Umstände von Brechts Tod zu rekonstruieren versucht, den aussagekräftigen Titel: „... etwas von Brechts organisierter Schizophrenie".[476]

Das Neue an Brechts letztwilligen Verfügungen ist indessen die durch nichts mehr beeinträchtigte radikale Diesseitigkeit, der uneingeschränkte und unverhohlene, beinahe mit Lust zur Schau getragene Materialismus. Der Säkularisationsprozeß, der seit Jahrhunderten an den 'literarischen' Testamenten zu verfolgen war, die langsam, doch um so sicherer voranschreitende Verdrängung des Sakralen und Transzendenten oder dessen Ersetzung durch Surrogate wie etwa das Ästhetische oder das Politische, scheint bei Brecht, dem materialistischen Epikuräer, der sich nebenbei – wenn auch manchmal widerstrebend – zum Repräsentanten eines kommunistischen Staates, zur Ikone einer vermeintlich sozialistischen Kultur machen ließ, ganz abgeschlossen. Brechts letztwillige Verfügungen – den

Co: „Unter Brechts Papieren hatte Helene Weigel einen Zettel gefunden, auf dem Brecht sie bat, im Falle seines Todes 'zu veranlassen: ... dass der Sarg aus Stahl oder Eisen ist', ferner, 'dass weder am Sarg noch am Grab gesprochen... wird' und 'dass das Grab im Garten in Buckow oder im Friedhof neben meiner Wohnung in der Chausseestraße liegt und nur den Namen Brecht auf einem Stein hat'." (Fuegi: Brecht & Co, S.869f.) Offenbar in Angst vor dem Scheintod traf Brecht außerdem, wenn auch nur mündlich, die Verfügung, daß ihm, bevor er beigesetzt wird, die Herzschlagader geöffnet werde, was in der Tat auch geschah. Dazu s. Mittenzwei: Das Leben des Bertolt Brecht, Bd.2, S.664; Fuegi: Brecht & Co, S.868. Der sonst beinahe peinlich präzise Fuegi, der ausführlich und bis ins Detail verläßlich dokumentiert über Entstehung, Überlieferung und Verwertung all der Brechtschen letztwilligen Verfügungen informiert, erwähnt außerdem noch ein „unterzeichnetes und notariell beglaubigtes Testament" (Fuegi: Brecht & Co, S.867) Brechts, das Helene Weigel schon vor dem Tod ihres Gatten in der Hand gehabt haben soll. Doch Fuegi weist nirgends auf den Fundort dieses Schriftstücks hin, das merkwürdigerweise auch in seiner Rekonstruktion der Ereignisse nach Brechts Tod keine Rolle mehr spielt.

476 Fuegi: Brecht & Co, S.850.

Brief an die Akademie der Künste vom 15. Mai 1955 und den Zettel, den Helene Weigel nach dem Tod des Dichters in dessen Schreibtisch unter den Papieren fand, zunächst einmal ausgenommen – handeln ausschließlich vom Materiellen und Geschäftlichen. Und dieses 'Materielle' war eben nichts anderes als das literarische Werk selbst, in dem der Erblasser ausschließlich einen auf dem Literatur- und Theatermarkt gut verwertbaren Artikel, eine Quelle von durchaus beträchtlichen Geldeinnahmen sah.

Nach 'literarischen', 'geistigen' oder 'ethischen' Vermächtnissen sucht man in Brechts Testamenten, in welchem auch immer, ganz und gar vergeblich. Etwas 'Ethisches' – falls man darauf durchaus nicht verzichten wollte – könnte man immerhin darin erblicken, daß Brecht in seinen zahlreichen letztwilligen Verfügungen immer wieder – nach dem jeweils aktuellen Stand der Dinge – versuchte, seine verschiedenen Mitarbeiter – die er zeit seines Lebens geschickt und skrupellos ausgebeutet hatte –, seine stets zahlreichen Geliebten sowie seine ebenso zahlreichen Familienangehörigen so gut es ging nach ihren jeweiligen 'Verdiensten' zu versorgen und zufriedenzustellen.

Und dabei stand – geschäftlich gesehen – nichts Geringes auf dem Spiel. Werke von Brecht hatten ja seit Ende der 20er Jahre schon einen enormen Marktwert. Wohl nicht von ungefähr spricht Fuegi von „Millionenbeträge[n] in harter Währung".[477] Der Biograph, der stets äußerst präzise auch den finanziellen Verhältnissen und den geschäftlichen Beziehungen des Dichters und Dramatikers nachging, referiert: „In Harvard fand ich anhand von Bankauszügen und Verträgen heraus, daß der 'arme Bert Brecht' ein Millionär gewesen war. Die Kleidungsstücke, die ihn so schlicht aussehen ließen, waren teure Maßanfertigungen, die den etwas abgerissenen typischen Brecht-Look kunstvoll erzeugten. Dieselbe Person, die nach eigenem Bekunden fest auf der Seite der Arbeiter stand, betrog diejenigen, die am engsten mit ihm zusammenarbeiteten, belog sie und brachte sie immer wieder um die Früchte ihrer Arbeit und ihr Geld. Angeblich ein Freund des Arbeitertheaters, hatte Brecht lukrative kommerzielle Unternehmungen vorangetrieben [...]. Derselbe Mann, der von Ulbricht und seinem Nachfolger als ein Parteigänger Moskaus und der DDR gepriesen worden war, war heimlich, aber wiederholt auf Nummer Sicher gegangen. Als er im August 1956 plötzlich starb, hatte er gerade Anstalten getroffen, sich in Westdeutschland medizinisch behandeln zu lassen und ein Haus in der Schweiz zu kaufen, wobei er dort auf umfangreiche Bankeinlagen in harter Währung zurückgreifen konnte."[478]

---

477 Fuegi: Brecht & Co, S.877.

In Anbetracht des organisierten Chaos, das in Brechts persönlichen, geschäftlichen und politischen Beziehungen zeitlebens herrschte, nimmt es gar nicht mehr Wunder, daß seine letztwilligen Verfügungen stets unter dem Druck der jeweils aktuellen Situation improvisiert waren. So unterzeichnete er beispielsweise erst einige Stunden vor seinem Tod am 14. August 1956 auf Drängen Helene Weigels und im Beisein mehrerer Ärzte, die offenbar als Zeugen dienen sollten, einen Zettel mit folgender lakonischer Mitteilung in englischer Sprache: „Berlin, August 14, 1956. To whom it may concern. My wife, Mrs. Helene Weigel-Brecht, is authorized by me to collect any royalties due to me and to negotiate on my behalf. Bertolt Brecht."[479] Der Zettel war offenbar für den Gebrauch in den angelsächsischen Ländern bestimmt, falls dort etwa Störungen im Gang der laufenden Verlags- und Theatergeschäfte auftreten sollten.

---

478 Fuegi: Brecht & Co, S.22f. Oder noch etwas präziser: „Schon vor der Moskaureise [im Mai 1955 zur Entgegennahme des Stalin-Preises, I.K.] hatte Brecht Verfügungen für den Fall seines Todes getroffen. Aber seine Vermögensverhältnisse waren so verwickelt wie seine Liebesverhältnisse, und beide konnte er angesichts seiner nachlassenden Gesundheit kaum hoffen, so zu entwirren, daß die um sein Erbe konkurrierenden 'Nachgeborenen' wirklich friedlichen Zeiten entgegensahen. Helene Weigel spielte eine Sonderrolle. Als seine rechtmäßige Ehefrau kannte sie den internationalen Geschäftskomplex, den Bertolt Brecht darstellte, und gehörte selbst dazu. Die DDR ließ keine separaten Steuererklärungen durch Eheleute zu, daher wurde ein Großteil der Korrespondenz mit den DDR-Behörden auch in ihrem Namen geführt. Frau Tinzmann, ihre Buchhalterin und Steuerberaterin, gab für Anfang 1955 Brechts DDR-Guthaben auf einem Berliner Girokonto mit 65700,57 Mark an. Hinzu kamen im Verlauf des Jahres 1955 142640,37 Mark, womit sich die Gesamtsumme seines DDR-Guthabens auf 208340,94 Mark belief. Gleichzeitig waren 181154,24 Mark entnommen und auf Rat von Tinzmann auf verschiedene Sparkonten verteilt worden, womit Brecht eine Nische im DDR-Recht nutzen und Vermögenssteuer sparen konnte. Nach den notwendigen Umschichtungen schrieb er an das Berliner Finanzamt, daß sich sein 'Vermögen um mehr als ein Fünftel verringert' habe und bat um Neuveranlagung. Für das erste Quartal 1956 fügte er einen Scheck über 285 Mark nach dem alten Bescheid bei. Wie in den Jahren der Weimarer Republik fand er Kunstgriffe, die es ihm ermöglichten, ein Minimum an Steuern zu zahlen. Eine noch größere Flut im Ausland verdienten Geldes tauchte in den DDR-Büchern überhaupt nicht auf, und auch Weigel erhielt davon keine Kenntnis. Diese Einkünfte verwahrte er entweder auf seinem eigenen Schweizer Konto, dem auf Lars Schmidt lautenden Konto, das er für die riesige Einzahlung aus dem Stalin-Preis benutzt hatte (von dem nur 27777 Mark in der DDR verbucht wurden), oder auf einem Konto, das der stets gefällige Jakob Greis für ihn verwaltete, oder auch auf verschiedenen skandinavischen und amerikanischen Konten, die mittels eines Netzwerks von Agenten unterhalten wurden. Nur Brecht kannte die Gesamtsumme." (Fuegi: Brecht & Co, S.840f.)

479 Zitiert nach: Fuegi: Brecht & Co, S.867. In deutscher Übersetzung: „Berlin, 14. August 1956. An alle, die es betrifft. Meine Ehefrau, Frau Helene Weigel-Brecht, ist von mir autorisiert, jegliche für mich fälligen Tantiemen in Empfang zu nehmen und in meinem Namen Verhandlungen zu führen. Bertolt Brecht." (Ebd.)

Doch schon kurz darauf bat der Sterbende, „der nicht ganz zufrieden damit war, alles so zurückzulassen, wie er es in der kurzen Vollmacht an Weigel festgelegt hatte",[480] seinen als Arzt anwesenden Jugendfreund Dr. Otto Müllereisert, „für ihn seine wirklich 'letztwillige Verfügung' aufzuschreiben".[481] In diesem sogenannten 'Müllereisert-Testament' bestimmte Brecht zwar wiederum Helene Weigel zur Universalerbin, er schränkte jedoch gleichzeitig deren Verfügungsgewalt über die Hinterlassenschaft durch eine Reihe von Legaten an Familienangehörige und – weibliche – Mitarbeiter ein. Diesmal hieß es:

„1) Meine Tochter Barbara erhält den Turm in Buckow.
2) Mein Sohn Stefan erhält alle Einnahmen aus meinen Stücken, die in Amerika aufgeführt werden.
3) Fräulein Käthe Reichel erhält das Haus in Buckow unter der Voraussetzung, dass sie, wie zugesagt, am Berliner Ensemble ihre Rolle in 'Der gute Mensch von Sezuan' spielt.
4) Frau Isot Kilian und ihre Kinder erhalten die Einnahmen aus meinen Songs.
5) Frau Ruth Berlau [...] erhält insgesamt 50000 dänische Kronen, unter der Bedingung, dass sie sich ein Haus kauft, das nach ihrem Ableben an Frau Helene Weigel fällt.

Meine Frau, Helene Weigel, bitte ich, das Berliner Ensemble weiterzuführen, und zwar solange wie sie glaubt, den Stil halten zu können."[482]

Der letztzitierte Satz ist übrigens so gut wie der einzige in Brechts zahlreichen letztwilligen Verfügungen, den man gewissermaßen noch als 'geistiges' Vermächtnis interpretieren könnte – wüßte man nur nicht allzu genau, daß das Berliner Ensemble für Brecht u.a. auch ein äußerst profitables Unternehmen war und daß Helene Weigel in Puncto geschäftlichen Spürsinns keinesfalls hinter ihrem Gatten zurückblieb.

Noch größer wird indessen die Verwirrung und noch offensichtlicher das Improvisierte an den letztwilligen Verfügungen des Dramatikers, wenn man das 'Müllereisert-Testament' mit dem letzten Willen Brechts vom 15. Mai 1955 vergleicht. Dabei handelt es sich um ein Testament, das der Dichter kurz vor seiner Reise nach Moskau zur Entgegennahme des Stalin-Preises Isot Kilian diktiert und dann eigenhändig unterschrieben hatte. Obwohl der letzte Wille vom 15. Mai 1955 erst kaum mehr als ein Jahr vor dem 'Müllereisert-Testament' entstanden war, sah

---

480 Fuegi: Brecht & Co, S.867.
481 Fuegi: Brecht & Co, S.867.
482 Zit. nach Fuegi: Brecht & Co, S.868.

die Verteilung der Hinterlassenschaft und der Legate damals noch ganz anders aus.[483] Die relativ hohen Anteile an künftigen Geldeinnahmen, die aus Verlags- und Aufführungsrechten zu erwarten waren und die Brecht in diesem Testament noch seinen Mitarbeitern zusicherte, lesen sich als verspätete und verschämte stillschweigende Eingeständnisse des Dichters und Dramatikers über deren Mitautorschaft. So hat Brecht im Mai 1955 beispielsweise noch ein Drittel „aller Einnahmen aus dem Stück DREIGROSCHENOPER"[484] sowie die „Hälfte aller Einnahmen aus dem DREIGROSCHENROMAN"[485] seiner langjährigen und wahrscheinlich wichtigsten Mitarbeiterin Elisabeth Hauptmann zugesprochen. Ihr sollte außerdem – nach Absatz 9 des Testaments vom 15. Mai 1955 – auch das Verfügungsrecht über die „literarischen Arbeiten"[486] des Testators – also über Brechts noch unveröffentlichten literarischen Nachlaß – zusammen mit Helene Weigel gehören. Nur: „Aus unerfindlichen Gründen wurde versäumt, das Dokument beglaubigen zu lassen, und so konnte es später erfolgreich angefochten werden."[487] Und da Brecht ein Jahr später, auf seinem Sterbebett – namentlich beim Diktat des 'Müllereisert-Testaments' – Hauptmann aus welchem Grund auch immer glatt 'vergaß', obwohl diese seine wichtigste und produktivste Mitarbeiterin seit Mitte der 20er Jahre und nicht bloß Mitautorin, sondern vielmehr die eigentliche Hauptautorin beispielsweise des mit Abstand erfolgreichsten und auch geschäftlich einträglichsten 'Brecht'-Stückes, der *Dreigroschenoper*, war, so wurde Elisabeth Hauptmann schließlich in der Tat „um die Früchte ihrer Arbeit und ihr Geld" gebracht und dem Vergessen preisgegeben.

Nach all dem kommt man nicht umhin, dem Fazit Fuegis zuzustimmen: „Auch in den mehrfachen Testamenten, die Brecht hinterlassen sollte, setzte sich seine lebenslange Gewohnheit fort, seine persönlichen, beruflichen und sexuellen Übereinkünfte durch miteinander kollidierende Vereinbarungen zu untermauern."[488] Doch es ist nicht das Anliegen dieser Arbeit, Brechts äußerst komplizierte menschliche und geschäftliche Beziehungen im Detail zu entwirren, und es kann hier auch nicht darum gehen, den Dichter und Dramatiker wegen irgendwelcher menschlicher Unzulänglichkeiten an den Pranger zu stellen. Daher wollen wir uns

---

483 Der Text von Brechts Testament vom 15. Mai 1955 ist abgedruckt bei Fuegi: Brecht & Co, S.828f.

484 Zit. nach Fuegi: Brecht & Co, S.829.

485 Zit. nach Fuegi: Brecht & Co, S.829.

486 Zit. nach Fuegi: Brecht & Co, S.829.

487 Fuegi: Brecht & Co, S.829.

488 Fuegi: Brecht & Co, S.841.

im Weiteren dem Politischen zuwenden, dem in Brechts letztwilligen Verfügungen neben dem Geschäftlichen das größte Gewicht beigemessen wurde.

Im Mai 1955 sollte Brecht, wie bereits erwähnt, nach Moskau reisen, um den ihm zuerkannten Stalin-Preis entgegenzunehmen. Da er jedoch – seinem Weltruhm und seiner repräsentativen politischen Stellung zum Trotz – nach wie vor Angst vor dem russischen Geheimdienst hatte, diktierte er kurz vor der Abreise, am 15. Mai 1955, Isot Kilian sein erstes Testament. Am selben Tag schrieb er aber auch noch einen Brief an die Akademie der Künste. Dieser mit der Maschine geschriebene und eigenhändig unterzeichnete Brief hat folgenden Wortlaut: „An die Akademie der Künste, zu Händen R. Engels / Im Falle meines Todes möchte ich nirgends aufgebahrt und öffentlich ausgestellt werden. Am Grab soll nicht gesprochen werden. Beerdigt werden möchte ich auf dem Friedhof neben dem Haus, in dem ich wohne, in der Chaussestrasse. / Berlin, 15. Mai 1955 / Bertolt Brecht"[489]

Das wortkarge Schriftstück enthält ausschließlich Verfügungen darüber, wie Brecht sich sein Begräbnis wünschte bzw. nicht wünschte. Beim ersten Blick dürfte der Brief, dessen Inhalt übrigens weitgehend mit dem des Zettels übereinstimmt, den Helene Weigel später unter Brechts Papieren fand, sogar als harmlos und beinahe nichtssagend erscheinen. Werner Mittenzwei, der seine Brecht-Biographie noch in der DDR, also unter Zensur – oder schlimmstenfalls sogar unter Selbstzensur – geschrieben hat, tat wirklich auch alles, um den Schein des Harmlosen aufrechtzuerhalten und um alles Politische so gut es nur ging aus dem Text wegzudisputieren. Über Brechts Brief vom 15. Mai 1955 hatte er Folgendes zu berichten: „Auch der Brief an den Direktor der Akademie der Künste vom 15. Mai 1955, in dem er verfügte, was im Falle seines Ablebens geschehen sollte, darf nicht so verstanden werden, als habe Brecht sein nahes Ende geahnt. Der Brief läßt sich auf einen ganz konkreten Anlaß zurückführen. Im Jahre 1955 starb der Dichter F. C. Weiskopf, Mitglied der Akademie der Künste. Daß innerhalb so kurzer Zeit viele seiner Generation an Herzleiden starben (Friedrich Wolf, F. C. Weiskopf) oder schwer erkrankt waren (Johannes R. Becher, Willi Bredel, Louis Fürnberg, Anton Ackermann), bedrückte Brecht sehr. Weiskopf wurde in der Akademie der Künste öffentlich aufgebahrt, Mitglieder der Akademie hielten die Ehrenwache. Dazu wurde auch Brecht gebeten. Da er von jeher zu Weiskopf einen guten Kontakt gehabt hatte, kam er der Bitte sofort nach. Doch von dieser Toten-

---

489 In Faksimile s. in: Bertolt Brecht. Sein Leben in Bildern und Texten. Hg. von Werner Hecht. – Frankfurt am Main: Suhrkamp 1978, S.308.

wache kehrte er ganz verstört zurück. Daß ein Toter öffentlich 'ausgestellt' wurde und Leute an ihm vorbeizogen, empfand er als eine ganz abscheuliche Sitte. Er setzte sich sofort hin und schrieb jenen Brief an Rudolf Engel."[490]

Also doch nicht die Reise nach Moskau wegen dem Stalin-Preis, die ja bei Mittenzwei gar nicht erwähnt wird, sondern die Totenwache beim öffentlich aufgebahrten Weiskopf sei der Anlaß für den Brief gewesen. Die Geschichte könnte freilich auch wahr sein. Doch da Weiskopf erst am 14. September 1955 starb, fällt es einem etwas schwer sich vorzustellen, wie seine öffentliche Aufbahrung den Anlaß für Brechts Brief vom 15. Mai desselben Jahres hätte abgeben sollen. In Wirklichkeit handelte es sich vielmehr darum, daß Brecht die Funktionalisierung seines Todes durch die Partei und die Regierung der DDR zu Zwecken der politischen Propaganda vermeiden wollte. Mit anderen Worten: Er wollte vermeiden, daß aus seinem Begräbnis ein Staatsakt gemacht werde, was er, als anerkannter Repräsentant des ersten Arbeiter- und Bauernstaates auf deutschem Boden, mit gutem Grund auf sich zukommen sah. Allein deshalb und aus keinem anderen Grunde hat er die öffentliche Aufbahrung seines Leichnams und Reden an seinem Grab rechtzeitig verboten.

Brecht war indessen, wie seine Wahl der Grabstätte bezeugt, sich seines literarischen Ranges bewußt und um seinen dichterischen Nachruhm besorgt. Und sehr wohl kannte er auch die Freiheiten, die den Privilegierten im Staatssozialismus zukamen. Daß er auf dem „Friedhof neben dem Haus [...] in der Chaussestrasse", gleichsam also zu Hause beigesetzt werden wollte, klingt zunächst beinahe bieder. In Wirklichkeit jedoch ist dies die nur dem Anschein nach bescheidene Formulierung eines nicht gerade bescheidenen Wunsches. In der Chausseestraße, unmittelbar am Haus, in dem Brecht damals wohnte und in dem sich heute das Brecht-Archiv befindet, liegt nämlich der Dorotheenstädtische Friedhof – klein, aber fein, mit den Grabmonumenten zahlreicher weltberühmter Größen des deutschen Geistes und der deutschen Kunst. Mittenzwei bemerkt: „Der Begräbnisort war von Brecht wohl überlegt und gut ausgesucht. Dort lagen Hegel und Fichte begraben. Und einen Platz an der Seite des großen Philosophen und Dialektikers Hegel hielt Brecht, der immer bestimmte Ansprüche an seine Aufenthaltsorte gestellt hatte, so auch an den letzten, für angemessen."[491] Ein 'kleines' Problem ergab sich lediglich daraus, daß als Brecht im August 1956 starb, „der Dorotheenstädtische Friedhof längst belegt war".[492] Die Behörden der DDR mußten daher „in aller Eile

490 Mittenzwei: Das Leben des Bertolt Brecht, Bd.2, S.656.

491 Mittenzwei: Das Leben des Bertolt Brecht, Bd.2, S.663.

492 Fuegi: Brecht & Co, S.870.

andere Gebeine verlegen lassen, um Platz für Brecht zu schaffen"[493] – abermals ein Indiz für die privilegierte Stellung des Dichters und Dramatikers im ersten deutschen Arbeiter- und Bauernstaat.[494]

Obwohl Brecht seinen Separatfrieden mit dem Staatssozialismus machte und in vieler Hinsicht eine privilegierte Stellung in der DDR genoß, wäre ihm die Funktionalisierung seiner Person zu Zwecken der politischen Propaganda selbst noch über den Tod hinaus offenbar schon zu viel gewesen. Daher suchte er wohl in seinem 'politischen Testament', dem Brief vom 15. Mai 1955, zu verhindern, daß die Regierung der DDR aus seinem Tod und seinem Begräbnis einen Staatsakt machte. Und dies wäre ihm beinahe auch gelungen. Denn das Begräbnis des Dichters und Dramatikers fand am 17. August 1956 im engsten Familien- und Freundeskreis auf dem Dorotheenstädtischen Friedhof statt. Die Leiche wurde nicht öffentlich aufgebahrt, am Grab wurde nicht gesprochen.

Doch wer sich mit einem totalitären Staat abgibt, mag er noch so verschlagen sein, kommt kaum ungeschoren davon. Die DDR meldete ihren Anspruch auf den großen Toten unverzüglich an. Der Präsident der Republik, Wilhelm Pieck, schrieb gleich nach dem Tode des Dichters an dessen Witwe Helene Weigel: „Deine Mitteilung vom Tode Bert Brechts erfüllt mich mit schmerzlicher Trauer. Er war uns allen nicht nur der bedeutendste Dramatiker unserer Gegenwart. Er war zugleich Sprecher und Lehrer der einfachen werktätigen Menschen, die er vor den tragischen Fehlern der Vergangenheit warnte, denen er eine bessere Zukunft durch friedliches Schaffen kündete."[495]

Und obwohl Brechts letztwillige Verfügungen dem Buchstaben nach erfüllt und in Ehren gehalten wurden, fand einen Tag nach seinem Begräbnis, am 18. August 1956 im Berliner Ensemble der Staatsakt statt, den er vermeiden wollte und den er als Ikone einer vermeintlich neuen und sozialistischen Kultur in der DDR trotz allem wohl verdient hatte. Gesprochen haben u.a. Johannes R. Becher und Brechts marxistischer Erzfeind Georg Lukács, der „auf Bitten Weigels eigens aus dem Bad

---

493 Fuegi: Brecht & Co, S.870.

494 Bezeichnend ist wiederum die Tatsache, daß Mittenzwei die Verlegung der Gebeine glatt verschweigt. Bei ihm heißt es: „[...] Helene Weigel erwarb einen Platz auf dem Dorotheenstädtischen Friedhof. Die Wahl hing von den derzeit freien Begräbnisstellen ab. Sie fand eine, die dem Haus unmittelbar gegenüberlag, an der Grenze zum Hugenottenfriedhof. Von hier aus konnte man das Fenster sehen, an dem Brecht gesessen und gearbeitet hatte. Die schon etwas verfallene Friedhofsmauer wurde bis zur Beisetzung in Ordnung gebracht." (Mittenzwei: Das Leben des Bertolt Brecht, Bd.2, S.663f.)

495 Zit. nach Mittenzwei: Das Leben des Bertolt Brecht, Bd.2, S.664f.

zurückgekehrt [war], in dem er gewöhnlich den Sommer verbrachte".[496] Doch die Hauptrede der offiziellen Trauerfeierlichkeit hielt Walter Ulbricht. Fuegi schreibt: „Aus politischer Perspektive und in Begriffen symbolträchtiger Fotoanlässe war die Rede für Ulbricht zu diesem Punkt der Geschichte der DDR von großer Bedeutung. Natürlich betonte er, wie er schon nach dem Aufstand von 1953 getan hatte, daß Brecht sich zutiefst der Sache des Aufbaus des Sozialismus in der DDR verpflichtet gefühlt und verschrieben habe. Niemand erhob seine Stimme gegen diese Einvernahme."[497] Sie war, so darf man wohl hinzufügen, weder die erste noch die letzte, die dem Dichter und Dramatiker Brecht von Seiten des DDR-Regimes widerfuhr und die er zeit seines Lebens aus welchem Grund auch immer in der Regel über sich ergehen ließ, ohne je öffentlich aufzubegehren oder Widerstand zu leisten.

Im Brief Brechts an die Akademie der Künste vom 15. Mai 1955, den man mit Recht als sein etwas lakonisches 'politisches Testament' betrachten darf, bzw. im Zettel beinahe gleichen Inhalts mit den Verfügungen über seine Beisetzung, den Helene Weigel nach dessen Tod unter den Papieren des Dichters fand, geht es um das alte Testamentsthema 'Auseinandersetzung mit dem Tod'. Doch das alte Thema erhält bei Brecht eine ganz neuartige Gestalt. Beide Schriftstücke sind nämlich von der Sorge des politischen Menschen geprägt, sein Tod bzw. sein Begräbnis dürften als öffentliche Angelegenheit zur Legitimation eines nur noch dem Namen nach sozialistischen Regimes mißbraucht werden, das seit dem Berliner Arbeiteraufstand vom Juni 1953 und Chruschtschows Rede vom Februar 1956 unter besonders starkem Legitimationsdruck stand. Das heißt aber: In der politischen Welt der Moderne mit seinen totalitären Staaten ist selbst der Tod keine sakrale, auch keine private und intime Angelegenheit mehr, wie er über Jahrhunderte hindurch gesehen wurde, sondern nur mehr eine politische. Der totalitäre Staat und seine Machthaber erheben Anspruch nicht bloß auf das Leben und die Arbeitskraft der Bürger, sondern sie schalten und walten auch nach Gutdünken mit deren Tod, selbst – oder sogar insbesondere – mit dem Tod derjenigen, die zu Lebzeiten eine privilegierte Stellung genossen.

Durch die Verfügungen, die in den beiden Schriftstücken getroffen wurden, wollte Brecht offensichtlich verhindern, daß aus seiner Beisetzung ein Staatsakt gemacht wird, d.h. er wollte einer politischen Funktionalisierung seines Todes vorbeugen, was ihm aber letztlich nur zum Teil gelang. Beim Dialektiker und

---

496 Fuegi: Brecht & Co, S.872.

497 Fuegi: Brecht & Co, S.871f.

marxistischen Materialisten Brecht handelte es sich allerdings offenbar nicht darum, das Private gegen Übergriffe des Öffentlich-Politischen abzuschirmen, d.h. vor Mißbrauch und Manipulation sicherzustellen, um dem Tod seine alte sakrale Würde zurückzugeben – an einer solchen Trennung des Privaten und des Öffentlich-Politischen mochte Brecht kaum glauben. Sondern seinerseits handelte es sich wohl ebenfalls um politischen Kalkül. Vermieden werden sollte lediglich die Funktionalisierung seines Todes durch ein totalitäres Regime, die, wenn sie erfolgte, eine ernsthafte Gefährdung persönlicher und geschäftlicher Belange bedeuten konnte.

In dieser Weise ist die jahrhundertelange Geschichte des 'literarischen' Testaments im deutschen Sprachraum mit den zahlreichen, einander oft widersprechenden letztwilligen Verfügungen Brechts auf seinem anderen vorläufigen Endpunkt angelangt. Wie in Rilkes Testament vom 27. Oktober 1925 das im herkömmlichen Sinne Heilige und Transzendente in radikaler Weise durch das Transzendenz-Surrogat des Ästhetischen ersetzt wurde, blieb in Brechts Testamenten gar nichts mehr von der Sakralität des Todes oder auch von Werten übrig, die wie auch immer über das rein Diesseitige und Materielle hinausweisen. Es sei denn, man wäre bereit, Geld, Sex und Politik als die neuen, durch und durch 'modernen' Surrogate für das zu betrachten, was man einst das Heilige nannte.

IV. BIBLIOGRAPHISCH ODER ARCHIVARISCH ERMITTELTE, ABER IN DER DARSTELLUNG NICHT BERÜCKSICHTIGE 'LITERARISCHE' TESTAMENTE

1) **Fontane,** Theodor: Unser letzter Wille! (Handschriftliche Abschrift des Testaments von Theodor und Emilie Fontane vom 7. Februar 1892; Berlin, 21.10.1898, 7 S., bisher nicht vollständig veröffentlicht.) – In: Theodor-Fontane-Archiv Potsdam, Sign. Ga 34.
2) **Freytag,** Gustav: Mein letzter Wille. [9. November 1891.] – Bisher vermutlich unveröffentlicht, im Besitz des Gustav-Freytag-Museums und -Archivs, Wangen im Allgäu.
3) **Grimm,** Jacob: Letztwillige Verfügungen. [7. Februar 1837.] – In: Ders.: Kleine Schriften. Bd.VIII. Vorreden, Zeitgeschichtliches und Persönliches. – Hildesheim: Georg Olms 1966, S.463.
4) **Hoffmann,** E.T.A.: Wechselseitiges Testament Hoffmanns und seiner Frau. [26. März 1822.] – In: Ders.: Briefwechsel. Hg. von Friedrich Schnapp. Bd.3. – Darmstadt: Wissenschaftliche Buchgesellschaft 1969, S.275.
5) **Lichtenberg,** Georg Christoph: Meine letzte Willenverordnung. [24. Februar 1799.] – In: Wagnis der Aufklärung. Georg Christoph Lichtenberg 1742-1799. Ausstellung. Mathildenhöhe Darmstadt 28. Juni bis 30. August 1992. – München: Hanser 1992, S.389. [Dass. in: Georg Christoph Lichtenberg. In Selbstzeugnissen und Bilddokumenten. Hg. von Wolfgang Promies. – Reinbek bei Hamburg: Rowohlt ..., S.148f.; sowie in: Der Briefwechsel zwischen Johann Christian Dietrich und Ludwig Christian Lichtenberg. Hg. von Ulrich Joost. – Göttingen: Vandenhoeck & Ruprecht ..., S.111f.]
6) **Mann,** Thomas: Letztwillige Verfügung. [29. Juni 1955.] – In: Die Familie Mann in Kilchberg. Hg. von Thomas Sprecher und Fritz Gutbrodt. – Zürich: NZZ Verlag 2000, S.56.
7) **Raabe,** Wilhelm: Unser Testament. [26. März 1908. Beglaubigte Abschrift des gemeinsamen Originaltestaments von Wilhelm und Bertha Raabe vom 23. November 1910. Vermutlich unveröffentlicht.] – In: Stadtarchiv Braunschweig, Raabe-Nachlaß, Sign. H III 10: 166.
8) **Reuter,** Fritz: Letzter Wille. [18. Januar 1862. Beglaubigte Abschrift vom 19. November 1906. Unveröffentlicht.] – In: Stiftung Weimarer Klassik, Goethe- und Schiller-Archiv, Sign. GSA 77/N 22.
9) **Wildenbruch,** Ernst von: Mein letzter Wille. [10. Dezember 1904. Unveröffentlicht.] – In: Stiftung Weimarer Klassik, Goethe- und Schiller-Archiv, Sign. GSA 134/108,5.
10) **Winckelmann,** Johann Joachim: Testament. [8. Juni 1768, in italienischer Sprache.] – In: Ders.: Briefe. Bd.4. Dokumente zur Lebensgeschichte. Hg. von Walter Rehm. – Berlin: de Gruyter 1957, S.386-388.

Budapester Studien zur Literaturwissenschaft
Herausgegeben von Magdolna Orosz

Band 1 Magdolna Orosz: Identität, Differenz, Ambivalenz. Erzählstrukturen und Erzählstrategien bei E.T.A. Hoffmann. 2001.

Band 2 Tanja Lange / Jörg Schönert / Péter Varga (Hrsg.): Literatur und Kultur in Grenzräumen. 2002.

Band 3 Endre Hárs / Wolfgang Müller-Funk / Magdolna Orosz (Hrsg.): Verflechtungsfiguren. Intertextualität und Intermedialität in der Kultur Österreich-Ungarns. 2003.

Band 4 Peter Plener: Medien – Konstrukte – Literatur. Miszellen zur österreichischen Kultur um 1900. 2004.

Band 5 Magdolna Orosz / Jörg Schönert (Hrsg.): Narratologie interkulturell: Entwicklungen – Theorien. 2004.

Band 6 Tom Kindt / Katalin Teller (Hrsg.): Narratologie interkulturell. Studien zu interkulturellen Konstellationen in der deutschsprachigen und ungarischen Literatur 1880–1930. 2005.

Band 7 Amália Kerekes / Nicolas Pethes / Peter Plener (Hrsg.): Archiv – Zitat – Nachleben. Die Medien bei Walter Benjamin und das Medium Benjamin. 2005.

Band 8 Amália Kerekes: Schreibintensitäten. Alterationen der journalistischen Wahrnehmung im Spätwerk von Karl Kraus. 2006.

Band 9 Pál Deréky / Zoltán Kékesi / Pál Kelemen (Hrsg.): Mitteleuropäische Avantgarden. Intermedialität und Interregionalität im 20. Jahrhundert. Mit einer Einleitung von Béla Bacsó. 2006.

Band 10 Imre Kurdi: Reden über den Tod hinaus. Untersuchungen zum 'literarischen' Testament. 2007.

www.peterlang.de

Markus Janner

Der Tod im Text

Thomas Bernhards *Grabschriften*
Dargestellt anhand von frühen Erzählversuchen aus dem Nachlaß, der Lyrik und der späten Prosa

Frankfurt am Main, Berlin, Bern, Bruxelles, New York, Oxford, Wien, 2003.
347 S.
Regensburger Beiträge zur Deutschen Sprach- und Literaturwissenschaft.
Reihe B: Untersuchungen. Herausgegeben von Bernhard Gajek. Bd. 85
ISBN 978-3-631-51660-7 · br. € 56.50*

Der im 20. Jahrhundert geläufige Theoriekomplex *Tod und Text* gipfelt im poststrukturalistischen Bewußtsein, wonach jeder Text Paradoxon und *Grabschrift* ist. Dies wird fruchtbarer Leitgedanke, um den Tod als aporetische und unausweichliche Bezugsgröße im Werk Thomas Bernhards auszuweisen. Eine *Poetik des Todes* zeigt sich, die Rückschlüsse von der Allgegenwart des Todes auf typisch neobarocke und kryptokatholische Schreibweisen zuläßt. Dabei schafft es die Untersuchung, weite Teile des Erzählwerkes – darunter bisher unbekannte Texte aus dem Nachlaß – in einer originellen Verknüpfung mit der lange vernachlässigten Lyrik unter den Zusammenhang des Todes zu stellen. Wichtige Perspektiven auf die Unruhe der späten Prosa ergeben sich von den Wiederholungsmustern der *Psalmen* her: Gegen bisherige Forschungshypothesen zeichnet sich eine Religiosität ohne Glauben ab, eine vom Tod stammende Textreligion.

Aus dem Inhalt: Der literarische Text als Grabschrift · Rekonstruktion einer Theologie des Todes · Bernhards Theologie des Psalms · *Suite aus Sterben* (*Schwarzach Sankt Veit*) · Meditatio mortis (*Tamsweg*) · Dekonstruktion eines Tilgungsprogramms (*Auslöschung*) · Poetik der Vanitas (*Wittgensteins Neffe*) · Totenstarre statt Lebenskunst (*Alte Meister*)